# Access 2010
## Utilisation

**Guide de formation avec cas pratiques**

CHEZ LE MÊME ÉDITEUR

**Dans la collection *Les guides de formation Tsoft***───────────

P. MOREAU. – **Excel 2010 initiation.**
N° 12852, 2010, 232 pages.

P. MOREAU. – **Excel 2010 avancé.**
N° 12853, 2010, 232 pages.

D.-J. DAVID. – **Excel 2010 : programmation VBA.**
N° 12793, 2010, 290 pages.

P. MOREAU. – **Word 2010 initiation.**
N° 12879, à paraître fin 2010.

P. MOREAU. – **Word 2010 avancé.**
N° 12880, à paraître fin 2010.

S. LANGE. – **Configuration et dépannage de PC.**
N° 12247, 2009, 616 pages.

**Autres ouvrages**───────────

N. BARBARY. – **Excel 2010 expert.**
N° 12761, 2010, 500 pages.

T. CAPRON. – **D'Excel à Access.**
N° 12066, 2008, 350 pages.

I. TAYLOR, B. JELEN. – **Analyse marketing et reporting avec Excel.**
N° 12251, 2008, 250 pages.

J. RUBIN. – **Analyse financière et reporting avec Excel.**
N° 11460, 2004, 278 pages.

S. GAUTIER, G. BIGNEBAT, C. HARDY, M. PINQUIER. – **OpenOffice.org 3.2 efficace.**
N° 12755, 2010, 412 pages + CD-Rom.

# Access 2010
# Utilisation

## Guide de formation avec cas pratiques

### Philippe Moreau et Yvan Picot

EYROLLES

ÉDITIONS EYROLLES
61, bd Saint-Germain
75240 Paris Cedex 05
www.editions-eyrolles.com

# Avant-propos

Conçu par des pédagogues expérimentés, l'originalité de cet ouvrage est d'être à la fois un manuel de formation et un manuel de référence. Il vous apporte les outils pour apprendre à utiliser efficacement le logiciel Access 2010.

## FICHES PRATIQUES

La première partie, *Manuel utilisateur*, présente sous forme de fiches pratiques l'utilisation des fonctionnalités d'Access 2010 et leur mode d'emploi. Ces fiches peuvent être utilisées soit dans une démarche d'apprentissage pas à pas, soit au fur et à mesure de vos besoins, lors de la réalisation de vos propres documents. Une fois ces fonctions maîtrisées, vous pourrez également continuer à vous y référer en tant qu'aide-mémoire. Si vous vous êtes déjà aguerri sur une version plus ancienne d'Access ou sur un autre logiciel base de données, ces fiches vous aideront à vous approprier rapidement les fonctions d'Office Access 2010.

## CAS PRATIQUES

La seconde partie, *Cas pratiques*, vous propose de mettre vos connaissances en pratique en réalisant pas à pas une application de gestion commerciale simple à travers treize cas corrigés. Vous mettrez en œuvre les fonctions d'Access, tout en vous préparant à concevoir et à exploiter vos propres bases de données.

Ces cas pratiques constituent un parcours de formation ; la réalisation du parcours complet permet de s'initier seul en autoformation.

Un formateur pourra aussi utiliser cette partie pour animer une formation à l'utilisation d'Access 2010. Mis à disposition des apprenants, ce parcours permet à chaque élève de progresser à sa vitesse et de poser ses questions au formateur sans ralentir la cadence des autres élèves.

Les fichiers nécessaires à la réalisation de ces cas pratiques peuvent être téléchargés depuis le site Web *www.editions-eyrolles.com*. Pour cela, tapez le code **G12825** dans le champ <RECHERCHE> de la page d'accueil du site puis appuyez sur ⏎. Vous accéderez ainsi à la fiche de l'ouvrage sur laquelle se trouve un lien vers le fichier à télécharger. Une fois ce fichier téléchargé sur votre poste de travail, il vous suffit de le décompresser vers le dossier `C:\Exercices Access 2010` ou un autre dossier de votre choix.

Les cas pratiques sont particulièrement adaptés en fin de parcours de formation, à l'issue d'un stage ou d'un cours de formation en ligne sur Internet, par exemple.

Téléchargez les fichiers des cas pratiques depuis www.editions-eyrolles.com

# Conventions typographiques

Pour faciliter la compréhension visuelle par le lecteur de l'utilisation pratique du logiciel, nous avons adopté les conventions typographiques suivantes :

| | |
|---|---|
| **Ruban** : | noms des onglets, groupes et boutons ou zones qui sont sur le Ruban. |
| Section : | noms des sections dans les menus ou dans les dialogues (*). |
| *Italique* : | noms des commandes dans les menus et nom des dialogues (*). |
| <Champ> | noms des champs entre chevrons simples. |
| <propriété> | noms des propriétés entre chevrons simples. |
| Saisie : | noms de dossier, noms de fichier, texte à saisir. |
| [xxxxx] : | boutons qui sont dans les boîtes de dialogue (*). |
| ■ Actions : | les actions à réaliser sont précédées d'une puce. |

(*) Dans cet ouvrage, le terme « dialogue » désigne une « boîte de dialogue ».

# TABLE DES MATIÈRES

PARTIE 2
# CAS PRATIQUES

# PARTIE 1
# MANUEL UTILISATEUR

# ERGONOMIE
# ACCESS 2010

# 1

# LES OBJETS D'UNE BASE DE DONNÉES

Microsoft Access est un programme de gestion de base de données relationnelle (SGBD). Il offre un ensemble d'outils permettant de saisir, de mettre à jour, de manipuler, d'interroger et d'imprimer des données.

## BASE DE DONNÉES

Une base de données est un ensemble structuré d'informations. Les exemples de bases de données ne manquent pas : un carnet d'adresses, la liste des clients ou des fournisseurs d'une société, les informations concernant ses ventes, etc.

Une base de données est susceptible de contenir les objets suivants : des tables, des requêtes, des formulaires, des états, des macros et des modules.

Le volet de navigation, à gauche de la fenêtre de l'application Access, liste les objets de la base de données par groupes, ici Tables, Requêtes, Formulaires, États. Pour ouvrir ou fermer un groupe, cliquez sur l'icône double-flèche à droite de la barre de groupe. Pour visualiser un objet, double-cliquez sur le nom de l'objet.

Traditionnellement le terme *base de données* désigne simplement une ou plusieurs tables, éventuellement reliées entre elles. Access étend donc la signification de cette expression.

## TABLES

Une table contient des données de même nature. Les tables organisent les données en colonnes (ou champs) et en lignes (ou enregistrements). Par exemple, dans une table de clients, le nom est un champ, le numéro de téléphone en est un autre.

L'enregistrement est un ensemble de valeurs de champ concernant une entité : une personne, un article, un événement... Par exemple, dans une table de clients, le code, le nom, le prénom, l'adresse, le code postal et la ville d'un client constituent un enregistrement.

# LES OBJETS D'UNE BASE DE DONNÉES

## REQUÊTES

Une requête est la formulation de critères de sélection d'enregistrements d'une ou de plusieurs tables. On peut par exemple extraire les clients par villes. Une requête porte automatiquement sur les données actuelles d'une ou plusieurs tables concernées.

Access extrait de ces tables les enregistrements qui répondent aux critères et les affiche. Dans l'exemple ci-dessous, les clients parisiens sont filtrés par une requête `Ville=PARIS`.

Une requête peut également être de type action. Celles-ci ont la particularité d'exécuter leur action sur une table (création d'une table, ajout/suppression d'enregistrements, mise à jour des données).

## FORMULAIRES

Un formulaire sert à saisir, à consulter et à modifier le contenu d'une table ou de plusieurs tables liées, enregistrement par enregistrement. Le formulaire permet d'afficher les données des enregistrements, les champs étant disposés à l'écran selon vos souhaits, de vérifier les valeurs saisies, de créer des champs calculés, de réclamer des totaux, d'incorporer des graphiques, de mettre en valeur les données avec des polices spéciales, des couleurs, etc.

Dans l'exemple ci-dessous, un formulaire permet de consulter et de mettre à jour une fiche Produit.

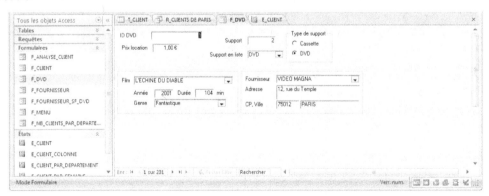

## ÉTATS

On utilise un état pour imprimer une série d'enregistrements dans un format et une mise en page personnalisée. Dans un état, on peut regrouper des enregistrements sur divers critères et effectuer des calculs de regroupement sur les champs : sous-totaux, moyennes, comptage…

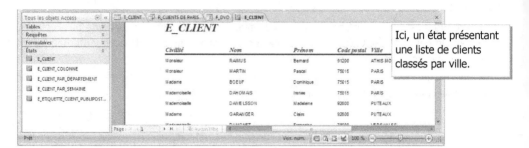

Ici, un état présentant une liste de clients classés par ville.

## PAGES D'ACCÈS (FONCTIONNALITÉ SUPPRIMÉE EN VERSIONS 2007 ET 2010)

Microsoft Office Access 2010 ne prend plus en charge les pages d'accès aux données. Si vous souhaitez déployer un formulaire d'entrée de données sur le Web et stocker les résultats dans Access, vous pouvez déployer votre base de données sur un serveur Microsoft Windows SharePoint Services et utiliser les outils fournis par Windows SharePoint Services.

Si vous ouvrez une base de données créée dans une version antérieure d'Access (fichier .mdb) et qui contient des pages d'accès aux données, vous pouvez afficher les pages dans Windows Internet Explorer. Toutefois, vous ne pouvez effectuer aucune opération sur ces pages.

## MACROS

Une macro est une séquence d'actions qui peut être exécutée automatiquement, ou lancée par l'utilisateur. Une macro peut être affectée à un objet (formulaire, bouton, …) ainsi qu'à une combinaison de touches ou une commande.

## MODULES

Les modules contiennent des procédures et des fonctions écrites en code VBA (Visual Basic pour Application). Ils permettent de réaliser des applications puissantes.

## PROJETS

Un projet est une base de données particulière dont le but est de permettre à un utilisateur d'employer Access pour travailler et accéder à des données centralisées sur un serveur SQL. Dans ce type de base de données, les tables et les requêtes sont enregistrées sur le serveur SQL, alors que les formulaires, les pages, les états, les macros et les modules sont stockés sur le poste de l'utilisateur dans un fichier comportant l'extension adp.

**Remarques** : les macros, les modules et les projets ne sont généralement indispensables que pour développer des applications importantes et d'envergure. Aussi ces sujets ne sont pas traités dans cet ouvrage qui s'adresse aux utilisateurs d'Access et non aux concepteurs d'applications.

# DÉMARRER ACCESS

Vous pouvez démarrer Access 2010 de diverses manières décrites ci-dessous. Vous pouvez lancer plusieurs instances (fenêtres) du programme Access, mais vous pouvez ouvrir une seule base de données dans chaque instance.

## AVEC LE MENU DÉMARRER

- Cliquez sur le bouton [icon] *Démarrer* ❶ à gauche de la barre des tâches Windows, puis cliquez sur *Tous les programmes*❷, sur *Microsoft Office* ❸, puis sur *Microsoft Access 2010* ❹. Ou,
- Avec Windows 7, vous pouvez cliquer directement sur *Microsoft Access 2010* dans le menu *Démarrer* de Windows, si le programme a été épinglé au menu *Démarrer*.

## AVEC UN RACCOURCI POSÉ SUR LE BUREAU WINDOWS

 Si vous avez créé un raccourci sur le Bureau, double-cliquez simplement sur le raccourci vers le programme Microsoft Access 2010.

Le raccourci vers Access 2010, n'est pas mis en place par l'installation d'Access. Pour ajouter un raccourci vers un programme sur le Bureau, cliquez droit sur le nom du programme dans le menu *Démarrer*, puis sur *Envoyer vers*, puis sur *Bureau (créer un raccourci)* dans le menu contextuel.

## EN OUVRANT UN FICHIER PRÉCÉDEMMENT OUVERT

- Cliquez sur [icon] *Démarrer*, puis sur *Documents récents* puis, dans la liste proposée par Windows, sélectionnez le fichier Access (extension `.accdb` pour Access 2010 et 2007, ou extension `.mdb` en versions 2003 et antérieures) parmi les fichiers récemment ouverts.

## EN OUVRANT UN FICHIER

Une base de données Access est enregistrée dans un fichier d'extension `.mdb` (en mode compatibilité avec les versions Access 2003 et antérieures) ou `.accdb` (Access 2010 et 2007).

- Ouvrez la fenêtre *Documents* en cliquant sur l'icône [icon] *Démarrer*, puis sur *Documents*.
- La fenêtre de dossiers est ouverte sur le dossier *Documents* : sélectionnez le dossier qui contient le fichier Access (extension `.mdb` ou `.accdb`), puis double-cliquez sur le fichier.

La fenêtre *Documents* est l'équivalent sous Windows 7 et Windows Vista de la fenêtre *Poste de travail* dans les versions antérieures de Windows.

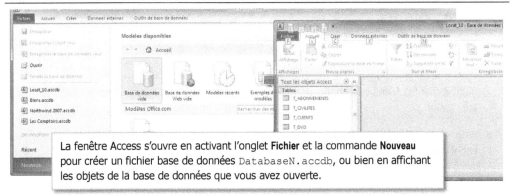

La fenêtre Access s'ouvre en activant l'onglet **Fichier** et la commande **Nouveau** pour créer un fichier base de données `DatabaseN.accdb`, ou bien en affichant les objets de la base de données que vous avez ouverte.

# ARRÊTER ACCESS OU BASCULER ENTRE APPLICATIONS

Arrêter l'application Access consiste à fermer la base de données en cours et à enlever le programme de la mémoire pour y faire de la place. Basculer vers une autre application consiste à atteindre une fenêtre d'une autre application tout en conservant la fenêtre Access actuelle en mémoire. On pourra par la suite rebasculer vers la fenêtre Access.

## ARRÊTER ACCESS

- Cliquez sur l'onglet **Fichier** `Fichier` puis au bas du menu sur la commande **X Quitter**, ou utilisez le raccourci [Alt]+[F4], ou cliquez sur la case *Fermer* ❶ de la fenêtre Access.

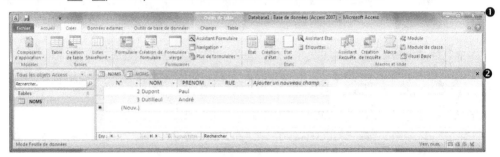

Si des objets ont été modifiés dans la base de données en cours, par exemple une requête ou un formulaire, et n'ont pas été enregistrés, Access affiche un message d'invite :

Dans ce cas, cliquez sur l'un de ces trois boutons : [Oui] pour enregistrer les modifications, [Non] pour ne pas enregistrer les modifications, [Annuler] pour ne pas arrêter Access.

Notez qu'on ne pose jamais la question d'enregistrer les modifications pour les données, en effet les données sont enregistrées automatiquement dès leur saisie.

Vous pouvez fermer une base de données sans arrêter Access : cliquez sur l'onglet **Fichier** `Fichier` puis sur *Fermer la base de données* ou cliquez sur la case de fermeture de la base de données ❷.

## BASCULER VERS UNE AUTRE APPLICATION

Plusieurs autres applications (par exemple Excel et Word) peuvent avoir été lancées. Il est possible de basculer instantanément d'Access à une autre application, notamment pour copier/coller des informations. La barre des tâches Windows contient un bouton pour chaque application.

- Dans la barre des tâches Windows, cliquez sur le bouton associé à l'application à faire passer au premier plan.

Ici, des applications actives

- Vous pouvez aussi presser la touche [Alt] et taper sur la touche [⇆] pour faire défiler dans une minifenêtre les noms des applications. Lorsque le nom de l'application voulue s'affiche relâchez la pression.

- Pour revenir à la fenêtre Access : dans la barre des tâches, cliquez sur le bouton associé à la l'application Access ou utilisez [Alt]+[⇆].

# OUVRIR ET FERMER UNE BASE DE DONNÉES

Vous pouvez démarrer plusieurs instances de l'application Access, chacune dans une fenêtre séparée. Vous pouvez de cette façon ouvrir plusieurs bases de données dans des fenêtres application Access distinctes.

## OUVRIR UNE BASE DE DONNÉES EXISTANTE

- Cliquez sur l'onglet **Fichier**, puis sur **Ouvrir**, ou utilisez le raccourci (Ctrl+O). Sélectionnez le dossier puis le nom du fichier, cliquez sur [Ouvrir].
- Si la base de données que vous voulez ouvrir a déjà été ouverte, cliquez sur l'onglet **Fichier**, puis sur **Récent**, et choisissez dans la liste des bases de données ouvertes récemment.

Les N (4 par défaut) bases de données les plus récemment ouvertes figurent dans la liste ❶ dans le panneau de gauche, vous pouvez cliquer directement dessus. N est modifiable❷.

Si vous ouvrez une base de données alors qu'il y en a déjà une ouverte dans la fenêtre Access, la base de données que vous ouvrez remplace celle qui était ouverte.

Si des objets ont été modifiés sans avoir été enregistrés, Access affiche un message d'invite pour vous proposer de la faire : cliquez sur [Oui] pour enregistrer les modifications, ou [Non] pour fermer la base de données sans enregistrer les modifications en suspens.

## OUVRIR UNE BASE DE DONNÉES DANS UNE NOUVELLE FENÊTRE

- Dans la fenêtre de l'Explorateur Windows, double-cliquez sur le nom du fichier base de données à ouvrir, ou démarrez une nouvelle instance d'Access, et procédez comme décrit précédemment dans la nouvelle fenêtre Access.

## FERMER UNE BASE DE DONNÉES

Vous pouvez fermer la base de données en conservant la fenêtre de l'application Access.

- Cliquez sur l'onglet **Fichier** puis sur **Fermer la base de données** ou cliquez sur la case de fermeture de la base de données. Si un objet de la base de données a été modifié mais pas encore enregistré, un message d'invite vous propose de le faire.
- Vous pouvez fermer la fenêtre Access, pour fermer la base de données ouverte dans cette fenêtre : cliquez sur l'onglet **Fichier** puis sur **X Quitter**, ou cliquez sur la case de fermeture de la fenêtre.

# LA NOUVELLE INTERFACE D'ACCESS

La nouvelle interface de la version 2010 d'Office Microsoft Access apparaît d'emblée lorsque vous avez démarré Access et ouvert une base de données.

➢ **Le Ruban** : les commandes sont organisées par onglet sur le Ruban. Les principaux onglets sont **Accueil**, **Créer**, **Données externes** et **Outils de base de données**. Chaque onglet contient des groupes de commandes connexes. Par exemple, sous l'onglet **Accueil** se trouvent les groupes **Affichages**, **Presse-papiers**, **Trier et filtrer**, **Enregistrements**, **Rechercher**, **Fenêtre** et **Mise en forme du texte**.

Il existe aussi des onglets contextuels qui n'apparaissent qu'en fonction du contexte, à savoir l'objet que vous utilisez ou la tâche que vous effectuez, par exemple les onglets contextuels **Outils de table/Champs** et **Outils de table/Table**.

Le Ruban, avec ses onglets et leurs groupes remplacent les menus et sous-menus des versions antérieures d'Access, ainsi que la barre d'outils *Base de données*.

➢ **Le volet de navigation** : situé à gauche de la fenêtre Access, il permet de lister et d'ouvrir les objets de la base de données (table, formulaire, requête, état...), il peut être ouvert en cliquant sur le bouton  » (ou F11) ou fermé en cliquant sur le bouton  « (ou F11).

Le volet de navigation remplace la fenêtre Base de données des versions antérieures d'Access.

➢ **Les documents à onglet** : Les tables, requêtes, formulaires, états, pages et macros que vous décidez d'afficher peuvent apparaître sous la forme de documents à onglets.

Ces documents à onglets remplacent les fenêtres superposées des versions antérieures. Vous pouvez choisir entre fenêtres superposées et documents à onglet par une option Access 2010.

➢**La barre d'état** : située en bas de la fenêtre Access, elle comporte des informations d'état ainsi que les boutons de changement de mode d'affichage.

➢ **La barre d'outils Accès rapide** : à gauche de la barre de titre de la fenêtre, elle permet d'accéder en un seul clic aux commandes fréquemment utilisées, *Enregistrer* et *Annuler*...

# LE RUBAN ET LES ONGLETS

## LE RUBAN ET SES ONGLETS

Le Ruban présente cinq onglets.

- **Fichier** : pour enregistrer, ouvrir, imprimer... modifier les métadonnées et les options Access.
- **Accueil** : manipuler les enregistrements, mettre en forme les caractères...
- **Créer** : créer des objets, tables, requête, formulaires...
- **Données externes** : importer ou exporter des données...
- **Outils de base de données** : créer des relations, des macros, déplacer les données...

Vous pouvez actionner les commandes du Ruban à l'aide des touches du clavier : appuyez sur la touche [Alt], puis relâchez-la. Les touches d'accès rapide s'affichent dans des bulles à côté des boutons sur le Ruban. Appuyez sur la ou les touches rapides associées à la commande souhaitée.

## LES ONGLET CONTEXTUELS

Des onglets supplémentaires s'affichent, lorsque c'est nécessaire, selon le contexte. Par exemple, lorsque vous travaillez sur un formulaire, trois onglets contextuels **Création**, **Organiser**, **Format** s'ajoutent sous un même intitulé **Outils de présentation de formulaire**.

## TRAVAILLER AVEC UN RUBAN RÉDUIT

Lorsque le Ruban est réduit on ne voit plus que les noms des onglets, cela laisse plus de place pour l'affichage des informations de la base de données dans les des documents à onglets.

- Pour réduire le Ruban : [Ctrl]+[F1], ou double-cliquez sur l'onglet actif du Ruban, ou cliquez droit sur un onglet puis sur *Réduire le ruban*, ou cliquez sur la flèche de la barre d'outils *Accès rapide* puis sur *Réduire le ruban*.
- Pour accéder aux boutons lorsque le Ruban est réduit : cliquez sur l'onglet que vous voulez utiliser, les outils de cet onglet s'affichent, après exécution de la commande le Ruban se réduit de nouveau.
- Pour restaurer le ruban : [Ctrl]+[F1], ou double-cliquez sur un onglet du Ruban, ou cliquez droit sur un onglet du Ruban puis sur la commande *Réduire le ruban* pour désactiver l'option, ou cliquez sur la flèche de la barre d'outils *Accès rapide* puis sur *Réduire le ruban*.

# LA BARRE D'OUTILS ACCÈS RAPIDE

La barre d'outils *Accès rapide* est située en haut à gauche de la fenêtre juste au-dessus ou au-dessous du Ruban selon votre choix ❶. Placez-y vos outils afin de les avoir à portée de clic.

## AFFICHER/MASQUER LES BOUTONS STANDARDS

Trois des boutons standards sont visibles par défaut dans la barre d'outils *Accès rapide* :

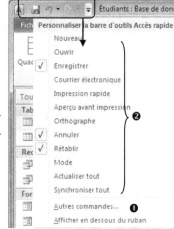

- *Enregistrer* : 🖫 enregistre les modifications.
- *Annuler* : ↺ annule l'action précédente ou les dernières actions précédentes (en cliquant sur la flèche de l'outil).
- *Répéter* ou *Rétablir* : ↻ répète la dernière action effectuée, ou, s'il s'agissait d'une annulation, ↻ rétablit ce qui a été annulé ; pour restaurer plusieurs annulations cliquez sur la flèche du bouton *Rétablir*.

Raccourcis clavier : Ctrl+Z pour annuler, Ctrl+Y pour répéter

Les boutons standards ❷ doivent être activés pour être visibles :
- Cliquez sur la flèche à droite de la barre *Accès rapide*, puis
- Cliquez sur un des autres boutons standards proposés : *Nouveau, Ouvrir, Courrier électronique, Impression rapide, Aperçu avant impression, Orthographe, Mode, Actualiser tout.*

Pour masquer un bouton standard, effectuez la même procédure que pour le rendre visible, ce qui a pour effet de le désactiver.

## AJOUTER/SUPPRIMER D'AUTRES BOUTONS

- Pour ajouter un bouton qui figure sous un onglet du Ruban, cliquez droit sur le bouton du Ruban, puis sur *Ajouter à la barre d'outils Accès rapide*.
- Pour ajouter un bouton d'une commande qui ne figure pas sur le Ruban, cliquez sur la flèche située à droite de la barre *Accès rapide*, puis sur *Autres commandes....*

  Le dialogue *Options Access* s'affiche avec la rubrique *Barre d'outils Accès rapide*.

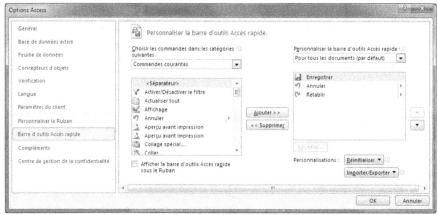

- Dans la zone <Choisir les commandes dans les catégories suivantes> : choisissez la catégorie *Toutes les commandes*, sélectionnez la commande et cliquez sur [Ajouter>>], dans la zone <Personnaliser la barre d'outils rapide> : choisissez *Pour tous les documents (par défaut)* ou *Pour nom_document_ actif*, validez par [OK].
- Pour supprimer un bouton, cliquez droit sur le bouton dans la barre d'outils *Accès rapide*, puis sur la commande *Supprimer de la barre d'outils Accès rapide*.

# L'ONGLET FICHIER ET LE MODE BACKSTAGE

L'onglet **Fichier** remplace le *bouton Microsoft Office* de la version 2007 et le menu *Fichier* des versions antérieures. Il active le mode dit « Backstage », donnant accès aux commandes qui s'appliquent au fichier de base de données dans son entier, par opposition aux commandes des autres onglets qui permettent de travailler sur les objets de la base de données.

- Cliquez sur l'onglet **Fichier** ❶ puis cliquez sur une commande ❷ dans le panneau de gauche, s'il y a lieu, le panneau de droite ❸ affiche les choix associés à la commande.

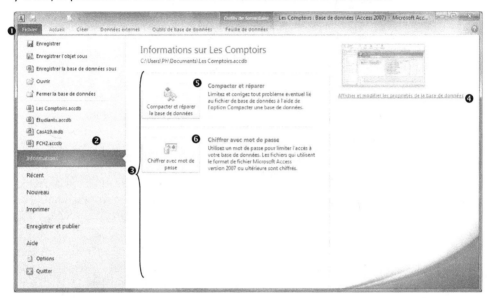

- **Enregistrer** : pour enregistrer les dernières modifications sur les objets de la base de données.
- **Enregistrer l'objet sous** : pour créer une copie de l'objet actif, par exemple une table ou une requête, sous un autre nom dans la base de données.
- **Enregistrer la base de données sous** : pour enregistrer la base de données sous un autre nom, un autre format ou dans un autre dossier.
- **Ouvrir** : pour ouvrir une autre base de données dans la fenêtre, à la place de celle qui est actuellement ouverte.
- **Fermer la base de données** : pour fermer la base de données sans arrêter Access.
- **Informations** : pour afficher et modifier les propriétés de votre base de données ❹, compacter et réparer ❺, chiffrer avec mot de passe la base de données ❻.
- **Récent** : pour afficher la lise des bases de données récemment ouvertes et en choisir une à ouvrir à la place de celle qui est actuellement ouverte.
- **Nouveau** : pour créer une base de données vierge ou basée sur un modèle.
- **Imprimer** : pour accéder à l'impression rapide, à l'aperçu avant impression ou aux paramètres d'impression.
- **Enregistrer et publier** : pour enregistrer la base de données sous un autre format, un autre nom ou dans un autre dossier. Pour empaqueter et signer la base. Pour publier la base de données grâce à Access Services ou SharePoint. Pour créer un fichier exécutable.
- **Aide** : pour accéder à l'Aide, aux conseils de mise en route, savoir comment contacter Microsoft, rechercher les dernières mises à jour, activer le produit, connaître la version du logiciel.
- **Options** : Pour accéder aux options et les modifier.
- **X Quitter** : pour fermer l'instance de l'application Access en cours.

Lorsque vous travaillez sur une base de données, les noms des objets qu'elle comprend s'affichent dans le volet de navigation. Les principaux objets sont les tables, les formulaires, les états, les pages, les macros et les modules. Les objets peuvent être regroupés par type d'objets, mais aussi selon d'autres catégories.

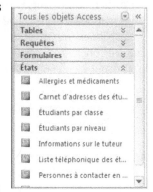

- Pour ouvrir le volet de navigation, cliquez sur » (ou F11), pour le fermer sur « (ou F11).
- Pour ouvrir un objet dans l'espace de travail, double cliquez sur le nom de l'objet dans le volet de navigation.
- Pour appliquer une commande à l'un des objets, cliquez droit sur l'objet puis sur la commande contextuelle. Les commandes contextuelles varient en fonction de l'objet actif. Vous pouvez ainsi renommer, afficher ou masquer des objets, en modifier certaines propriétés…

## COMMENT LE VOLET DE NAVIGATION REGROUPE LES OBJETS

Le volet de navigation affiche tous les objets regroupés.

- Cliquez sur l'icône ⊙ puis choisissez la catégorie de groupement sous Atteindre la catégorie. Les objets d'un groupe apparaissent sous une barre de groupe. Pour ouvrir ou fermer un groupe, cliquez sur les double-flèches ⯆ ⯅ situées à droite de la barre de groupe.

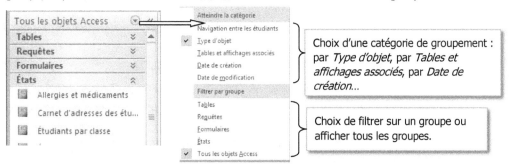

Choix d'une catégorie de groupement : par *Type d'objet*, par *Tables et affichages associés*, par *Date de création*…

Choix de filtrer sur un groupe ou afficher tous les groupes.

La catégorie de groupement par défaut sur une base créée dans Office Access 2010 est *Tables et affichages associés*. Il groupe les objets par table, les requêtes, les états, les formulaires basés sur une même table. Le filtre de groupe par défaut est alors *Toutes les tables*.

- Pour filtrer sur une seule table de la base, cliquez sur l'icône ⊙, choisissez le mode de groupement *Tables et affichages associés*. Sous la section grisée Filtrer par groupe, cliquez sur le nom de la table plutôt que sur *Toutes les tables*.

Certains objets peuvent apparaître plusieurs fois, dans des groupes différents. Par exemple, si un état prend ses données dans deux tables, il apparaîtra dans les deux groupes de tables.

Pour les bases de données créées dans des versions plus anciennes d'Access, le mode de groupement par défaut est *Type d'objet* et le filtre de groupe par défaut est *Tous les objets Access*. Les groupes sont Tables, Requêtes, Formulaires, États. Vous pouvez filtrer sur l'un de ces groupes, par exemple Requêtes, pour ne voir que les requêtes.

## GROUPES PERSONNALISÉS

Vous pouvez créer des groupes personnalisés listant seulement les objets que vous voulez utiliser, vous pourrez masquer les autres groupes. Les groupes personnalisés peuvent servir pour remplacer les menus généraux, fonctionnalité des versions antérieures d'Office Access qui n'existe plus depuis la version 2007. Les groupes personnalisés sont développés page 20.

# MANIPULER LES OBJETS DE LA BASE DE DONNÉES

Lorsque vous avez ouvert une base de données, la fenêtre Access présente en haut le Ruban des commandes avec ses onglets et au-dessous l'espace de travail.

Le volet de navigation est ouvert (il peut être refermé) sur la gauche de l'espace de travail. Le volet de navigation liste tous les objets de la base de données et permet de les ouvrir par un double-clic. Pour travailler sur un objet, une table, une requête, un formulaire... vous commencez par ouvrir l'objet.

Dans l'espace de travail, les objets ouverts sont présentés sous forme de document à onglet ou de fenêtres superposées.

## CHOISIR L'OPTION FENÊTRES SUPERPOSÉES OU DOCUMENTS À ONGLET

- Cliquez sur l'onglet **Fichier**, puis sur **Options**. Sélectionnez ensuite la rubrique *Base de données active*, et à droite activez l'option <⊙ Fenêtres superposées> ou <⊙ Documents à onglets>.

## OUVRIR OU FERMER LE VOLET DE NAVIGATION

- Pour fermer ou rouvrir le volet de navigation, utilisez la touche F11.

Lorsque le volet de navigation est fermé, il reste matérialisé par une barre de titre verticale sur la gauche de l'espace de travail portant le nom *Volet de navigation*. Vous pouvez rouvrir le volet par un double-clic sur cette barre verticale.

- Pour agrandir ou diminuer la largeur du volet de navigation, cliquez sur le bord vertical de droite du volet de navigation et faites-le glisser.

## ORGANISER LES OBJETS PAR GROUPES DANS LE VOLET DE NAVIGATION

Dans le volet de navigation, vous pouvez choisir la catégorie de groupement des objets :

- *Par type d'objet* : regroupés par types (requêtes, tables, formulaire, état).
- *Par table* : regroupés par tables (requêtes, formulaires... d'une table).
- *Par date de création* : regroupés par date de création (semaine dernière, mois dernier...).
- *Par date de modification* : regroupés par date de modification (sem. dernière, mois dernier...)
- *Personnalisé* : regroupés par groupes personnalisés que vous avez créés.

- Pour cela, cliquez sur l'icône ⊙ ❶ puis choisissez la catégorie de groupement ❷ sous la section Atteindre la catégorie. Chaque groupe est listé sous une barre. Pour ouvrir ou fermer un groupe, cliquez sur les chevrons ⊗ ⊗ ❸ situés à droite de la barre du groupe.

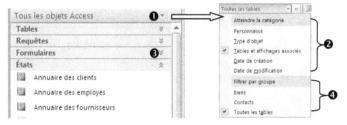

- Vous pouvez ensuite filtrer les objets sur un seul groupe ou sur un sous-ensemble de groupe que vous sélectionnez : cliquez sur l'icône ⊙ puis, sous Filtrer par groupe, sélectionnez un groupe ou plusieurs groupes ❹ (par exemple parmi les tables, Biens ou Contacts). Si vous voulez afficher tous les groupes, cochez la dernière option (par exemple, *Toutes les tables*).

# MANIPULER LES OBJETS DE LA BASE DE DONNÉES

Les noms des objets sont toujours précédés d'une icône qui symbolise le type d'objet :
⊞ une table, ⊞ une requête, ⊞ un formulaire, ▤ un état, ⁊ une macro, ⁊ un module.

Pour les noms des objets, nous vous conseillons d'adopter un usage répandu, mettre une lettre en préfixe du nom : `T_` pour table, `R_` pour requête, `F_` pour formulaire, `E_` pour état.

## RENOMMER UN OBJET

- Cliquez droit sur le nom de l'objet puis sur la commande *Renommer*, ou sélectionnez le nom de l'objet puis appuyez sur F2. Modifiez ensuite le nom de l'objet et validez par ⏎.

Lorsque vous renommez un objet, Access propage cette modification à tous les autres objets de base de données qui en dépendent, sauf dans les modules de code VBA.

## SUPPRIMER UN OBJET

- Cliquez droit sur le nom de l'objet puis sur la commande *Supprimer*, ou sélectionnez le nom de l'objet puis appuyez sur Suppr. Un message demande confirmation : cliquez sur [Oui].

La suppression d'un objet risque de perturber le fonctionnement d'une base de données. Par exemple, une requête peut fournir des données à un formulaire, vous devez donc vous entourer de précautions avant de supprimer une requête.

## MASQUER UN OBJET OU RÉAFFICHER UN OBJET MASQUÉ

### Les objets masqués peuvent être totalement invisibles ou semi-transparents

Vous pouvez rendre des groupes ou des objets masqués totalement invisibles ou les laisser visibles seulement dans le volet de navigation sous la forme d'icônes désactivées (semi-transparentes).

- Cliquez droit sur la barre en haut du volet de navigation, puis sur *Options de navigation* et cochez ou non l'option <☑/☐Afficher les objets cachés>.

### Masquer/réafficher un groupe

- Dans le volet de navigation, cliquez droit sur la barre de titre du groupe, puis sur *Masquer*.
- Pour réafficher un groupe masqué, s'il apparaît semi-transparent, cliquez droit sur le groupe masqué, puis sur *Afficher*. Ou, s'il est complètement invisible, cliquez droit sur la barre de menu en haut du volet de navigation, puis sur *Options de navigation*. Dans le volet <Catégories>, sélectionnez la catégorie où se trouve le groupe masqué puis, dans le volet <Groupes pour «catégorie»>, cochez la case du groupe masqué. Validez en cliquant sur [OK].

### Masquer/réafficher un ou plusieurs objets dans un même groupe

- Dans le volet de navigation, cliquez droit sur un ou plusieurs objets sélectionnés dans un groupe, puis cliquez sur la commande contextuelle *Masquer dans ce groupe*.
- Pour réafficher des objets masqués dans un groupe, cliquez droit sur l'objet ou sur une sélection d'objets masqués dans le groupe, puis cliquez sur *Afficher dans ce groupe*.

### Masquer/réafficher un objet dans toutes les catégories et tous les groupes

- Pour masquer l'objet : cliquez droit dessus, cliquez sur *Afficher les propriétés* puis, dans le dialogue des propriétés de l'objet. Cochez l'option <☑ Masqué>.
- Pour réafficher un objet masqué : procédez de la même façon et décochez <☐ Masqué>.

## GROUPES PERSONNALISÉS

Vous pouvez utiliser le volet de navigation pour créer des groupes personnalisés listant seulement les objets que vous voulez utiliser, vous pourrez masquer les autres groupes. Les groupes personnalisés pourront servir pour remplacer les menus généraux, fonctionnalité des versions d'Office Access 2003 abandonnée depuis la version 2007.

### Créer une catégorie et ses groupes personnalisés

Exemple, une catégorie Menu principal contiendra des groupes Saisie de données, États et Requêtes.

■ Cliquez droit sur la barre de menu en haut du volet de navigation, puis sur *Options de navigation...*

– Sous la zone <Catégories>, cliquez sur [Ajouter un élément], puis saisissez un nom pour le groupe `Menu principal`, par exemple.

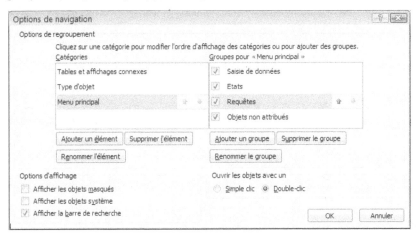

■ Le nom de catégorie *Menu principal* étant sélectionné, dans la zone <Groupes pour «Menu principal»>, cliquez sur [Ajouter un groupe], puis saisissez un nom pour le groupe, `Saisie de données`. Répétez cette opération pour les autres groupes `États`, `Requêtes`.

■ Laissez la case cochée devant ☑ *Objets non attribués* et cliquez sur [OK].

Access referme le dialogue *Options de navigation* et ajoute le nouveau groupe personnalisé dans le volet de navigation. Vous ne le voyez pas parce que vous ne regardez pas encore dans votre nouvelle catégorie Menu principal.

Passez à la procédure suivante pour afficher le nouveau groupe et y ajouter des objets.

### Ajouter des objets aux groupes personnalisés

■ Cliquez sur la barre située en haut du volet de navigation, sélectionnez votre nouvelle catégorie Menu principal. Les groupes créés figurent dans la partie inférieure du menu.

■ Dans le groupe Objets non attribués, sélectionnez les objets à placer dans un groupe personnalisé et déplacez-les vers le groupe voulu, pour cela :

– Glissez-déplacez les éléments un par un ou sélectionnez plusieurs éléments, en cliquant dessus avec la touche Ctrl appuyée, puis faites glisser la sélection vers votre groupe personnalisé. Ou

– cliquez droit sur les éléments sélectionnés puis sur *Ajouter à un groupe*, enfin sur le nom du groupe personnalisé.

Lorsque vous avez terminé, vous pouvez laisser le groupe Objets non attribués affiché dans le volet de navigation ou le masquer.

■ Pour le masquer, cliquez droit sur le menu situé dans la partie supérieure du volet de navigation, puis cliquez sur *Options de navigation...*puis dans le volet *Groupes pour «Menu principal»*, désactivez la case à cocher devant ☐ *Objets non attribués*.

# LES OPTIONS ACCESS

- Pour modifier les options d'Access, cliquez sur l'onglet **Fichier** sur le Ruban, puis cliquez sur **Options**, enfin sélectionnez la rubrique des options que vous voulez modifier.

Les options de la rubrique *Général* concernent l'interface utilisateur, le format par défaut des fichiers et le dossier de travail par défaut, le nom d'utilisateur et ses initiales.

Les options de la rubrique *Base de données active* définissent des modalités de comportement de la base de données active.

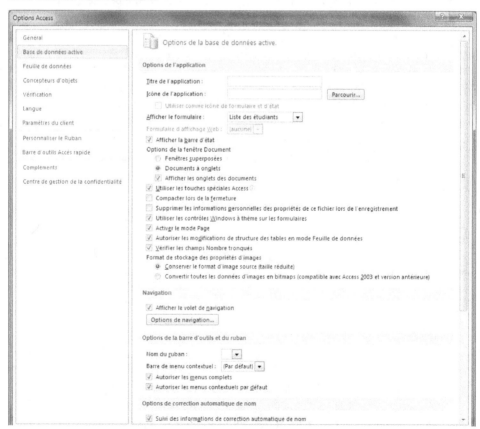

# LES OPTIONS ACCESS

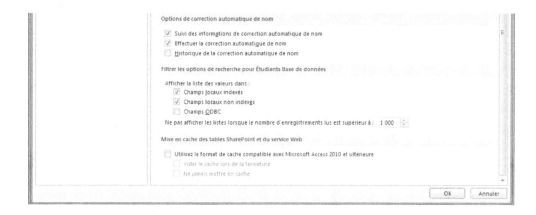

Les options de la rubrique *Feuille de données* modifient l'apparence des feuilles de données dans Access.

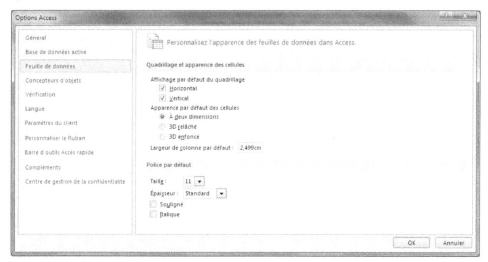

Les options de la rubrique *Concepteurs d'objets* modifient les paramètres par défaut des objets de la base. Ces paramètres ne concernent pas le mode Feuille de données de table ou Page.

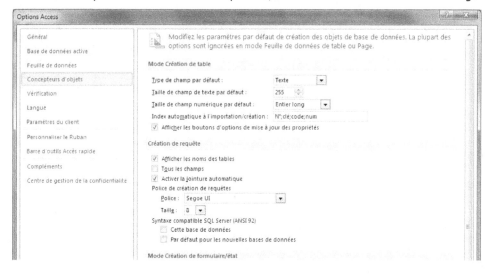

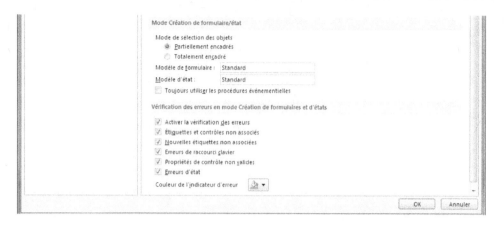

Les options des rubriques *Vérifications* et *Langue* s'appliquent à tous les programmes Microsoft Office 2010.

Les options de la rubrique *Paramètres du client* modifient le comportement du logiciel client Access, par exemple l'action de certaines touches, les marges d'impression, le mode d'ouverture par défaut...mais ces options ne s'appliquent pas à l'interface Web.

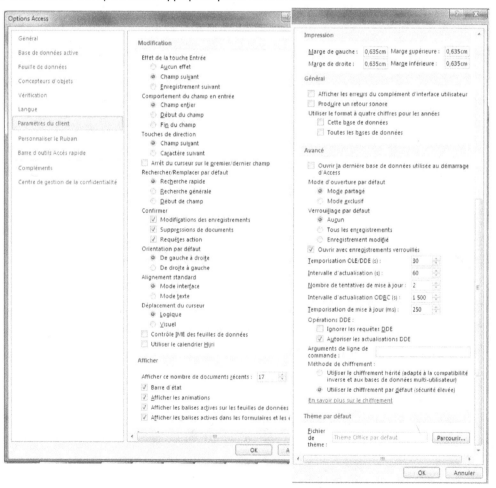

# LES OPTIONS ACCESS

La rubrique *Personnaliser le Ruban* sert à ajouter ou supprimer des boutons de commande dans les onglets du Ruban d'Access.

La rubrique *Barre d'outils Accès rapide* sert à ajouter ou supprimer des boutons de commande dans la barre d'outils *Accès rapide d'Access*.

La rubrique *Compléments* permet d'activer ou désactiver des compléments Access. Un complément est une fonctionnalité supplémentaire qui ajoute des commandes personnalisées et de nouvelles fonctionnalités aux programmes Microsoft Office 2010. Lorsque vous installez Microsoft Office 2010, plusieurs compléments sont installés et enregistrés sur l'ordinateur.

La rubrique *Centre de de gestion de la confidentialité* contient le bouton qui permet

> Paramètres du Centre de gestion de la confidentialité...

d'accéder aux paramètres de sécurité et de confidentialité des programmes Microsoft Office 2010. Il est conseillé de de consulter l'administrateur système ou d'évaluer soigneusement les risques avant d'apporter des modifications aux paramètres du Centre de gestion de la confidentialité.

# OBTENIR DE L'AIDE

- Lorsque vous avez besoin d'aide, appuyez sur la touche F1 ou cliquez sur l'icône 🔘 (point d'interrogation) sur le côté droit au-dessus du Ruban. Ou, cliquez sur **Fichier**, puis sur **Aide**, puis sur l'icône *Aide de Microsoft Office*.

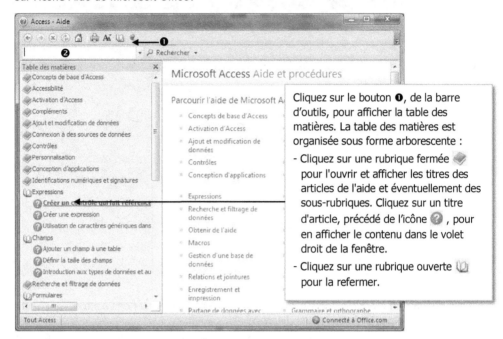

La barre d'outils contient neuf boutons :

- 🔘 *Précédent* : ......................... article précédent.
- 🔘 *Suivant* : ............................. article suivant.
- 🔘 *Arrêter* : ............................. arrête la recherche en cours.
- 🔘 *Actualiser* : ......................... actualise le résultat de la recherche.
- 🔘 *Accueil* : ............................. affiche la page d'accueil de l'aide.
- 🔘 *Imprimer* : ......................... imprime l'article en cours.
- 🔘 *Modifier taille de la police* : ... pour choisir entre 5 tailles de police d'affichage.
- 🔘 *Table des matières* : .............. affiche/non la table des matières dans le volet de gauche.
- 🔘 *Maintenir sur le dessus* : ........ maintient l'Aide au-dessus de la fenêtre Access même active.

### Effectuer une recherche dans l'Aide

- Saisissez les mots dans la zone <Recherche>❷, puis cliquez sur le bouton *Rechercher,* le résultat de la recherche est la liste des noms d'articles trouvés. Cliquez sur un article pour l'ouvrir.

La flèche du bouton *Rechercher,* permet de spécifier un domaine de recherche soit dans *votre ordinateur* (Tout Access, ou seulement Aide, Modèles ou Formation) soit en ligne sur *Office.com*.

Si les résultats ne sont pas satisfaisants, vous pouvez changer les mots de recherche ou étendre la recherche à d'autres sources grâce aux liens en bas de page (si la recherche se fait « online »).

# OBTENIR DE L'AIDE

### INFOBULLE D'AIDE SUR UN OUTIL

- Amenez le pointeur sur l'outil, une infobulle décrit l'usage de l'outil.

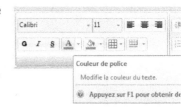

L'affichage des infobulles peut être activé ou désactivé par les options Access : cliquez sur l'onglet **Fichier**, puis sur **Options**, cliquez sur la rubrique *Général*, puis dans la zone <style d'info-bulles> choisissez l'option.

### AIDE EN LIGNE OU HORS CONNEXION

- Cliquez sur le bouton situé au bas à droite de la fenêtre de l'Aide, vous pouvez choisir entre *Afficher un contenu à partir d'Office.com* ou *Afficher un contenu à partir de cet ordinateur uniquement*. Ensuite, chaque fois que vous ouvrirez une fenêtre d'aide dans un des programmes Microsoft Office, l'aide affichera son contenu à partir de la source choisie.

---

L'aide en ligne (à partir de Offfice.com) est plus à jour et parfois plus complète que celle qui est installée sur votre ordinateur. Mais si votre connexion Internet est coupée, l'indicateur *Hors connexion* reste affiché.

---

### MAINTENIR LA FENÊTRE D'AIDE AU PREMIER PLAN

La fenêtre d'Aide est configurée par défaut pour rester en permanence au premier plan, le dernier bouton de la barre d'outils se présente dans ce cas comme une épingle vue de dessus 📌. Vous pouvez travailler dans votre document en conservant la fenêtre d'aide sous vos yeux, vous pouvez la redimensionner et la déplacer pour ne pas gêner votre travail.

Si vous cliquez sur ce bouton, vous désactivez l'affichage au premier de la fenêtre d'aide, le bouton se présente alors comme une épingle vue de côté 📌 .

### IMPRIMER UNE RUBRIQUE D'AIDE

- Cliquez sur le bouton 🖨 pour imprimer la rubrique d'aide affichée.

### DEMANDEZ DE L'AIDE À D'AUTRES UTILISATEURS

- Vous pouvez accéder à des communautés sérieuses sur les produits Microsoft sur le site `http://www.microsoft.com/france/communautes`. Sur ce site, vous pouvez chercher les communautés qui s'intéressent à Access, par exemple voici un site sur lequel vous trouverez des forums, des tutoriels, de conseils.... `www.developpez.com`.

### LES NOUVEAUTÉS D'ACCESS VERSION 2010

Dans l'Aide, en mode Connecté à Office.com, ouvrez la rubrique *Mise en route*, puis cliquez sur l'article Nouveautés de Microsoft Office Access.

---

# UTILISER LA FEUILLE DE DONNÉES

**2**

# SAISIR ET ÉDITER DES ENREGISTREMENTS

Le mode *Feuille de données* est conçu pour saisir directement des enregistrements dans les tables, ou pour consulter et modifier les données existantes, sans passer par un formulaire.

## AJOUTER DES ENREGISTREMENTS DANS UNE TABLE

- Pour afficher la table en mode *Feuille de données*, double-cliquez sur le nom de la table dans le volet de navigation, ou cliquez droit sur le nom de table puis sur la commande *Ouvrir*.

- Cliquez sur l'icône *Nouvel enregistrement* ❶ situé sur la barre d'état, ou appuyez sur ⌨Ctrl+➕.
- Saisissez le contenu du premier champ (sauf s'il est de type *NuméroAuto*), puis validez en appuyant sur ⇥ ou ↵ pour passer au champ suivant et ainsi de suite...
- Une fois le dernier champ renseigné, l'appui sur la touche ⇥ ou ↵ fait passer le point d'insertion au début d'un nouvel enregistrement.

Access sauvegarde automatiquement un enregistrement dont un champ a été modifié dès que le curseur est placé dans un autre enregistrement.

- Pour fermer la feuille de données, appuyez sur ⌨Ctrl+W ou sur ⌨Ctrl+F4, ou cliquez droit sur l'onglet de la feuille puis sur la commande *Fermer*.

## NAVIGUER DANS LES ENREGISTREMENTS

L'enregistrement actif est repérable par sa case de sélecteur d'enregistrement colorée. C'est l'enregistrement dans lequel vous avez cliqué ou que vous avez trouvé par une recherche. La ligne entière de l'enregistrement actif est en fond grisé, sauf le champ dans lequel vous avez cliqué.

### Atteindre un enregistrement avec les boutons de navigation

| | |
|---|---|
| ❶ Premier enregistrement. | ❻ Création d'un nouvel enregistrement. |
| ❷ Enregistrement précédent. | ❼ Indicateur d'un filtre actif ou non. |
| ❸ Zone de numéro de ligne. | ❽ Zone de recherche. |
| ❹ Enregistrement suivant. | ❾ Curseur de défilement horizontal, lorsque |
| ❺ Dernier enregistrement. | la fenêtre n'est pas assez large pour afficher toutes les colonnes de la table. |

- Pour atteindre un enregistrement par son numéro de ligne dans la feuille de données, double-cliquez sur le numéro dans la zone ❸, saisissez le numéro de ligne et validez par ↵.
- Pour atteindre un enregistrement par une valeur contenue, saisissez la valeur dans la zone <Rechercher> ❽. Le curseur se place automatiquement dans le premier enregistrement de la feuille de données contenant cette valeur. Pour trouver les enregistrements suivants contenant cette même valeur, tapez sur la touche ↵.

# SAISIR ET ÉDITER DES ENREGISTREMENTS

### Atteindre un enregistrement avec les touches de direction du clavier

| | | | |
|---|---|---|---|
| ⇥ ou ↵ | Champ suivant. | Ctrl + ⌧ | Premier enregistrement. |
| Fin | Dernier champ de la ligne. | ⬆ / ⬇ | Fait défiler de n enregistrements |
| ⇧ + ⇥ | Champ précédent. | | vers le haut / vers le bas (n étant le |
| ⌧ | Premier champ de la ligne. | | nombre d'enregistrements affichés. |
| Ctrl + Fin | Dernier enregistrement. | ↑ | Enregistrement précédent. |
| | | ↓ | Enregistrement suivant. |

## MODIFIER LES DONNÉES D'UN ENREGISTREMENT

■ Trouvez l'enregistrement à modifier en faisant défiler les enregistrements, ou en entrant une valeur de recherche dans la zone recherche sur la barre de navigation dans les enregistrements (évitez de le trouver par le numéro de ligne qui peut changer en fonction des tris et des filtres).

■ Cliquez dans le champ à modifier, sélectionnez la donnée entière ou la portion de données à modifier et saisissez la modification.

### Sauvegarde ou annulation des modifications d'un enregistrement

Lorsque vous modifiez des données dans une table (ou un formulaire), vos modifications sur une ligne (ou enregistrement) sont automatiquement sauvegardées lorsque vous accédez à une autre ligne ou lorsque vous fermez la table (le formulaire).

En cours de modification d'une ligne (ou enregistrement), le symbole en forme de crayon 🖉 s'affiche dans le sélecteur de l'enregistrement actif tant que les modifications n'ont pas été enregistrées. Lorsque vous passez à une autre ligne (ou enregistrement), ce symbole disparaît, indiquant ainsi que vos modifications ont été sauvegardée.

Pour sauvegarder des modifications sur un enregistrement sans passer à un autre, sous l'onglet **Accueil**>groupe **Enregistrements** cliquez sur le bouton **Enregistrer**, ou raccourci Maj+Entrée.

Tant que vous êtes en mode édition (avec le symbole 🖉 ), vous pouvez annuler la modification du champ en cours de modification en tapant une fois sur la touche Echap et la modification de tout l'enregistrement en tapant une deuxième fois sur la touche Echap.

### Les symboles du sélecteur d'enregistrement.

| | |
|---|---|
| | Enregistrement actif ; l'enregistrement a été sauvegardé tel qu'il apparaît. |
| 🖉 | Enregistrement en cours de modification ; modifications non encore enregistrées. |
| ⊘ | Enregistrement verrouillé par un autre utilisateur ; vous ne pouvez pas le modifier. |
| ✳ | Nouvel enregistrement dans lequel vous pouvez saisir des informations. |

### Spécificités de la saisie selon le type de données

– *Texte* : saisissez le texte de manière habituelle. Dans certains cas, un texte saisi en minuscules s'inscrit automatiquement en majuscules : il s'agit d'une propriété que vous pouvez spécifier.

– *Nombre* : saisissez les nombres sans taper de séparateur de milliers ni de symbole monétaire, ces éléments étant inclus dans le format d'affichage du champ.

– *Date* : saisissez une date sous la forme 3/5/10 (ce qui donnera 03/05/2010), ou 3/5 (ce qui donnera également 03/05/2010 si l'année en cours est 2010), ou 3/5/10 (ce qui donnera 03/05/2010). Vous pouvez aussi taper un tiret ou une virgule à la place du symbole /.

Les dates saisies avec un format année à deux chiffres, comprises entre le 01/01/00 et le 31/12/29, sont censées être des dates comprises entre l'an 2000 et 2029. Les dates saisies comprises entre le 01/01/30 et 31/12/99 sont censées être comprises entre 1930 et 1999.

- *Heure* : tapez les heures sous la forme 3:5:9 (donne 03:05:09), ou 3:5 (donne 03:05:00). Vous pouvez également taper un point à la place des deux-points.
- *Champ Oui/Non* : par défaut ce type de champ apparaît sous la forme d'une case que vous pouvez cocher ou pas.
- *Lien hypertexte* : tapez l'adresse d'un lien (par exemple `http://www.tsoft.fr` ou `www.tsoft.fr`) ou cliquez droit dans le champ puis sur *Lien hypertexte*, puis sur *Modifier le lien hypertexte*. Dans le dialogue *Insérer le lien hypertexte...* qui s'affiche, spécifiez l'adresse dans la zone <Adresse> et le texte du lien dans la zone <Texte à afficher>.
- *Liste de choix* : cliquez sur la flèche qui apparaît à l'extrémité droite du champ, puis cliquez sur la valeur de votre choix dans la liste qui se déroule.
- *Objet OLE* : copiez/collez un objet dans le champ, ou cliquez droit puis cliquez sur *Insérer un objet*. Le dialogue qui s'affiche permet de créer l'objet.
- *Champ NuméroAuto :* les champs de type *NuméroAuto* étant gérés par Access, ils ne peuvent pas être modifiés.

## TYPE DE DONNÉES ET CONTRÔLE DE VALIDATION

Dans certains cas (du texte dans un champ numérique, tentative de modification d'un champ de type *NuméroAuto*, etc.), Access refuse la valeur saisie.

## INSÉRER UNE VALEUR PRÉDÉFINIE

Vous pouvez insérer ou substituer à la valeur saisie dans un champ celle qui lui a été assignée par défaut au niveau de ses propriétés. Pour cela :

- Placez le curseur dans le champ, appuyez sur `Ctrl`+`Alt`+`espace`.

Vous pouvez insérer la valeur du même champ de l'enregistrement précédent, pour cela :

- Placez le curseur dans le champ, appuyez sur `Ctrl`+`'` (l'apostrophe, sur la même touche que le chiffre 4 sur le clavier principal).

Diverses touches de saisie :

- `Ctrl`+`↵` insère une ligne suivante dans un champ.
- `Ctrl`+: (deux-points) insère l'heure actuelle.

## ZOOM SUR UN CHAMP

Éventuellement, on peut zoomer sur un champ pour le visualiser dans son intégralité. Cela est utile pour les champs de grande taille, tels que les champs de type *Mémo*.

- Cliquez dans le champ de l'enregistrement que vous voulez visualiser, appuyez sur `⇧`+`F2`.

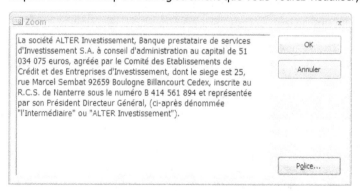

- Tapez ou modifiez le texte si nécessaire, cliquez sur [OK] pour terminer.

# COPIER/DÉPLACER/SUPPRIMER DES DONNÉES

Vous pouvez copier ou déplacer des données par copier/coller d'un champ vers un autre, d'une table vers une autre ou encore vers une autre application Windows, par exemple Excel ou Word.

## SÉLECTIONNER LES ENREGISTREMENTS À COPIER

### Avec la souris

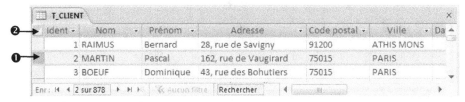

- Pour sélectionner un enregistrement : cliquez sur le sélecteur à gauche de l'enregistrement ❶.
- Pour sélectionner plusieurs enregistrements successifs : cliquez sur le sélecteur du premier enregistrement puis faites glisser le sélecteur jusqu'au dernier à sélectionner.
- Pour sélectionner tous les enregistrements : cliquez sur la case grise située dans le coin supérieur gauche de la feuille de données ❷.

### Au clavier

- Pour sélectionner un enregistrement, rendez-le actif puis sélectionnez-le par ⇧+espace.
- Pour sélectionner plusieurs enregistrements successifs, sélectionnez le premier enregistrement, puis étendez la sélection par ⇧+↓ ou⇧+↑.
- Pour sélectionner tous les enregistrements appuyez sur Ctrl+A.

## COPIER OU DÉPLACER DES ENREGISTREMENTS D'UNE TABLE À UNE AUTRE

Pour le collage d'une table à une autre, l'ordre des champs des enregistrements source doit respecter l'ordre des champs de la table cible, les noms des champs pouvant être différents.

- Sélectionnez les enregistrements à copier ou à déplacer, puis sous l'onglet Accueil>groupe **Presse-papiers**, cliquez sur le bouton **Copier** ❶ (ou Ctrl+C) ou **Couper** ❷ (ou Ctrl+X).
- Ouvrez une autre table, cliquez dans la table. Puis, sous l'onglet **Accueil**> groupe **Presse-papiers**, cliquez sur la flèche du bouton **Coller** ❸ puis sur *Coller par ajout*. Les enregistrements source sont ajoutés en fin de la table cible.

Si vous sélectionnez des enregistrements successifs dans la table cible, ils seront remplacés par les enregistrements source si vous cliquez simplement sur le bouton **Coller** (ou Ctrl+V).

De la même façon, vous pouvez coller les données dans une feuille Excel ou dans un document Word, les noms des champs seront repris comme titre des colonnes dans le document cible.

### Problèmes de collage

Les enregistrements qu'Access ne peut pas coller sont placés dans une table appelée *Table des erreurs*. Access ne peut pas coller un enregistrement s'il contient une valeur :

- Dont le type de donnée est incorrect où qui est trop longue pour le champ destination.
- Qui ne respecte pas la règle de validation du champ destination.
- Qui existe déjà dans un champ clé primaire.
- Qui est interdite par une macro de validation ou qui ne respecte pas la règle de validation.

## SUPPRIMER DES ENREGISTREMENTS D'UNE TABLE

- Sélectionnez les enregistrements à supprimer, puis sous l'onglet Accueil>groupe Enregistrements, cliquez sur le bouton ✕ ˙ **Supprimer** ou appuyez sur Suppr.
- Un message demande confirmation. Cliquez sur [Oui] pour valider la suppression.

# METTRE EN FORME LA FEUILLE DE DONNÉES

La présentation de la table en feuille de données peut être personnalisée. Certains changements de présentation s'appliquent à l'ensemble des tables, d'autres ne concernent que la table ouverte et affichée en premier plan. La mise en forme d'une table peut être enregistrée lorsque vous fermez la table ou à tout moment lorsque vous utilisez la commande *Enregistrer*.

## OPTIONS PAR DÉFAUT POUR TOUTES LES FEUILLES DE DONNÉES

Les changements apportés aux options par défaut affectent l'ensemble des feuilles de données associées aux tables de la base de données ouverte.

- Cliquez sur l'onglet **Fichier**, puis sur **Options** et sélectionnez la rubrique *Feuille de données*.

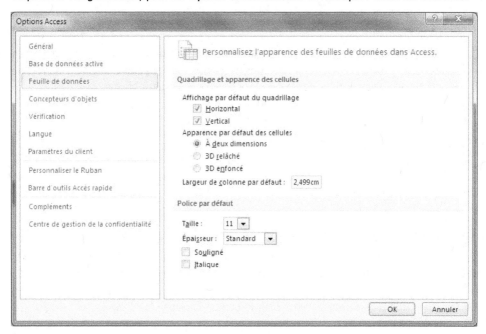

- – Choisissez l'affichage du quadrillage, l'apparence des cellules, la largeur de colonne par défaut.
- – Choisissez la police par défaut, sa taille et sa mise en forme par défaut
- Cliquez sur [OK].

Les modifications d'apparence décrites dans les paragraphes suivants n'affectent que la feuille de données de la table active.

## MODIFIER LA LARGEUR DE COLONNE

La largeur de colonne s'applique seulement aux colonnes que vous sélectionnez.

### Avec un dialogue

- Cliquez sur l'en-tête de la colonne, puis sur *Largeur de colonne...* saisissez la nouvelle valeur en nombre de caractères affichables.

  L'option <☑ Largeur standard> permet d'appliquer la largeur de colonne par défaut, celle spécifiée dans les options par défaut.

# METTRE EN FORME LA FEUILLE DE DONNÉES

### Avec la souris

- Placez le pointeur sur le bord droit de l'en-tête de la colonne à redimensionner (rectangle grisé affichant le nom du champ) : le pointeur se transforme en flèche à deux pointes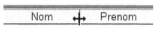
- Double-cliquez pour redimensionner la colonne en fonction de son contenu, ou cliquez et faites glisser jusqu'à obtenir la largeur souhaitée.

## MODIFIER LA HAUTEUR DES LIGNES

La modification de la hauteur des lignes affecte toutes les lignes de la feuille de données, vous ne pouvez pas modifier la hauteur d'une ligne particulière.

- Cliquez droit sur le sélecteur d'un enregistrement quelconque, puis sur *Hauteur de ligne...* Saisissez la hauteur de ligne, validez par [OK]. L'option <hauteur standard> remet la hauteur en fonction de la taille de police choisie.
- Placez le pointeur entre les sélecteurs d'enregistrement de deux lignes quelconques, il se transforme en flèche à deux pointes. Faites glisser vers le haut ou vers le bas.

## DÉPLACER UNE COLONNE

La colonne est déplacée dans la feuille de données, le champ n'est pas déplacé dans la table.

- Sélectionnez la colonne en cliquant sur son en-tête (nom de colonne sur un fond grisé). Puis, cliquez à nouveau sur cet en-tête et faites glisser vers la droite ou vers la gauche, relâchez la pression lorsque la position (trait vertical épais) entre deux autres colonnes vous convient.

## MASQUER/AFFICHER UNE COLONNE

La colonne est masquée dans la feuille, le champ n'est pas supprimé dans la table. Mais attention à ne pas supprimer la colonne (au lieu de la masquer) car cela supprimerait aussi le champ.

- Sélectionnez les colonnes à masquer, cliquez droit dessus, puis sur *Masquer les colonnes*.
- Pour les réafficher, cliquez droit sur un en-tête de colonne quelconque, puis sur *Afficher les colonnes...* Dans le dialogue, cochez les noms de colonnes à afficher, validez par [Fermer].

## FIGER/LIBÉRER DES COLONNES

La visualisation à l'écran de toutes les colonnes en même temps est parfois impossible. Il est alors utile de figer certaines d'entre elles pour qu'elles restent affichées en permanence sur la gauche de la feuille de données lorsque vous faites défiler horizontalement la feuille. De la même façon que les en-têtes de colonne restent toujours visibles lorsque vous faites défiler la feuille vers le bas.

- Sélectionnez les colonnes à figer, cliquez droit sur la sélection, puis sur *Figer les colonnes*. Les colonnes figées sont déplacées à gauche de la feuille de données.
- Pour ne plus figer les colonnes, cliquez sur un en-tête de colonne quelconque, puis sur *Libérer les colonnes*. Déplacez les colonnes anciennement figées si vous le souhaitez.

## RENOMMER UN CHAMP EN RENOMMANT LA COLONNE

- Double-cliquez dans l'en-tête de la colonne, saisissez un nouveau nom pour la colonne et validez par ⏎.

---

Attention, lorsque vous remplacez, comme ci-dessus, le nom de colonne dans la feuille de données, le nom du champ de la table est aussi renommé et la propriété <Légende> du champ est supprimée. Si vous voulez afficher un nom de colonne dans la feuille de données différent du nom de champ, passez en mode *Création* et modifiez la propriété <Légende> du champ.

---

# METTRE EN FORME LA FEUILLE DE DONNÉES

## METTRE EN FORME LE TEXTE

La police de caractères que vous choisissez s'applique à toutes les cellules de la feuille. Vous ne pouvez pas modifier la police pour une colonne particulière.

- Sous l'onglet **Accueil**>groupe **Mise en forme du texte**
Sélectionnez la police ❶ et sa taille ❷. Vous pouvez modifier l'attribut Gras ❸, Italique ❹ ou souligné ❺, ainsi que la couleur des caractères ❻.

## ALIGNEMENT DANS LES CELLULES

Par exception aux autres options qui s'appliquent à toutes les colonnes, l'alignement s'applique aux colonnes sélectionnées et non à toutes les colonnes.

- Sous l'onglet **Accueil**>groupe **Mise en forme du texte**, cliquez sur un des boutons d'alignement ❼.

## APPARENCE DES CELLULES

- Sous l'onglet **Accueil**>groupe **Mise en forme du texte**, choisissez une couleur d'arrière plan principal ❽ et une autre couleur d'arrière plan ❾ qui s'applique seulement aux lignes paires (donc une ligne sur deux). Vous pouvez choisir aussi le type de quadrillage ❿ (horizontal, vertical, ou les deux ou aucun).

- Pour afficher toutes les options, cliquez sur le **Lanceur** du groupe **Mise en forme du texte**. Le dialogue *Mise en forme de la feuille de données* (ci-contre) s'affiche : vous pouvez personnaliser en plus la couleur du quadrillage, l'apparence des cellules (2D, 3D enfoncé ou relâché). Le style des bordures (tirets, pointillé...).

## ENREGISTRER LES MODIFICATIONS DE LA MISE EN FORME DE LA TABLE

- Les modifications de mise en forme de la table sont enregistrées lorsque vous fermez la table, un message s'affiche :

- Vous pouvez aussi les enregistrer à tout moment en cliquant sur le bouton *Enregistrer* de la barre d'outils *Accès rapide* ou en utilisant le raccourci clavier sur Ctrl+S.

# RECHERCHER ET REMPLACER DES DONNÉES

Vous utilisez le dialogue *Rechercher et remplacer* lorsque vous souhaitez rechercher (et remplacer) de petites quantités de données dans une table et qu'une requête ne s'impose pas pour cela.

## RECHERCHER UNE DONNÉE DANS UNE TABLE

- Placez le curseur dans le premier enregistrement, dans le champ dans lequel vous voulez chercher, puis sous l'onglet **Accueil**>groupe **Rechercher**, cliquez sur **Rechercher** ([Ctrl]+F).

- Dans la zone <Rechercher> ❶, saisissez la valeur cherchée.
- Modifiez si nécessaire les options de recherche ❷ :
- – <Regarder dans> : choisissez de limiter la rechercher au champ ou à toute la table.
- – <Où> : précisez si la valeur doit être cherchée n'importe où dans le champ, ou au début du champ ou comme étant la valeur du champ entier.
- – <Sens> : Seulement vers le bas, vers le haut ou dans les deux sens.
- – <☑ Respecter la casse> : différencie majuscules et minuscules.
- – <Rechercher les champs mis en forme> : cherche aussi dans les formats.
- Cliquez sur [Suivant] ❸ pour lancer la recherche et trouver la première occurrence. Cliquez ensuite à nouveau pour trouver l'occurrence suivante, etc. Lorsque vous avez trouvé l'occurrence que vous cherchez, cliquez sur [Annuler].

Vous pouvez éventuellement utiliser des caractères génériques : ? remplace une lettre, * remplace un groupe de caractères quelconque, # remplace un chiffre.

## REMPLACER DES DONNÉES DANS UNE TABLE

Vous pouvez remplacer une chaîne de caractères, un mot ou une partie de mot... Vous pouvez même utiliser des caractères génériques pour étendre la recherche.

- Placez le curseur dans le premier enregistrement, éventuellement dans le champ de recherche, puis sous l'onglet **Accueil**>groupe **Rechercher**, cliquez sur **Remplacer** ([Ctrl]+H).
  Le dialogue *Rechercher et remplacer* s'ouvre sur l'onglet Remplacer.

- – Dans la zone <Rechercher> : saisissez le texte à chercher (caractères génériques admis)
- – Dans la zone <Remplacer par> : saisissez le texte de remplacement.
- – Modifiez si nécessaire les options de recherche (les mêmes que sous l'onglet Rechercher).
- Cliquez sur [Suivant] pour chercher la première occurrence du texte, puis [Remplacer] remplace l'occurrence trouvée ou [Suivant] cherche l'occurrence suivante sans remplacer l'occurrence trouvée. Pour remplacer toutes les occurrences suivantes, [Remplacer tout].

Vous pouvez vérifier l'orthographe dans les champs *Texte* ou *Mémo*, dans tous les enregistrements ou dans des enregistrements sélectionnés et même des champs sélectionnés.

## EFFECTUER LA VÉRIFICATION

- En mode *Feuille de données*, sélectionnez les lignes (enregistrements) ou les colonnes (champs), ou même un ensemble de cellules dont vous voulez vérifier l'orthographe.

- Sous l'onglet **Accueil**>groupe **Enregistrements**, cliquez sur le bouton **Orthographe** (ou F7).

Lorsqu'un mot inconnu au dictionnaire est repéré, Access affiche le dialogue suivant :

- Saisissez l'orthographe correcte en ❶ ou sélectionnez un mot de remplacement dans la zone <Suggestions> ❷. Puis, cliquez sur l'un des boutons suivants :

– [Remplacer] : corrige uniquement l'occurrence de ce mot et poursuit la vérification.

– [Remplacer tout] : corrige toutes les occurrences de ce mot et poursuit la vérification.

– [Ignorer] : laisse l'occurrence de ce mot inchangée et poursuit la vérification.

– [Ignorer tout] : laisse toutes les occurrences de ce mot inchangées et poursuit la vérification.

### Rôle des autres boutons

– [Ignorer le champ «nom_champ»] : cesse de vérifier les données dans le champ.

– [Ajouter] : ajoute le mot au dictionnaire personnel.

– [Annuler dernière action] : revient sur la correction précédente en l'annulant.

– [Annuler] : cesse la vérification.

### Correction automatique

Après avoir corrigé un mot dans la zone ❶, vous pouvez utiliser le bouton [Correction automatique] pour corriger, et en plus stocker la correction dans le dictionnaire des corrections automatiques (voir page suivante).

## OPTIONS DE VÉRIFICATION

- Dans le dialogue du vérificateur d'orthographe, cliquez sur le bouton [Options...].

# VÉRIFIER L'ORTHOGRAPHE

- <☑ Ignorer les mots en MAJUSCULES> : ignore les mots dont toutes les lettres sont en majuscules. Par exemple, la vérification ne signale pas ABC comme une erreur.
- <☑ Ignorer les mots qui contiennent des chiffres> : ignore les mots qui contiennent des chiffres. Par exemple, la vérification ne signale pas a1b2c3 comme une erreur.
- <☑ Ignorer les chemins d'accès aux fichiers> : ignore les mots qui représentent des adresses Internet et des chemins d'accès aux fichiers. Par exemple, la vérification ignore les éléments suivants : http://www.tsoft.fr/,\\tsoft\public\, mailto:marc@tsoft.fr.
- <☑ Signaler les répétitions au moyen d'un indicateur> : ignore les mots répétés. Par exemple, la vérification de signale pas toc toc comme une erreur.
- <☑ Majuscules accentuées en français> : signale les mots français contenant une majuscule non accentuée. Lorsque vous utilisez le français canadien, cette option est activée par défaut.
- <☑ Suggérer à partir du dictionnaire principal uniquement> : suggère uniquement des mots du dictionnaire principal intégré au vérificateur d'orthographe. Les mots de vos dictionnaires personnels ne sont pas inclus dans la liste de suggestions.
- <Langue du dictionnaire> : sélectionnez la langue dans laquelle le texte a été tapé. Access utilisera le dictionnaire principal de cette langue, s'il a été installé sur votre poste.
- <Modes français> : choisissez entre vérifier l'orthographe rectifiée (réformée en 1990 par l'Académie française), l'orthographe traditionnelle ou les deux à la fois.
- Le bouton [Dictionnaires personnels...] vous permet de gérer des dictionnaires personnel : créer des dictionnaires, ajouter/supprimer des mots, choisir les dictionnaires à utiliser.
- ■ Faites vos choix et cliquez sur [OK].

## CORRECTION AUTOMATIQUE ET ABRÉVIATIONS

Cette fonction permet la correction automatique en cours de frappe et peut servir en particulier à définir des abréviations à substituer par un symbole ou par un texte long dès la saisie.

- ■ Cliquez sur l'onglet **Fichier**, puis sur **Options**, sélectionnez la rubrique *Vérification* puis dans le panneau droit cliquez sur le bouton [Options de corrections automatiques...].

Vous pouvez conserver les options cochées ou les désactiver.

<☑ Correction en cours de frappe> active le remplacement automatique en cours de frappe des termes d'une liste par des termes de substitution.

Pour ajouter un terme dans cette liste :

- Dans <Remplacer> : saisissez le terme, dans <Par> : saisissez le symbole ou le texte de substitution puis cliquez sur le bouton [Ajouter].
- ■ Validez les options en cliquant sur [OK].

En cours de frappe, le terme est remplacé automatiquement. Mais vous pouvez annuler ce remplacement en cliquant immédiatement après sur l'outil *Annuler* dans la barre d'outils *Accès rapide*.

Vous pouvez aussi annuler ultérieurement la substitution, pour cela : amenez le pointeur sur le texte de substitution, cliquez sur la balise qui s'affiche alors sous le début du texte. Un menu vous propose d'annuler le remplacement, de supprimer le terme de la liste de correction en cours de frappe ou d'accéder au dialogue de *Correction automatique*.

# TRIER DANS LA FEUILLE DE DONNÉES

Le tri s'applique à la feuille de données, les enregistrements restent physiquement dans la table dans leur ordre de création. C'est leur affichage dans la feuille de données qui se fait dans un ordre différent. Le tri peut se faire selon les données d'un seul champ ou de plusieurs champs. Lorsque vous avez appliqué un tri et que vous fermez la feuille de données en enregistrant les modifications, vous enregistrez les paramètres de tri. Et, lorsque vous ouvrez à nouveau la table en mode *Feuille de données,* les enregistrements réapparaissent triés. Mais vous pouvez annuler le tri et retrouver les enregistrements dans leur ordre de création dans la table.

## TRI SIMPLE SELON LES DONNÉES D'UN CHAMP

- En mode *Feuille de données*, placez le curseur dans la colonne contenant le champ qui doit servir de clé de tri, puis, sous l'onglet **Accueil**>groupe **Trier et filtrer**, cliquez sur le bouton de tri **Croissant** ❶ ou **Décroissant** ❷.

Lorsque vous avez effectué un tri sur un champ, une flèche s'affiche à droite de l'en-tête de colonne de ce champ, flèche vers le haut pour tri croissant, vers le bas pour tri décroissant.

Vous pouvez trier selon les données selon plusieurs champs. Par exemple, si vous souhaitez obtenir les clients triés par Ville (1$^{re}$ clé) et par nom (2$^e$ clé) dans chaque ville, triez en premier lieu sur le champ <CLI_NOM> (2$^e$ clé), en dernier lieu sur le champ <CLI_VILLE> (1$^{ère}$ clé).

Si vous avez sélectionné plusieurs colonnes adjacentes lorsque vous effectuez le tri, celui-ci s'effectue d'abord sur la colonne la plus à droite, puis sur les autres de droite à gauche.

## TRI AVANCÉ

- Sous l'onglet **Accueil**>groupe **Trier et filtrer**, cliquez sur le bouton **Options avancées** ❸ puis sur *Filtre/tri avancé...* qui affiche une grille de filtre/tri sous un nouvel onglet.

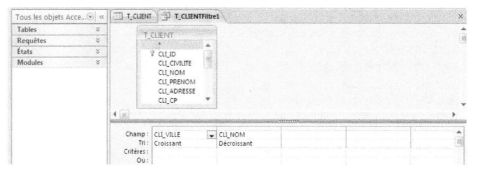

La grille de filtre/tri est déjà constituée en fonction des tris qui ont été définis, indique en première colonne le champ clé de tri majeur, les colonnes suivantes les champs clés de tri mineurs.

- Dans cette grille, vous pouvez définir des tris plus sophistiqués, par exemple ajouter un champ calculé et le définir comme clé de tri. Appliquez le tri en cliquant sur le bouton **Activer/Désactiver le filtre** ❹ sur le Ruban.

## ANNULER LE TRI

- Pour annuler tous les tris, cliquez sur le bouton **Supprimer un tri** ❺.
- Pour annuler un seul champ clé de tri à la fois, supprimez la colonne dans la grille de *Filtre/tri*.

# FILTRER DANS LA FEUILLE DE DONNÉES

Lorsqu'un filtre a été appliqué à la feuille de données, celle-ci n'affiche plus que la partie des données respectant le(s) critère(s) de sélection du filtre. Vous pouvez neutraliser le filtre pour réafficher tous les enregistrements ou réappliquer le filtre.

### CRÉER UN FILTRE SUR UNE VALEUR D'UN CHAMP

- Ouvrez la table en mode *Feuille de données*, placez le curseur dans une cellule contenant la valeur à utiliser comme filtre. Sous l'onglet **Accueil**>groupe **Trier et filtrer**, cliquez sur le bouton **Sélection**, puis sur l'une des commandes.

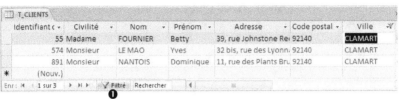

Dans la barre de navigation, l'indicateur de filtre ❶ est actif pour signaler qu'un filtre est actif.

---

*Si vous créez successivement plusieurs filtres sur des champs différents, les critères sont combinés par Et. Vous pouvez visualiser les critères créés dans la grille de filtre (voir page suivante).*

---

### NEUTRALISER ET RÉAPPLIQUER LE FILTRE

Lorsque vous venez de créer un filtre, il s'applique immédiatement, vous pouvez le neutraliser et le réactiver. Lorsque vous ouvrez une table, son filtre, s'il existe, est neutralisé à l'ouverture.

Lorsque le filtre est neutralisé, le bouton **Activer/Désactiver le filtre** (sous l'onglet **Accueil**>groupe **Trier et filtrer**) n'est pas en surbrillance et l'indicateur de filtre indique *Non Filtré*. Lorsque le filtre est appliqué, le bouton **Activer/Désactiver le filtre** est en surbrillance et l'indicateur de filtre indique *Filtré*.

- Pour neutraliser ou appliquer le filtre défini dans la feuille de données, cliquez sur le bouton **Activer/Désactiver le filtre** ou sur l'indicateur de filtre.

### CRÉER UN FILTRE SUR UN CHAMP AVEC GUIDAGE PAR MENU

- Cliquez dans une colonne de filtre, ouvrez la table en mode *Feuille de données*, sous l'onglet **Accueil**>groupe **Trier et filtrer**, cliquez sur le bouton **Filtrer**.
- Cochez seulement les valeurs de champs pour lesquelles vous voulez afficher les enregistrements.

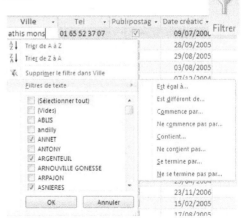

Vous pouvez cocher/décocher toutes les valeurs du champ à la fois en cochant ou en décochant <☑/☐Sélectionner tout>.

- Pour créer un filtre plus élaboré, cliquez sur *Filtres de texte*, puis dans le menu qui s'ouvre sélectionnez la commande de filtre et spécifiez les valeurs de filtre.
- Validez par [OK] pour appliquer le critère.

---

*Notez que le filtre de texte que vous définissez se combine avec les valeurs cochées par ailleurs dans le menu par la condition Et.*

---

# FILTRER DANS LA FEUILLE DE DONNÉES

## SUPPRIMER LES FILTRES

- Pour suprimer les critères de filtre sur le champ sélectionné, cliquez sur le bouton **Filtre** puis sur la commande *Supprimer le filtre dans « champ »*.
- Pour supprimer tous les critères de filtre sur tous les champs, cliquez sur le bouton **Options avancées**, puis sur la commande *Effacer tous les filtres*.

## CRÉER UN CRITÈRE AVEC UN FORMULAIRE

- Cliquez sur le bouton **Options avancées**, puis sur la commande *Filtrer par formulaire*.

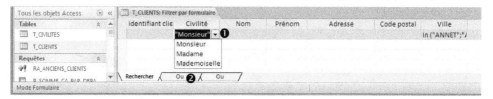

- Cliquez dans un en-tête de colonne, puis sur la flèche déroulante ❶ et sélectionnez une valeur.
- Si vous souhaitez combiner une autre valeur de critère (du même champ ou d'un autre champ) par la condition *Et*, sélectionnez l'autre valeur de la même façon, etc.
- Si vous souhaitez combiner une autre valeur de critère par la condition *Ou*, cliquez sur l'onglet Ou ❷ puis sélectionnez l'autre valeur de la même façon.
- Cliquez sur le bouton Activer/Désactiver le filtre.

## FILTRE AVANCÉ

- Cliquez sur le bouton **Options avancées**, puis sur la commande *Filtre/tri avancé...* une grille Filtre/Tri s'ouvre sous un onglet.
- Cliquez le curseur dans la ligne <Champ> de la première colonne, puis sur la flèche déroulante et sélectionnez le champ qui va servir de critère. Cliquez dans la ligne<Critères> de la même colonne, puis saisissez le critère.
- Définissez les autres critères dans les autres colonnes, sur les lignes <Critères> ou <Ou>.
- Les critères entrés dans les cellules d'une même ligne sont combinés par *Et*.
- Les critères entrés sur deux lignes différentes sont combinés par *Ou*.

| Champ : | CLI_VILLE | CLI_CHIFFRE_AFFAIRE | | |
|---|---|---|---|---|
| Tri : | | | | |
| Critères : | "Paris" | >500 | | |
| Ou : | "Lyon" | | | |

- Cliquez sur le bouton **Activer/Désactiver le filtre**.

### Exemples de critères

```
"Paris"                      >="F"              2007
"Paris" ou "Rouen"           Comme "S*"         =#5/10/09#
In ("France","Canada")       Null               >=#5/10/09#
Pas "Paris"                  Pas Est Null       Entre #5/10/09# Et #20/10/09#
```

## ENREGISTRER UN FILTRE EN TANT QUE REQUÊTE

Cette option n'est possible que si l'on a utilisé la méthode *Filtre avancé* pour définir le filtre.

- Cliquez sur le bouton **Options avancées** puis sur *Enregistrer en tant que requête*, saisissez un nom pour la nouvelle requête, validez par [OK].

# IMPRIMER LA FEUILLE DE DONNÉES

## APERÇU AVANT IMPRESSION

Utilisez l'aperçu avant impression pour vérifier à l'écran que la mise en page convient et donc éviter des impressions inutiles. De plus, vous pourrez faire des ajustements de mise en page et en voir les effets immédiatement à l'écran sans avoir besoin d'imprimer.

- Affichez la table en mode *Feuille de données* de la table, ou sélectionnez le nom de la table dans le volet de navigation. Puis :
- Cliquez sur le bouton 📄 *Aperçu avant impression* dans la barre d'outils *Accès rapide*. Ou,
- cliquez sur l'onglet **Fichier** puis sur **Imprimer** et ensuite sur l'icône *Aperçu avant impression*.

La feuille de données s'affiche telle qu'elle serait imprimée, un onglet contextuel prend place sur le Ruban.

- Groupe **Imprimer**.
- **Imprimer** : ouvre le dialogue *Imprimer* (cf. page suivante) qui permet de choisir le pilote d'imprimante, de régler les paramètres d'impression avant de lancer l'impression.
- Groupe Taille de la page :
- **Taille** : indiquer le format du papier dans l'imprimante A4, A5…
- **Marges** : choisir entre différentes marges prédéfinies : *Normales, Larges, Étroites*.
- Groupe Mise en page :
- **Portrait** ou **Paysage** : choisir l'orientation Portrait ou Paysage.
- **Mise en page** : affiche le dialogue *Mise en page* complet qui comporte deux onglets.

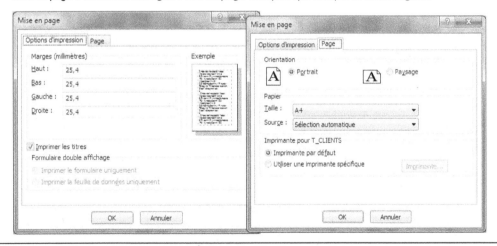

Lorsque vous fermez la feuille de données, les modifications de mise en page ne sont pas enregistrées. À la prochaine ouverture, la mise en page reprend les paramètres par défaut.

- Groupe **Zoom**.
- **Zoom** : permet d'ajuster le zoom à la fenêtre ou de fixer un pourcentage de zoom.
- **Une page** ou **Deux pages** : permet de choisir un aperçu sur une ou deux pages à la fois.
- **Plus de deux pages** : permet de choisir un aperçu sur quatre, huit ou douze pages à la fois.
- Groupe Fermer l'aperçu.
- **Fermer l'aperçu avant impression** : repasse à l'affichage d'avant l'aperçu avant impression.

## IMPRIMER LA FEUILLE DE DONNÉES

- Ouvrez la table en mode *Feuille de données* ; si vous envisagez de n'imprimer que certains enregistrements, sélectionnez-les d'abord ou appliquez un filtre.
- Cliquez sur l'onglet **Fichier** puis sur **Imprimer**, enfin sur l'icône *Imprimer* ou appuyez sur Ctrl +P. Le dialogue *Imprimer* s'affiche.

Sous Imprimante :

– Dans la zone <Nom>, sélectionnez l'imprimante à utiliser, lorsque vous avez plusieurs imprimantes installées sous Windows. Le bouton [Propriétés...] permet de modifier les paramètres du pilote de l'imprimante.

Sous Imprimer :

– <⊙ Tout> pour imprimer toutes les pages.
– <⊙ Pages> pour imprimer une séquence de pages que vous spécifiez à droite.
– <⊙ Enregistrement(s) sélectionné(s)> pour n'imprimer que les enregistrements qui ont été sélectionnés dans la feuille de données.

Sous Copies :

– Dans <Nombre de copies>, saisissez le nombre de copies.
– L'option <☑ Copies assemblées> n'est modifiable que si vous spécifiez plusieurs copies.

- Faites vos choix, puis validez en cliquant sur [OK].

Le bouton [Mise en page] permet d'ouvrir le dialogue *Mise en page* (cf. page précédente).

# CRÉER ET GÉRER LES FICHIERS

**3**

# CRÉER UNE BASE DE DONNÉES VIDE

Vous pouvez créer une base de données vide pour y ajouter ensuite vos propres tables, requêtes, formulaires, états, et autres objets.

■ Cliquez sur l'onglet **Fichier**, puis sur *Nouveau*, ou Ctrl+N, vous pouvez aussi cliquer sur l'outil *Nouveau* dans la barre d'outils *Accès rapide*. Dans le panneau central, cliquez sur l'icône *Base de données vide* ou *Base de données Web vide*.

Une base de données Web peut être accédée par un navigateur Web après installation sur un serveur exécutant les services Access pour SharePoint Server. Elle peut aussi être accédée avec Access 2010.

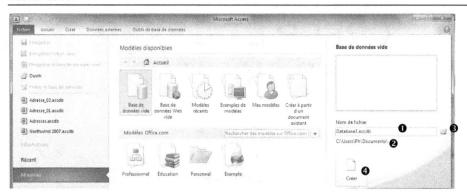

■ Dans le panneau de droite sous *Base de données vide*, tapez un nom de fichier dans la zone <Nom de fichier> ❶. L'emplacement où sera créé le fichier est indiqué ❷ sous cette zone.

– Pour modifier l'emplacement du fichier, cliquez l'icône ❸, l'emplacement par défaut est proposé, sélectionnez un autre emplacement et validez par [OK].

■ Cliquez sur l'icône [Créer] ❹ pour créer le fichier base de données Access, sur votre disque, dans l'emplacement choisi.

Access crée le fichier avec le format par défaut. Pour modifier le format par défaut, cliquez sur l'onglet **Fichier**, puis sur **Options**, enfin cliquez sur la rubrique *Général*, modifiez le format dans l'option <Format de fichier par défaut pour la base de données vierge>.

Une table vide est proposée avec pour nom `Table1`, ouverte en mode *Feuille de données*. Le point d'insertion est placé dans la première cellule de la colonne <Ajouter un nouveau champ>.

■ Si vous voulez créer la table, entrez des données ou collez-en à partir d'une source externe (voir importer des données d'une source externe). La structure de la table est créée au fur et à mesure que vous entrez des données sur la première ligne, les champs sont ajoutés avec les noms <Champ1>, <Champ2>, etc. Le type de données de chaque champ est défini en fonction des données entrées. Pour entrer des données dans la ligne suivante, cliquez dans la ligne suivante. Lorsque vous avez fini la saisie, cliquez sur le bouton *Enregistrer* dans la barre d'outils *Accès rapide*, modifiez le nom de la table, validez par [OK].

■ Si vous ne souhaitez pas créer de table pour l'instant, cliquez sur l'icône x *Fermer*. Si vous avez modifié la table, Access vous demande alors si vous souhaitez enregistrer les modifications apportées. Cliquez sur [Non] pour annuler les modifications.

Si vous fermez la table `Table1` sans l'avoir enregistrée au moins une fois, Access supprime toute la table, même si vous y avez entré des données.

# CRÉER UNE BASE DE DONNÉES À PARTIR D'UN MODÈLE

Vous pouvez créer une base de données à partir d'un modèle, pour que la base de données que vous créez contienne déjà les tables et objets existant dans le modèle. Des modèles sont fournis avec Access, pour assurer le suivi de problèmes, gérer des contacts ou suivre les dépenses. Vous pouvez aussi utiliser des modèles qui sont sur le site Microsoft Office.com.

- Cliquez sur l'onglet **Fichier**, puis sur **Nouveau**. Le Panneau central propose de choisir un modèle.

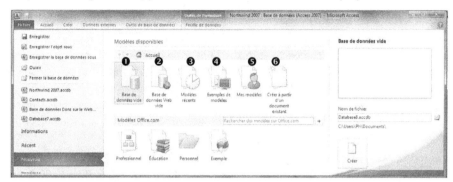

Les icônes sous la barre grisée du haut servent à accéder aux modèles installés sur votre ordinateur.

❶ Modèle pour créer une base de données vierge.

❷ Modèle pour créer une base de données Web vide.

❸ Dossier contenant des raccourcis pour accéder aux modèles récemment utilisés.

❹ Dossier contenant les modèles exemples, fournis avec Access.

❺ Dossier contenant les modèles que vous avez créés.

❻ Pour parcourir les dossiers à la recherche d'un modèle (fichier d'extension `accdt`).

Les icônes sous la barre grisée Modèles Office.com permettent d'accéder aux modèles à télécharger depuis le site Microsoft, classés par catégories.

- Sélectionnez le modèle que vous souhaitez utiliser. L'icône du modèle s'affiche dans le panneau de droite, au-dessus de la zone <Nom de fichier>.

- Un nom de fichier est proposé dans la zone <Nom de fichier>, vous pouvez le modifier.

- L'emplacement par défaut est proposé sous la zone <Nom de fichier>. Pour le modifier, cliquez l'icône 🖼, sélectionnez un autre emplacement et validez par [OK].

- Cliquez sur l'icône [Créer], ou [Télécharger] s'il s'agit d'un modèle sur Office.com, pour créer le fichier base de données Access, dans l'emplacement choisi.

Un formulaire s'affiche pour vous permettre d'entrer des données. Si le modèle contient des exemples de données, vous pouvez supprimer les enregistrements.

### Enregistrer une base de données en tant que modèle

- Ouvrez la base de données que vous voulez enregistrer comme modèle. Cliquez sur l'onglet **Fichier**, puis sur **enregistrer et publier**. Dans le panneau de droite, sous la barre Type de fichiers de base de données, sélectionnez sur *Modèles(*.accdt)*.

- Saisissez un nom de fichier, une description, spécifiez une image icône et un aperçu, validez par [OK].

Le modèle est accessible dans le dossier *Mes modèles*, `C:\users\nom_user\Roaming\Micosoft\Templates\Access`.

# SAUVEGARDER/RESTAURER UNE BASE DE DONNÉES

Les sauvegardes permettent de récupérer une base de données corrompue par une défaillance du système. Effectuez des sauvegardes régulières, que vous pourrez restaurer le cas échéant.

Restaurer une sauvegarde peut servir aussi pour annuler des erreurs commises. Par exemple, les requêtes Action qui modifient ou suppriment des enregistrements ne peuvent pas être annulées. Effectuez une sauvegarde juste avant d'exécuter une telle requête Action.

## SAUVEGARDER UNE BASE DE DONNÉES

Lorsque vous sauvegardez une base de données, Access enregistre et ferme tous les objets qui sont ouverts en *Mode Création*, compacte et répare la base de données, puis enregistre une copie du fichier de base de données en utilisant un nom et un emplacement que vous pouvez spécifier. Access rouvre ensuite tous les objets qui avaient été fermés.

- Ouvrez la base de données à sauvegarder, cliquez sur l'onglet **Fichier** puis sur **Enregistrer et publier**. Dans le panneau de droite sous Avancé, cliquez sur *Sauvegarder la base de données*.
- La boîte de dialogue *Enregistrer sous* s'affiche.
- Dans la zone <Nom de fichier>, le nom proposé comprend le nom du fichier de la base d'origine suivi de la date de la sauvegarde. Vous pouvez modifier ce nom, mais c'est le nom qui convient le mieux car il contient la date de sauvegarde.
- Sélectionnez le dossier dans lequel vous souhaitez enregistrer la sauvegarde.
- Cliquez sur [Enregistrer].

## RESTAURER UNE BASE DE DONNÉES

Pour restaurer une base de données, vous devez disposer d'une copie de sauvegarde de cette base de données, dont l'intégrité des données et la conception sont fiables. Il est préférable d'utiliser une copie réalisée avec la commande *Sauvegarder la base de données*.

Par exemple, vous pouvez restaurer une base de données à partir d'une copie stockée sur une unité externe USB.

### Restaurer la totalité d'une base de données

- Supprimez le fichier de base de données et remplacez-le par la sauvegarde.

Si d'autres bases de données ou programmes contiennent des liens vers des objets de la base de données que vous restaurez, il est essentiel de la restaurer au même emplacement.

### Restaurer un objet d'une base de données

Pour restaurer un objet de base de données, importez l'objet de la sauvegarde dans la base de données. Vous pouvez restaurer plusieurs objets à la fois.

- Ouvrez la base de données dans laquelle vous souhaitez restaurer un objet. Puis supprimez ou renommez les objets à restaurer.
- Sous l'onglet **Données externes**>groupe **Importer et lier**, cliquez sur l'icône **Access**. Dans le dialogue *Données externes*, cliquez sur [Parcourir] pour rechercher la base de données de sauvegarde, et validez par [OK].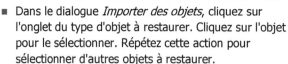
  Cochez <⊙ Importer des tables, des requêtes, des formulaires, des états, des macros et des modules dans la base de données active>, validez par [OK].
- Dans le dialogue *Importer des objets*, cliquez sur l'onglet du type d'objet à restaurer. Cliquez sur l'objet pour le sélectionner. Répétez cette action pour sélectionner d'autres objets à restaurer.

  Pour ajuster vos options d'importation. Cliquez sur le [Options>>] avant d'importer vos objets.
- Cliquez sur [OK] pour restaurer les objets.

# COMPACTER/FRACTIONNER UNE BASE DE DONNÉES

## COMPACTER UNE BASE DE DONNÉES

Les fichiers de base de données peuvent vite devenir volumineux à mesure que vous les utilisez, et nuire ainsi aux performances. Il peut également arriver qu'ils soient corrompus.

Le compactage et la réparation exigent un accès exclusif au fichier de base de données. Si d'autres utilisateurs sont en cours de partage de la même base, prévenez-les au préalable afin qu'ils puissent prendre leurs dispositions et ne pas utiliser la base de données à ce moment.

Lorsque vous essayez d'ouvrir un fichier de base de données endommagé, vous êtes invité à laisser Access réparer le fichier automatiquement.

### Compacter et réparer automatiquement une base de données à sa fermeture

Cette option ne concerne que la base de données actuellement ouverte. Vous devez la définir séparément pour chaque base de données à compacter et réparer automatiquement.

- Cliquez sur l'onglet **Fichier**, puis sur **Options**. Cliquez sur la rubrique *Base de données Active*. Sous Options de l'application, cochez la case <☑ Compacter lors de la fermeture>.

### Compacter et réparer une base de données

Si d'autres utilisateurs travaillent également sur le fichier de base de données, vous ne pouvez pas exécuter une opération de compactage et réparation.

- Pour compacter une base de données ouverte en mode exclusif (mode exclusif : voir page 52), cliquez sur l'onglet **Fichier**, puis sur **Informations**. Dans le panneau central, cliquez sur l'icône *Compacter et réparer la base de données*.

- Pour compacter une base de données fermée, cliquez sur **Informations**, puis sur l'icône *Compacter et réparer une base de données*. Dans le dialogue *Base de données à compacter à partir de*, recherchez et double-cliquez sur la base de données à compacter et réparer.

Quand Access ne parvient pas à réparer tous les objets d'une base de données endommagée, tous les objets ne pouvant pas être récupérés sont notés dans une table `MSysCompactErrors`, et Access ouvre cette table en mode *Feuille de données*.

## FRACTIONNER UNE BASE DE DONNÉES

Une base de données fractionnée est constituée de deux fichiers de base de données : une « base de données principale » qui contient uniquement les tables de données, et une « base de données frontale » qui contient les requêtes, les formulaires, les états et les autres objets ainsi que les liens vers les tables de la base de données principale.

- Pour fractionner, ouvrez la base de données (ou une copie de celle-ci) sur votre disque local. Sous l'onglet **Outils de base de données**>groupe **Déplacer les données**, cliquez sur **Base de données Access**. L'Assistant démarre, cliquez sur [Fractionner la base de données]. Dans le dialogue *Créer une base de données principale*, spécifiez le nom (*), le type de fichier et l'emplacement, éventuellement sur le réseau, dans lequel sera créé le fichier de base de données principale. Cliquez sur [Fractionner].

(*) Le nom suggéré par Access est le nom du fichier d'origine avec le suffixe _be, juste avant l'extension du nom de fichier. Il est recommandé de le conserver.

Vous donnerez à chaque utilisateur une copie individuelle de la base de données frontale qui lui servira à accéder à la base de données principale partagée entre les utilisateurs.

Vous aurez à sauvegarder les bases de données principale et frontale séparément l'une de l'autre. Faites des sauvegardes régulières de la base de données principale, car elle contient les données. Les bases de données frontales ont besoin d'être sauvegardées seulement avant une modification de conception. Pensez à demander aux utilisateurs d'effectuer leur propre sauvegarde de la base de données frontale, s'ils y apportent leurs propres modifications de conception.

# CONVERSION DE FORMAT DE FICHIER

Le format de fichier de Microsoft Office Access 2010 ou 2007 est le même. Mais il est différent du format de fichier des versions antérieures. Le nouveau moteur de base de données Microsoft Jet permet l'intégration à Microsoft Windows SharePoint Services 3.0 et Microsoft Office Outlook 2010.

## LES EXTENSIONS DE FICHIERS

`accdb` : format de fichier Office Access 2007 et 2010, remplace celui de la version 2003 (`mdb`).

`accde` : extension pour les fichiers en mode « exécution seule ». Dans les fichiers `ACCDE` le code source Visual Basic pour Applications (VBA) a été retiré ainsi que la création et modification de formulaire et d'état. L'utilisateur d'un fichier `ACCDE` peut exécuter le code VBA mais pas le modifier. `ACCDE` remplace l'extension `MDE`.

`accdt` : extension de fichier des modèles de base de données Access.

`accdr` : extension de fichier qui vous permet d'ouvrir une base de données en mode d'exécution. En modifiant simplement l'extension `.accdb` par `.accdr`, vous pouvez créer une version « verrouillée » de votre base de données. Il suffit de remettre l'extension `.accdb` pour restaurer la fonctionnalité complète.

## CONVERSION DE FORMAT

Il est toujours possible de travailler avec une base de données d'une version antérieure `MDB`. Toutefois, pour pouvoir bénéficier des nouvelles fonctionnalités des versions 2007 et 2010, vous devez la convertir au format de fichier Access 2007-2010. Une fois convertie à ce format, elle ne peut plus être ouverte ou liée avec une version précédente d'Access. Par conséquent, si vous partagez une base de données avec d'autres utilisateurs, assurez-vous que ces derniers utilisent tous Office Access 2007 ou 2010 avant de convertir la base de données au format `ACCDB`.

Inversement, vous pouvez convertir une base de données `ACCDB` dans un format antérieur, à condition qu'elle n'utilise pas les nouvelles fonctionnalités des versions 2007-2010.

### Convertir au format ACCBD une base d'une version antérieure

- Ouvrez la base de données avec Access 2010 (en mode compatibilité), ensuite cliquez sur l'onglet **Fichier**, puis sur **Enregistrer et publier**. Dans le panneau de droite, sous Types de fichiers de base de données, double-cliquez sur le format de fichier *Base de données Access (\*.accbd)*.
- Dans le dialogue *Enregistrer sous*, dans la zone <Nom de fichier>, tapez un nom de fichier différent pour ne pas le confondre avec le précédent, cliquez sur [Enregistrer]. Une fois créée, la copie de la base de données s'ouvre et la base de données d'origine est fermée.

### Créer une copie de la base ACCBD dans un format antérieur

- Ouvrez la base de données avec Access 2010, cliquez sur l'onglet **Fichier**, puis sur **Enregistrer et publier**. Dans le panneau de droite, sous Types de fichiers de base de données, double-cliquez sur le format de fichier antérieur vers lequel vous souhaitez convertir (à condition que la base n'utilise pas les fonctionnalités 2007-2010).

- Dans le dialogue *Enregistrer sous*, dans la zone <Nom de fichier>, tapez le nom de fichier différent pour la copie de la base de données, cliquez sur [Enregistrer]. Une fois créée, la copie de la base de données s'ouvre et la base de données d'origine est fermée.

### Modifier le format de fichier par défaut

- Cliquez sur l'onglet **Fichier**, puis sur **Options**. Cliquez sur la rubrique *Général* et, dans le panneau de droite sous Création de bases de données, dans l'option <Format de fichier par défaut pour la base de données vierge> : sélectionnez le format de fichier, validez en cliquant sur [OK].

# PROPRIÉTÉS DE LA BASE DE DONNÉES

Les propriétés d'une base de données permettent de l'identifier avec précision. On peut afficher ou modifier les informations du résumé, afficher des statistiques, ou encore visualiser la liste de tous les objets de la base de données.

## PROPRIÉTÉS DE LA BASE DE DONNÉES

- Ouvrez la base de données, puis cliquez sur l'onglet **Fichier**, puis sur **Informations**. Dans le panneau de droite, cliquez sur le lien <u>Afficher et modifier les propriétés de la base de données</u>.

- Cliquez sur l'un des onglets pour visualiser ou modifier les propriétés sous l'onglet. Lorsque toutes les propriétés ont été modifiées, cliquez sur [OK] pour valider les modifications.

### Rôle des onglets

*Général*............... Informations d'ordre général sur le fichier la base de données telles que le nom du fichier, les dates de création et de modification.

*Résumé* .............. Informations données par le concepteur de la base : titre, sujet, auteur, société, commentaires, etc.

*Statistiques* ......... Statistiques sur les accès à la base.

*Contenu* .............. Liste de tous les objets (tables, requêtes, formulaires, états, pages d'accès aux données, macros et modules) de la base de données, classés par type.

*Personnalisation* .. Liste des propriétés personnalisées. Les propriétés possibles sont à choisir parmi celles proposées dans la liste <Nom>, ou bien vous pouvez créer une nouvelle propriété dont vous préciserez le nom, le type et la valeur.

## DOSSIER PAR DÉFAUT

- Pour changer le dossier par défaut dans lequel sont enregistrées les bases de données créées, cliquez sur l'onglet **Fichier**, puis sur **Options**. Cliquez sur la rubrique *Général*, puis dans la zone ❶ cliquez sur le bouton [Parcourir] et sélectionnez le dossier, validez par [OK].

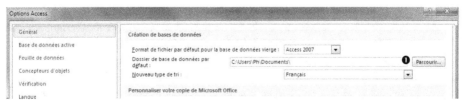

## OUVRIR LA BASE DE DONNÉES EN MODE EXCLUSIF

Ouvrir une base de données en mode exclusif sert à empêcher d'autres personnes d'utiliser la base de données tant qu'elle est ouverte par vous.

- Fermez la base de données, puis réouvrez-la avec la procédure suivante.
- Cliquez sur l'onglet **Fichier**, puis sur **Ouvrir**. Dans le dialogue *Ouvrir*, sélectionnez le dossier puis le fichier base de données (`accdb` ou `mdb`) puis cliquez sur la flèche du bouton [Ouvrir] puis sur *Ouvrir en exclusif*.

## DÉFINIR UN MOT DE PASSE DE BASE DE DONNÉES

Dans Office Access 2010-2007, le chiffrement d'une base de données brouille les données dans vos tables et empêche les utilisateurs non autorisés à lire vos données par d'autres outils. L'utilisateur autorisé doit entrer un mot de passe pour utiliser la base de données. La fonction de chiffrement ne s'applique qu'aux bases de données au format `.accdb`.

- Ouvrez la base de données en mode exclusif. Cliquez sur l'onglet **Fichier** puis sur **Informations**. Dans le panneau de droite, cliquez sur l'icône *Chiffrer avec mot de passe*.
- Dans le dialogue *Définir le mot de passe de la base de données*, saisissez le mot de passe deux fois dans la zone <Mot de passe> et dans <Confirmation>. Validez par <Entrée>.

Il est très important que vous vous rappeliez de votre mot de passe. Si vous l'oubliez, Microsoft ne peut pas le récupérer. Notez donc les mots de passe, mais dans un document sécurisé.

## OUVRIR ET DÉCHIFFRER UNE BASE DE DONNÉES

- Ouvrez la base de données chiffrée comme n'importe quelle autre base de données. Le dialogue *Mot de passe requis* s'affiche. Saisissez le mot de passe dans la zone <Entrez le mot de passe de la base de données>, puis cliquez sur [OK].

## ANNULER LE MOT DE PASSE ET LE CHIFFREMENT

- Ouvrez la base de données en mode exclusif. Puis, cliquez sur l'onglet **Fichier** puis sur **Informations**. Dans le panneau de droite, cliquez sur l'icône *Supprimer le chiffrement de la base de données*.

## OFFICE ACCESS 2010-2007 ET LA SÉCURITÉ DE NIVEAU UTILISATEUR

Depuis la version 2007 (formats `accdb` et `accde`), Access ne fournit plus la sécurité de niveau utilisateur, comme c'était le cas pour le format antérieur `mdb`. Toutefois, si vous ouvrez une base de données au format `mdb` avec la sécurité de niveau utilisateur, ces paramètres seront actifs.

Mais, si vous convertissez au format de fichier `accdd` une base de données format `mdb` paramétrée pour la sécurité de niveau utilisateur, Access élimine automatiquement tous ces paramètres de sécurité. Ce sont les règles de sécurités Access 2010-2007 qui s'appliquent.

## DÉSACTIVATION DES CONTENUS EXÉCUTABLES (MACROS, CODE VBA...)

Par défaut, lorsque vous ouvrez une base de données, Access en désactive tout le contenu exécutable à moins que vous n'ayez placé la base dans un emplacement approuvé (emplacements approuvés définis dans les paramètres du *Centre de gestion de la confidentialité* dans les options Access). Pour le définir, cliquez sur l'onglet **Fichier**, puis sur **Options**, enfin sur **Centre de gestion de la confidentialité**. Cliquez sur [Paramètres du centre de gestion de la confidentialité].

En cas de désactivation de certains contenus, une barre de message s'affiche au-dessus de l'espace de travail qui vous en avertit, vous pouvez cliquer sur le bouton [Activer le contenu] de cette barre de message pour réactiver des contenus.

# CRÉER DES TABLES

# CRÉER DES TABLES DANS UNE BASE DE DONNÉES

Une base de données simple peut n'utiliser qu'une seule table, cependant la plupart des bases de données utilisent plusieurs tables, sinon un tableur suffirait souvent à couvrir le besoin.

Lorsque vous créez une nouvelle base de données, une première table vide est insérée automatiquement en *Mode Création*. Vous pouvez commencer à définir les champs de cette table, mais la table ne sera créée que lorsque vous l'enregistrerez pour la première fois.

Vous pouvez ajouter des nouvelles tables dans la base de données, importer une table ou lier une table à une autre source de données, telle qu'un classeur Excel, un fichier texte ou une autre base de données.

### CRÉER UNE NOUVELLE TABLE EN MODE FEUILLE DE DONNÉES

- Sous l'onglet **Créer**>groupe **Tables**, cliquez sur l'icône **Table**. Une table vide, nommée `TableN`, s'ouvre en mode *Feuille de données*. Entrez des données dans la première ligne, en validant chaque donnée par ⏎. Les champs de la table sont créés au fur et à mesure et nommés <Champ1>, <Champ2>, etc. Le type de donnée d'un champ se définit en fonction de la première donnée entrée dans la colonne. Lorsque vous avez défini les champs, enregistrez et nommez la table.

### CRÉER UNE TABLE EN MODE CRÉATION

- Sous l'onglet **Créer**>groupe **Tables**, cliquez sur l'icône **Création de table**. Saisissez dans chaque ligne le nom d'un champ, son type de donnée (voir page 57) et sa description. Lorsque vous avez défini les champs, enregistrez et nommez la table.

### IMPORTER UNE TABLE OU CRÉER UN LIEN VERS UNE TABLE

Vous pouvez créer une table en important des informations stockées ailleurs, par exemple dans une feuille de calcul Excel, une autre base Access, un dossier Outlook. Vous pouvez aussi créer une table liée à une source de données externe. Lorsque vous modifiez les données dans la table liée, elles se modifient également dans la source, sauf dans certains cas (par exemple, si la source de données est une feuille Excel). Inversement, lorsque les informations sont modifiées dans la source, la table liée affiche la dernière version des données.

- Sous l'onglet **Données externes**> groupe **Importer et lier**, cliquez sur l'une des sources de données disponibles. Suivez les instructions affichées dans les boîtes de dialogue.

Access crée la nouvelle table et l'affiche dans le volet de navigation.

### ENREGISTRER ET NOMMER LA TABLE

Lorsque vous enregistrez pour la première fois une table dont vous venez de définir les champs, Access vous demande de nommer la table. Bien que le nom de table puisse contenir des espaces et des caractères accentués, les développeurs de bases de données l'évitent, l'usage vous le déconseille donc.

- Cliquez sur le bouton *Enregistrer* sur la barre d'outils *Accès rapide*, ou cliquez sur l'onglet **Fichier**, puis sur **Enregistrer**. Saisissez le nom, par exemple `Date_naissance`, validez par [OK].

# AJOUTER ET SUPPRIMER DES CHAMPS

Chaque champ est caractérisé par un nom qui l'identifie de manière unique dans la table, par un type de données choisi en fonction des informations qu'il contient, et par des propriétés qui définissent l'aspect ou le comportement du champ.

## TABLE EN MODE FEUILLE DE DONNÉES

### Afficher la table en mode Feuille de données

- Dans le volet de navigation, double-cliquez sur le nom de la table, ou sélectionnez le nom de la table et tapez sur Entrée, ou cliquez droit sur le nom de la table puis sur la commande *Ouvrir*.
- Si la table est ouverte en *Mode Création*, basculez en *Mode Feuille de données* : cliquez sur l'icône *Feuille de données* située à sur la barre d'état, ou sous l'onglet **Accueil**>groupe **Affichages**, cliquez sur le bouton **Affichage**.

### Utiliser la colonne <Ajouter un champ>

- Dans la *Feuille de données*, la dernière colonne est intitulée *<Ajouter un nouveau champ>*.

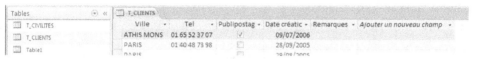

- Saisissez une donnée dans cette colonne sur la ligne d'un enregistrement et validez par ⏎. Access crée le champ de nom <ChampN> et définit son type d'après le type de la donnée entrée. Si Access ne parvient pas à déterminer le type de donnée, il applique le type *Texte*. L'ajout d'un champ ne sera effectif que lorsque vous aurez enregistré les modifications de table.

### Insérer un champ

- Cliquez dans la colonne après laquelle vous voulez insérer un champ, puis sous l'onglet **Outils de table/champ**>groupe **Ajouter et supprimer**, cliquez sur le bouton représentant le type de champ voulu. Le  champ inséré est nommé *ChampN*, vous devrez le renommer. L'insertion d'un champ ne sera effective que lorsque vous aurez enregistré les modifications de table.

### Modifier le type de données d'un champ.

- Cliquez dans la colonne du champ, puis sous l'onglet **Outils de table/Champ**>groupe **Mise en forme**, cliquez sur la flèche de la zone **Type de données**, puis sélectionnez un type de données. Le changement de type de données est immédiat sans que vous ayez à enregistrer les modifications de table.

### Renommer un champ

Pour les noms de champ, les espaces et caractères accentués sont autorisés mais déconseillés, les caractères ! . ` [ ] sont interdits.

- Pour renommer un champ, cliquez droit sur l'en-tête de colonne, puis cliquez sur *Renommer la colonne*. Ou cliquez dans la colonne, puis sous l'onglet **Outils de table/Champ**>groupe **Propriétés**, cliquez sur **Nom et légende**, puis dans la zone <Nom>, saisissez le nouveau nom, validez par [OK]. Le changement de nom d'un champ est immédiat, vous n'avez pas besoin d'enregistrer

### Supprimer un champ

- Cliquez droit sur l'en-tête de la colonne, puis sur la commande *Supprimer le champ* ou tapez Suppr. Ou cliquez simplement dans la colonne puis sous l'onglet **Outils de table/Champs**>groupe **Ajouter et supprimer**, cliquez sur le bouton **Supprimer**.

# AJOUTER ET SUPPRIMER DES CHAMPS

Un message vous prévient que toutes les données contenues dans ce champ vont être supprimées. Cliquez sur [Oui] pour supprimer le champ et les données qu'il contient, [Non] pour annuler la suppression.

La suppression d'un champ est effective dès que vous avez confirmé l'effacement des données.

## TABLE EN MODE CRÉATION DE TABLE

L'utilisation du *Mode Création* est nécessaire pour définir certaines propriétés que vous ne pouvez pas définir ou modifier dans le *Mode Feuille de données*. Il est aussi nécessaire, si vous voulez modifier l'ordre des champs.

### Afficher la table en Mode Création

- Si la table n'est pas ouverte, ouvrez-la en *Mode Création* : dans le volet de navigation, cliquez droit sur le nom de la table puis sur la commande *Mode création*.
- Si la table est déjà ouverte en mode *Feuille de données*, basculez en *Mode Création* : cliquez sur l'icône *Mode création* située à sur la barre d'état, ou sous l'onglet **Accueil**>groupe **Affichages**, cliquez sur le bouton **Affichage**.

### Ajouter un champ

- Cliquez dans la ligne du champ avant lequel vous voulez insérer un nouveau champ, puis sous l'onglet **Outils de table/Création**>groupe **Outils**, cliquez sur **Insérer des lignes**. Ou cliquez droit dans la ligne du champ, puis sur la commande contextuelle *Insérer des lignes*.
- Saisissez le nom du champ, sélectionnez le type de donnée (voir page 57), la description et les propriétés du champ (voir page 60).

L'ajout des champs n'est effectif que lorsque vous enregistrez les modifications de table. Vous pouvez l'annuler en fermant la table sans enregistrer.

### Modifier l'ordre des champs de la table

- Cliquez sur le sélecteur de la ligne du champ à déplacer. Faites glisser le sélecteur de ligne jusqu'à l'endroit où vous voulez placer le champ. L'emplacement destination est indiqué par un trait plus épais, pendant le glisser-déplacer.

Le changement de l'ordre des champs n'est effectif que lorsque vous enregistrez les modifications de table. Vous pouvez l'annuler en fermant la table sans enregistrer.

### Supprimer un champ

- Cliquez sur le sélecteur de ligne, puis appuyez sur la touche Suppr. Ou sous l'onglet **Outils de table/Création**>groupe **Outils**, cliquez sur **Supprimer les lignes**. Ou cliquez droit dans la ligne du champ, puis sur la commande contextuelle *Supprimer des lignes*.
- Si le champ contient des données, Access affiche un message pour vous prévenir que toutes les données contenues dans ce champ vont être supprimées. Cliquez sur [Oui] pour confirmer ou sur [Non] pour annuler la suppression du champ.

La suppression d'un champ est effective dès que vous avez confirmé l'effacement des données.

# TYPES DE DONNÉES

| Type | Éléments stockés | Taille |
|------|------------------|--------|
| Texte | Caractères alphanumériques jusqu'à 255 caractères. | La taille (255 caractères maxi) est fixée dans la propriété Taille du champ. |
| Mémo | Caractères alphanumériques d'une longueur qui peut être supérieure à 255 caractères. | Maximum 1 Go de caractères (2 Go de stockage, 2 octets par caract.), dont 65 535 caractères affichables dans un contrôle. |
| Numérique | Valeurs numériques (nombres entiers, nombres à virgule fixe ou flottante), prévues pour entrer dans des calculs. | 1, 2, 4, 8 ou 16 octets (numéro de réplication). La taille du champ peut être fixée par la propriété Taille du champ. |
| Date/Heure | Valeurs de dates et heures. Chaque valeur contient un composant de date et un d'heure. | 8 octets. |
| Monnaie | Valeurs monétaires (15 chiffres avant la virgule, et au plus 4 chiffres après la virgule). Peut être remplacée par un Numérique. | 8 octets. |
| NuméroAuto | Valeur numérique unique insérée par Office Access 2007 automatiquement lors de l'ajout d'un enregistrement. Pour générer des valeurs uniques servant de clé primaire. Les champs NuméroAuto peuvent être incrémentés en séquentiel ou en aléatoire. | 4 ou 16 octets (numéro de réplication). |
| Oui/Non | Valeurs ne pouvant contenir qu'une valeur parmi deux possibles (Oui/Non ou Vrai/Faux...). | 1 bit (8 bits = 1 octet). |
| Objet OLE | Objets OLE ou autres données binaires. À utiliser pour stocker des objets OLE issus d'autres applications Microsoft Windows. | Maximum 1 Go. |
| Pièce jointe | Images, photos, fichiers binaires, fichiers Office. Type de données privilégié pour stocker des images numériques et tous les types de fichier binaire. | Pièces jointes compressées 2 Go, ou non compressées 700 Ko, en fonction du degré de compression. |
| Lien hypertexte | Liens hypertexte. À utiliser pour stocker des liens hypertexte permettant d'accéder d'un simple clic à des pages Web via une adresse URL ou à des fichiers via un nom au format UNC ou à objets Access stockés dans une base de données. | Maximum 1 Go de caractères ou 2 Go de stockage (2 octets par caractère), dont vous pouvez afficher 65 535 caractères dans un contrôle. |
| Assistant Liste de choix | Il ne s'agit pas réellement d'un type de données. Ce type démarre l'Assistant Liste de choix qui permet de créer un champ utilisant une zone de liste déroulante en vue de rechercher une valeur dans une autre table, requête ou liste de valeurs. | Basé sur une table/requête : taille de la colonne dépendante. Basé sur une valeur : taille du champ texte utilisé pour stocker la valeur. |

## CLÉ PRIMAIRE – DÉFINITION

Une clé primaire est un champ, ou un ensemble de champs, de la table qui sert d'identificateur unique de chaque ligne de la table. Dans une base de données relationnelle, vous divisez vos informations en différentes tables en fonction d'un sujet donné. Ensuite, vous utilisez des relations entre les tables et des clés primaires pour indiquer comment rassembler à nouveau ces informations. Access fait appel à des champs de clé primaire pour associer rapidement des données issues de plusieurs tables et les combiner de manière significative.

Après avoir défini la clé primaire dans une table, vous pouvez l'utiliser dans d'autres tables en référence à la table qui contient la clé primaire. Par exemple, le champ ID clé primaire de la table `Clients` peut apparaître comme clé étrangère dans la table `Commandes`.

Une clé primaire identifie chaque ligne de manière unique et ne peut pas être vide, ni avoir la valeur `Null`. De préférence elle ne doit jamais changer. Un nom serait une clé primaire inadaptée.

Toute table aura une clé primaire. Access crée automatiquement un index pour la clé primaire pour accélérer les requêtes et les autres opérations. Access veille à ce que chaque enregistrement soit associé à une valeur dans le champ de clé primaire et à ce qu'il soit toujours unique.

– Lorsque vous créez une table en *Mode Feuille de données*, Access crée automatiquement une clé primaire en lui attribuant le nom de champ `N°` et le type de donnée *NuméroAuto*.

– Si vous enregistrez une table sans avoir défini de clé primaire, Access vous demande d'en créer une. Si vous cliquez sur [Oui], un champ <N°> associé au type de donnée *NuméroAuto* est créé pour fournir une valeur unique pour chaque enregistrement. Si la table contient déjà un champ *NuméroAuto*, celui-ci est alors utilisé comme clé primaire.

## DÉFINIR LA CLÉ PRIMAIRE

■ Affichez la table en *Mode Création*, cliquez sur le sélecteur de ligne du champ à utiliser comme clé primaire (avec Ctrl appuyée pour sélectionner plusieurs lignes).

■ Sous l'onglet **Outils de table/Création**>groupe **Outils**, cliquez sur le bouton **Clé primaire**. Un indicateur de clé s'affiche à gauche du champ ou des champs constituant la clé primaire.

Le même bouton sert à supprimer la clé primaire sur le champ ou le groupe de champs ayant été défini comme clé primaire.

## INDEX - DÉFINITION

Un index permet d'accéder directement à l'emplacement des enregistrements dans la base de données. Dans une base de données volumineuse, un index accélère les recherches ou les requêtes sur les valeurs des champs indexés (par exemple, le nom du client). En revanche, l'indexation ralentit la création ou modification des données, car les index doivent être mis à jour.

Toutefois, les index n'apportent pas d'accélération sensible si la base contient environ un millier d'enregistrements ou moins. Réservez donc les index aux bases de données volumineuses.

Un champ indexé sans doublon signifie que le champ ne pourra pas contenir deux fois la même valeur (par exemple, code client ou plaque d'immatriculation). Un champ indexé avec doublon peut contenir plusieurs fois la même valeur, par exemple nom des clients, ou code postal.

La clé primaire est automatiquement indexée par Access (sans doublon). En principe, il est fortement conseillé d'indexer les clés étrangères (avec doublon).

# LA CLÉ PRIMAIRE ET LES INDEX

## CRÉER UN INDEX SUR UN SEUL CHAMP

Indexez les champs sur lesquels vous faites de nombreuses recherches et qui possèdent des valeurs variées (n'indexez pas une table Clients sur la ville si la moitié des clients habitent Paris).

- Ouvrez la table en *Mode Création*. Cliquez sur le Nom du champ que vous souhaitez indexer, puis sous Propriétés du champ, cliquez sur l'onglet *Général*.

- Dans la propriété <Indexé>, sélectionnez *Oui - Avec doublons* pour autoriser les doublons ou *Oui - Sans doublons* pour créer un index unique.

- Enregistrez vos modifications, en cliquant sur le bouton *Enregistrer* dans la Barre d'outils *Accès rapide* ou appuyez sur Ctrl+S.

## CRÉER UN INDEX MULTICHAMP

- Ouvrez la table en *Mode Création*, sous l'onglet **Outils de table/Création**>groupe **Afficher/Masquer**, cliquez sur le bouton **Index**. La fenêtre *Index* s'affiche.

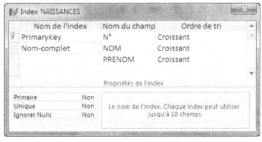

- Dans la première ligne vide de la colonne <Nom de l'index>, tapez le nom de l'index. Dans la colonne <Nom du champ>, sélectionnez le premier champ pour l'index. Dans la ligne suivante, laissez la colonne <Nom de l'index> vide puis, dans la colonne <Nom du champ>, sélectionnez le deuxième champ pour l'index. Répétez cette opération jusqu'à ce que tous les champs que vous souhaitez inclure dans l'index soient sélectionnés.

Il peut y avoir plusieurs index, toutes les lignes sous un nom d'index sont considérées comme faisant partie du même index jusqu'à la première ligne contenant le nom de l'index suivant.

- Pour modifier l'ordre de tri des valeurs du champ, dans la colonne <Ordre de tri>, cliquez sur *Croissant* ou sur *Décroissant*.

- Pour définir les propriétés de l'index, cliquez sur la ligne qui contient le nom de l'index, puis sous Propriétés de l'index, définissez les propriétés de l'index :
  - *Unique* : si la valeur est Oui, chaque valeur contenue dans l'index doit être unique.
  - *Ignorer Nulls* : si la valeur est Oui, les enregistrements dont la valeur est Null dans les champs indexés sont exclus de l'index.

- Masquez la fenêtre *Index* en cliquant sur le bouton **Index** du Ruban ou sur la case *X Fermer*.

- Pour enregistrer vos modifications de la table, cliquez sur l'icône *Enregistrer* dans la Barre d'outils *Accès rapide*, ou utilisez le raccourci clavier Ctrl+S.

## SUPPRIMER UN INDEX

Si vous jugez qu'un index est devenu inutile ou qu'il gêne les performances, vous pouvez le supprimer. En supprimant un index, vous supprimez l'index mais pas les champs.

- Sous l'onglet **Outils de table/Création**>groupe **Afficher/Masquer**, cliquez sur le bouton **Index**. La fenêtre *Index* s'affiche. Sélectionnez la ou les lignes contenant l'index à supprimer, puis appuyez sur Suppr. Enregistrez les modifications de la table.

Chaque champ dispose d'un ensemble de propriétés qui permettent un contrôle de son utilisation. Par exemple, contrôler la saisie et donc avoir des informations plus fiables.

La définition d'une propriété pour un champ s'effectue en général en *Mode Création* de la table concernée. Les propriétés disponibles varient en fonction du type du champ.

### DÉFINIR LES PROPRIÉTÉS POUR LES CHAMPS DE LA TABLE

- Ouvrez la table en *Mode Création*, cliquez sur la cellule contenant le nom du champ dont vous voulez définir les propriétés. Dans la partie inférieure, sous Propriétés du champ, cliquez dans la cellule à droite du nom de propriété et tapez une valeur, ou sélectionnez la valeur de liste si une flèche déroulante apparaît à droite de la cellule.

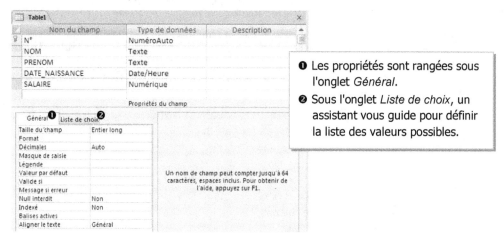

❶ Les propriétés sont rangées sous l'onglet *Général*.

❷ Sous l'onglet *Liste de choix*, un assistant vous guide pour définir la liste des valeurs possibles.

### &lt;Taille du champ&gt;

Cette propriété s'applique aux champs *Texte*, *Numérique*, et *NuméroAuto*.

- Pour le type *Texte*, elle indique le nombre maximum de caractères pouvant être saisis, les valeurs peuvent aller de 1 à 255.
- Pour le type numérique les possibilités sont :

| | |
|---|---|
| Octet | Valeurs entières de 0 à 255. |
| Entier | Valeurs de -32 768 à +32 767. |
| Entier long | Valeurs de -2 147 483 648 à +2 147 483 647. |
| Réel simple | Valeurs de $-3,4.10^{38}$ à $3,4.10^{38}$, précision de 7 chiffres significatifs. |
| Réel double | Valeurs de $-1,797.10^{308}$ à $1,797.10^{308}$, précision de 15 chiffres significatifs. |
| Décimal | Valeurs de $-10^{28}$ à $10^{28}$, avec précision de 28 chiffres significatifs. |

N° de réplication Identifiant globalement unique (GUID).

### &lt;Nouvelles valeurs&gt;

Cette propriété ne s'applique qu'au champ *NuméroAuto*. Elle permet de préciser si les valeurs sont incrémentées (1, 2, 3, ...) ou aléatoires (254865, -2458965, 8654278, ...).

### &lt;Décimales&gt;

Cette propriété ne concerne que les données de type *Numérique* ou *Monétaire*. Elle permet de spécifier le nombre de décimales devant apparaître à l'affichage : de zéro à quinze décimales ou bien choisissez l'option *Auto*. Dans ce dernier cas, Access affiche deux décimales par défaut.

# PROPRIÉTÉS DES CHAMPS

## \<Format\>

Cette propriété concerne les données de type *Date/Heure*, *Oui/Non*, *Mémo*, *Texte*, *Numérique*, *NuméroAuto*, *Monétaire* et *Lien hypertexte*. Elle permet de choisir différents modes d'affichage pour les informations stockées dans la table, elle n'affecte que l'affichage, pas la valeur elle-même.

### Formats pour les types *Numérique*, *Monétaire* ou *NuméroAuto*.

| | |
|---|---|
| Nombre général | Les données sont affichées comme elles sont saisies. |
| Monétaire | Pour les montants : symbole monétaire, séparateur de milliers, et chiffres négatifs entre parenthèses conformes aux paramètres régionaux. |
| Euro | Comme le format Monétaire, mais le symbole est alors l'Euro ( € ). |
| Fixe | Les données sont affichées avec le nombre fixe de décimales spécifié dans la propriété *Décimales*. |
| Standard | Les données sont affichées avec le nombre de décimales indiqué dans la propriété *Décimales* et les milliers sont séparés par un espace. |
| Pourcentage | Access affiche la donnée en la multipliant par 100 et en ajoutant le symbole %. Le nombre 0,6 sera affiché comme 60,00%. |
| Scientifique | À utiliser pour les très grandes valeurs. La notation scientifique utilise le symbole E (pour exponentielle). Le nombre 1 600 sera affiché $1,60^{E}+03$. |

On peut également créer un format personnalisé en utilisant les symboles suivants :

| | |
|---|---|
| , | Séparateur décimal. |
| . | Séparateur de milliers. |
| 0 | Position pour un nombre ou un zéro. |
| # | Position pour un nombre. |
| F | Symbole monétaire. |
| % | Symbole pourcentage. |
| E- ou e- | Symbole de notation scientifique. |
| E+ ou e+ | Symbole de notation scientifique. |
| espace | Pour entrer des espaces comme caractères d'affichage littéraux. |
| "ABC" | Affiche tout élément entre guillemets comme caractère d'affichage littéral. |
| ! | Force l'alignement à gauche au lieu de l'alignement à droite. |
| [couleur] | Spécifie une couleur d'affichage. Les couleurs possibles sont : noir, bleu, vert, cyan, rouge, magenta, jaune et blanc. |

Exemple : le format # ###,00" $" affichera la valeur 1234567 sous la forme 1 234 567,00 $.

Un format personnalisé peut comporter quatre sections se référant chacune à une fourchette de nombres particuliers. Chaque section doit être séparée par un point-virgule :

– Première section : pour les nombres positifs.
– Deuxième section : pour les nombres négatifs.
– Troisième section : pour les nombres nuls (égaux à zéro).
– Quatrième section : s'il n'y a pas de données (contenu Null).

## Formats pour les types Texte et Mémo

Saisissez un format particulier en utilisant les symboles suivants :

**@**      Caractère de texte (soit un caractère, soit un espace) requis.

**&**      Caractère de texte non requis.

**<**      Force tous les caractères qui suivent à être en minuscules.

**>**      Force tous les caractères qui suivent à être en majuscules.

Comme pour les données numériques, on peut spécifier plusieurs sections dans un format :

– Première section : pour des champs contenant du texte.
– Deuxième section : pour des champs contenant des chaînes vides et des valeurs Null.

## Format pour le type Date/Heure

| Format | Donnée | Résultat |
|---|---|---|
| Date, général | 24/07/11 16:33:25 | 24/7/11 16:33:25 |
| Date, complet | 24/07/11 | jeudi 24 juillet 201 |
| Date, réduit | 24/04/11 | 24-avr-11 |
| Date, abrégé | 24/07/11 | 24/7/11 |
| Heure, complet | 16:33:25 | 16:33:25 |
| Heure, réduit | 16:33:25 | 04:33 PM |
| Heure, abrégé | 16:33:25 | 16:33 |

Attention : pour les formats comportant les années sur deux chiffres, les dates saisies comprises entre le 1/1/00 et le 21/12/29 sont interprétés comme celles des années 2000 à 2029.
En revanche, les dates saisies comprises entre le 1/1/30 et 21/12/99 sont interprétées comme celles des années 1930 à 1999.

## Formats pour le type Oui/Non

Détermine les valeurs texte qui vont apparaître pour ce champ dans une feuille de données ou dans des formulaires ou états, si vous choisissez de définir le contrôle en valeur texte. Sélectionnez l'une des options suivantes : *Oui/Non, Actif/Inactif, Vrai/Faux*. Vous pouvez aussi spécifier un format personnalisé à trois sections : `;"Autorisé";"Interdit"` (Première section : inutilisée).

Notez que par défaut un champ Oui/Non apparaît en case à cocher et non en valeur texte dans les feuilles, les formulaires et les états.

## <Masque de saisie>

Cette propriété s'applique aux champs *Texte, Date/Heure, Numérique* et *Monétaire*.

Un masque de saisie contrôle ce qu'il est autorisé ou interdit d'entrer dans un champ. Par exemple, des dates ou des numéros de téléphone selon des conventions propres à un pays ou à une région.

Pour définir un masque de saisie, Access propose une série de caractères à utiliser pour construire le modèle. Vous pouvez définir le masque directement dans la zone correspondant à la propriété ou faire appel à un assistant.

### Utiliser l'assistant Masque de saisie

- Cliquez sur le champ pour lequel vous voulez définir un masque de saisie, puis cliquez sur la propriété <Masque de saisie>. Ensuite cliquez sur le bouton apparu à droite de la cellule.
- Cliquez sur le bouton, puis sélectionnez un des masques proposés par l'assistant.

# PROPRIÉTÉS DES CHAMPS

- Cliquez dans la zone <Essayer :> pour visualiser ce qui apparaîtra dans le champ avant la saisie. Faites des tests avec plusieurs masques si besoin.
- Cliquez sur [Suivant]. Un dialogue vous demande d'autres informations selon le masque que vous avez sélectionné.
- Cliquez sur [Suivant], puis sur [Terminer].

**Assistant Masque de saisie**

Quel masque de saisie correspond le mieux à ce que vous souhaitez pour vos données ?

Pour voir comment fonctionne le masque sélectionné, employez la zone de texte Essayer.

Pour modifier la liste des masques de saisie, cliquez sur le bouton Modifier la liste.

| Masque de saisie : | Aspect des données : |
|---|---|
| Code Postal (International) | F-91957 ou CH-3695 |
| N° Sécurité Sociale | 1 32 23 44 555 999 |
| N° Sécurité Sociale à clé | 1 32 23 44 555 999 71 |
| Numéro de téléphone | 01 23 45 67 55 |
| N° Siret | 327 733 184 00037 |
| ISBN | ISBN 1-55615-877-7 |

Essayer :

[Modifier la liste]  [Annuler]  [< Précédent]  [Suivant >]  [Terminer]

**Créer votre propre masque de saisie**

- Saisissez le masque de saisie en utilisant les caractères suivants.

| Caractère | Signification |
|---|---|
| 0 | Un chiffre obligatoire, 0 à 9, + et - non acceptés. |
| 9 | Un chiffre facultatif. N'accepte pas le + et le -. |
| # | Un chiffre facultatif. Accepte le + et le -. |
| L | Une lettre obligatoire (A à Z). |
| ? | Une lettre facultative (A à Z). |
| A | Une lettre ou un chiffre obligatoire. |
| a | Une lettre ou un chiffre facultatif. |
| & | Un caractère ou un espace obligatoire. |
| C | Un caractère ou un espace facultatif. |
| . , ; : - / | Signes séparateurs : décimale, séparateur de milliers, date et heure (voir les paramètres régionaux du Panneau de configuration de Windows). |
| < | Convertit les lettres qui suivent en minuscules. |
| > | Convertit les lettres qui suivent en majuscules. |
| ! | Remplissage du masque de saisie à partir de la droite. |
| \ | Affiche le caractère qui suit sous sa forme ASCII littérale. |
| Mot de passe | Affiche des étoiles à l'écran lors de la saisie. |

Exemples : `>LL00000-0000, (000) 000-0000, (999) 000-0000!`.

On peut créer un format personnalisé à plusieurs sections :

- Première section : le masque de saisie lui-même.
- Deuxième section : détermine si Access doit enregistrer les caractères d'affichage littéraux (les caractères non tapés). 0=Oui et 1=Non. Un numéro de téléphone pourra ainsi être stocké avec les espaces (01 23 45 67 89) ou sans (0123456789).
- Troisième section : caractère qui s'affiche dans l'espace réservé pour la saisie.

La propriété <Format> prévaut sur le masque de saisie pour l'affichage.

**<Légende>**

Cette propriété s'applique à tous les types de champs. Elle permet d'introduire un intitulé pour le champ différent du nom du champ. Cet intitulé (la légende) apparaîtra en lieu et place du nom de champ dans la feuille de données (table ou requête), dans les formulaires et dans les états.

### <Valeur par défaut>

Cette propriété s'applique à tous les types de champs, à l'exception d'*Objet OLE* de *Pièce jointe* et de *NuméroAuto*.

Pour accélérer la saisie, on peut affecter une valeur par défaut à un champ. Access affiche cette valeur dans le champ chaque fois qu'on ajoute un nouvel enregistrement. On peut accepter la valeur par défaut ou l'écraser en tapant une autre valeur.

### <Valide si> et <Message si erreur>

Ces deux propriétés s'appliquent à tous les types de champs, à l'exception d'*objet OLE* et de *NuméroAuto*.

La propriété <Valide si> permet de contrôler les données saisies dans un champ. Le principe consiste à introduire une condition dans la zone <Valide si>. Toutes les données introduites dans le champ devront vérifier la condition.

| *Opérateurs relationnels* | | *Opérateurs logiques* | |
|---|---|---|---|
| < | Inférieur à | AND | ET logique |
| > | Supérieur à | OR | OU logique |
| <= | Inférieur ou égal à | XOR | OU exclusif |
| >= | Supérieur ou égal à | NOT | NON logique |
| <> | Différent de | EQV | Equivalence |
| = | Egal à | IMP | Implication |

Exemple : on peut introduire la condition `<=Maintenant()` pour la propriété <Valide si> du champ *Date* de la table. Grâce à cette propriété, la saisie d'une date et d'une heure postérieure à la date et à l'heure actuelle sera refusée.

Il est possible de personnaliser le message d'erreur affiché par Access lorsque la donnée introduite ne satisfait pas la condition définie dans la propriété <Valeur si>. Il suffit de taper le texte de votre choix dans la zone <Message si erreur>.

### <Null interdit> et <Chaîne vide autorisée>

La propriété <Null interdit> s'applique à tous les champs, alors que <Chaîne vide autorisée> concerne les types de champs *Texte*, *Mémo* et *Lien hypertexte*. La propriété <Null interdit> indique l'absence de données dans un champ. L'option *Oui* pour la propriété oblige l'utilisateur à entrer une valeur dans ce champ pour tous les enregistrements.

La propriété <Chaîne vide autorisée> permet l'introduction des valeurs sans caractère ni espace lorsque *Oui* est choisi. Si c'est *Non*, elle empêche l'utilisateur de s'affranchir d'un <Null interdit> en tapant un espace.

### <Indexé>

Cette propriété s'applique à tous types de champs sauf *Lien hypertexte*, *Pièce jointe* et *Objet OLE*. Les index servent à accélérer les recherches, les requêtes et les tris au sein d'une table. La propriété <Indexé> peut prendre trois valeurs :

| | |
|---|---|
| Non | Le champ concerné n'est pas indexé. |
| Oui - Avec doublons | Le champ indexé accepte les doublons dans des enregistrements différents. |
| Oui - Sans doublons | Le contenu du champ indexé est unique pour chaque enregistrement. |

Access attribue automatiquement la propriété Indexé : *Oui - Sans doublons* à une clé primaire.

# PROPRIÉTÉS DES CHAMPS

### &lt;Compression unicode&gt;

Le codage Unicode pour les caractères permet d'utiliser des caractères non latins. Ce système de codage utilise un espace de stockage plus important qu'auparavant et cette propriété offre la possibilité d'activer la compression automatique des données.

## LA LISTE DE CHOIX

Sous l'onglet *Liste de choix*, vous pouvez définir une liste de valeurs pour un champ. La donnée sera sélectionnée dans cette liste plutôt que d'avoir à être saisie. Les valeurs de la liste peuvent être saisies manuellement ou provenir d'une table ou d'une requête.

### Définir manuellement la liste de choix dans les propriétés

La table étant ouverte en *Mode Création*, cliquez dans le champ pour lequel vous voulez définir ou modifier la liste de choix, puis définissez la liste de choix de la façon suivante.

- Cliquez sur l'onglet *Liste de choix*. Dans la propriété &lt;Afficher le contrôle&gt;, sélectionnez *Zone de liste déroulante* ou *Zone de liste*. Dans la propriété &lt;Origine source&gt;, choisissez *Liste valeurs* ou *Table/requête*. Dans la propriété &lt;Contenu&gt;, si l'origine est *Liste valeurs*, saisissez la liste de valeurs (exemple `"Or";"Argent";Bronze"`) ; si l'origine est *Table/requête*, sélectionnez la table/requête.

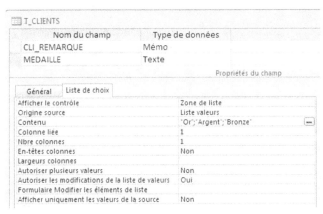

### Définir la liste de choix avec l'assistant

- La table étant ouverte en *Mode Création*, sur la ligne du champ cliquez dans la colonne &lt;Type de données&gt;, puis sélectionnez le type *Assistant Liste de choix*.
- Si la table est ouverte en *Mode Feuille de données* et que vous voulez insérer un champ avec Liste de choix, sous l'onglet **Outils de table/Champs**&gt;groupe **Ajouter et supprimer** cliquez sur **Plus de champs** et sélectionnez *Liste de choix et relation*.

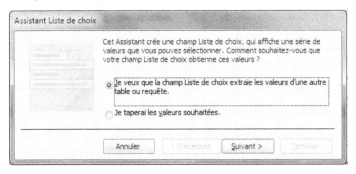

- Indiquez votre choix pour la provenance des valeurs, cliquez sur [Suivant].

Si à la première étape de l'assistant vous choisissez d'extraire les valeurs d'une table.

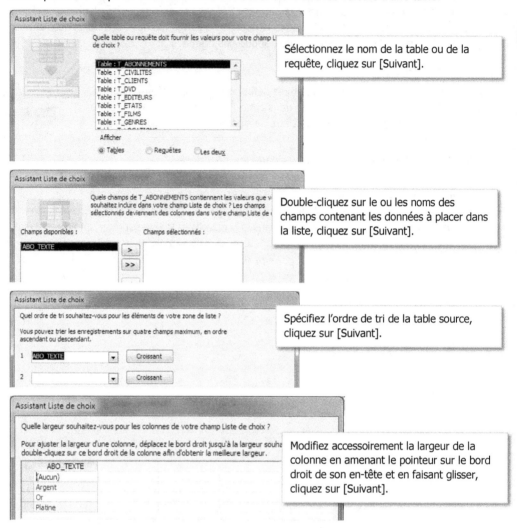

Sélectionnez le nom de la table ou de la requête, cliquez sur [Suivant].

Double-cliquez sur le ou les noms des champs contenant les données à placer dans la liste, cliquez sur [Suivant].

Spécifiez l'ordre de tri de la table source, cliquez sur [Suivant].

Modifiez accessoirement la largeur de la colonne en amenant le pointeur sur le bord droit de son en-tête et en faisant glisser, cliquez sur [Suivant].

- Tapez un nom (étiquette) pour le champ liste de choix, cliquez sur [Terminer].

Les paramètres résultant de la procédure effectuée avec l'assistant sont introduits dans les propriétés sous l'onglet *Liste de choix*. Le résultat est le même par les deux procédés.

Si à la première étape de l'assistant vous choisissez de taper les valeurs, les étapes sont :

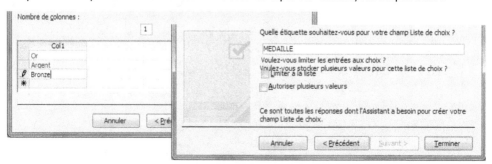

# REQUÊTES SÉLECTION

# CRÉER UNE REQUÊTE AVEC L'ASSISTANT

L'assistant *Requête* permet de créer une requête qui liste les données d'une ou de plusieurs tables liées (voir tables liées au chapitre 8) et les affiche dans une feuille de données. Seuls les champs choisis apparaîtront. Le résultat de la requête peut être détaillé (les enregistrements apparaissent) ou synthétique (seuls des regroupements et leurs sous-totaux s'affichent). L'assistant ne permet pas de préciser des critères : pour cela, il faut modifier la requête en *Mode Création*.

## ÉTAPES STANDARDS DE L'ASSISTANT REQUÊTE

Pour l'exemple, la base de données contient une table *T_CLIENT*.

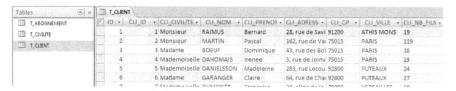

Vous allez créer une requête affichant les champs <cli_nom>, <cli_prenom>, <cli_ville>, <cli_chiffre_affaires>.

- Sous l'onglet **Créer**>groupe **Macros et code**, cliquez sur **Assistant Requête**. Dans le dialogue *Nouvelle requête*, cliquez sur *Assistant Requête simple* ❶, puis sur [OK].

- Dans cette étape de l'assistant :

– Dans <Tables/Requêtes>❷, cliquez sur une table qui contient des données à inclure dans la requête.

– Dans <Champs disponibles>❸, cliquez sur un champ à inclure dans la requête, puis cliquez le bouton ⓢ pour déplacer ce champ dans <Champs sélectionnés>❹. Procédez de la même manière pour chaque champ à inclure dans la requête

(champs à voir dans la feuille réponse ou champs à utiliser pour appliquer un critère).

- Cliquez sur [Suivant].

Les boutons de ce dialogue servent à déplacer les champs entre les zones ❸ et ❹ dans le sens de la flèche bouton : ⟨⟨ ⟩⟩ déplacent tous les champs, ⟩ ⟨ déplacent le champ sélectionné.

- Si, parmi les champs, certains sont de type *Numérique* ou *Date*, l'étape ci-contre s'affiche : cochez l'option <⊙ Détaillée> ❺ sauf si vous voulez que votre requête exécute des fonctions d'agrégation (Somme, Moy, Min, Max, Total..), dans ce cas cochez <⊙ Synthèse>. Lorsque vous avez choisi, cliquez sur [Suivant].

# CRÉER UNE REQUÊTE AVEC L'ASSISTANT

- Dans la zone <Quel titre souhaitez-vous pour votre requête>❻ : modifiez le nom de la requête. Puis, cochez l'une des options :
  - ❼ pour afficher les résultats en *Mode Feuille de données*.
  - ❽ pour afficher la requête en *Mode Création* afin de la modifier.
- Cliquez sur [Terminer].

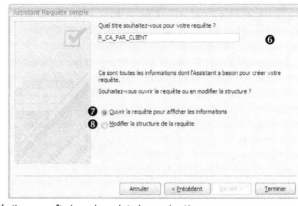

La feuille de données résultats ou la structure de la requête en mode *Création* s'affiche selon le choix fait en dernier lieu. L'objet requête ❶ est ajouté, il apparaît dans le volet de navigation.

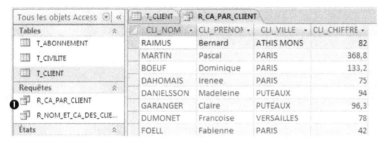

## ÉTAPES SPÉCIFIQUES DE L'ASSISTANT POUR UNE REQUÊTE DE SYNTHÈSE

### Cas de champ numérique dans la requête

Si la requête contient les champs <cli_ville> et <cli_chiffre_affaires>, la requête de synthèse peut produire les totaux de chiffre d'affaires par ville. Pour cela, choisissez l'option <⊙ Synthèse>, cliquez sur le bouton [Options de synthèse…] qui s'active.

- Cochez l'une des cases pour indiquer le calcul de synthèse souhaité, et éventuellement la case <☑ Compter les enregistrements> au sein de chaque regroupement. Validez par [OK].
- Cliquez sur [Terminer] pour effectuer la requête de synthèse.

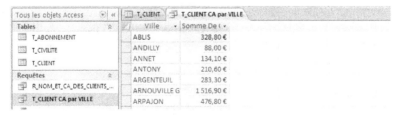

### Cas d'un champ date dans la requête

- Si certains champs sélectionnés dans la requête sont du type *Date*, un dialogue s'affiche et vous demande de quelle manière regrouper les enregistrements.
  Cochez l'une des options, puis cliquez sur [Terminer] pour effectuer la requête.

# CRÉER UNE REQUÊTE EN MODE CRÉATION

Vous pouvez créer une requête en la définissant dans la grille de création de requête, c'est le *Mode Création*. Dans ce mode vous pouvez appliquer des critères, ce que ne permet pas l'assistant requête. De plus, le *Mode Création* est le seul mode utilisable pour modifier les requêtes.

- Sous l'onglet **Créer**>groupe **Macros et code**, cliquez sur le bouton **Création de requête**. Le dialogue *Afficher la table* s'affiche.

- Sous l'onglet **Tables** ou **Requête**, sélectionnez une ou plusieurs tables ou requêtes puis cliquez sur [Ajouter]. Puis, lorsque vous avez choisi les tables, cliquez sur [Fermer].

La grille de création de requête est créée dans le volet de droite, la requête est automatiquement nommée par défaut RequêteN (N étant le numéro de séquence).

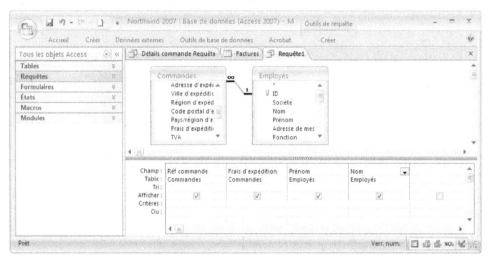

Dans cet exemple, une relation existe entre le champ <Réf employé> de la table Commandes et le champ <id> (clé primaire) de la table Employés. Relation de N à 1, car un employé peut passer plusieurs commandes, alors qu'une commande est passée par un seul employé.

- Dans la grille de création de requête :
  - Spécifiez les champs à inclure dans la requête en double-cliquant sur les noms de ces champs dans les tables (voir pages suivantes).
  - Spécifiez les éventuels critères de la requête sur la ligne en regard de *Critères* et celles qui sont au-dessous (voir pages suivantes).
  - Spécifiez les éventuels tris de la requête sur la ligne en regard de *tri* (voir pages suivantes).

- Pour visualiser les données résultats de la requête, cliquez sur l'icône *Feuille de données* située sur la droite de la barre d'état, ou sous l'onglet **Accueil**>groupe **Affichages** cliquez sur la flèche du bouton **Affichage**, puis sur *Feuille de données*. Pour revenir en *Mode Création* procédez de même en choisissant l'icône ou commande *Mode Création*.

- Pour enregistrer la requête, cliquez sur le bouton 💾 *Enregistrer* de la barre d'outils *Accès rapide* ou appuyez sur [Ctrl]+S. Le dialogue *Enregistrer sous* s'affiche. Saisissez un nom pour la requête, cliquez sur [OK].

L'objet Requête est créé, son nom apparaît dans le volet de navigation.

## MODIFIER LES DONNÉES DE LA TABLE SOURCE VIA LA REQUÊTE

Généralement lorsque vous modifiez les données dans la feuille des résultats d'une requête, les données sont modifiées dans la table source. Cela sera toutefois impossible dans certains cas, dont les suivants : la requête comporte des opérations (somme, moyenne...) ou des regroupements, la requête est de type *Analyse croisée*, la requête a la valeur `Oui` dans sa propriété <Valeurs distinctes>.

## OUVRIR UNE REQUÊTE EN MODE CRÉATION

Pour visualiser la grille de modification de la requête affichée.

■ Dans le volet de navigation, ouvrez le groupe Requêtes pour faire apparaître la liste des requêtes, cliquez droit sur le nom de la requête puis sur la commande *Mode Création*.

Vous pouvez aussi ouvrir la requête en *Mode Feuille de données*, puis basculer en *Mode Création*.

## OUVRIR UNE REQUÊTE EN MODE FEUILLE DE DONNÉES

Pour visualiser la feuille de résultats de la requête.

■ Dans le volet de navigation, ouvrez le groupe Requêtes pour faire apparaître la liste des requêtes, double-cliquez sur le nom de la requête, ou sélectionnez le nom de la requête puis appuyez sur Entrée, ou cliquez droit sur le nom de la requête puis sur la commande *Ouvrir*.

## BASCULER DU MODE FEUILLE DE DONNÉES AU MODE CRÉATION

Il est très pratique, lorsqu'on est en train de créer ou de modifier une requête en *Mode Création*, de pouvoir passer immédiatement en *Mode Feuille de données* afin de visualiser le résultat, puis de revenir aussi vite en *Mode Création* pour réviser la requête. Utilisez deux boutons à l'extrémité gauche de la barre d'outils :

❶ Passer en *Mode Feuille de données*.

❷ Passer en *Mode Création*.

## FERMER UNE REQUÊTE

■ Cliquez sur l'onglet de la feuille de données de la requête ouverte pour la sélectionner. Appuyez sur Ctrl+F4 ou sur Ctrl+W, ou cliquez sur la case de fermeture de la feuille de données.

Si des modifications ont été effectuées, Access propose l'enregistrement : cliquez sur [Oui] si vous désirez sauvegarder la requête.

## RENOMMER UNE REQUÊTE

■ Sélectionnez le nom de la requête dans le volet de navigation et appuyez sur F2. Puis, saisissez le nouveau nom et appuyez sur ↵ pour valider.

## COPIER UNE REQUÊTE

■ Sélectionnez le nom de la requête dans le volet de navigation, puis sous l'onglet **Accueil**>groupe **Presse-papiers**, cliquez sur le bouton **Copier** (ou Ctrl+C), puis cliquez sur le bouton **Coller** (ou Ctrl+V), saisissez un nom pour la nouvelle requête et validez par ↵.

## SUPPRIMER UNE REQUÊTE

■ Dans le volet de navigation, ouvrez le groupe Requêtes pour faire apparaître la liste des requêtes, cliquez droit sur le nom de la requête puis sur la commande *Supprimer*. Ou, sélectionnez le nom de la requête et appuyez sur Suppr.

# PLACER LES CHAMPS DANS LA GRILLE DE REQUÊTE

## AJOUTER DES CHAMPS DANS LA REQUÊTE

- Ouvrez la requête en *Mode Création*.

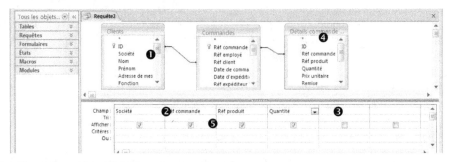

### Ajouter/Supprimer une table dans la requête

- Pour ajouter une table : sous l'onglet **Outils de requêtes/Créer**>groupe **Paramétrage de requête**, cliquez sur le bouton **Afficher la table**, puis dans la fenêtre *Afficher la table*, double-cliquez sur le nom de la table.
- Pour supprimer une table : cliquez droit sur l'objet table ❹ puis sur *Supprimer la table*.

### Ajouter un champ dans la requête

- Double-cliquez sur le nom de champ ❶ dans l'objet Table : son nom apparaît dans la première colonne disponible de la grille ❷. Ou cliquez dans une cellule vide de la ligne <Champ>, puis sur la flèche déroulante ❸ qui apparaît et choisissez le nom de champ. Ou faites glisser le nom du champ de l'objet Table jusque dans une colonne vide de la grille ou déjà occupée pour insérer le nouveau champ devant.

### Ajouter plusieurs champs à la fois

- Sélectionnez les noms champs dans l'objet Table ❹ en maintenant appuyée la touche `Ctrl` et en cliquant successivement sur chaque champ, puis faites glisser la sélection jusque sur une colonne vide de la grille.

### Ajouter tous les champs d'une table à la fois

- Double-cliquez sur l'astérisque ❹ en tête de la liste des noms de champs dans l'objet Table. L'astérisque (*) représente tous les champs de la table. Ou double-cliquez sur le nom de table.

## MODIFIER L'ORDRE DES CHAMPS

- Cliquez sur le sélecteur de colonne du champ que vous désirez déplacer, le pointeur se transforme en ↓ et la colonne est sélectionnée (surlignée en noir). Maintenez la pression sur le bouton de la souris et faites glisser la colonne, de façon à la mettre devant une autre.

Sélecteur de colonne

## SUPPRIMER DES CHAMPS

- Cliquez sur le sélecteur de colonne du champ (pour en sélectionner plusieurs consécutifs, sélectionnez le premier, maintenez appuyée la touche `⇧` et sélectionnez les suivants).
- Appuyez sur `Suppr`, ou sous l'onglet contextuel **Outils de requête/Créer**>groupe **Paramétrage de requête**, cliquez sur le bouton **Supprimer les colonnes**.

## MASQUER DES CHAMPS

- Dans la ligne <Afficher> de la grille, cliquez sur la case à cocher ❺ afin de supprimer la coche dans la colonne des champs que vous désirez masquer.

# TRIS DANS LES REQUÊTES

Les résultats d'une requête peuvent être triés selon les valeurs croissantes ou décroissantes d'un champ alphabétique, numérique ou date. Le tri peut porter sur un seul ou plusieurs champs.

## TRIER LES ENREGISTREMENTS SUR UN CHAMP

- Ouvrez la requête en *Mode Création*, cliquez dans la cellule sur la ligne <Tri> dans la colonne du champ devant servir de clé de tri, cliquez sur la flèche déroulante qui apparaît à droite de la cellule <Tri>, puis sélectionnez un sens pour le tri : *Croissant* ou *Décroissant*.
- Pour visualiser les données triées dans la feuille des résultats, cliquez sur l'icône *Feuille de données* situé sur la barre d'état.

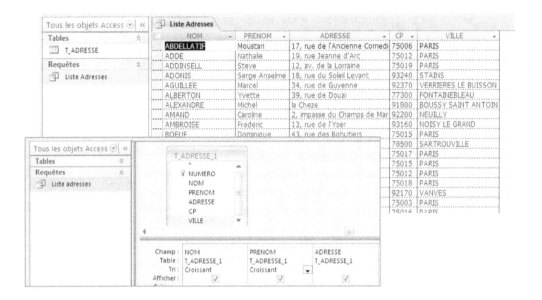

- Pour réafficher la grille de la requête, basculez en *Mode Création*.

---

L'ordre des enregistrements dans la (les) table(s) de données n'est pas modifié, le tri ne s'effectue que dans la feuille résultat de la requête.

---

## TRIER LES ENREGISTREMENTS SUR PLUSIEURS CHAMPS

L'ordre de placement dans la grille de requête des champs qui servent de clé de tri est important lorsque l'on définit plusieurs champs clé de tri. Access trie d'abord selon le champ clé de tri situé le plus à gauche, puis selon le champ clé de tri suivant situé à sa droite, et ainsi de suite.

Par exemple, pour trier d'abord le champ <Date>, puis le champ <Société>, le champ <Date> doit se trouver à gauche du champ <Société> dans la grille.

Pour modifier les niveaux de tri, il peut être nécessaire de déplacer les colonnes dans la grille.

Une fois les champs de tri définis, basculez en *Mode Feuille de données* pour visualiser le résultat.

## SUPPRIMER UN TRI

- Basculez en *Mode Création* pour afficher la grille de la requête.
- Cliquez sur la ligne <Tri> dans la cellule de la colonne du champ clé de tri contenant la valeur `Croissant` ou `Décroissant`, puis cliquez sur la flèche déroulante qui apparaît à droite de la cette cellule <Tri> et sélectionnez `(Non trié)` dans la liste.
- Basculez en *Mode Feuille de données* pour visualiser le résultat.

---

Une requête peut n'afficher que certains résultats correspondant à certains critères, pour cela on définit les critères de sélection dans la grille de la requête.

## SAISIR UN CRITÈRE

- Créez la requête et ouvrez-la en *Mode Création*.
- Ajoutez les champs à afficher dans la feuille de résultats ainsi que ceux servant aux critères.

### Définir un critère

- Cliquez dans la ligne <Critères>, dans la colonne du champ sur lequel porte le critère.
- Tapez la valeur critère, par exemple, pour obtenir les clients parisiens : saisissez `paris`, ou `Paris` ou `PARIS`. Access ne fait aucune distinction majuscule/minuscule. Le texte saisi est mis automatiquement entre guillemets.

| Champ : | [CLI_NOM] | [CLI_PRENOM] | [CLI_VILLE] | [CLI_CHIFFRE_AFFAIRE |  |
|---|---|---|---|---|---|
| Table : | T_CLIENT | T_CLIENT | T_CLIENT | T_CLIENT |  |
| Tri : |  |  |  |  |  |
| Afficher : | ☑ | ☑ | ☑ | ☑ | ☐ |
| Critères : |  |  | "paris" | >120 |  |
| Ou : |  |  | "lyon" | >120 |  |

### Définir un critère supplémentaire

Si le critère doit se combiner au précédent par ET :

- Procédez comme pour le premier critère, dans une autre colonne (`paris` et `>120`).

Si le critère doit de combiner au précédent par OU :

- Saisissez le critère supplémentaire sur la ligne <Ou> dans la même colonne (`paris` ou `lyon`).

La combinaison ET a priorité sur la combinaison OU.

### Afficher le résultat

- Après avoir saisi le critère dans la grille de la requête, sous l'onglet **Créer**>groupe **Résultats**, cliquez sur le bouton **Exécuter** pour visualiser le résultat en mode *Feuille de données*.

! Exécuter

- Pour revenir en *Mode Création* afin de modifier ou de vérifier le critère, sous l'onglet **Accueil**>groupe **Affichage**, cliquez sur le bouton **Affichage** pour revenir en mode *Création*.

## SYNTAXE DU CRITÈRE SUIVANT LE TYPE DU CHAMP

| Texte | Tapez le mot. Si le critère se compose de plusieurs mots, placez-les entre guillemets. Après validation. Access ajoutera automatiquement des guillemets autour du texte. |
|---|---|
| Nombre | Tapez le chiffre sans symbole monétaire ni séparateur de milliers. |
| Date | Tapez les dates sous la forme `jj/mm/aa` ou `jj/mm/aaaa`. Après validation, Access ajoute automatiquement des dièses autour de la date. |
| Oui/Non | Pour une valeur `Oui`, tapez au choix `Oui/Vrai/Actif/-1`. Pour une valeur `Non`, tapez au choix `Non/Faux/Inactif/0`. |

## OPÉRATEURS

| > | Plus grand que. |
|---|---|
| < | Plus petit que. |

# CRITÈRES DE SÉLECTION DANS UNE REQUÊTE

| | |
|---|---|
| >= | Supérieur ou égal. |
| <= | Inférieur ou égal. |
| <> | Différent de. |
| Pas | Négation. |
| In | Inclusion dans un ensemble. |
| Entre | Intervalle. |
| Comme | Précise un modèle utilisant des caractères génériques *, ? ou #. |
| Est Null | Ne contient pas de données. |
| Est Pas Null | Contient une donnée. |

Notez qu'avec Access une certaine souplesse est autorisée lors de la saisie d'un critère. Par exemple, si vous tapez Null, Access le convertit en Est Null. Si vous tapez P*, Access le convertit en Comme "P*" (si vous voulez chercher la chaîne P*, il faut saisir ="P*").

## EXPRESSIONS

| *Expression de critères* | *Affiche les enregistrements où* |
|---|---|
| "France" | La valeur est France. |
| Pas "France" | La valeur n'est pas France. |
| In ("France";"Allemagne";"Italie") | La valeur est France, Allemagne ou Italie. |
| "Paris" Ou "Bruxelles" | La valeur est Paris ou Bruxelles. |
| Comme "S*" | La valeur commence par S. |
| <"M" | La valeur commence par la lettre A à L. |
| >="M" | La valeur commence par la lettre M à Z. |
| Entre "M" et "P" | La valeur commence par la lettre M, N ou O, ou est égale à P. |
| 100 | La valeur est 100. |
| Entre 50 et 60 | La valeur est comprise entre 50 et 60. |
| <=20 | La valeur est inférieure ou égale à 20. |
| Date() | La date est la date actuelle. |
| >=#01/01/2009# | La date est égale ou postérieure au 01/01/2009. |
| Entre #01/01/2009# Et #31/12/2009# | La date est dans l'année 2009. |
| Pas Est Null | La valeur n'est pas nulle. |

Notez que Null n'est pas une valeur. On ne peut pas faire =Null ou <>Null, mais Est Null ou Pas Est Null.

## CARACTÈRES GÉNÉRIQUES

Lors de la saisie d'une expression de critère, on peut utiliser des caractères génériques : pour remplacer une séquence quelconque de caractères l'astérisque (*), le point d'interrogation (?) pour remplacer un caractère alphabétique quelconque, le signe dièse (#) pour un chiffre.

# CRITÈRES DE SÉLECTION DANS UNE REQUÊTE

Un point d'interrogation (?) remplace un caractère alphabétique quelconque.

Un astérisque (*) remplace un groupe de caractères de taille quelconque.

Un dièse (#) remplace un chiffre.

Des crochets [] entourent les caractères recherchés s'il existe des variantes.

Un point d'exclamation (!) après le premier crochet indique des caractères à exclure. Exemples :

| Cette recherche | Trouve | Mais ne trouve pas |
|---|---|---|
| Gr?s | Gris, Gras, Gros. | Grands. |
| Bl* | Blanc, Blé, Bleu. | Abri. |
| Gr*s | Gris, Grands, Grappins. | Grand, Galopins. |
| 1#3 | 103, 113, 123. | 1c3. |
| B[ae]lle | Balle, Belle. | Bulle. |
| B[a-c]r | Bar, Bbr, Bcr. | Bdr, Ber. |
| B[!a-c]r | Bdr, Ber. | Bar, Bbr. |

Dès que vous utilisez un caractère générique, Access ajoute Comme devant.

Par exemple, si vous saisissez Gr?s, Access convertit le critère en Comme "Gr?s".

## VARIANTES DANS L'ÉCRITURE DES CRITÈRES

Il existe souvent plusieurs manières d'écrire un même critère.

Les trois requêtes suivantes sont équivalentes :

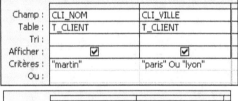

De même que les trois requêtes :

Notez que dans la grille de requête, vous pouvez ajouter plusieurs fois le même champ pour spécifier plusieurs critères sur ce champ, liés par ET.

# PARAMÈTRES DANS UNE REQUÊTE

Une requête sélection peut contenir un ou plusieurs paramètres dans ses critères. Quand la requête s'exécute, un dialogue s'affiche pour chaque paramètre et vous demande de saisir la valeur du paramètre. Vous pouvez définir plusieurs paramètres dans une requête.

## CRÉER UNE REQUÊTE PARAMÉTRÉE

Exemple de dialogue de saisie d'une valeur de paramètre à l'exécution d'une requête paramétrée :

- Pour insérer un paramètre dans un critère, ouvrez la requête en *Mode Création*. Puis sur la ligne <Critères> dans la colonne du champ servant au critère, saisissez entre crochets [] le nom du paramètre. La valeur sera demandée à l'exécution de la requête paramétrée.

Un critère pouvant être une expression calculée, le paramètre entre crochets [] peut être saisi comme un des opérandes de l'expression.

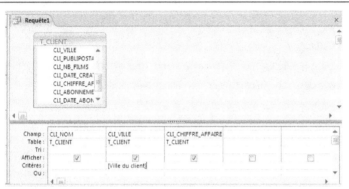

## CONTRÔLER LE TYPE DE VALEUR SAISIE POUR LE PARAMÈTRE

Vous pouvez en plus faire un contrôle du type de donnée saisie (afin d'être sûr de ne pas saisir texte alors qu'on attend une date, par exemple), pour certains ou tous les paramètres.

- En *Mode Création*, après avoir saisi les noms des paramètres dans les critères, sous l'onglet **Outils de requête/Créer**>groupe **Afficher/masquer**, cliquez sur le bouton **Paramètres.**

- Saisissez en ❶ (avec ou sans crochets) le nom du paramètre que vous avez saisi préalablement dans un critère (le copier-coller est possible) puis sélectionnez en ❷ le type de donnée du paramètre. En principe, il s'agit du même type que celui affecté au champ. Ajoutez éventuellement d'autres noms de paramètres avec leur type de donnée, si vous avez saisi plusieurs paramètres dans la ligne <Critère> de la grille de requête. Cliquez sur [OK].

# CHAMP CALCULÉ DANS UNE REQUÊTE

Un champ de la requête peut être une expression calculée avec les valeurs d'un ou de plusieurs autres champs de la table. On peut par exemple afficher un montant TTC dans la feuille résultats de la requête alors que c'est le montant HT qui est enregistré dans la table.

## CRÉER UN CHAMP CALCULÉ

- En *Mode Création*, dans la ligne <Champ> de la grille de requête, cliquez dans une colonne vide et saisissez l'expression de calcul dans la colonne. Vous pouvez utiliser les opérateurs usuels (+, -, * et /). Access met automatiquement les noms des champs entre crochets. Appuyez sur ⏎ pour valider.

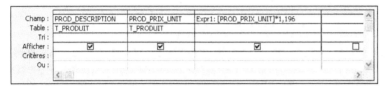

Access fait automatiquement précéder l'expression par le terme `ExprN` qui sert de nom initial au champ calculé, suivi de deux-points (`:`). Dans ce nom, N correspond à un nombre entier augmenté d'une unité pour chaque nouveau champ calculé (`Expr1`, puis `Expr2`, `Expr3`, ...). Vous pouvez changer ce nom.

## RENOMMER UN CHAMP CALCULÉ

On peut remplacer le nom initial (`Expr1`, `Expr2`...) par un nom plus significatif.

- Saisissez ce nom suivi de : (deux points) avant l'expression, à la place de `Expr1`.

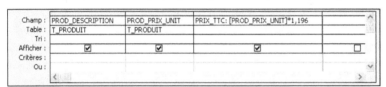

## FORMATER UN CHAMP CALCULÉ

Par exemple, vous voulez appliquer un format monétaire à un champ calculé.

- Cliquez droit dans la colonne du champ à formater, puis cliquez sur *Propriétés*.

- Cliquez dans la propriété <Format>, cliquez ensuite sur la flèche à l'extrémité droite de cette zone et sélectionnez un format prédéfini (disponible uniquement pour les types de données numérique et monétaire) ou saisissez votre propre format.
- Cliquez sur la case de fermeture de la Feuille de propriétés.

## AFFICHER LE RÉSULTAT

- Sous l'onglet **Outils de requête/Créer**>groupe **Résultats**, cliquez sur le bouton **Exécuter** pour visualiser le résultat en *Mode Feuille de données*.

- Pour revenir en *Mode Création* afin de vérifier le critère, sous l'onglet **Accueil**>groupe **Affichage**, cliquez sur le bouton **Affichage**.

# CHAMP CALCULÉ DANS UNE REQUÊTE

### UTILISER LE GÉNÉRATEUR D'EXPRESSION

Le générateur d'expression facilite l'écriture de formules en proposant les fonctions et éléments disponibles.

- Ouvrez la requête en *Mode Création*. Dans la ligne <Champ> de la grille de requête, cliquez dans la cellule de la première colonne vide.

- Sous l'onglet **Outils de requête/Créer**>groupe **Paramétrage de la requête**, cliquez sur le bouton **Générateur** 🔨. Choisissez en ❶ les termes à utiliser et en ❷ les opérateurs. Le résultat apparaît en ❸.

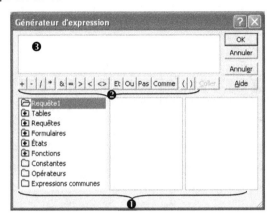

- Une fois l'expression terminée, cliquez sur [OK].

### Exemple : combinaison du nom et de l'initiale du prénom

- Ouvrez la requête en *Mode Création*. Cette requête doit utiliser une table possédant un champ <NOM> et un champ <PRENOM> (dans notre exemple, il s'agit de la table T_CLIENT).

- Dans la ligne <Champ> de la grille de requête, cliquez sur la cellule de la première colonne vide. Puis, sous l'onglet **Outils de requête/Créer**>groupe **Paramétrage de la requête**, cliquez sur le bouton **Générateur**.

- Dans le dialogue *Générateur d'expression*, double-cliquez sur *Tables* ❶ puis sur T_CLIENT en ❷, puis sur le champ <CLI_NOM> en ❸ et enfin sur <Valeur> en ❹.

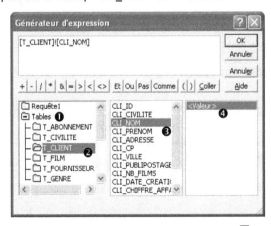

- Dans la liste des opérateurs, cliquez sur le bouton ⅋ (l'opérateur de concaténation) qui permet concaténer un texte à un autre. Saisissez " " (guillemet - espace - guillemet) pour insérer un espace entre le nom et le prénom (tous les textes doivent être tapés entre guillemets).

- Dans la liste des opérateurs, cliquez à nouveau sur le bouton ⅋.

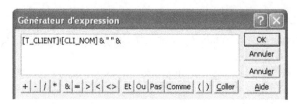

■ Double-cliquez sur *Fonctions* puis sur *Fonctions intégrées* en ❶, puis cliquez sur *Texte* en ❷ (utilisez la barre de défilement vertical), enfin double-cliquez sur *Gauche* en ❸ (utilisez la barre de défilement vertical).

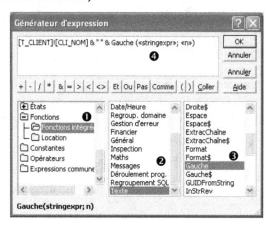

■ Dans la zone supérieure ❹, cliquez sur le terme «`stringexpr`» pour le sélectionner, puis saisissez le nom du champ contenant le prénom du client [`CLI_PRENOM`] pour remplacer la sélection. Vous auriez d'ailleurs pu sélectionner le prénom comme vu précédemment.

■ Dans la zone supérieure du dialogue ❹, cliquez sur le terme «`n`» pour le sélectionner, puis saisissez 1 pour remplacer la sélection.

■ Cliquez sur [OK].

La formule est copiée dans la colonne sélectionnée. Notez que [`T_CLIENT`].[`CLI_PRENOM`] ou simplement [`CLI_PRENOM`] revient au même pour la requête pour désigner le champ.

## SAISIR UNE EXPRESSION À L'AIDE DES FONCTIONS

### Fonctions usuelles

Les exemples sont donnés avec des valeurs fixes. Vous pouvez remplacer ces valeurs par des noms de champs : `Gauche("Alain", 2)` peut être remplacé par `Gauche([Prénom], 2)`.

| Fonction | Retourne | Exemple | Résultat |
|---|---|---|---|
| Gauche(T, N) | Les N caractères les plus à gauche du texte T | `Gauche("Alain";2)` | "Al" |
| ExtractChaîne(T;N1;N2) | Les N2 caractères du texte T à partir du N2ième | `ExtractChaîne("Durant";3;2)` | "ra" |

# CHAMP CALCULÉ DANS UNE REQUÊTE

| DansChaîne(Pos;T1;T2) | Donne la position du texte T2 dans le texte T1, à partir de la position Pos | `DansChaîne(1;"tralala";"la")`<br>`DansChaîne(5;"tralala";"la")` | 4<br>6 |
|---|---|---|---|
| NbCar(T) | Nombre de caractères | `NbCar("Monsieur")` | 8 |
| SupprEspace(T) | Le texte T, moins les caractères espace à droite et à gauche | `SupprEspace("  Jean Pierre ")` | "Jean Pierre" |
| Ent(N) | La partie entière de N | `Ent(123,85)` | 123 |
| Date() | La date système | `Date()` | 03/12/2009 |
| Année(D) | L'année de la date D | `Année(#03/12/2009#)` | 2009 |
| Mois(D) | Le mois de la date D | `Mois(#03/12/2009#)` | 12 |
| Jour(D) | Le jour de la date D | `Jour(#03/12/2009#)` | 3 |
| JourSem(D) | Le numéro du jour de la semaine de la date D | `JourSem(#03/12/2009#)` | 5 (jeudi) |
| SérieDate(A;M;J) | Convertit l'année A, le mois M, le jour J en date | `SérieDate(2009;12;3)` | 03/12/2009 |

**Fonctions avancées**

– `EstNull()` retourne `VRAI` si l'argument a la valeur `Null`. Souvent utilisé avec `VraiFaux`.

– `VraiFaux()` permet de faire un choix entre deux valeurs.

– `Choisir()` permet de choisir parmi une liste.

Exemples :

– `VraiFaux([Sexe]="M"; "Masculin"; "Féminin")`
renvoie le texte `Masculin` si le champ <Sexe> est égal la valeur `M`, et retourne le texte `Féminin` dans les autres cas.

– `VraiFaux(EstNull([Ville]);"(inconnu)";[Ville])`
renvoie le texte `(inconnu)` si le champ <Ville> est null et retourne le contenu du champ <Ville> dans le cas contraire.

– `Choisir([Civilite];"Monsieur";"Madame";"Mademoiselle")`
renvoie la valeur texte `Monsieur` si le champ <Civilite> est égal à 1, `Madame` si <Civilite> est égal à 2, et `Mademoiselle` si <Civilite> est égal à 3.

Les requêtes *Sélection* permettent de réaliser des regroupements d'enregistrements et des calculs de synthèse sur les enregistrements regroupés. Au lieu d'avoir tous les enregistrements affichés, on obtient une synthèse sur le(s) champ(s) de regroupement.

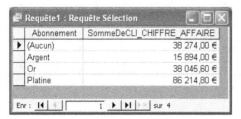

## OPÉRATION DE SYNTHÈSE SUR LES ENREGISTREMENTS

- Créez une requête avec le bouton **Création de requête** (onglet **Créer**>groupe **Macros et code**) et ajoutez les champs sur lesquels porteront les opérations dans la grille de création. La majorité des requêtes de regroupement utilisent seulement un ou deux champs de regroupement.

- Sous l'onglet **Outils de requête/Créer**>groupe **Afficher/Masquer**, cliquez sur le bouton **Totaux**. Access ajoute la ligne <Opération> dans la grille de requête et sur cette ligne, dans chaque champ de la requête, apparaît le terme `Regroupement`.

Vous devez ensuite indiquer le ou les champs pour lesquels vous voulez faire un calcul de synthèse. Les champs qui ne servent pas pour un calcul de synthèse peuvent servir pour un regroupement.

- Pour chaque champ sur lequel vous voulez un calcul de synthèse : cliquez dans la cellule sur la ligne <Opération> puis sur la flèche située à l'extrémité droite de la cellule, et sélectionnez une opération de synthèse.

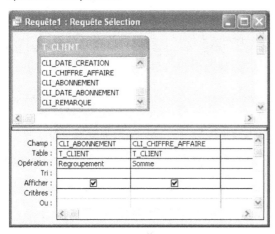

### Opérations de synthèse disponibles

| | | |
|---|---|---|
| Somme | La somme des valeurs d'un champ. | Numérique, Date/Heure, Monétaire, NuméroAuto, Oui/Non. |
| Moyenne | La moyenne des valeurs d'un champ. | Numérique, Date/Heure, Monétaire, NuméroAuto, Oui/Non. |
| Min | La valeur minimale d'un champ. | Texte, Numérique, Date/Heure, Monétaire, NuméroAuto, Oui/Non. |
| Max | La valeur maximale d'un champ. | Texte, Numérique, Date/Heure, Monétaire, NuméroAuto, Oui/Non. |

| Compte | Le nombre de valeurs non vides dans un champ. | Texte, Mémo, Numérique, Date/Heure, Monétaire, NuméroAuto, Oui/Non, Objet OLE. |
|---|---|---|
| Premier | La première valeur d'un champ. | Texte, Mémo, Numérique, Date/Heure, Monétaire, NuméroAuto, Oui/Non, Objet OLE. |
| Dernier | La dernière valeur d'un champ. | Texte, Mémo, Numérique, Date/Heure, Monétaire, NuméroAuto, Oui/Non, Objet OLE. |
| Écartype | L'écart type des valeurs d'un champ. | Numérique, Date/Heure, Monétaire, NuméroAuto, Oui/Non. |
| Var | La variance des valeurs d'un champ. | Numérique, Date/Heure, Monétaire, NuméroAuto, Oui/Non. |

## OPÉRATION DE SYNTHÈSE CUMULÉE AVEC UN CRITÈRE

Pour que le calcul de synthèse ne se fasse que sur une partie des enregistrements de la table.

### Si le champ sur lequel porte le critère est un champ de regroupement

- Saisissez le critère dans la cellule de la ligne <Critères> de la colonne de ce champ dans la grille de requête.

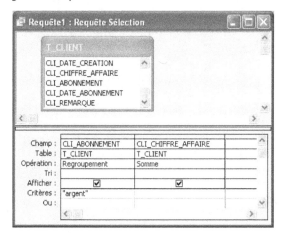

### Si le champ sur lequel porte le critère n'est pas un champ de regroupement

- Ajoutez le champ dans la grille. Dans la ligne <Opération> de ce champ, sélectionnez <Où>. La case de la ligne <Afficher> est automatiquement décochée.
- Saisissez le critère dans la ligne <Critères> de la colonne du champ.

## AFFICHER LE RÉSULTAT

- Sous l'onglet **Outils de requêtes/Créer**>groupe **Résultats**, cliquez sur le bouton **Exécuter** pour visualiser le résultat en *Mode Feuille de données*.
- Pour revenir en *Mode Création* afin de vérifier le critère, sous l'onglet **Accueil**>groupe **Affichage**, cliquez sur le bouton **Affichage**.

# LES FORMULAIRES

# CRÉER UN FORMULAIRE

Un formulaire sert à disposer les données à l'écran comme vous le souhaitez. Il permet d'entrer, de modifier ou d'afficher les données d'une table ou d'une requête plus efficacement qu'avec la présentation en feuille de données.

En effet, un formulaire permet de vérifier les valeurs saisies, d'afficher des champs calculés, d'incorporer des graphiques, de mettre en valeur les données avec des polices spéciales, des couleurs, des effets d'ombre. Dans un formulaire, tous les objets susceptibles d'y apparaître (zones de saisie, étiquettes, ...) sont appelés « contrôles ».

Plusieurs méthodes de création d'un formulaire sont disponibles : créer un formulaire instantané, utiliser l'assistant *Formulaire*, ou créer un formulaire de toutes pièces en *Mode Création* avec l'outil *Formulaire vierge* ou *Création de formulaire*.

## CRÉER UN FORMULAIRE INSTANTANÉ

■ Dans le volet de navigation, ouvrez le groupe Tables ou Requêtes. Sélectionnez la table ou la requête dont vous voulez voir les
données dans le formulaire. Sous l'onglet **Créer**>groupe **Formulaires**, cliquez sur le bouton **Formulaire**.

Access crée le formulaire et l'affiche en *Mode Page*. Ce mode permet d'apporter des modifications à la conception du formulaire tout en ayant les données affichées.

Les champs du formulaire instantané sont disposés en colonne. En *Mode Page* de formulaire, une barre de navigation dans les enregistrements apparaît au bas du volet d'affichage du formulaire. Elle comporte des outils permettant de changer l'enregistrement affiché :

❶ Premier enregistrement.

❷ Enregistrement précédent.

❸ Numéro enreg. courant sur nbre d'enreg.

❹ Enregistrement suivant.

❺ Dernier enregistrement.

❻ Créer un nouvel enregistrement.

❼ Nombre total d'enregistrements.

❽ Recherche textuelle.

■ Pour enregistrer l'objet formulaire, cliquez sur le bouton *Enregistrer* de la barre d'outils *Accès rapide*, ou cliquez sur l'onglet **Fichier**, puis sur **Enregistrer**, ou Ctrl+S. Saisissez un nom pour ce formulaire, validez par [OK].

■ Pour fermer le formulaire, cliquez droit sur le fond du formulaire ou cliquez sur l'onglet **Fichier** puis sur **Fermer**, ou utilisez Ctrl+W ou Ctrl+F4.

# CRÉER UN FORMULAIRE

## CRÉER UN FORMULAIRE À L'AIDE DE L'ASSISTANT FORMULAIRE

Pour être plus sélectif quant aux champs à faire figurer sur votre formulaire, vous pouvez utiliser l'Assistant Formulaire. Avec l'Assistant Formulaire, vous pouvez également définir la façon dont les données sont regroupées et triées, vous pouvez utiliser les champs de plusieurs tables ou requêtes si vous avez préalablement spécifié les relations entre les tables et les requêtes. Voir le chapitre Relation entre tables.

- Sous l'onglet **Créer**>groupe **Formulaires**, cliquez sur **Assistant formulaire** puis suivez les instructions fournies dans les étapes de l'Assistant Formulaire.

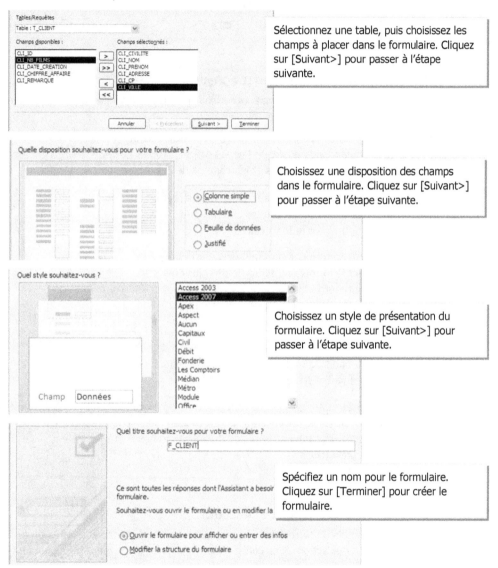

Sélectionnez une table, puis choisissez les champs à placer dans le formulaire. Cliquez sur [Suivant>] pour passer à l'étape suivante.

Choisissez une disposition des champs dans le formulaire. Cliquez sur [Suivant>] pour passer à l'étape suivante.

Choisissez un style de présentation du formulaire. Cliquez sur [Suivant>] pour passer à l'étape suivante.

Spécifiez un nom pour le formulaire. Cliquez sur [Terminer] pour créer le formulaire.

À tout moment, vous pouvez revenir à une étape précédente en cliquant sur [<Précédent]. Lorsque vous cliquez sur [Terminer], Access crée le formulaire et l'affiche en *Mode Page*.

Si vous souhaitez inclure des champs de plusieurs tables ou requêtes dans votre formulaire, ne cliquez pas sur [Suivant] ou sur [Terminer] avant d'avoir répété les étapes pour sélectionner toutes les tables voulues et ajouter les champs à inclure dans le formulaire.

# CRÉER UN FORMULAIRE

Voici les exemples de disposition de formulaire : ❶ Colonne simple, ❷ Tabulaire, ❸ Feuille de données, ❹ Justifié.

## CRÉER UN FORMULAIRE À L'AIDE DE L'OUTIL FORMULAIRE VIERGE

Vous pouvez utiliser l'outil *Formulaire vierge* pour créer un formulaire en peu de temps, surtout si vous prévoyez de placer un nombre limité de champs.

- Sous l'onglet **Créer**>groupe **Formulaires**, cliquez sur **Formulaire vierge**
  Access ouvre un formulaire vide en *Mode Page* et affiche le volet *Liste de champs* qui liste toutes les tables de la base de données et les champs de ces tables.

- Dans le volet *Liste de champs*, cliquez sur le signe plus (+) en regard de la ou des tables contenant les champs que vous souhaitez faire figurer sur le formulaire.

- Pour ajouter un champ au formulaire, double-cliquez dessus ou faites-le glisser vers le formulaire. Pour ajouter plusieurs champs à la fois, maintenez la touche Ctrl enfoncée, cliquez sur plusieurs champs, puis faites-les glisser simultanément vers le formulaire.

- Pour ajouter un logo, un titre, des numéros de page ou la date et l'heure au formulaire, utilisez les outils figurant sous l'onglet **Outils de présentation de formulaire/Création**>groupe **En-tête et pied de page**.

- Si vous souhaitez ajouter une plus grande variété de contrôles au formulaire, passez en *Mode Création* en cliquant droit sur le formulaire, puis en cliquant sur *Mode Création*. Vous pourrez dès lors utiliser les outils figurant sous l'onglet **Outils de présentation de formulaire/ Création**> groupe **Contrôles**.

## CONTRÔLE DÉPENDANT, INDÉPENDANT ET CALCULÉ

Les contrôles sont des objets du formulaire qui affichent des données, des étiquettes ou des images, ou qui exécutent des actions. Les contrôles d'un formulaire peuvent être dépendants, indépendants ou calculés :

- Un contrôle dont la source de données est un champ de table ou requête est dit « dépendant ».
- Un contrôle qui n'a pas de source de données est dit « contrôle indépendant ».
- Un contrôle dont la source de données est une expression est dit « contrôle calculé ».

# GÉRER LES FORMULAIRES

### ENREGISTRER L'OBJET FORMULAIRE APRÈS MODIFICATION

Lorsque vous avez modifié un formulaire, vous devez enregistrer les modifications que vous avez apportées, si vous voulez les conserver pour la suite.

- Pour enregistrer l'objet formulaire, cliquez sur le bouton *Enregistrer* de la barre d'outils *Accès rapide*, ou cliquez sur l'onglet **Fichier** puis sur **Enregistrer**, ou Ctrl+S.
- Si le formulaire vient d'être créé et n'a encore jamais été enregistré, Access demande de lui donner un nom : Saisissez un nom pour ce formulaire, validez par [OK].

- Si le formulaire a déjà été enregistré, il est déjà nommé. Si vous lui avez apporté des changements, l'enregistrement s'effectue sous le même nom.

### CHANGER LE NOM D'UN FORMULAIRE

- Cliquez droit sur le nom du formulaire dans le volet de navigation puis sur la commande *Renommer...*

### SUPPRIMER UN FORMULAIRE

- Cliquez droit sur le nom du formulaire dans le volet de navigation puis la commande *Supprimer...* ou tapez sur la touche Suppr pour supprimer le formulaire sélectionné.

### FERMER UN FORMULAIRE

- Cliquez droit sur le fond du formulaire puis sur la commande *Fermer*, ou sur l'onglet **Fichier** puis sur **Fermer**, ou utilisez Ctrl+W ou Ctrl+F4, ou cliquez sur la case de fermeture ✕.
- Si le formulaire a été modifié, Access affiche un message :

- [Oui] : enregistre le formulaire et le ferme.
- [Non] : abandonne les dernières modifications et ferme le formulaire.
- [Annuler] : retourne au formulaire sans rien faire.

### OUVRIR UN FORMULAIRE EN MODE FORMULAIRE, MODE CRÉATION OU MODE PAGE

Le *Mode Formulaire* sert à afficher et modifier les données des tables source. Le *Mode Page* sert à modifier les contrôles dépendants (les champs) tout en conservant l'affichage des données des tables source. Le *Mode Création* permet toutes les modifications du formulaire, notamment d'ajouter tous les types de contrôles, mais il ne permet pas de conserver l'affichage des données.

- Pour ouvrir le formulaire dans l'un de ces modes : cliquez droit sur le nom du formulaire dans le volet de navigation puis sur le mode choisi : *Formulaire, Page* ou *Création*.

- Pour basculer entre les modes d'affichage, le formulaire étant déjà ouvert et actif, sous l'onglet **Accueil**>groupe **Affichages**, cliquez sur la flèche du bouton **Affichage** puis sur *Mode Formulaire, Mode Page* ou *Mode Création*.

# FORMULAIRE EN MODE CRÉATION

Ce mode sert à définir et à modifier les caractéristiques d'un formulaire. Il permet de spécifier la table ou la requête source, d'insérer ou supprimer des contrôles (champs, étiquettes, etc.), de choisir les polices, les couleurs et des effets spéciaux, de préciser une image ou une texture comme fond. Il est orienté structure du formulaire, alors que le *Mode Page* est orienté présentation du formulaire.

## LES RÈGLES ET LES SECTIONS EN MODE CRÉATION DE FORMULAIRE

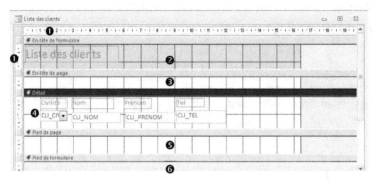

❶ Les règles : elles aident au positionnement des contrôles avec précision et au dimensionnement des sections du formulaire.

❷ Section *En-tête de formulaire* : elle contient des informations telles que le titre, la date ou les en-têtes de colonne, qui apparaîtront seulement en haut de la première page du formulaire.

❸ Section *En-tête de page* : elle contient les informations telles que les en-têtes de colonne qui apparaîtront en haut de chaque page du formulaire.

❹ Section *Détail* : partie principale du formulaire, qui contient les champs, les étiquettes et les autres contrôles. Cette section ne peut être supprimée.

❺ Section *Pied de page* : elle contient les informations telles que les numéros de pages, qui apparaîtront en bas de chaque page du formulaire.

❻ Section *Pied de formulaire* : elle contient les informations qui apparaîtront seulement dans le bas de la dernière page du formulaire.

## AFFICHER OU MASQUER LES RÈGLES, LA GRILLE OU LES SECTIONS

- Affichez/masquez les règles de positionnement : cliquez droit sur le formulaire puis sur *Règle*.
- Affichez/masquez la grille de positionnement : cliquez droit sur le formulaire puis sur *Grille*.
- Affichez/masquez la section *En-tête/pied de page* ou la section *En-tête/pied de formulaire* : cliquez droit sur le formulaire puis sur la commande appropriée. Attention : lorsque que vous masquez les en-têtes/pieds de page ou les en-têtes/pieds de formulaire, vous supprimez tous les contrôles qu'ils contiennent.

En-tête et pied de page

En-tête/pied de formulaire

Ces commandes sont aussi accessibles sous l'onglet **Outils de présentation de formulaire/Réorganiser>** groupe **Taille/Espace.**

## REDIMENSIONNER UNE SECTION

On peut accroître ou réduire la hauteur de chacune des sections d'un formulaire de façon indépendante. En revanche, la largeur est la même pour tout le formulaire : si on modifie la largeur d'une section, on affecte la largeur de l'ensemble du formulaire.

- Placez le pointeur sur la limite inférieure ou la limite droite de la section. Il se transforme en une double flèche. Vous pouvez aussi faire glisser le coin inférieur droit de la section pour changer simultanément la hauteur et la largeur.

# FORMULAIRE EN MODE CRÉATION

## APPLIQUER UN THÈME AU FORMULAIRE

Pour appliquer au formulaire une mise en forme prédéfinie incluant une image de fond et une mise en forme particulière des contrôles (police, taille des caractères, couleur, attributs, etc.).

- Cliquez sur le sélecteur de formulaire (zone située là où les règles se rejoignent) pour sélectionner le formulaire, ou cliquez dans la section.

- Sous l'onglet **Outils de présentation de formulaire/ Réorganiser**> groupe **Thèmes**, cliquez sur le bouton **Thèmes** puis sélectionnez la vignette dans la galerie.

- Vous pouvez ensuite ajuster les couleurs ou les polices : cliquez sur le bouton **Couleurs** ou le bouton **Polices**.

## PROPRIÉTÉS D'UNE SECTION OU DU FORMULAIRE

- Affichez la *Feuille de propriétés* : sous l'onglet **Outils de présentation de formulaire/Création**>groupe **Outils**, cliquez sur le bouton **Feuille des propriétés**, ou appuyez sur Alt + ↵, ou cliquez droit dans une section puis sur *Propriétés*. La *Feuille de Propriétés* s'affiche sur la droite de la fenêtre.

- Cliquez ensuite dans la section ou sur le sélecteur de formulaire dont vous voulez voir et modifier les propriétés. Redéfinissez les propriétés dans la *Feuille de propriétés*.

### Propriété <Image> en arrière-plan du formulaire

- Dans la *Feuille de propriétés*, sous l'onglet Format, cliquez dans la propriété <Image>, puis sur le bouton à l'extrémité droite de cette zone, puis sélectionnez un format de fichier graphique. Cliquez dans la propriété <Type image>, puis sur la flèche déroulante et spécifiez si l'image doit être intégrée dans le formulaire ou attachée.

Pour supprimer l'image, effacez le contenu de la propriété <Image>.

### Propriété <Couleur fond> d'une section de formulaire

- Double cliquez sur le sélecteur de la section, la barre du haut de la section, pour afficher les Propriétés de la section. Dans la *Feuille de propriétés*, sous l'onglet Format, cliquez dans la propriété <Couleur fond>, sélectionnez une couleur et validez par [OK].

## ORDRE DE TABULATION SUR LES CONTRÔLES

Pour modifier l'ordre dans lequel le curseur se déplacera de contrôle en contrôle (les champs de saisie essentiellement) dans chaque section, lorsque vous utiliserez la touche Tab ou lorsque vous entrerez une valeur.

- Sous l'onglet **Outils de présentation de formulaire/Réorganiser**>groupe **Outils**, cliquez sur le bouton **Ordre de tabulation** ou cliquez droit dans la section puis sur *Ordre de tabulation...* Le dialogue *Ordre personnalisé* s'affiche.

# FORMULAIRE EN MODE CRÉATION

■ Faites glisser la case grisée précédant le nom d'un contrôle afin de le déplacer vers le haut ou vers le bas. Lorsque vous êtes satisfait de l'ordre que vous avez mis en place. Cliquez sur [OK].

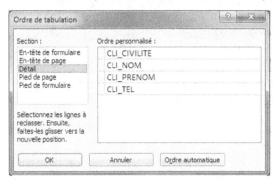

Le bouton [Ordre automatique] ordonne les contrôles de la gauche vers la droite et du haut vers le bas.

## LES OUTILS DU RUBAN

Ci-dessous, les onglets contextuels en *Mode Création* de formulaire.

Sous l'onglet **Outils de présentation de formulaire/Création**, les outils servent principalement à créer des contrôles, à définir les propriétés des contrôles, des sections, du formulaire, et à appliquer des thèmes, des couleurs et des polices de thème.

Sous l'onglet **Outils de présentation de formulaire/Organiser**, les outils servent principalement à disposer les contrôles, à les grouper et à les aligner.

Sous l'onglet **Outils de présentation de formulaire/Format**, les outils servent principalement à mettre en forme des contrôles et à définir une image d'arrière-plan.

# FORMULAIRE EN MODE PAGE

En *Mode Page*, vous pouvez voir vos données telles qu'elles apparaîtront dans le formulaire et, en même temps, vous pouvez apporter des modifications à la conception du formulaire pour en visualiser l'effet immédiatement. C'est le mode conseillé pour ajuster la taille des contrôles ou pour effectuer les tâches qui ont une petite incidence sur l'aspect du formulaire.

Les règles graduées ne sont pas présentes, les sections en-têtes/pied de formulaire et de page sont affichées comme en *Mode Formulaire*, ainsi que la barre de navigation au bas du formulaire, qui permet de naviguer entre les enregistrements.

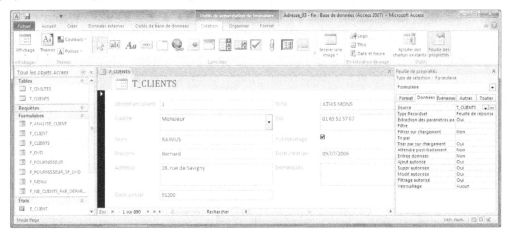

La mise en forme, la modification des propriétés des sections et du formulaire, se font comme en *Mode Création* (voir page 91).

Les outils sur le Ruban sont disposés sous les trois même onglets contextuels **Outils de présentation de formulaire/Création**, **/Organiser** et **/Format** qu'en *Mode Création*, à quelques restrictions près.

**/Création** : dans le groupe **Outils** : ne figurent pas les outils **Ordre de tabulation**, **Sous-formulaire**, **Visualiser le code**, **Convertir les macros**. Dans le groupe **Contrôles**, ne figurent pas **Groupe d'options**, **Insérer un saut de page**, **Insérer un graphique**.

**/Organiser** : ne figure pas le groupe **Redimensionnement et classement** : avec les outils taille et espacement, alignement sur la grille, regroupement ou dissociation, avant-plan ou arrière-plan.

**/Format** :

Les contrôles sont des objets du formulaire qui affichent des données, des étiquettes ou des images, ou qui peuvent exécuter des actions. Les contrôles d'un formulaire peuvent être dépendants, indépendants ou calculés :

- Un contrôle « dépendant » affiche des données d'un champ de table ou requête.
- Un contrôle « indépendant » n'affiche que des informations contenues dans le formulaire.
- Un contrôle « calculé » affiche le résultat d'une expression de calcul.

Chaque fois que vous ajoutez un contrôle, Access crée aussi une étiquette associée à ce contrôle. L'étiquette constitue une légende associée au contrôle, inscrite dans le formulaire.

## AJOUTER UN CHAMP (CONTRÔLE DÉPENDANT)

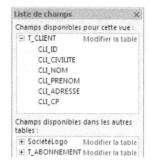

- Affichez la liste des champs si elle ne l'est pas déjà. Sous l'onglet **Outils de présentation de formulaire/Création**>groupe **Outils**, cliquez sur le bouton **Ajouter des champs existants**.

- Dans cette liste, sélectionnez le(s) champ(s) à placer dans le formulaire (pour en sélectionner plusieurs, maintenez la touche Ctrl appuyée et cliquez sur les noms des champs).

- Faites glisser à l'endroit du formulaire où placer le/les champs.

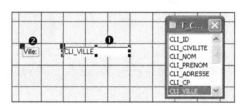

Access insère le champ ❶ précédé automatiquement d'une étiquette ❷ qui lui est associée. Si la propriété <Légende> du champ a été spécifiée dans la table, l'étiquette prend la valeur de cette légende sinon le nom du champ. Un champ de type *Oui/Non* peut apparaît sous la forme d'une case à cocher, un champ avec liste de choix apparaît sous la forme de zone liste déroulante.

## AJOUTER UNE ZONE DE TEXTE (CONTRÔLE INDÉPENDANT)

Les zones de texte sont des contrôles indépendants qui servent à afficher des informations textuelles, par exemple des titres, des légendes ou des instructions.

- En *Mode Création*, sous l'onglet **Outils de présentation de formulaire/ Création**>groupe **Contrôles**, cliquez sur le bouton **Zone de texte** ab|.

- Cliquez et faites glisser le pointeur pour tracer la zone de texte à la dimension voulue. Une étiquette associée est créée en plus, même si elle n'a pas vraiment d'intérêt. Vous pourrez la supprimer ensuite. Tapez le texte et terminez par ↵. Vous pouvez appuyer sur Ctrl + ↵ pour insérer un retour à la ligne dans le texte.

Vous pouvez ensuite déplacer la zone de texte, la redimensionner ou l'ajuster au contenu.

## AJOUTER UN CONTRÔLE CALCULÉ (CONTRÔLE INDÉPENDANT)

La valeur affichée par un contrôle calculé est le résultat d'une formule que l'on tape dans une zone de texte. En commençant la saisie par le signe égal (=), Access sait alors qu'il s'agit d'une formule (en page 79, vous trouverez des informations sur la saisie des formules). Rappelons que les noms de champs doivent être placés entre crochets, par exemple : =[Quantite]*[PrixHT]*1,196.

# AJOUTER DES CONTRÔLES

- En *Mode Création*, sous l'onglet **Outils de présentation de formulaire/Format** > groupe **Contrôles**, cliquez sur le bouton ab| **Zone de texte ❶**.

- Cliquez dans le formulaire à l'endroit où vous voulez placer le contrôle. Access insère le contrôle indépendant précédé d'une étiquette.
- Cliquez dans le contrôle indépendant et tapez la formule en commençant par le signe égal (=), en fin de saisie validez par [↵].

Si vous voulez utiliser le générateur d'expression, cliquez sur la propriété <Source contrôle> dans la Feuille de propriétés du contrôle, que vous pouvez faire apparaître ou disparaître en double cliquant sur le bord du contrôle. Puis, cliquez sur les trois points qui apparaissent à l'extrémité droite de la propriété pour lancer le générateur d'expression (voir page 79).

---

Une erreur classique consiste à utiliser le nom d'un contrôle à la place d'un nom de champ. Si, en mode formulaire, un contrôle affiche le message d'erreur #Nom, vérifiez le nom des champs utilisés dans sa formule et le nom des contrôles utilisés dans le formulaire.

---

## AJOUTER LA DATE OU L'HEURE (CONTRÔLE CALCULÉ)

- Sous l'onglet **Outils de présentation de formulaire/Création** > groupe **En-tête/pied de page**, cliquez sur le bouton **Date et heure ❷**.
- Un dialogue s'ouvre, choisissez d'inclure ou d'exclure la date et d'inclure ou d'exclure l'heure, et pour chacune d'elles le format voulu. Validez par [OK].

Access ajoute, en haut du formulaire, un contrôle calculé pour la date et un autre pour l'heure. Vous pouvez les redimensionner et les positionner comme tout contrôle.

=Date()

=Temps()

## AJOUTER UNE CASE À COCHER (CONTRÔLE DÉPENDANT)

En *Mode Création*, vous pouvez ajouter une case à cocher dépendant d'un champ. Le champ doit être de type *Oui/Non* ou *Numérique* (0 correspond à la valeur décochée, et toute autre valeur correspond à cochée).

- Sous l'onglet **Outils de présentation de formulaire/Création** > groupe **Contrôles**, cliquez sur le bouton **Case à cocher** ☑ **❸**. Affichez le volet *Liste de champs*, s'il n'est pas déjà ouvert, puis cliquez sur le champ à associer à cette case à cocher et faites-le glisser dans le formulaire.

Access crée une case à cocher dépendante de ce champ. Il crée aussi une étiquette portant le nom du champ associé (sauf si le paramétrage par défaut est différent).

---

# DISPOSER LES CONTRÔLES

## SÉLECTIONNER DES CONTRÔLES

Pour disposer sur des contrôles placés dans un formulaire (déplacement, dimensionnement, alignement, espacement, etc.), il faut d'abord les sélectionner.

- Pour sélectionner un contrôle, cliquez sur le contrôle. Si le point d'insertion est déjà dans le contrôle, cliquez en dehors du contrôle puis sur le contrôle. L'étiquette associée au contrôle est automatiquement sélectionnée avec le contrôle.

- Pour sélectionner plusieurs contrôles adjacents, cliquez et faites glisser le pointeur afin de dessiner un périmètre rectangulaire qui chevauche les contrôles (en *Mode Création* seulement).

- Pour sélectionner plusieurs contrôles non adjacents, maintenez la touche ⇧ appuyée et cliquez sur chaque contrôle à sélectionner.

- Pour sélectionner tous les contrôles, tapez sur Ctrl+A.

## DÉPLACER DES CONTRÔLES

### Déplacer un ou plusieurs contrôles

- Sélectionnez les contrôles. Placez le pointeur sur la bordure d'un contrôle sélectionné : il prend la forme ⊕. Faites glisser la sélection jusqu'au nouvel emplacement. L'étiquette associée à un contrôle se déplace en gardant sa position relative au contrôle (pas en *Mode Page*).

### Déplacer un contrôle et son étiquette séparément

- Sélectionnez le contrôle. Placez le pointeur sur la poignée de déplacement (grand carré plein, situé dans l'angle supérieur gauche d'un contrôle sélectionné). Le pointeur prend la forme ⊕. Faites glisser le contrôle jusqu'à sa nouvelle position.

## REDIMENSIONNER DES CONTRÔLES

### Ajuster la taille d'un contrôle par ses poignées

- Sélectionnez le contrôle. Cliquez et faites glisser l'une des poignées de dimensionnement (petits carrés situés sur les bords d'un contrôle sélectionné) jusqu'à la taille voulue.

Poignée de redimensionnement

### Ajuster la taille des contrôles à leur contenu

- En *Mode Création*, sélectionnez le ou les contrôles. Sous l'onglet **Outils de présentation de formulaire/ Organiser**>groupe **Redimensionnement et classement**, cliquez sur le bouton **Taille/Espace** puis sous Taille cliquez sur *Au contenu*. Ou cliquez droit sur la sélection, puis sur *Taille*, enfin sur *Au contenu*.

### Ajuster la taille des contrôles les uns par rapport aux autres

- En *Mode Création*, sélectionnez les contrôles. Sous **Outils de présentation de formulaire/Organiser**>groupe **Redimensionnement et classement**, cliquez sur le bouton **Taille/Espace** puis sous Taille choisissez *Au plus grand*, ou *Au plus petit*, ou *Au plus large*, ou *Au plus étroit*. Ou, cliquez droit sur la sélection puis sur la commande *Taille*, enfin sur *Au plus grand*, ou *Au plus petit*, ou *Au plus large*, ou *Au plus étroit*.

### Ajuster la taille des contrôles sur la grille

- En *Mode Création*, sélectionnez les contrôles, sous l'onglet **Outils de présentation de formulaire/Organiser**>groupe **Taille/Espace**, sous Taille cliquez sur Sur la grille. Ou, cliquez droit sur la sélection puis sur la commande *Taille*, enfin sur *Sur la grille*.

# DISPOSER LES CONTRÔLES

## ALIGNER LES CONTRÔLES SUR LA GRILLE

En *Mode Création*, vous pouvez aligner les contrôles sur des positions d'une grille.

- Pour définir les positions d'alignement sur la grille, modifiez les propriétés du formulaire <Grille X> =n et <Grille Y>=n (où n définit le nombre de subdivisions par cm).
- La grille, visible à l'écran en *Mode Création*, indique seulement les espacements de 1 cm verticalement/ horizontalement, elle n'affiche pas toutes les subdivisions d'alignement. Pour afficher ou masquer cette grille, cliquez droit sur le formulaire puis sur 🔳 Grille .
- Pour activer l'alignement sur la grille lorsque vous faites glisser les contrôles, sous **Outils de présentation de formulaire/ Organiser>**groupe **Redimensionnement et classement**, cliquez sur le bouton **Taille/Espace** puis sur 🔲 Aligner sur la grille .
- Pour aligner le coin supérieur gauche sur la grille (*Mode Création*), sélectionnez le(s) contrôle(s) à aligner, puis sous l'onglet **Outils de création de formulaire/Organiser>** groupe **Redimensionnement et classement**, cliquez sur le bouton **Aligner** puis choisissez *Sur la grille*.

## ALIGNER DES CONTRÔLES LES UNS PAR RAPPORT AUX AUTRES

- En *Mode Création*, sélectionnez les contrôles à aligner, puis sous l'onglet **Outils de création de formulaire/Organiser>** groupe **Redimensionnement et classement**, cliquez sur le bouton **Aligner**, puis choisissez : *Gauche, Droite, Haut,* ou *Bas*.

L'alignement se fait sur le bord extérieur du contrôle le plus excentré.

## AUGMENTER OU DIMINUER L'ESPACE ENTRE DES CONTRÔLES

- En *Mode Création*, sélectionnez les contrôles à espacer, puis sous l'onglet **Outils de présentation de formulaire/ Organiser>**groupe **Redimensionnement et classement**, cliquez sur le bouton **Taille/Espace** puis sous Espacement sélectionnez la variation d'espacement à appliquer.

## GROUPER/DISSOCIER DES CONTRÔLES

- En *Mode Création*, sélectionnez les contrôles à grouper, puis sous l'onglet **Outils de présentation de formulaire/Organiser>** groupe **Redimensionnement et classement**, cliquez sur le bouton **Taille/Espace** puis sous Regroupement sélectionnez sur le bouton **Grouper** .
- Pour dissocier des contrôles groupés, sélectionnez le groupe de contrôles, puis cliquez sur le bouton **Dissocier**.

## GÉRER LA SUPERPOSITION DE CONTRÔLES

- Sélectionnez le contrôle, puis sous l'onglet **Outils de présentation de formulaire/Organiser>**groupe **Redimensionnement et classement**, cliquez sur **Mettre au premier plan** ou **Mettre à l'arrière-plan**.

## SUPPRIMER UNE ÉTIQUETTE OU ASSOCIER UNE ÉTIQUETTE À UN CONTRÔLE

- Pour supprimer l'étiquette d'un contrôle, sélectionnez l'étiquette et appuyez sur Suppr .
- Pour créer une étiquette et l'associer à un contrôle (*Mode Création* seulement), créez l'étiquette en cliquant sur le bouton **Etiquette** 🔤 (sous l'onglet **Outils de présentation de formulaire/ Création>**groupe **Contrôles**), puis cliquez dans le formulaire et saisissez le texte de l'étiquette, terminez par ↵. Ensuite, sélectionnez l'étiquette et coupez (Ctrl+X), puis sélectionnez le contrôle auquel vous voulez associer l'étiquette et collez (Ctrl+V).

## SUPPRIMER UN CONTRÔLE (AVEC SON ÉTIQUETTE)

- Sélectionnez le contrôle et appuyez sur Suppr .

# DISPOSER LES CONTRÔLES

## UTILISER LES DISPOSITIONS

Les dispositions servent à aligner horizontalement et verticalement tout ou partie des contrôles dans votre formulaire. Elles sont de deux types : tabulaire ❶ et empilé ❷.

Vous pouvez avoir plusieurs dispositions sur un formulaire, par exemple une disposition tabulaire pour afficher plusieurs enregistrements et une ou plusieurs dispositions empilées au-dessous, pour afficher davantage d'informations d'un même enregistrement.

### Création automatique d'une disposition à la création du formulaire

Access crée automatiquement une disposition empilée lorsque vous créez un nouveau formulaire soit par le bouton **Formulaire**, soit par le bouton **Formulaire vierge** et en faisant glisser les champs du volet *Liste de champs* vers le formulaire (sous l'onglet **Créer**>groupe **Formulaires**).

### Intégrer des contrôles dans une nouvelle disposition sur un formulaire existant

- Sélectionnez les contrôles à ajouter à la disposition. Puis, sous l'onglet **Outils de présentation de formulaire/Organiser**>groupe **Table**, cliquez sur **Tabulaire** 🔲 ou **Empilé** 🔲. Ou cliquez droit sur les contrôles sélectionnés, puis sur *Disposition* et enfin sur *Tabulaire* ou *Empilé*.

### Basculer d'une disposition tabulaire à empilée et inversement

- Sélectionnez la disposition en cliquant sur le sélecteur de disposition dans le coin supérieur gauche de la disposition. Toutes les cellules de la disposition sont sélectionnées.
- Sous l'onglet **Outils de présentation de formulaire/Organiser**>groupe **Table**, cliquez sur le bouton **Tabulaire** 🔲 ou **Empilé** 🔲. Ou cliquez droit sur la disposition, puis sur *Disposition* et enfin sur enfin sur *Tabulaire* ou *Empilé*.

### Diviser une disposition en deux

- Sélectionnez les contrôles que vous souhaitez déplacer vers la nouvelle disposition.
- Sous l'onglet **Outils de présentation de formulaire/Organiser**>groupe **Table**, cliquez sur le bouton du type de la nouvelle disposition **Tabulaire** 🔲 ou **Empilé** 🔲. Ou cliquez droit sur les contrôles sélectionnés, puis sur *Disposition*, enfin sur enfin sur *Tabulaire* ou *Empilé*.

### Réorganiser les contrôles d'une disposition

- Pour déplacer un contrôle au sein d'une disposition faites le glisser jusqu'à l'emplacement souhaité. une barre horizontale ou verticale indique où il sera placé.
  Vous pouvez déplacer un contrôle vers une autre disposition du même type, et aussi fusionner toute une disposition dans une autre de même type.
- Pour ajouter des contrôles à une disposition, en *Mode Création* faites glisser les contrôles vers la disposition, une barre horizontale ou verticale indique où le contrôle sera placé.

### Supprimer des contrôles d'une disposition

- Sélectionnez les contrôles, cliquez droit sur la sélection puis sur *Disposition*, enfin sur *Supprimer la disposition*. Vous pouvez supprimer la disposition de contrôle elle-même en sélectionnant tous les contrôles et en procédant comme cela vient d'être décrit.

# METTRE EN FORME LES CONTRÔLES

## METTRE FORME LES CARACTÈRES AFFICHÉS DANS LES CONTRÔLES

- Sélectionnez les contrôles à mettre en forme. Puis utilisez les boutons du Ruban sous l'onglet **Outils de présentation de formulaire/Format**>groupe **Police**. Ces mises en forme s'appliquent à tout le contenu des contrôles et non à des caractères isolés.

  - **Police ❶** et **Taille ❷** des caractères.
  - Attributs des caractères ❸ : **Gras, Italique** et **Souligné**.
  - Alignement des caractères ❹ : à **Gauche**, au **Centre** et à **Droite**. L'alignement par défaut est à gauche.
  - **Couleur ❺** et **Arrière-plan ❻** des caractères.

## MODIFIER L'APPARENCE DES CONTRÔLES

- Sélectionnez les contrôles à modifier, puis sous l'onglet **Outils de présentation de formulaire/Format**>groupe **Contrôler la mise en forme**, utilisez les outils de mise en forme : **Remplissage de forme** du contour, **Contour de forme** et **Effets sur la forme**.

## REPRODUIRE LE FORMAT D'UN CONTRÔLE SUR UN AUTRE

- Sélectionnez le contrôle mis en forme. Sous l'onglet **Accueil**>groupe **Presse-papiers**, double-cliquez sur le bouton **Reproduire la mise en forme**. Cliquez ensuite successivement sur les contrôles sur lesquels vous voulez mettre en forme. Appuyez sur [Echap] pour terminer.

## MISE EN FORME CONDITIONNELLE (CONTRÔLE DÉPENDANT SEULEMENT)

- Sélectionnez le contrôle, puis sous l'onglet **Outils de présentation de formulaire/Format**>groupe **Contrôler la mise en forme**, cliquez sur le bouton **Mise en forme conditionnelle**. Le dialogue *Gestionnaire de règles de mise en forme conditionnelle* affiche les règles de mise en forme déjà définies. Une règle définit une mise en forme à appliquer si une condition est vraie.
- Vous pouvez modifier ou supprimer une règle. Pour créer une nouvelle règle, cliquez sur le bouton [Nouvelle règle], définissez la règle, puis [OK].

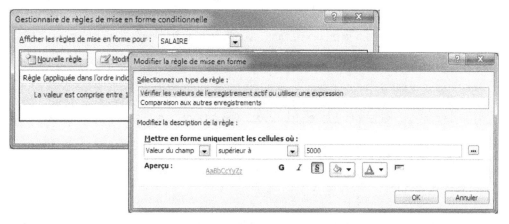

Une règle peut porter soit sur la *Valeur du champ* (compris entre ..., non compris entre ..., égal à ..., différent de... exemple : le crédit passe en rouge s'il est négatif), soit sur une expression (exemple : le client passe en rouge si le crédit est négatif), soit sur *Champ activé* (exemple : le crédit passe en gros caractères quand le curseur arrive dessus).

# PROPRIÉTÉS DES CONTRÔLES

Chaque contrôle possède des propriétés que l'on peut modifier afin d'en changer l'apparence ou le comportement. Un contrôle dépendant, qui affiche le contenu d'un champ, possède par défaut les mêmes propriétés que celui-ci. On rappelle ci-dessous les principales propriétés, dont la signification est exprimée par leur nom :

| | | |
|---|---|---|
| <Nom> | <Masque de saisie> | <Message si erreur> |
| <Format > | <Valeur par défaut> | <Valide si> |
| <Décimales> | <Texte barre d'état> | |

## MODIFIER LES PROPRIÉTÉS D'UN CONTRÔLE

- Affichez le formulaire en *Mode Création* ou en *Mode Page*.
- Sélectionnez le contrôle, affichez la *Feuille de propriétés* si elle ne l'est pas déjà.
  Pour afficher ou masquer la *Feuille de propriétés*, tapez sur [Alt]+[←] ou cliquez sur le bouton **Feuille de propriétés** sur le Ruban sous l'onglet **Outils de présentation de formulaire/Création**.

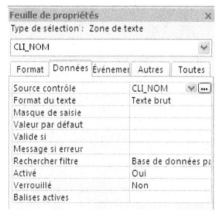

- Sélectionnez un onglet (chaque onglet regroupe des propriétés apparentées), cliquez sur la propriété à définir, puis effectuez l'une des deux actions :
- – Tapez la valeur ou l'expression appropriée.
- – Si une flèche [▼] apparaît à droite de la zone de propriétés, cliquez dessus et choisissez une valeur ou créez une expression à l'aide du Générateur d'expression en cliquant sur l'icône [...].

Pour obtenir de l'aide sur la propriété dans laquelle se trouve le curseur, appuyez sur [F1].

## MODIFIER LES PROPRIÉTÉS PAR DÉFAUT POUR UN TYPE DE CONTRÔLE

Les propriétés par défaut d'un type de contrôle servent à affecter la même apparence à tous les contrôles du même type dans un formulaire. La modification des propriétés par défaut pour un type de contrôle ne peut être faite qu'en *Mode Création*, de plus elle n'est pas rétroactive pour les contrôles précédemment ajoutés.

- Cliquez sur un contrôle du type dont vous voulez modifier les propriétés par défaut. Modifiez les propriétés, puis sous l'onglet **Outils de présentation de formulaire/Création**> groupe **Contrôles**, cliquez sur la flèche déroulante ❶ de la galerie des contrôles, puis cliquez sur *Définir les paramètres par défaut du contrôle*.

À partir de ce moment, lorsque vous créerez un contrôle de ce type, les nouvelles propriétés par défaut d'un type de contrôle s'appliqueront. Les nouvelles propriétés par défaut pour un type de contrôle ne sont définies que dans le formulaire en cours de modification.

# SIGNALEMENT DES ERREURS

Cette fonction signale les erreurs possibles contenues dans un formulaire en affichant un petit triangle vert et fournit des options pour les corriger. Les erreurs signalées automatiquement sont principalement :

- La présence ou l'ajout d'une étiquette n'ayant pas de contrôle associé.
- Un même raccourci clavier a été assigné à deux contrôles différents, ou le raccourci est invalide.
- Un contrôle possède une propriété non valide.

L'illustration suivante présente le contrôle d'étiquette en *Mode Création*. Si la vérification des erreurs liées est activée, si vous apercevez un indicateur d'erreur (triangle vert) dans le coin supérieur gauche du contrôle, c'est en général qu'aucun contrôle n'est associé à cette étiquette.

Fiche Client

## ACTIVER/DÉSACTIVER LA VÉRIFICATION DES ERREURS

- Cliquez sur l'onglet **Fichier** puis sur **Options**. Dans la fenêtre *Options Access* sélectionnez la rubrique *Concepteurs d'objets* dans le panneau de gauche.

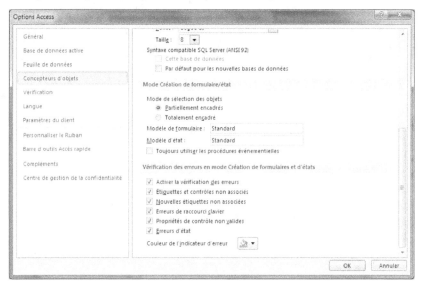

- Cochez ou non <☑ Activer la vérification des erreurs>. Et, si la case est cochée, vous pouvez aussi cocher ou non les cases associées aux types d'erreurs à signaler.
- Cliquez sur [OK] pour valider.

## CORRIGER OU IGNORER UNE ERREUR

Quand vous sélectionnez un contrôle signalé par un indicateur d'erreur, une balise s'affiche à proximité :

- Cliquez sur cette balise pour afficher un menu.

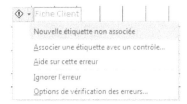

- Cliquez sur la solution proposée, ou cliquez sur *Ignorer l'erreur*.

# LES ÉTATS

**7**

# CRÉER UN ÉTAT

Un état est un document que vous pouvez afficher et imprimer, qui liste le contenu d'une ou de plusieurs tables liées ou le résultat d'une requête. On peut regrouper les enregistrements (par libellés, par périodes ou par fourchettes de valeurs) et des calculs de synthèse sont possibles (totaux et sous-totaux...). On peut créer rapidement des états instantanés, utiliser un assistant ou encore créer un état vierge et y placer les contrôles un à un.

## CRÉER UN ÉTAT INSTANTANÉ

L'état instantané affiche tous les champs provenant d'une table ou d'une requête, il est très pratique pour donner un aperçu rapide des données source. Vous pouvez ensuite modifier l'état en *Mode Page* ou en *Mode Création*, en fonction de vos besoins.

- Dans le volet de navigation, cliquez sur la table ou la requête source, puis sous l'onglet **Créer**>groupe **États**, cliquez sur le bouton **État** 🔲 .

Access crée et affiche un état avec une disposition tabulaire, nommé initialement comme la table ou requête source, avec un numéro de séquence éventuel. Il l'affiche initialement en *Mode Page*, ce qui vous permet de modifier les contrôles, par exemple la largeur des contrôles de colonne.

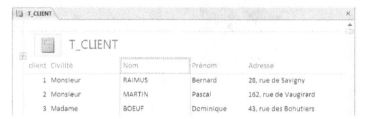

- Enregistrez l'état. À la prochaine ouverture de l'état, en *Mode État* ou *Mode Page*, Access affichera les données les plus récentes de la source des tables source de l'état.

## UTILISER L'ASSISTANT ÉTAT POUR CRÉER UN ÉTAT

Vous pouvez utiliser l'*Assistant État* pour affiner la sélection des champs constitutifs de votre état. Avec l'assistant, vous pouvez spécifier un regroupement et un tri des données. Vous pouvez aussi utiliser des champs provenant de plusieurs tables ou requêtes, à condition d'avoir défini au préalable les relations entre les tables et les requêtes.

- Sous l'onglet **Créer**>groupe **États**, cliquez sur *Assistant État*. Suivez les instructions de l'Assistant État. À chaque étape, cliquez sur [Suivant>] pour passer à l'étape suivante, ou sur [<Précédent] pour revenir à l'étape précédente. Cliquez sur [Terminer] lorsque toutes les étapes ont été définies.

Si vous souhaitez inclure des champs provenant de plusieurs tables ou requêtes dans votre formulaire, ne cliquez pas sur [>Suivant] ou sur [Terminer] avant d'avoir sélectionné, dans la première étape, tous les champs dans toutes les tables voulues.

# CRÉER UN ÉTAT

Double-cliquez sur un champ de regroupement. Si le champ de regroupement est de type *Date* ou *Numérique*, ou *Texte*, vous pouvez définir des intervalles de regroupement : cliquez sur [Options de regroupement…]. Les intervalles de regroupement sont différents selon le type de champ (pour un champ date, ce peut être par jour, par semaine, par mois, par trimestre, par année. Pour un champ texte selon des premières lettres).

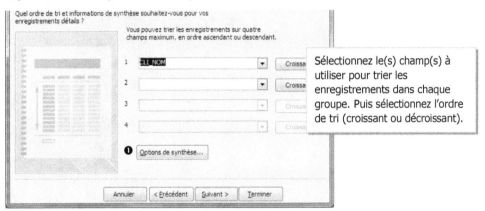

Si parmi les champs ajoutés dans l'état, il existe un champ de type *Numérique* ou *Monétaire*, le bouton [Options de synthèse] ❶ est actif pour définir des calculs (Somme, Moy…) pour chaque groupe. Choisissez un calcul pour chaque champ de type *Numérique* ou *Monétaire*. Précisez si vous voulez le détail de chaque enregistrement ou uniquement les calculs de synthèse. Cliquez sur [OK].

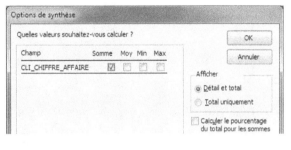

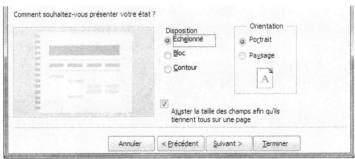

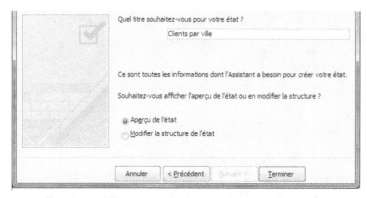

- Lorsque vous cliquez sur [Terminer], Access crée, enregistre et affiche l'état en *Mode Aperçu* de l'état ou en *Mode Création* selon votre choix à la dernière étape. Le nom de l'état peut être modifié lors de la dernière étape de l'assistant.

Ci-dessous l'état est affiché dans le *Mode Aperçu*. Si la largeur d'une colonne doit être ajustée, passez en *Mode Page*, cliquez sur la colonne puis faites glisser la limite droite de la colonne.

- Pour fermer l'état, appuyez sur Ctrl+W ou sur Ctrl+F4.

## CRÉER UN ÉTAT À L'AIDE DE L'OUTIL ÉTAT VIDE

Vous pouvez utiliser l'outil *État vide* pour créer un état, si vous prévoyez de placer un nombre limité de champs, éventuellement de plusieurs tables si elles sont liées.

- Sous l'onglet **Créer**>dans le groupe **Formulaires**, cliquez sur le bouton **État vide**. Access ouvre un état vide en *Mode Page* et affiche le volet *Liste de champs* qui liste les tables de la base de données et les champs de ces tables.

- Dans le volet *Liste de champs*, cliquez sur le signe plus (+) en regard de la ou des tables contenant les champs que vous souhaitez faire figurer sur le formulaire.

# CRÉER UN ÉTAT

- Faites glisser les champs dans l'état. Les contrôles champs sont placés dans une même disposition tabulaire (voir page 98).
- Pour ajouter un logo, un titre, des numéros de page ou la date et l'heure au formulaire, utilisez les outils sous l'onglet **Outils de création d'état/Création>**groupe **En-tête/pied de page.**

- Pour ajouter une plus grande variété de contrôles, passez en *Mode Création* : cliquez droit sur le formulaire, puis sur *Mode Création* . Vous pourrez dès lors utiliser les outils figurant sous l'onglet **Outils de création d'état/Création>**groupe **Contrôles.**
- Terminez la création de l'état en l'enregistrant, un message vous propose de spécifier le nom de l'état pour remplacer le nom automatique ÉtatN.

## CRÉER UN ÉTAT À L'AIDE DE L'OUTIL CRÉATION D'ÉTAT

Vous pouvez créer un état directement en *Mode Création*, si vous n'avez pas besoin d'être assisté pour ajouter et positionner les contrôles dans l'état.

- Sous l'onglet **Créer>**groupe **État**, cliquez sur le bouton **Création d'état.**

Access crée un état vide en *Mode Création* et affiche le volet *Liste de champs*. L'état est initialement nommé ÉtatN, où N est un numéro de séquence (ici État1).

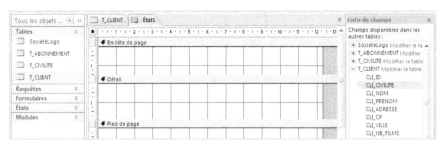

- Sections *En-tête de page* et *Pied de page* : l'en-tête de page contient les contrôles tels que les étiquettes de colonne ou les numéros de page qui doivent afficher leurs informations dans la partie supérieure de chaque page. Le pied de page contient les contrôles qui doivent afficher leurs informations dans la partie inférieure de chaque page de l'état, par exemple la date. Ces sections peuvent être supprimées ou affichées en cliquant droit sur le formulaire, ensuite cliquez sur la commande *En-tête et pied de page*.
- Section *Détail* : elle contient les contrôles qui listent les données des enregistrements de la table ou de la requête sous-jacente. Cette section ne peut être supprimée mais peut rester vierge ou éventuellement être masquée à l'aide de la propriété <Visible>.

Il est possible d'ajouter/supprimer deux sections *En-tête d'état* et *Pied d'état*, en cliquant droit sur le formulaire. Cliquez ensuite sur la commande *En-tête/pied de rapport*.

- Utilisez les outils du Ruban sous l'onglet **Outils de création d'état/Création>**groupe **Contrôles** pour ajouter les contrôles de différents types (page 88) : dépendant (champ) ou indépendant (zone de texte, calcul...), ou calculé, dans les différentes sections de l'état.

L'ajout et la disposition des contrôles dans un état en *Mode Création* comme en *Mode Page* se font de la même façon que dans un formulaire (reportez-vous aux sections *Ajouter des contrôles*, page 94, et *Disposer les contrôles*, page 96).

- Terminez la création de l'état en l'enregistrant, un message vous propose de spécifier le nom de l'état pour remplacer le nom automatique par défaut ÉtatN.

## ENREGISTRER L'OBJET ÉTAT APRÈS MODIFICATION

Lorsque vous avez modifié un état, vous devez enregistrer les modifications que vous avez apportées, si vous voulez les conserver pour la suite.

- Pour enregistrer l'objet état, cliquez sur le bouton *Enregistrer* de la barre d'outils *Accès rapide*, ou sur le bouton Office puis sur *Enregistrer*, ou Ctrl+S.
- Si l'état vient d'être créé et n'a encore jamais été enregistré, Access demande de lui donner un nom : saisissez un nom pour cet état, validez par [OK].
- Si l'état a déjà été enregistré, il est déjà nommé. Si vous lui avez apporté des changements, l'enregistrement s'effectue sous le même nom.

## CHANGER LE NOM D'UN ÉTAT

- Le nom d'un état est défini à la création de l'état. Pour modifier ce nom, cliquez droit sur le nom de l'état dans le volet de navigation puis sur la commande *Renommer...*

## SUPPRIMER UN ÉTAT

- Cliquez droit sur le nom de l'état dans le volet de navigation puis sur la commande *Supprimer...* ou tapez sur la touche Suppr pour supprimer l'état sélectionné.

## FERMER UN ÉTAT

- Cliquez droit sur le fond de l'état ou sur l'onglet **Fichier** puis sur **Fermer**, ou utilisez Ctrl+W ou Ctrl+F4. Vous pouvez aussi cliquer sur la case de fermeture ✕ .
- Si l'état a été modifié, Access affiche un message :

- [Oui] : enregistre l'état et le ferme.
- [Non] : abandonne les dernières modifications et ferme l'état.
- [Annuler] : retourne à l'état sans rien faire.

## BASCULER UN ÉTAT EN MODE ÉTAT, MODE PAGE, MODE CRÉATION OU MODE APERÇU

Le *Mode État* sert à visualiser les données, il permet aussi d'appliquer un filtre sur les données avant d'imprimer et de copier des données dans le *Presse-papiers*.

Le *Mode Page* sert principalement à modifier la mise en forme et la taille des contrôles de champ tout en conservant l'affichage des données source.

Le *Mode Création* permet toutes les modifications de l'état, mais sans conserver l'affichage des données.

Le mode *Aperçu avant impression* affiche le document tel qu'il sera à l'impression.

- Pour ouvrir l'état dans l'un de ces modes : cliquez droit sur le nom de l'état dans le volet de navigation, puis cliquez sur le mode choisi.
- Pour basculer entre les modes d'affichage, l'état étant déjà ouvert et actif, sous l'onglet **Accueil**>groupe **Affichages**, cliquez sur la flèche du bouton **Affichage** puis sur l'un des modes *État, Page* ou *Création* ou *Aperçu*. Ou cliquez droit sur l'état puis choisissez le mode d'affichage.

# ÉTAT EN MODE CRÉATION

Le *Mode Création* sert à affiner la structure et la présentation de l'état. L'état en *Mode Création* est divisé en plusieurs sections que l'on ajoute, supprime et redimensionne. Ce mode est similaire à celui d'un formulaire, il est possible en plus de créer des regroupements sur certains champs et d'effectuer des calculs de types sous-totaux et totaux.

## RÈGLES ET GRILLE

Les règles verticale et horizontale ainsi que la grille aident au positionnement des contrôles.

■ Cliquez droit sur le formulaire, puis cliquez sur ❶ pour masquer et réafficher les règles, ❷ la grille de positionnement.

## LES SECTIONS DE LA STRUCTURE D'UN ÉTAT

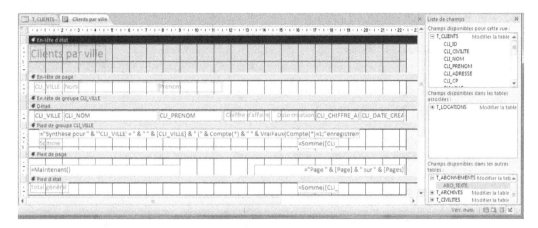

– Sections *En-tête d'état* : placez-y les contrôles pour des informations telles que le titre, la date ou un résumé de l'état qui doivent figurer au début de l'état. L'en-tête d'état s'affiche sur la première page de l'état avant l'en-tête de page. Dans la section *Pied d'état*, placez les contrôles pour les informations qui doivent figurer à la fin de l'état. Le pied d'état s'affiche sur la dernière page de l'état avant le pied de page.

– Sections *En-tête de page* : placez-y les contrôles pour les informations telles que les étiquettes de colonne qui doivent s'imprimer dans le haut de chaque page de l'état. Dans la section *Pied de page*, placez les contrôles pour les informations que vous voulez imprimer dans le bas de chaque page, par exemple le numéro de page ou la date.

– Section *En-tête de groupe* : placez-y les contrôles pour les informations telles que le nom ou les totaux de groupe à afficher au début de chaque groupe d'enregistrements. Dans la section *Pied de groupe*, placez les contrôles pour les informations à afficher à la fin de chaque groupe d'enregistrements. Access ajoute automatiquement ces deux sections avec des contrôles appropriés lorsque vous définissez un tri ou un regroupement.

– Section *Détails* : placez dans cette section les contrôles qui ont pour source de données des champs d'une table ou d'une requête. Cette section ne peut être supprimée mais peut éventuellement rester vierge ou être masquée à l'aide de la propriété <Visible>.

■ Pour afficher ou masquer les sections En-tête/pied de page ou d'état : cliquez droit sur le formulaire, puis cliquez sur ❸ pour les sections *En-tête de page* et *Pied de page*, ❹ pour les sections *En-tête d'état* et *Pied d'état*.

# ÉTAT EN MODE CRÉATION

## CONTRÔLE DÉPENDANT, INDÉPENDANT ET CALCULÉ

Un contrôle dans d'un état en *Mode Création* est un objet qui produit une information dans l'état. Vous pouvez ajouter des contrôles de trois types : dépendant, indépendant ou calculé.

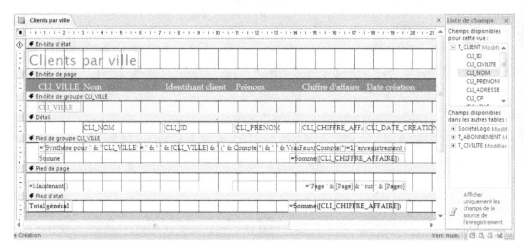

- Contrôle indépendant : un texte pour le titre à imprimer `Clients par ville`, placé dans la section *En-tête d'état*, des étiquettes de colonnes `Noms`, `Prénom`, `Chiffre d'affaire`, `Date Création`, placées dans la section *En-tête de page*. On pourrait ajouter un trait, un rectangle, une image, un texte informatif….
- Contrôle dépendant : un contrôle dépendant prend sa source d'information dans un champ de d'une table ou d'une la requête de la base de données. Par exemple, les champs <cli_ville> placé dans la section *En-tête de groupe*, les champs <cli-nom>, <cli-prenom>... de la `table` T-CLIENT, placés dans la section *Détails*.
- Contrôle calculé : un contrôle de ce type contient une expression qui peut combiner un champ et des constantes. Par exemple la formule `=Somme([CLI-CHIFFRE-AFFAIRE])`, placée dans la section *Pied d'état*. Ou la formule `=Maintenant()` qui donne la date du jour, placée dans la section *Pied de page*.

## DISPOSER ET METTRE EN FORME LES CONTRÔLES

L'ajout, la disposition et la mise en forme d'un contrôle se font exactement comme dans un formulaire en *Mode Création* (voir page 94 et page 96).

## AJOUTER LE NUMÉRO DE PAGE (CONTRÔLE CALCULÉ)

On insère le numéro dans l'en-tête ou le pied de page.

- Sous l'onglet **Outils de création d'état/Création**>groupe **Contrôles**, cliquez sur le bouton **Numéros de pages**.

- Un dialogue s'ouvre, choisissez le format, la position et l'alignement, puis validez sur [OK].

Access ajoute un contrôle calculé dans l'en-tête ou le pied de page. La formule est la concaténation (opérateur &) d'un texte `"Page "` et du mot clé `[Page]` qui renvoie le numéro de page.

="Page " & [Page]

- Vous pouvez ajouter des contrôles pour un champ de donnée, une étiquette associée, une formule de calcul, le n° de page, la date ou l'heure.
- Vous pouvez sélectionner des contrôles, les supprimer, les déplacer, les placer dans une disposition de contrôle, les redimensionner, les aligner.
- Vous pouvez modifier, la police, la taille et les attributs de caractères des contrôles, leur alignement, leur bordure, leur couleur d'arrière-plan

## SIGNALEMENT DES ERREURS

Tout comme dans les formulaires, en *Mode Création* Access signale certains types d'erreurs par un petit triangle vert dans le coin supérieur gauche du contrôle. Erreurs signalées par défaut : présence ou ajout d'une étiquette n'ayant pas de contrôle associé, un contrôle possède une propriété non valide, l'état est trop large, erreur dans une définition de tri ou de regroupement. Pour en savoir plus sur l'erreur et agir en conséquence, cliquez sur la balise qui apparaît à côté lorsque vous avez sélectionné le contrôle signalé par un triangle vert.

# TRIER LES DONNÉES DANS UN ÉTAT

Vous pouvez définir un tri de façon que votre état liste les données des enregistrements dans l'ordre croissant ou décroissant des valeurs d'un champ.

Soit un état qui liste les clients sans tri, nous souhaitons trier sur les noms de clients.

■ Commencez par ouvrir l'état en *Mode Page* ou en *Mode Création*. Puis, sous l'onglet **Outils de création d'état/Création**> groupe **Regroupement et totaux**, cliquez sur le bouton **Regrouper et trier**. Un volet Regrouper, trier et total s'ouvre dans le bas de la fenêtre, avec deux boutons [Ajouter un tri] et [Ajouter un groupe].

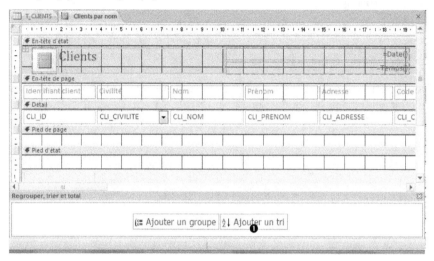

■ Pour ajouter un niveau de tri, cliquez sur le bouton [Ajouter un tri] ❶.
Une ligne s'ajoute dans le volet, et la liste des champs s'affiche ❷. Sélectionnez le nom du champ de tri, ici le champ <CLI_NOM>. Pour définir l'ordre de tri, cliquez sur la flèche ❸ puis choisissez l'ordre : *Avec Z en haut* (décroissant), *Avec A en haut* (croissant).

■ Pour visualiser les données triées dans l'état, vous devez passer en *Mode Page*, ou en *Mode État*, ou en mode *Aperçu avant impression*.

■ En revenant en *Mode Création* ou en *Mode Page*, vous pouvez répéter l'action pour ajouter un nouveau niveau de tri (dix niveaux maximum).

■ Pour supprimer un niveau de tri, cliquez sur la case de fermeture ❹ du niveau de tri dans le volet Regrouper, trier et total.

■ Enregistrez l'état pour conserver les tris qui ont été définis, pour une prochaine utilisation de l'état.

# REGROUPER LES DONNÉES DANS UN ÉTAT

## CRÉER LES NIVEAUX DE REGROUPEMENT

Dans un état, vous pouvez regrouper des enregistrements et afficher des données de synthèse et de présentation pour chaque groupe. Chaque groupe correspond à une valeur ou à une plage de valeurs d'un champ. Les commandes peuvent être groupées par client, sur une période donné.

Soit un état qui liste les enregistrements sans regroupement. Dans l'exemple qui suit, nous voulons regrouper les clients par ville et date de création du client.

- En *Mode Création* ou en *Mode Page*, sous l'onglet **Outils de création d'état/Création**> groupe **Regroupement et totaux**, cliquez sur le bouton **Regrouper et trier**. Un volet Regrouper, trier et total s'ouvre dans le bas de la fenêtre.
- Pour ajouter un niveau de regroupement, cliquez sur le bouton [Ajouter un groupe] du volet Regrouper, trier et total. Une ligne s'ajoute dans le volet, et la liste des champs s'affiche ❶. Sélectionnez le nom du champ de regroupement, dans l'exemple <CLI-VILLE>.

Deux sections *En-tête de groupe CLI_VILLE* et *Pied de groupe CLI_VILLE* s'ajoutent automatiquement dans l'état. Ajoutez un contrôle de champ <CLI_VILLE> dans l'en-tête de groupe.

- Pour définir l'ordre de tri de champ de regroupement, cliquez sur le bouton ❷ puis choisissez l'ordre : *Avec Z en haut* (décroissant), ou *Avec A en haut* (croissant).

> Notez que chaque niveau de regroupement est implicitement aussi un niveau de tri, car on doit trier sur le champ de regroupement avant de pouvoir regrouper les enregistrements.

- Pour visualiser les données triées dans l'état, vous devez passer en *Mode Page*, en *Mode État* ou en mode *Aperçu avant impression*.
- En *Mode Création*, vous pouvez répéter l'action pour ajouter un nouveau niveau de groupe (dix niveaux maximum) ou de tri. Dans l'exemple, on groupe sur le champ date <CLI_DATE>.

- Vous avez accès à d'autres options en cliquant sur le bouton *Plus* ❸ du regroupement.
  - Supprimer ou recréer la section d'en-tête de groupe ❹ ou celle du pied de groupe ❺.
  - Passer ou non à la page suivante si le groupe ne tient pas sur une page ❻.
  - Regrouper sur le premier caractère (ou les deux premiers) au lieu de la valeur entière ❼.
  - Faire figurer des totaux pour les champs numériques ❽, (ici, CLI_CHIFFRE_AFFAIRE).

> Chaque niveau de regroupement peut avoir son en-tête et son pied de groupe. Lorsque vous supprimez un en-tête ou un pied de groupe, tous les contrôles contenus sont supprimés. Lorsque vous le recréez, il est vide.

- Pour supprimer un niveau de regroupement, cliquez sur la case de fermeture située à droite sur la ligne de définition du regroupement. L'en-tête et le pied de page du groupe sont supprimés.
- Enregistrez l'état si vous voulez conserver les regroupements qui ont été définis, pour une prochaine utilisation de l'état.

## PLAGE DE VALEURS POUR UN REGROUPEMENT

Le regroupement peut se faire sur une valeur entière du champ ou sur un intervalle de valeurs, par exemple, sur le premier caractère d'un champ de texte pour regrouper tout ce qui commence par A, tout ce qui commence par B et ainsi de suite. Dans le cas d'un champ de date, vous pouvez regrouper en fonction de différents intervalles (jour, semaine, mois, trimestre ou un intervalle personnalisé).

- Sur la ligne de définition du regroupement, affichez toutes les options en cliquant sur le bouton *Plus* si ce n'est pas déjà fait.

- Cliquez sur le troisième bouton pour définir un intervalle de regroupement.

❶ Regroupement sur un champ de type *Texte* :
Les valeurs d'un champ de type *Texte* ayant les mêmes n premiers caractères peuvent être groupées ensemble. Vous pouvez choisir le nombre n de ces premiers caractères.

❷ Regroupement sur un champ de type *Date/Heure* :
Les valeurs d'un champ de type *Date/heure* peuvent être groupées par jour, semaine, mois, trimestre, année. Vous pouvez personnaliser l'intervalle en nombre de minutes, d'heures ou de jours.

❸ Regroupement sur un champ de type *Numérique* :
Lors d'un regroupement sur un champ de type *NuméroAuto, Monétaire* ou *Numérique*, il est proposé de regrouper par intervalle de valeurs d'une étendue de 5, 10, 100 ou 1000, ou bien dont vous personnalisez l'étendue.

## FAIRE TENIR UN GROUPE SUR UNE PAGE

- Cliquez sur le huitième bouton de la définition du regroupement, puis :
- Pour commencer un groupe sur une nouvelle page, s'il ne tient pas en entier sur la page qui termine le groupe précédent, sélectionnez *faire tenir le groupe sur une page*.

- Pour commencer un groupe sur la page suivante, si la première ligne de détail du groupe ne tient pas sur la même page que l'en-tête de groupe, sélectionnez *faire tenir l'en-tête et le premier enregistrement sur une page*.

# FILTRER DANS UN ÉTAT

Vous pouvez filtrer les données dans un état sans modifier la disposition de l'état. Lorsque vous appliquez le filtre, seuls les enregistrements contenant les valeurs souhaitées restent visibles.

## CRÉER UN FILTRE SUR UNE VALEUR DE CHAMP

- Affichez l'état en *Mode État*. Cliquez sur une valeur du champ, puis sous l'onglet **Accueil**>groupe **Trier et filtrer**, cliquez sur le bouton **Sélection**, puis sur l'une des commandes.

  Dans la barre de navigation, l'indicateur de filtre est actif pour signaler qu'un filtre est appliqué.

Si vous créez successivement plusieurs filtres sur le même champ ou des champs différents, les critères sont combinés par ET. Vous pouvez visualiser les critères créés dans la grille de filtre.

## NEUTRALISER/RÉAPPLIQUER LES FILTRES OU SUPPRIMER LES FILTRES

- Pour neutraliser ou réappliquer les filtres définis, cliquez sur le bouton **Activer/Désactiver le filtre**.
- Pour supprimer les filtres, cliquez sur **Options avancées** puis sur *Effacer tous les filtres*.

## CRÉER UN FILTRE PLUS ÉLABORÉ

- L'état étant affiché en *Mode État*, cliquez sur un champ puis sous l'onglet **Accueil**> groupe **Trier et filtrer**, cliquez sur le bouton **Filtre**.

Filtrer

- Cochez seulement les valeurs de champs pour lesquelles vous voulez afficher les enregistrements. Pour cocher/décocher toutes les valeurs <☑/☐Sélectionner tout>.

Ou :

- Pour créer un filtre plus élaboré, cliquez sur *Filtres de texte*, puis dans le menu qui s'ouvre, sélectionnez la commande de filtre et spécifiez les valeurs de filtre.
- Validez par [OK] pour appliquer le critère.

## UTILISER LA GRILLE DES FILTRES

La grille de filtre permet de visualiser tous les filtres définis, de les modifier si nécessaire et de les compléter en saisissant directement d'autres critères.

- Sous l'onglet **Accueil**> groupe **Trier et filtrer**, cliquez sur le bouton **Options avancées**, puis sur la commande *Filtre/tri avancé...*
- Dans la ligne <Champ> sélectionnez les noms de champs, puis dans chaque colonne saisissez les critères combinés par OU pour le champ : sur la ligne <Critères> et les lignes au-dessous.
- Les critères entrés dans des colonnes différentes (portant sur des champs différents ou un même champ) sont combinés par ET. Les critères entrés sur des lignes différentes sous un même champ sont combinés pas OU.

| Champ : | CLI_VILLE | CLI_CHIFFRE_AFFAIRE |
|---|---|---|
| Tri : | | |
| Critères : | "Paris" | >500 |
| Ou : | "Lyon" | |

- Cliquez sur le bouton **Activer/Désactiver le filtre**.

### Exemples de critères

| Champ texte | Champ texte | Champ date |
|---|---|---|
| "Paris" | >="F" | 2007 |
| "Paris" ou "Rouen" | Comme "S*" | =#5/10/09# |
| In ("France","Canada") | Null | >=#5/10/09# |
| Pas "Paris" | Pas Est Null | Entre #5/10/09# Et #20/10/09# |

# CALCULS ET TOTAUX DANS UN ÉTAT

Les états peuvent totaliser, compter ou comparer des valeurs provenant des enregistrements et imprimer le résultat. Les totaux et les moyennes sont particulièrement efficaces lorsqu'ils sont placés dans des en-têtes ou des pieds de groupe qui regroupent des enregistrements.

## AJOUTER UN AGRÉGAT (SOMME, MOYENNE...)

- Ouvrez l'état en *Mode Création* ou en *Mode Page*, cliquez sur le champ sur lequel vous voulez faire un calcul de synthèse. Puis, sous l'onglet **Outils de création d'état/Création**>groupe **Regroupement et totaux** cliquez sur sur le bouton **Totaux** $\Sigma$ . Cliquez sur le calcul de synthèse que vous souhaitez effectuer pour le champ.

Access ajoute une zone de texte à la section *Pied d'état* et attribue à sa propriété <Source contrôle> la formule de calcul souhaité.

Si votre état contient des niveaux de regroupement, Access ajoute également une zone de texte qui effectue le même calcul à chaque section *Pied de groupe* de chaque regroupement.

Voici les formules d'agrégation qui peuvent être ajoutées à un état.

| | |
|---|---|
| Somme de toutes les valeurs numériques d'une colonne donnée | `Somme()` |
| Valeur moyenne de toutes les valeurs numériques de la colonne | `Moy()` |
| Nombre d'éléments contenus dans la colonne | `Compte()` |
| Valeur numérique ou alphabétique la plus élevée de la colonne | `Max()` |
| Valeur numérique ou alphabétique la plus basse de la colonne | `Min()` |
| Estimation de l'écart-type pour le jeu de valeurs de la colonne | `ÉcartType()` |
| Estimation de la variance pour le jeu de valeurs de la colonne | `Var()` |

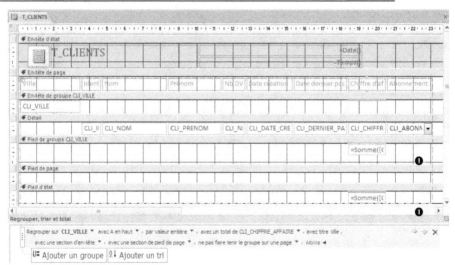

Dans l'exemple, on a cliqué initialement sur contrôle dépendant du champ <CLI_CHIFFRE_AFFAIRES> dans la section *Détail*. Un contrôle calculé avec la formule `=Somme(CLI_CHIFFRE_AFFAIRES)` ❶ est ajouté dans la section *Pied de groupe CLI_VILLLE* et un autre avec la même formule dans la section *Pied d'état*.

Ainsi l'état produira le total du chiffre d'affaires par ville (dans chaque pied de groupe) et le total général (dans le pied d'état). Pour mettre en forme le résultat, modifiez la propriété <Format> de la zone de texte.

# CALCULS ET TOTAUX DANS UN ÉTAT

## AJOUTER DES CALCULS SUR LES CONTRÔLES

### Ajouter le pourcentage d'un total

Par exemple, nous voulons faire figurer dans chaque pied de groupe le pourcentage du total chiffre du groupe par rapport au total général du chiffre.

- Passez en *Mode Création*.
- Ajoutez un contrôle texte dans la section *Pied de groupe* du champ et dans ce contrôle saisissez la formule = [Nom1]/[Nom2]. Où Nom1 est le nom du contrôle du sous-total dans le pied de groupe et Nom2 le nom du contrôle de total général dans le pied d'état.

Les noms automatiquement attribués aux contrôles ajoutés par Access lors de l'ajout des totaux sur le champ <CLI_CHIFFRE_AFFAIRES> sont *AccessTotalsCLI_CHIFFRE_AFFAIRE* dans le pied de groupe, et *AccessTotalsCLI_CHIFFRE_AFFAIRE1* dans le pied d'état.

---

Pour connaître le nom d'un contrôle, sélectionnez le contrôle. Le nom du contrôle sélectionné s'affiche en haut de la *Feuille de propriétés*. Pour modifier le nom du contrôle, modifiez sa propriété <Nom> sous l'onglet *Autres*. Si vous modifiez un nom de contrôle, pensez à modifier les formules qui utilisent ce nom, ce n'est pas automatique.

---

- Pour mettre le contrôle au format pourcentage, sélectionnez le contrôle ❶ modifiez sa propriété <Format> en y sélectionnant *Pourcentage* ❷.

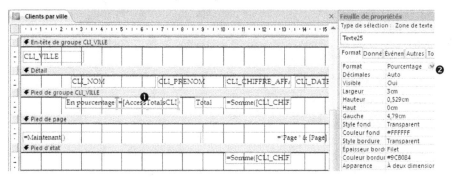

### Ajouter un cumul ou une numérotation

Vous pouvez définir la propriété <Cumul> d'un contrôle dépendant ou d'un contrôle calculé, de façon à ce que l'état produise pour chaque enregistrement le cumul des valeurs du contrôle des enregistrements précédent.

- Si vous voulez que le chiffre d'affaires se cumule à chaque client listé, ajoutez le contrôle du champ <CLI-CHIFFRE-AFFAIRES> dans la section *Détail*, et définissez la propriété <Cumul> (qui est par défaut à *Non*) à *En continu* ou *Par groupe*. Pour que cela ait un sens, il vaut mieux trier sur le champ <CLI-CHIFFRE-AFFAIRES> par ordre *Décroissant*.

---

La propriété <Cumul> se trouve sous l'onglet *Données* dans la *Feuille de propriétés* du contrôle.

---

- Si vous voulez numéroter les enregistrements dans l'état, ajoutez un contrôle calculé avec la formule =1, puis définissez la propriété <Cumul> de ce contrôle à *En continu* ou *Par groupe*.
- Vous pouvez cumuler n'importe quel contrôle calculé, que vous avez ajouté dans la section *Détail*, mais aussi dans une section *En-tête de groupe* ou *Pied de groupe*, dans ce cas les cumuls se font d'un groupe à l'autre.

## GÉRER LES SAUTS DE PAGE

### Saut de page manuel

Il est possible d'insérer un saut de page manuel dans un état, mais cela est rarement utile. Cela ne servira que si vous voulez disposer les contrôles de la section *Détail* sur deux pages, dans le cas d'un très grand nombre de champs à y faire figurer.

- En *Mode Création*, sous l'onglet **Outils de création d'état/Création**>groupe **Contrôles**, cliquez sur le bouton **Insérer un saut de page** ❶, puis cliquez dans l'état en mode *Création* à l'endroit où vous voulez insérer le saut de page.

Un symbole point de suspension marque le saut de page : .....

### Commencer un groupe sur une nouvelle page

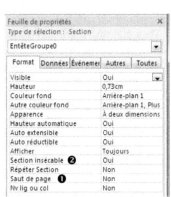

- Affichez la *Feuille des propriétés*, puis cliquez soit une des barres de section du groupe, soit celle d'*En-tête de groupe*, soit celle de *Pied de groupe*.
  - Si vous voulez commencer tous les groupes sur une nouvelle page, définissez la propriété <Saut de page> ❶ de la section du groupe : *Avant section, Après section* ou *Avant & après section* (par défaut cette propriété est à *Non*).
  - Si vous voulez commencer sur une nouvelle page les groupes qui ne tiennent pas en entier sur la même page après la fin du groupe précédent, définissez la propriété <Section Insécable> ❷ de la section du groupe : sélectionnez *Oui* (par défaut cette propriété est à *Non*).

## RÉGLER LA MISE EN PAGE

- En mode *Page* : cliquez sur l'onglet **Outils de présentation d'état/Mise en page**, en mode *Création* : cliquez sur l'onglet **Outils de création d'état/Mise en page**, ou en mode *Aperçu avant impression* : l'onglet **Aperçu avant impression** est seul sur le Ruban.
- Utilisez les boutons des groupes **Taille de la page** ou **Mise en page**.

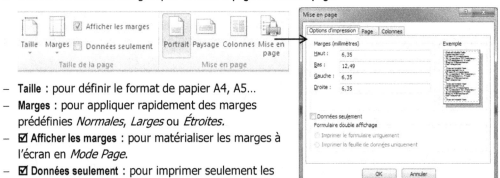

- **Taille** : pour définir le format de papier A4, A5...
- **Marges** : pour appliquer rapidement des marges prédéfinies *Normales, Larges* ou *Étroites*.
- ☑ **Afficher les marges** : pour matérialiser les marges à l'écran en *Mode Page*.
- ☑ **Données seulement** : pour imprimer seulement les données, pas les contrôles indépendants.
- **Portrait** ou **Paysage** : pour définir l'orientation de l'impression sur la page.
- **Colonnes** : pour définir les colonnes d'un état multicolonne.
- **Mise en page** : pour ouvrir le dialogue *Mise en page*.

- Pour personnaliser les marges et accéder à toutes les options de mise en page, cliquez sur le bouton **Mise en Page** situé sur le Ruban.

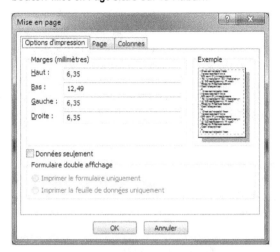

- Sous l'onglet *Options d'impression*, précisez la taille des marges en cm.
- Sous l'onglet *Page*, indiquez l'orientation de l'impression et la taille du papier.
- Sous l'onglet *Colonnes*, indiquez si vous voulez que l'état soit imprimé sur plusieurs colonnes, par exemple pour une liste de noms avec téléphone (prévoir alors que la largeur de l'état soit suffisamment étroite pour qu'il puisse tenir plusieurs fois sur la largeur de la page).
- Cliquez sur [OK].

## APERÇU AVANT IMPRESSION

L'Aperçu avant impression affiche les pages telles qu'elles seront imprimées, il est recommandé de vérifier à l'écran l'aperçu avant impression avant de lancer l'impression.

- Pour afficher l'aperçu avant impression, cliquez sur le bouton *Aperçu avant impression* ❶ situé dans la barre d'état en bas à droite de la fenêtre Access. Ou cliquez sur l'outil *Aperçu avant impression* ❷ dans la barre d'outils *Accès rapide*. Ou cliquez droit sur l'onglet de l'état ❸ (ou la barre titre) puis sur la commande contextuelle *Aperçu avant impression*.

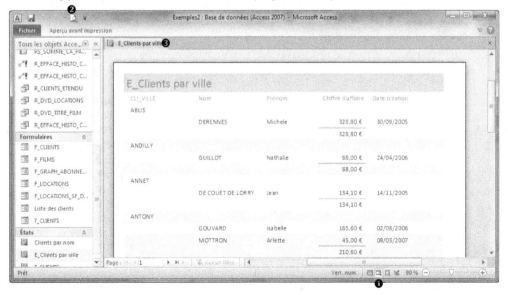

### Utiliser les outils du Ruban

- Les outils du groupe **Taille de la page**, pour modifier le format de page et les marges.
- Les outils du groupe **Zoom**, pour afficher plusieurs pages à la fois et régler le zoom.
- Les outils du groupe **Mise en page** sont les mêmes qu'en mode *Création* ou en mode *Page*.
- Les outils du groupe **Données** pour exporter l'état dans un autre format, Word, fichier texte, ou d'autres formats (XML, HTML…).

### Naviguer dans les pages, faire défiler une page et zoomer

- Utilisez les boutons de navigation, situé sur la barre de navigation au bas de la fenêtre, pour vous déplacer entre les différentes pages de l'aperçu.

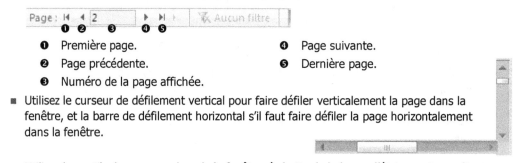

| | | |
|---|---|---|
| ❶ Première page. | | ❹ Page suivante. |
| ❷ Page précédente. | | ❺ Dernière page. |
| ❸ Numéro de la page affichée. | | |

- Utilisez le curseur de défilement vertical pour faire défiler verticalement la page dans la fenêtre, et la barre de défilement horizontal s'il faut faire défiler la page horizontalement dans la fenêtre.

- Utilisez les outils de zoom, en bas de la fenêtre, à droite de la barre d'état pour agrandir ou diminuer l'échelle de l'affichage de la page : faites glisser le curseur de zoom ou cliquez sur l'un des boutons aux extrémités de la règle de zoom.

## LANCER L'IMPRESSION

- Après avoir affiché et vérifié l'aperçu avant impression. Lancez l'impression de l'état par raccourci ⎡Ctrl⎤+P ou sous l'onglet **Aperçu avant impression**>groupe **Imprimer**, cliquez sur le bouton **Imprimer**.

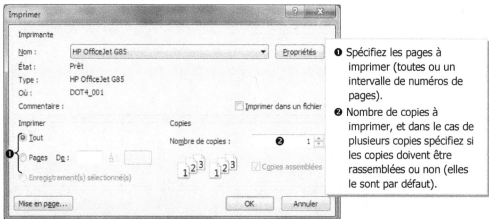

❶ Spécifiez les pages à imprimer (toutes ou un intervalle de numéros de pages).

❷ Nombre de copies à imprimer, et dans le cas de plusieurs copies spécifiez si les copies doivent être rassemblées ou non (elles le sont par défaut).

- Validez par [OK] pour lancer l'impression.

# RELATIONS ENTRE TABLES

# 8

# CRÉER DES RELATIONS ENTRE TABLES

## OBJECTIF

On crée des relations entre des tables deux à deux afin de pouvoir visualiser dans une même requête, dans un même formulaire ou dans un même état, des données provenant d'une table source ainsi que des données provenant d'autres tables qui lui sont liées.

Pour être reliées, deux tables doivent disposer d'un champ ayant des données communes. Les noms des champs de liaison peuvent être différents dans les deux tables, mais leurs caractéristiques et leurs contenus doivent être identiques.

Par exemple, si l'on dispose d'une table enregistrant les coordonnées des fournisseurs et d'une table stockant les articles, il sera judicieux de relier ces deux tables par l'intermédiaire d'un champ correspondant au code fournisseur, nécessairement présent dans ces deux tables. Ainsi, dans une requête ou dans un état listant les articles de la table PRODUITS, on pourra afficher le numéro de téléphone du fournisseur provenant de la table FOURNISSEURS.

Dans la table PRODUITS, le champ de liaison est dit «clé étrangère», il contient pour chaque article la valeur du code de son fournisseur qui est dans une autre table (étrangère). Dans la table FOURNISSEURS, le champ de liaison est une «clé primaire» de la table FOURNISSEURS, il identifie le fournisseur.

Clé primaire de la table FOURNISSEURS

Clé étrangère, contient des valeurs identifiant le fournisseur

Clé primaire de la table ARTICLES, contient des valeurs identifiant les articles

## REMARQUE SUR LES NOMS

Les noms que nous utiliserons désormais seront préfixés. Ainsi, `T_` sera l'initiale de tous les noms de tables, `R_` pour les requêtes, `F_` pour les formulaires et `E_` pour les états. Ceci nous permettra du premier coup d'œil de savoir exactement à quel objet nous avons affaire.

De même, tous les noms des champs seront préfixés par un groupe de lettres rappelant le nom de leur table d'appartenance `PR_` ou `PROD_` pour produit, `FO_` ou `FOUR_` pour fournisseur, etc.

Ainsi, nous pourrons déterminer vite à quelle table appartient un champ. Pa exemple, nous pourrons voir que le champ <FOUR_ID> est de la table FOURNISSEURS, et que <PROD_ID_FOUR> est de la table PRODUITS (clé étrangère, car identifie le fournisseur «étranger» à la table).

Nous utiliserons par ailleurs les règles habituellement suivies dans les bases de données : tous les noms sont en majuscules, et surtout n'utilisent ni espaces ni caractères accentués. Vous pouvez choisir une autre norme (utiliser des minuscules, par exemple), mais l'auteur vous déconseille d'utiliser des espaces ou des caractères accentués.

## LES RELATIONS

### Un-à-plusieurs

C'est la relation la plus courante. Un élément de table fille (contenant la clé étrangère) est en relation avec un élément de la table primaire (contenant la clé primaire), et un élément de la table primaire est en relation avec zéro, un ou plusieurs éléments de la table fille. Autrement dit, un élément de la table primaire peut être en relation avec plusieurs éléments de la table fille.

### Un-à-un

Cette relation est assez rare. À un élément d'une table correspond un seul élément de l'autre table. Cette structure peut être utilisée si, par exemple, vous avez besoin de plus de 256 champs dans une table, ou si vous voulez «découper» une table en plusieurs.

# CRÉER DES RELATIONS ENTRE TABLES

### Plusieurs-à-plusieurs

Cette relation n'existe pas ! Si vous avez besoin d'une relation de ce type, c'est qu'il vous manque une table intermédiaire, appelée table de jonction. Cette table de jonction aura une relation un-à-plusieurs avec chacune des autres tables.

### L'intégrité référentielle

L'intégrité référentielle vous garantit qu'une clé étrangère a toujours une clé primaire qui lui correspond. En présence d'une intégrité référentielle, on doit d'abord ajouter un enregistrement dans la table primaire (contenant la clé primaire) avant de pouvoir entrer la nouvelle valeur dans le champ clé étrangère de l'autre table. Par ailleurs, on ne peut pas effacer un enregistrement de la table primaire si l'autre table contient un enregistrement dont le champ clé étrangère relié contient la valeur à effacer.

Attention : pour pouvoir appliquer l'intégrité référentielle, vous devez avoir deux champs du même type et de même taille des deux côtés de la relation. Seule exception : si la clé primaire est de type *NuméroAuto*, la clé étrangère doit être de type *Numérique - entier long*.

### Mettre à jour en cascade les champs correspondants

Avec cette option, si vous modifiez une clé primaire, toutes les clés étrangères qui lui correspondent sont automatiquement modifiées.

### Effacer en cascade les enregistrements correspondants

Avec cette option, si vous supprimez un enregistrement dans la table primaire, tous les enregistrements qui lui sont liés dans la table fille sont automatiquement supprimés.

## CRÉER UNE RELATION ENTRE DEUX TABLES

- Sous l'onglet **Outils de base de données**>groupe **Relations**, cliquez sur le bouton **Relations.** Access affiche la fenêtre *Relations* ❶. Cette fenêtre est vide, si aucune relation n'a encore été définie dans la base de données.

- Sous l'onglet **Outils de relations/Créer**>groupe **Relation**, cliquez sur le bouton **Afficher la table** ce qui ouvre le dialogue *Afficher la table* ❷. Pour chaque table devant être en relation avec une autre, sélectionnez le nom de la table, cliquez sur [Ajouter] ou double-cliquez sur le nom de la table. Dans l'illustration, on ajoute les tables T_FOURNISSEUR et T_PRODUIT ❸. Cliquez sur [Fermer].

- Définissez ensuite les relations entre les tables : pour chaque relation, faites glisser la clé primaire d'une table vers la clé étrangère de l'autre table (ou le contraire). Access affiche alors le dialogue *Modifier des relations* ❹. Vérifiez que les champs à mettre en relation ❹ et ❺ sont les bons. Puis cliquez sur [Créer].

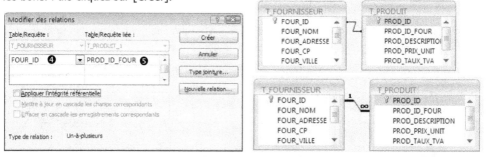

Une relation est créée entre les deux tables, elle est représentée par un trait entre les deux champs de définition de la liaison.

- Si vous avez coché la case <☑ Appliquer l'intégrité référentielle>, un 1 s'affiche du côté la clé primaire et un ∞ du côté de la clé étrangère. Dans ce cas seulement vous pouvez définir les deux autres options de « mise à jour en cascade » ou de « suppression en cascade ».

- Fermez la fenêtre *Relations*. Un message demande confirmation, cliquez sur [Oui].

## LES OPTIONS DE JOINTURE

Il existe trois types de jointure, que l'on peut définir pour une relation.

- Dans la fenêtre *Relations*, cliquez droit sur le trait matérialisant la relation, puis sur *Modifier une relation*... dans le dialogue *Modifier des relations*, cliquez sur le bouton [Type jointure...].

Le sens de la jointure est matérialisé par une tête de flèche à l'extrémité du trait représentant la liaison.

- Activez l'option de jointure désirée (options exclusives les unes des autres). Validez par [OK].

Voici une illustration des enregistrements de deux tables exemples, T_FOURNISSEUR et T_PRODUIT, et des liens qui les relient :

| | FOUR_NOM | FOUR_ID |
|---|---|---|
| + | Outils et Cie | 1 |
| + | Société des Vis | 2 |
| + | Scierie du Sud | 3 |

| PROD_ID_FOUR | PROD_ID | PROD_DESCRIPTION |
|---|---|---|
| 1 | 1 | Marteau |
| 2 | 2 | Vis (x1000) |
| 2 | 3 | Clous (x1000) |
| | 4 | Perceuse |

Suivant le type de jointure, voici le résultat des requêtes :

1 : <⊙ Inclure seulement les lignes des deux tables pour lesquelles les champs joints sont égaux>

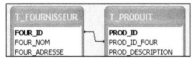

| FOUR_NOM | FOUR_ID | PROD_ID_FOUR | PROD_DESCRIPTION |
|---|---|---|---|
| Outils et Cie | 1 | 1 | Marteau |
| Société des Vis | 2 | 2 | Vis (x1000) |
| Société des Vis | 2 | 2 | Clous (x1000) |

2 : <⊙ Inclure TOUS les enregistrements de T_FOURNISSEUR et seulement ceux de T_PRODUIT pour lesquels les champs joints sont égaux>

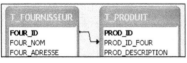

| FOUR_NOM | FOUR_ID | PROD_ID_FOUR | PROD_DESCRIPTION |
|---|---|---|---|
| Outils et Cie | 1 | 1 | Marteau |
| Société des Vis | 2 | 2 | Clous (x1000) |
| Société des Vis | 2 | 2 | Vis (x1000) |
| Scierie du Sud | 3 | | |

3 : <⊙ Inclure TOUS les enregistrements de T_PRODUIT et seulement ceux de la table T_FOURNISSEUR pour lesquels les champs joints sont égaux

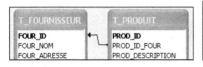

| FOUR_NOM | FOUR_ID | PROD_ID_FOUR | PROD_DESCRIPTION |
|---|---|---|---|
| Outils et Cie | 1 | 1 | Marteau |
| Société des Vis | 2 | 2 | Vis (x1000) |
| Société des Vis | 2 | 2 | Clous (x1000) |
| | | | Perceuse |

# CRÉER DES RELATIONS ENTRE TABLES

## MODIFIER/SUPPRIMER UNE RELATION EXISTANTE

- Ouvrez la fenêtre *Relations* (onglet **Outils de base de données**>groupe **Relations**, bouton **Relations**).

### Modifier une relation

- Double-cliquez sur le trait qui relie les deux tables, modifiez les propriétés ou le type de jointure, validez en cliquant sur [OK].

### Supprimer une relation

- Double-cliquez sur le trait qui relie les deux tables, appuyez sur ⌜Suppr⌝.

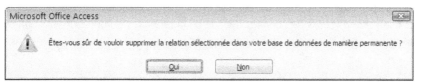

- Cliquez sur [Oui].

Si vous sélectionnez une table puis appuyez sur ⌜Suppr⌝, vous enlevez la table et les liens de cette table de la fenêtre *Relations*, mais ne supprimez pas la table ni les liens de cette table avec d'autres. Si vous réaffichez la table les liens réapparaissent.

## JOINTURE DANS UNE REQUÊTE

Lorsque vous ajoutez deux tables jointes par une relation dans une requête, la relation apparaît automatiquement dans la fenêtre de la requête en *Mode Création*.

Mais si les tables ne sont pas liées elles apparaissent initialement sans liaison dans la requête. Vous pouvez définir une relation de jointure sur ces deux tables dans une requête. La relation de jointure n'existera alors que pour la requête.

Voici par exemple une requête avec deux tables non liées intrinsèquement.

- Dans la fenêtre de la requête en *Mode Création*, tracez la relation entre deux champs, d'une table et de l'autre, <CLI_ID> vers <LOC_ID_CLIENT>.

 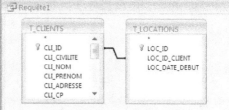

Access ne propose pas de définir une intégrité référentielle, en effet la relation n'existe que dans la requête et ne peut donner lieu à une gestion d'intégrité automatique par Access.

- Comme pour une relation entre tables, vous devez ensuite définir les propriétés de la jointure dans la requête.
- Enregistrez la requête.

À chaque exécution de la requête, la jointure des deux tables sera effectuée. Vous pourrez afficher les données de la requête dans une feuille de données, dans un formulaire ou dans un état.

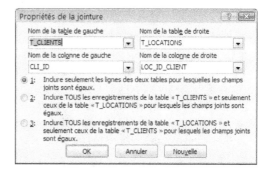

Pour faire apparaître toutes les relations dans la fenêtre *Relations*, y compris celles entre les tables qui ont été masquées avec leur relations : sous l'onglet contextuel **Outils de relation/Créer**>groupe **Relations**, cliquez sur le bouton **Afficher toutes les relations**.

La manipulation des enregistrements sur les tables liées apporte quelques compléments à celle que vous avez déjà vue avec les tables simples, que ce soit directement ou à travers des requêtes.

## VISUALISER LES ENREGISTREMENTS LIÉS DANS LA TABLE PRIMAIRE

- Dans le volet de navigation, cliquez sur la barre de groupe Tables pour voir la liste des tables. Puis, double-cliquez sur le nom de la table contenant la clé primaire de la relation.

La table s'affiche en *Mode Feuille de données*. Du fait de la relation vers une table fille, un symbole ⊞ est placé devant chaque ligne de la feuille de données.

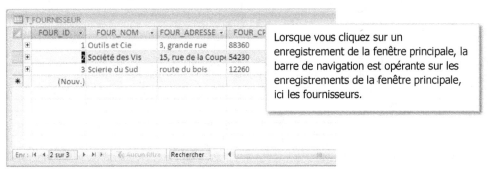

Lorsque vous cliquez sur un enregistrement de la fenêtre principale, la barre de navigation est opérante sur les enregistrements de la fenêtre principale, ici les fournisseurs.

- Cliquez sur le symbole ⊞ d'un enregistrement pour faire apparaître, dans une sous-fenêtre, les enregistrements qui lui sont liés, appartenant à la table fille.

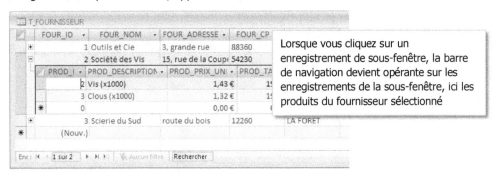

Lorsque vous cliquez sur un enregistrement de sous-fenêtre, la barre de navigation devient opérante sur les enregistrements de la sous-fenêtre, ici les produits du fournisseur sélectionné

- Vous pouvez mettre à jour les données de la table primaire (dans la fenêtre principale) ou de la table fille (dans la sous-fenêtre) en procédant comme pour une table simple.

## SÉLECTIONNER LES VALEURS DE LA CLÉ ÉTRANGÈRE DANS UNE LISTE DÉROULANTE

Vous pouvez saisir ou modifier, dans la table fille, des valeurs de la clé étrangère. Et comme vous voulez que ces valeurs correspondent à des valeurs de clé primaire, vous pouvez en faciliter la saisie en utilisant une liste déroulante.

Pour cela, il faut définir les propriétés du champ de la clé étrangère, de sorte qu'il faille en sélectionner la valeur dans une liste déroulante présentant des valeurs de clé primaire et d'autres valeurs de champs plus explicites.

- Ouvrez la table fille en *Mode Création*.
- Cliquez sur la ligne du champ défini comme clé étrangère dans la relation.
- Dans le volet des propriétés du champ, cliquez sur l'onglet *Liste de choix*.

- Dans la propriété <Afficher le contrôle> sélectionnez *Zone de liste* ou *Zone de liste déroulante*.
- Dans la propriété <Origine source>, sélectionnez *Table/Requête*.
- Dans la propriété <Contenu>, cliquez sur l'icône de lancement du *Générateur de requête*, apparu à droite de la propriété. Dans le dialogue *Afficher la table*, sélectionnez la table primaire et cliquez sur [Ajouter], puis sur [Fermer]
- Sélectionnez les champs qui doivent apparaître dans la liste. La clé primaire (de la relation), doit impérativement figurer en première position.

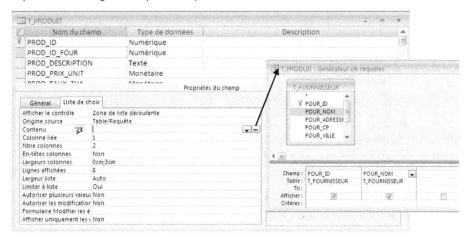

- Fermez la fenêtre requête, un message vous demande de confirmer la mise à jour de la propriété. Confirmez par [Oui].

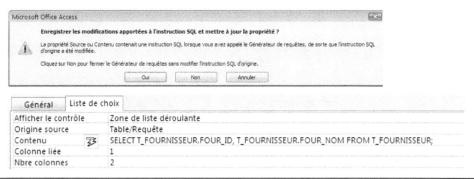

La requête s'inscrit sous forme de code SQL dans la propriété. C'est un code « interne » à la propriété, cette requête n'apparaît pas dans le volet de navigation de la base de données.

 Si nécessaire, cliquez sur ce bouton qui apparaît quand vous changez de propriété pour propager les modifications. Tous les formulaires, requêtes et états utilisant le champ modifié seront modifiés à leur tour.

- Modifiez éventuellement les autres propriétés sous *Liste de choix*, et notamment :
- Vérifiez que la colonne contenant la clé primaire est bien la première colonne.
- S'il y a plus d'une colonne dans la requête, rappelez le nombre dans <Nbre colonnes>.
- La présence des en-têtes de colonnes se fait dans la propriété <En-têtes colonnes>.

- Pour masquer la colonne clé (ce qui est conseillé si ce n'est pas la seule colonne), indiquez que sa largeur est de 0 cm dans la propriété <Largeurs colonnes>.
- Fermez la requête en enregistrant les modifications.

Dorénavant, en *Mode Feuille de données*, une liste déroulante apparaît dans la colonne de la clé étrangère quand vous vous positionnez dans le champ concerné :

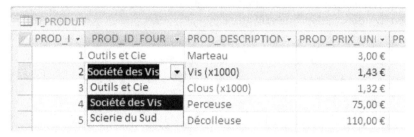

Lorsque vous sélectionnez un fournisseur par son nom (2ᵉ colonne de la requête), c'est le code du fournisseur (1ʳᵉ colonne de la requête) qui s'inscrit dans la table. Et dans la feuille de données, c'est aussi le nom du fournisseur qui s'affiche alors que c'est son code qui est inscrit dans la table.

## CRÉER UNE REQUÊTE MULTITABLE AVEC L'ASSISTANT

- Sous l'onglet **Créer**>groupe **Requête**, cliquez sur le bouton **Assistant requête**.

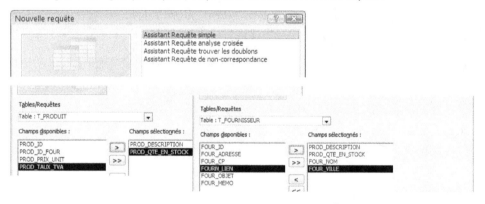

- Sélectionnez le nom de la première table T_PRODUIT, puis transférez les champs vers la zone <Champs sélectionnés>. Sélectionnez ensuite le nom de la deuxième table T_FOURNISSEUR et transférez les champs vers la zone <champs sélectionnés>.
- Cliquez sur [Suivant] et poursuivez la création de la requête de façon habituelle.

**Rôle des boutons**

| Bouton | Description |
|---|---|
| > | Transfère le champ sélectionné vers la zone <Champs sélectionnés>. |
| >> | Transfère tous les champs vers la zone <Champs sélectionnés>. |
| < | Retire le champ sélectionné de la liste <Champs sélectionnés>. |
| << | Vide le contenu de la liste <Champs sélectionnés>. |

# UTILISER DES TABLES LIÉES

### CRÉER UNE REQUÊTE MULTITABLE EN MODE CRÉATION

- Sous l'onglet **Créer**>groupe **Requêtes**, cliquez sur le bouton **Création de requête**.
- Dans le dialogue *Afficher la table*, ajoutez les deux tables, primaire et fille. Puisqu'elles sont en relation, la relation s'inscrit automatiquement dans la requête. Cliquez sur [Fermer].

Vous pouvez ajouter plusieurs autres tables, et établir entre elles des jointures même si ces tables ne sont pas reliées. Dans ce cas, ces jointures ne seront actives que lors de l'exécution de la requête.

La sélection des champs, les critères, les formules, s'effectue exactement comme pour une requête monotable.

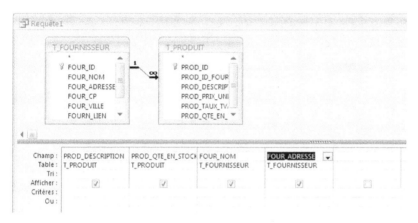

L'utilisation des sous-formulaires et celle des sous-états étant semblables, seules les manipulations concernant les sous-formulaires seront décrites.

Un sous-formulaire est un formulaire inclus dans un autre. Il permet d'afficher dans un même formulaire des données issues de plusieurs tables liées. Le formulaire permet de modifier les données, d'ajouter ou de supprimer des enregistrements dans les deux tables.

On peut trier les données affichées dans un sous-formulaire en cliquant dans l'une de ses colonnes, puis en utilisant un bouton de tri de la barre d'outils.

Exemple : ci-dessous un formulaire qui affiche les coordonnées d'un fournisseur d'outillage (données issues d'une table T_FOURNISSEUR), mais également la liste des produits proposés par ce fournisseur (données issues d'une table T_PRODUIT, liée à la précédente).

## UTILISER L'ASSISTANT POUR CRÉER UN FORMULAIRE AVEC SOUS-FORMULAIRE

Vous allez définir un formulaire avec des champs provenant de deux tables liées par une relation, table primaire et table fille. En définissant la table primaire comme table principale du formulaire, l'assistant générera un sous formulaire pour afficher les données de la table fille.

- Sous l'onglet **Créer**>groupe **Formulaires**, cliquez sur le bouton **Assistant formulaire**.

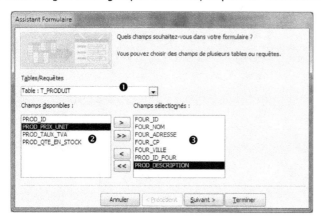

- Sélectionnez le nom de la première table ❶. Puis transférez les champs disponibles ❷ de la table sélectionnée vers la zone <Champs sélectionnés> ❸ : pour cela, double-cliquez sur chacun des champs à transférer, ou sélectionnez les champs et cliquez sur ❘ ❘.
- Recommencez en choisissant la deuxième table.
- Cliquez sur [Suivant].

# SOUS-FORMULAIRE ET SOUS-ÉTAT

Il est impératif que la clé primaire de la table principale et la clé étrangère de la table fille soient parmi les champs sélectionnés, pour qu'Access puisse faire le lien entre les deux tables.

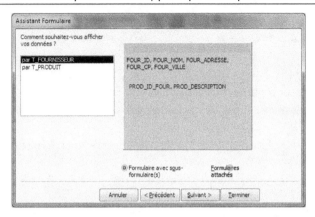

- Choisissez la table principale : le formulaire reconnaît le type de relation entre la table principale et l'autre (par exemple relation ∞ vers 1, ou 1 vers ∞).
- Avec T_PRODUIT (relation ∞ vers 1 : le produit est affiché avec son fournisseur) comme table principale : les informations de la table étrangère seront affichées au sein du même formulaire, et vous travaillez de la même manière qu'avec un formulaire monotable ou monorequête.
- Avec T_FOURNISSEUR (relation 1 vers ∞ : le fournisseur est affiché avec ses produits) comme table principale : les informations de la table fille seront affichées dans un sous-formulaire ou un formulaire attaché.
- Dans cet exemple, la table principale du formulaire est la table primaire de la relation (côté 1 de la relation 1 vers ∞); activez <⊙ Formulaire avec sous-formulaire(s)> et cliquez sur [Suivant].

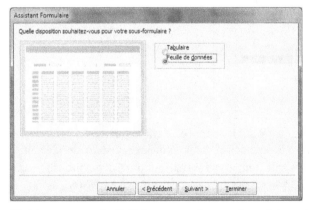

- Choisissez un mode d'affichage pour le sous-formulaire : dans cet exemple <⊙ Feuille de données> (voir Modes d'affichage d'un sous-formulaire). Cliquez sur [Suivant].
- Choisissez le style qui vous convient. Cliquez sur [Suivant].
- Access vous demande deux noms (un pour le formulaire, un pour le sous-formulaire).

Quels titres souhaitez-vous pour vos formulaires ?

Formulaire : F_FOURNISSEUR

Sous-formulaire F_FOURNISSEUR_SF_PRODUIT

Conseil de nommage : commencez le nom du sous-formulaire par celui du formulaire principal (par exemple : F_FOURNISSEUR pour le formulaire principal et F_FOURNISSEUR_SF_PRODUIT pour le sous-formulaire), il vous sera beaucoup plus facile de retrouver dans la liste des formulaires un formulaire et les sous-formulaires qu'il contient.

# SOUS-FORMULAIRE ET SOUS-ÉTAT

## INSÉRER UN SOUS-FORMULAIRE DANS UN FORMULAIRE PRINCIPAL EXISTANT

- Ouvrez le formulaire principal en *Mode Création*. Puis, sous l'onglet **Outils de création de formulaire/ Création**>groupe **Contrôles**, cliquez sur l'outil **Sous-formulaire/sous état**.
- Dans le formulaire, cliquez et faites glisser le pointeur pour délimiter l'emplacement initial du contrôle *Sous-formulaire*.

Un premier dialogue demande si vous voulez créer un sous-formulaire ou insérer un formulaire existant pour en faire un sous-formulaire.

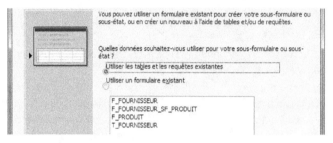

### Pour créer un sous-formulaire

- Activez <⊙ Utiliser les tables et les requêtes existantes>. Cliquez sur [Suivant].

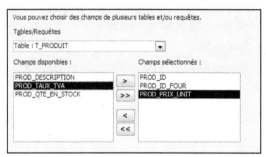

- Sélectionnez la table ou la requête contenant les données à afficher dans le sous-formulaire. Double-cliquez sur chaque champ à inclure dans le sous-formulaire. Cliquez sur [Suivant].

Si une relation existe entre la table du sous-formulaire et celle du formulaire principal, vous pouvez choisir la relation dans une liste. Vous pouvez définir vous-même le lien à utiliser.

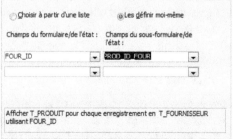

- Cliquez sur [Suivant], puis saisissez le nom du sous-formulaire, cliquez sur [Terminer].

# SOUS-FORMULAIRE ET SOUS-ÉTAT

Le sous-formulaire est enregistré de manière indépendante et accessible dans le volet de navigation dans le groupe Formulaires. Access insère le contrôle *Sous-formulaire* lié au formulaire principal. Vous pouvez le déplacer et le redimensionner.

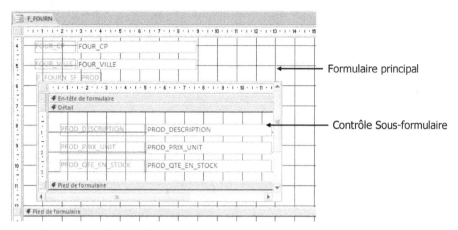

Formulaire principal

Contrôle Sous-formulaire

### Pour insérer un sous-formulaire existant

- Activez <⊙ Utiliser un formulaire existant>. En-dessous, sélectionnez le nom du formulaire à insérer et cliquez sur [Suivant]. Procédez ensuite comme précédemment pour définir le lien des données du sous-formulaire avec celles du formulaire principal.

## MODIFIER UN SOUS-FORMULAIRE

Vous pouvez ouvrir le sous-formulaire en *Mode Création* indépendamment du formulaire principal, à partir du groupe Formulaires du volet de navigation de la fenêtre Access. Mais vous pouvez aussi l'ouvrir à partir du formulaire principal, lui-même en *Mode Création*.

Un sous-formulaire peut être de type d'affichage *Feuille de données* ou *Formulaires continus*.

Type *Feuille de données*

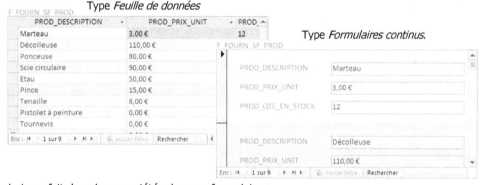

Type *Formulaires continus*.

Le choix se fait dans les propriétés du sous-formulaire :

- Sélectionnez le sous-formulaire en cliquant sur la case ❶.

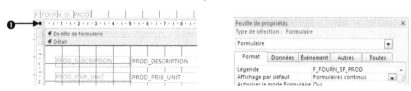

- Affichez le volet *Feuille des propriétés*, si ce n'est pas déjà fait.
- Sous l'onglet *Format*, modifiez la propriété <Affichage par défaut> : sélectionnez *Feuille de données* ou *Formulaires continus*.

# REQUÊTES AVANCÉES

**9**

Les requêtes Sélection ont pour but d'effectuer une sélection dans les tables et d'afficher dans une feuille de résultat les données d'une ou de plusieurs tables reliées. Il existe aussi d'autres types de requêtes que vous devez connaître pour exploiter pleinement les possibilités d'Access.

## REQUÊTES ACTION

Ces requêtes n'ont pas pour objectif d'afficher des données, mais d'effectuer diverses actions (création, suppression, ajout d'enregistrements, mise à jour, etc.) sur les tables de la base de données ouverte.

### Requête Création de table

Ce type de requête permet de créer de nouvelles tables en se basant sur le contenu ou une partie du contenu de tables existantes.

### Requête Suppression

Une requête Suppression efface une partie des enregistrements d'une table. Utilisez-la pour effacer en une seule fois tous les enregistrements d'une table remplissant la même condition.

### Requête Ajout

Une requête Ajout sert à ajouter une partie des enregistrements d'une table dans une autre table de la base de données en cours ou d'une base de données externe. Le nombre de champs dans les tables sources et dans la table de destination ne doit pas forcément être le même. La requête Ajout ignore les champs qui ne sont pas mis en correspondance dans la table destination.

### Requête Mise à jour

Une requête Mise à jour sert à modifier de manière automatique et en une seule opération une partie des données dans des tables existantes.

## REQUÊTES COMPLEXES

### Requête Trouver les doublons

Ce type de requête permet de rechercher les doublons (enregistrements en double) dans une table ou une requête.

### Requête Non-correspondance

Ce type de requête permet de trouver les enregistrements d'une table, qui ne sont pas reliés à un enregistrement d'une autre table.

## REQUÊTE D'ANALYSE CROISÉE

Une requête d'analyse croisée est une requête qui présente une synthèse des données dans un format de type feuille de calcul en utilisant les champs que l'on spécifie comme en-têtes de ligne et de colonne. Elle peut également présenter des données de synthèse.

## REQUÊTES SQL

Pour ces requêtes, il faut maîtriser SQL car on sera amené à taper des instructions dans ce langage. Ce type de requête n'est pas traité dans cet ouvrage.

### Requêtes Union

Elles permettent de combiner les enregistrements de tables ayant des champs en commun.

### Les requêtes Définition de données

Elles permettent de créer ou de modifier des tables.

# REQUÊTE CRÉATION DE TABLE

Ce type de requête permet de créer une nouvelle table à partir du contenu d'autres tables. Le point de départ d'une requête *Création* de table est une requête *Sélection* sur une ou plusieurs table(s) existante(s) que l'on convertit en une nouvelle table. La structure de la table créée tient compte seulement du type des données et de la taille des champs des tables source de la requête sélection. Ni la clé primaire, ni aucune autre propriété des tables source ne sont copiées.

- Créez une requête *Sélection* affichant seulement les champs devant être placés dans la nouvelle table, affichez-la en *Mode Création*. Appliquez les filtres et les tris pour ne conserver que les enregistrements à mettre dans la table à créer.

- Sous l'onglet **Outils de requête/Créer**>groupe **Type de requête**, cliquez sur le bouton **Création de table**.

- ❶ Cochez <⊙ Base de données actuelle> pour créer la table dans la base de données actuelle, ou cochez <⊙ Autre base de données> pour créer la table dans une autre base de données, puis saisissez le chemin d'accès à la base de données (`C:\Comptes\Clients.accdb` par exemple, si vous omettez l'extension, Access la rajoute) ou cliquez sur [Parcourir] pour sélectionner le fichier base de données.
- ❷ Saisissez le nom de la table à créer ou sélectionnez un nom dans la liste déroulante si vous voulez remplacer une table existante.
- Cliquez sur [OK].

La requête devient une requête de création de table, le bouton **Création de table** passe en surbrillance sur le Ruban dans le groupe **Type de requête**.

- Sous l'onglet **Outils de requête/Créer**>groupe **Résultats**, cliquez sur **Exécuter**.

- Cliquez sur [Oui].

Le nom de la nouvelle table créée apparaît dans le volet de navigation. La requête création de table est toujours ouverte.

- Fermez la requête : cliquez sur la case *Fermeture*, ou appuyez sur [Ctrl]+[F4] ou sur [Ctrl]+W.
- Un message propose d'enregistrer la requête.

En général, vous cliquez [Non], car une requête *Création de table* est généralement utilisée une seule fois et n'a pas besoin d'être conservée. Pour visualiser le résultat, ouvrez la table créée.

Une requête *Ajout* sert à ajouter des enregistrements d'une table source dans une table cible de la même base de données ou d'une autre. Les tables source et cible n'ont pas forcément le même nombre de champs, ni les mêmes noms des champs. Les champs sont mis en correspondance, et la requête *Ajout* ignore les champs non mis en correspondance. Le point de départ d'une requête *Ajout* est une requête *Sélection* sur la table source.

- Créez la requête *Sélection* sur la table source des enregistrements à ajouter. Après l'avoir vérifiée visuellement, affichez-la en *Mode Création* : dans la grille de requête, ne faites figurer que les champs ayant une correspondance dans la table cible, y compris le champ correspondant à la clé primaire de la table cible (sauf s'il est de type *NuméroAuto*). Spécifiez éventuellement des critères de filtre/tri des enregistrements à ~~ajou~~.

- En *Mode Création*, sous l'onglet **Outils de requête/Créer>** groupe **Type de requête**, cliquez sur le bouton **Ajout**.

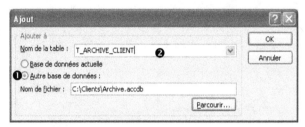

❶ Pour ajouter une table de la base de données actuelle, cochez <⊙ Base de données actuelle>. Pour ajouter une table d'une autre base de données, cochez <⊙ Autre base de données> puis saisissez le chemin d'accès\nom de la base de données (par exemple `C:\Clients\Archive`, si vous omettez l'extension Access la rajoute) ou cliquez sur [Parcourir] pour sélectionner le fichier base de données.

❷ Saisissez le nom de la table cible ou sélectionnez-la dans la liste déroulante.

- Cliquez sur [OK]. La requête devient une requête de type Ajout, le bouton **Ajout** passe en surbrillance sur le Ruban dans le groupe **Type de requête**.

  Access ajoute une ligne <Ajouter à> dans la grille de requête et y place les champs de la table cible de même nom que ceux de la table source (même nom et type). Dans cette ligne, vous spécifiez aussi les champs cible qui correspondent à un champ source de nom différent.

Les types de données des champs en correspondance dans les tables source et cible doivent être compatibles. Attention, il est impossible d'annuler les résultats d'une requête *Ajout*, soyez vigilant.

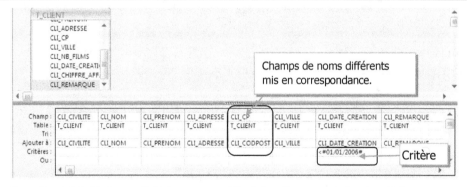

Champs de noms différents mis en correspondance.

Critère

- Sous l'onglet **Outils de requête/Créer>**groupe **Résultats**, cliquez sur le bouton **Exécuter**. Access affiche un message vous indiquant le nombre d'enregistrements qui vont être ajoutés, cliquez sur [Oui] pour confirmer l'ajout.

- Enregistrez la requête si vous voulez la conserver, puis fermez la requête.

# REQUÊTE SUPPRESSION D'ENREGISTREMENTS

Une requête *Suppression* permet de supprimer en une seule manipulation des enregistrements satisfaisant un même critère (attention : elle ne peut pas être annulée). Le point de départ d'une requête *Suppression* est une requête *Sélection* que l'on convertit.

- Créez une requête *Sélection* affichant seulement les enregistrements à supprimer. Si tous les enregistrements sont à supprimer, mettez dans la grille de requête n'importe quel champ ou tous les champs (*) et ne définissez aucun critère. La présence d'un champ suffit à supprimer tout l'enregistrement.

- En *Mode Création*, sous l'onglet **Outils de requête/Créer**>groupe **Résultats**, cliquez sur le bouton **Affichage** pour visualiser les enregistrements qui seront supprimés. Cliquez à nouveau sur le bouton **Affichage** pour revenir en *Mode Création*.

- Sous l'onglet **Outils de requête/Créer**> groupe **Type de requête**, cliquez sur le bouton **Suppression**.

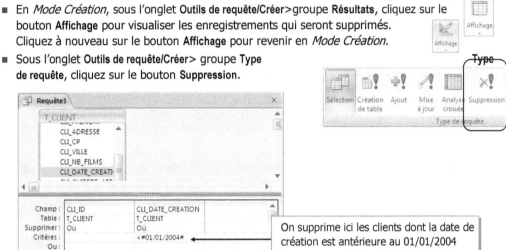

On supprime ici les clients dont la date de création est antérieure au 01/01/2004

La requête devient une requête *Suppression*, le bouton **Suppression** passe en surbrillance sur le Ruban. Une ligne <Supprimer> est ajoutée dans la grille de requête.

Si la requête contient plusieurs tables liées, dans la ligne <Supprimer>, vous devez désigner la table dont vous voulez supprimer les enregistrements, lorsque ce n'est pas celle qui contient les critères. Pour cela, double-cliquez sur l'astérique (*) en haut de la liste des champs de la table, la colonne qui est alors créée dans la grille de requête contient *À partir de* sur la ligne <Supprimer>.

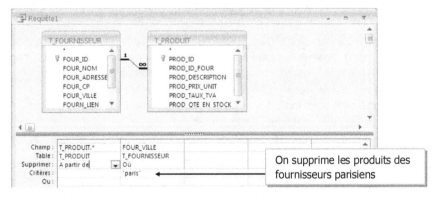

On supprime les produits des fournisseurs parisiens

- Sous l'onglet **Outils de requête/Créer**>groupe **Résultats**, cliquez sur le bouton **Exécuter**. Access affiche un message vous indiquant le nombre d'enregistrements qui vont être supprimés, cliquez [Oui] pour confirmer la suppression.

- Enregistrez la requête seulement si vous désirez la conserver, puis fermez la requête.

# REQUÊTE MISE À JOUR D'ENREGISTREMENT

Une requête *Mise à jour* sert à modifier de manière automatique et en une seule opération une partie des données dans des tables existantes. Par exemple, dans une table PRODUITS vous voulez augmenter de 10% le prix de tous les produits d'un fournisseur précis. Le point de départ d'une requête *Mise à jour* est une requête *Sélection* que l'on convertit.

Il est recommandé de sauvegarder votre base de données avant d'exécuter une requête *Mise à jour*. Vous serez ainsi certain de pouvoir annuler vos modifications.

- Créez une requête *Sélection* affichant seulement les enregistrements à mettre à jour.
- En *Mode Création*, sous l'onglet **Outils de requête/Créer**> groupe **Résultats**, cliquez sur le bouton **Affichage** pour visualiser les enregistrements qui seront mis à jour. Puis, cliquez sur le bouton **Affichage** pour revenir en *Mode Création*.
- Sous l'onglet **Outils de requête/Créer**> groupe **Type de requête**, cliquez sur le bouton **Mise à jour**.

Si la formule de mise à jour est délicate à écrire, il peut être prudent de la tester avant en l'écrivant dans un champ calculé dans la requête.

La requête devient une requête de *Mise à jour*, le bouton **Mise à jour** passe en surbrillance sur le Ruban dans le groupe **Type de requête**. Une ligne <Mise à jour> est ajoutée dans la grille de requête, c'est cette ligne qui contiendra la formule ou l'expression de mise à jour.

Cette requête remplace JOINVILLE par JOINVILLE LE PONT.

Dans la ligne <Mise à jour> de la colonne du champ que l'on veut mettre à jour, saisissez une expression ou une valeur pour modifier les données.

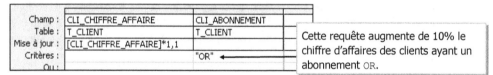

Cette requête augmente de 10% le chiffre d'affaires des clients ayant un abonnement OR.

Une expression de mise à jour peut utiliser un autre champ, voire lui-même. Dans ce cas, mettez le nom du champ servant au calcul entre crochets. Si l'autre champ fait partie d'une autre table, désignez-le selon la syntaxe suivante : [*Table*].[*Champ*].

- Sous l'onglet **Outils de requête/Créer**>groupe **Résultats**, cliquez sur le bouton **Exécuter**. Access affiche un message vous indiquant le nombre d'enregistrements qui vont être mis à jour, cliquez [Oui] pour confirmer la mise à jour.

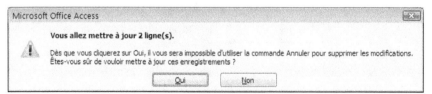

- Enregistrez la requête seulement si vous désirez la conserver, puis fermez la requête.

Il n'est pas possible de mettre à jour des enregistrements verrouillés. En outre, vous ne pouvez pas exécuter de requête de mise à jour sur des champs issus de calculs, des champs utilisant des requêtes de totaux, ou des champs de type NuméroAuto.

# REQUÊTE TROUVER LES DOUBLONS

Ce type de requête permet de rechercher les valeurs de champs qui se trouvent identiques dans plusieurs enregistrements : des personnes différentes qui ont le même nom, des personnes saisies plusieurs fois. Votre objectif peut être de masquer ou d'éliminer des données en double.

## RECHERCHER DES DONNÉES EN DOUBLE

- Sous l'onglet **Créer**>groupe **Macros et code**, cliquez sur **Assistant Requête**, puis dans le dialogue *Nouvelle requête*, cliquez sur *Assistant Requête trouver les doublons,* puis sur [OK].

- Dans la liste des tables ou requêtes, sélectionnez celle dont vous voulez analyser les valeurs de champs identiques dans plusieurs enregistrements. Cliquez sur [Suivant].
- Transférez, dans la zone <Rechercher les doublons dans>, le ou les champs qui contiennent les valeurs identiques dans plusieurs enregistrements qui définissent les doublons que vous cherchez. Cliquez sur [Suivant].
- Transférez, dans la zone <Champs sélectionnés>, le ou les champs contenant les autres données que vous voulez inspecter et éventuellement modifier, susceptibles de distinguer les enregistrements qui ne sont pas en double. Cliquez sur [Suivant].
- Spécifiez le nom de la requête, puis cliquez sur [Terminer].
  Le résultat de la requête s'affiche :

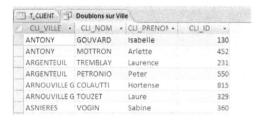

- Enregistrez la requête si vous désirez la conserver, puis fermez la requête.

## EXPLOITER LES DONNÉES EN DOUBLE

- Vous pouvez modifier les données directement dans la requête dont les résultats sont vos doublons recensés, vous pouvez supprimer les enregistrements doublons inutiles.
- Dans le résultat d'une requête, des enregistrements sont considérés comme des doublons si tous les champs renvoyés par la requête contiennent les mêmes valeurs. En attribuant à la requête la propriété <Valeurs distincte> = Oui, seul le premier enregistrement de chaque groupe de doublons est affiché, les autres sont masqués.
- Pour que l'enregistrement affiché des groupes de doublons ne soit pas le premier, vous devez utiliser des « requêtes Totaux » avec une fonction d'agrégation qui peut être *Premier, Dernier, Max, Min*. Vous pouvez aussi utiliser une fonction d'agrégation : *Compte, Somme, Moyenne* d'un champ de données spécifique qui donne une statistique pour chaque groupe de doublons.

# REQUÊTE DE NON-CORRESPONDANCE

Ce type de requête permet de trouver les enregistrements d'une table, qui ne sont pas reliés à un enregistrement d'une autre table. Par exemple, si vous avez les tables T_PRODUIT et T_FOURNISSEUR, ce type de requête peut servir à obtenir la liste des produits qui n'ont pas de fournisseur.

- Sous l'onglet **Créer**>groupe **Macros et code**, cliquez sur **Assistant Requête**, puis dans le dialogue *Nouvelle requête*, cliquez sur *Assistant Requête de non correspondance,* puis sur [OK].
- Sélectionnez la table à vérifier (ici, T_PRODUIT) ❶. Cliquez sur [Suivant].
- Sélectionnez la table liée dans laquelle vous cherchez les non-correspondances (dans notre exemple : T_FOURNISSEUR) ❷. Cliquez sur [Suivant].

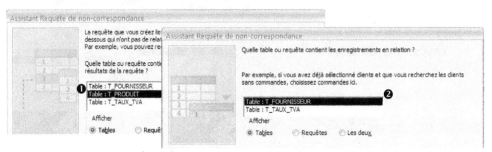

- Pour chacune des tables, sélectionnez le champ qui fait le lien avec l'autre table, puis cliquez sur le bouton ⌐<=>⌐ ❸, cliquez sur [Suivant].
- Dans la zone <Champs sélectionnés>, placez les champs à afficher dans le résultat de la requête ❹. Cliquez sur [Suivant].

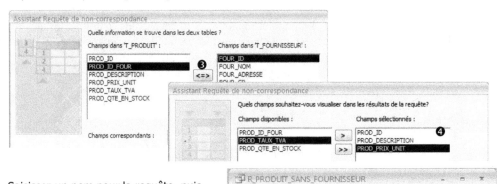

- Saisissez un nom pour la requête, puis cliquez sur [Terminer]. Le résultat de la requête s'affiche.

Vous pouvez passer en *Mode Création* pour vérifier comment a été générée la requête :

Une requête de non-correspondance est une requête possédant une liaison de type « *Tous les enregistrements de la table primaire (ici* T_PRODUIT*)* *et les enregistrements de la table étrangère (ici* T_FOURNISSEUR*) qui correspondent* » qui affiche les enregistrements de la table primaire n'ayant pas de correspondance (Est Null) dans la table étrangère.

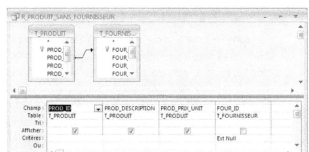

# REQUÊTE D'ANALYSE CROISÉE

Une requête d'*Analyse croisée* est une requête qui produit une synthèse statistique, disposée à la façon d'une feuille de calcul, utilisant des champs comme en-têtes de ligne et de colonne. Vous pouvez créer une requête d'*Analyse croisée* à l'aide d'un assistant ou en *Mode Création*.

Par exemple, un vidéo-club par correspondance souhaite connaître le nombre de chacun des types d'abonnement (Argent, Or, Platine) par ville.

Si les données appartiennent à plusieurs tables, il faut créer une requête multitable qui servira de source de données à la requête d'*Analyse croisée*.

## AVEC L'ASSISTANT

- Sous l'onglet **Créer**>groupe **Macros et code**, cliquez sur **Assistant Requête**, puis dans le dialogue *Nouvelle requête*, cliquez sur *Assistant Requête analyse croisée,* puis sur [OK].

- Sélectionnez la table ou la requête contenant les données. Cliquez sur [Suivant].
- Double-cliquez sur le ou les champs de synthèse en ligne (par ordre de globalité, par exemple le pays avant le département, lui-même avant la ville) ❶. Cliquez sur [Suivant].
- Sélectionnez le champ de synthèse en colonne ❷. Cliquez sur [Suivant].
- Sélectionnez le champ sur lequel effectuer le calcul ❸, sélectionnez une fonction statistique ❹. Cliquez sur [Suivant].

# REQUÊTE D'ANALYSE CROISÉE

- Saisissez un nom pour la requête, activez <⊙ *Afficher la requête* >. Cliquez sur [Terminer].

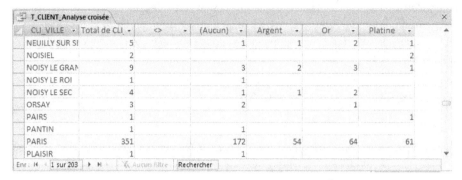

| CLI_VILLE | Total de CLI | <> | (Aucun) | Argent | Or | Platine |
|---|---|---|---|---|---|---|
| NEUILLY SUR SE | 5 | | 1 | 1 | 2 | 1 |
| NOISIEL | 2 | | | | | 2 |
| NOISY LE GRAN | 9 | | 3 | 2 | 3 | 1 |
| NOISY LE ROI | 1 | | 1 | | | |
| NOISY LE SEC | 4 | | 1 | 1 | 2 | |
| ORSAY | 3 | | 2 | | 1 | |
| PAIRS | 1 | | | | | 1 |
| PANTIN | 1 | | 1 | | | |
| PARIS | 351 | | 172 | 54 | 64 | 61 |
| PLAISIR | 1 | | 1 | | | |

Enr : ◄ ◄ 1 sur 203 ► ►I   Aucun filtre   Rechercher

## EN MODE CRÉATION

- Créez une requête vierge en *Mode Création*, puis ajoutez la ou les tables. Faites glisser, sur la ligne <Champ>, les champs servant au regroupement et aux calculs statistiques.

- Sous l'onglet **Outils de requête/Créer**> groupe **Type de requête**, cliquez sur le bouton **Analyse croisée**. Deux lignes apparaissent : <Opération> et <Analyse>.

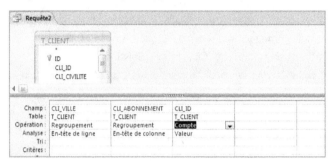

- Pour le champ des valeurs de regroupement en ligne (ici <CLI_VILLE>), sur la ligne <Analyse>, sélectionnez *En-tête de ligne*. Conservez *Regroupement* sur la ligne <Opération>.
- Pour le champ des valeurs de regroupement en colonne (ici <CLI_ABONNEMENT>), sur la ligne <Analyse>, sélectionnez *En-tête de colonne*. Conservez *Regroupement* sur la ligne <Opération>.
- Pour le champ dont les valeurs servent au calcul, sur la ligne <Analyse>, sélectionnez *Valeur* dans la liste déroulante et sur la ligne <Opération>, sélectionnez la fonction statistique.

Vous pouvez ajouter des champs calculés dans la grille de requête, pour faire une statistique sur des valeurs calculées à partir des champs de la table.

- Cliquez sur l'icône *Feuille de données* dans la barre d'état ou sur le bouton **Exécuter** (sous l'onglet **Outils de requête/Créer**>groupe **Résultats**).

- Enregistrez la requête si vous désirez la conserver.

Vous pouvez construire un graphique croisé dynamique sur les données d'une table ou d'une requête. Il affiche des formes graphiques plutôt que des valeurs numériques de synthèse. Par exemple, le nombre de clients par localisation peut apparaître sous forme d'histogramme.

Vous pouvez aussi insérer un graphique dans un formulaire, il peut être alors recalculé chaque fois que vous affichez un autre enregistrement dans le formulaire, ce sera, par exemple, un histogramme des chiffres d'affaires mensuels du client qui est affiché dans le formulaire.

## CRÉER UN GRAPHIQUE CROISÉ DYNAMIQUE

- Dans le volet de navigation, sélectionnez la table ou la requête contenant les données à représenter. Sous l'onglet **Créer**>groupe **Formulaire**, cliquez sur le bouton **Plus de formulaires**, puis cliquez sur *Graphique croisé dynamique*.

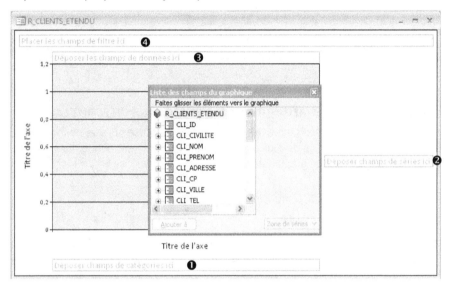

Une fenêtre se crée pour définir le graphique croisé dynamique.

- Déposez par cliquer-glisser les noms de champ (de la table ou de la requête) dans les zones ad-hoc : champ de catégorie ❶, champ de série ❷, champ de données ❸ et champ de filtre ❹ (éventuel).

Les données d'une même valeur de catégorie et d'une même valeur de série seront consolidées par une opération (comptage, somme...) et représentées par une forme graphique. Dans l'exemple, nous voulons représenter le comptage des clients par type d'abonnement et par département.

- Définissez l'opération de consolidation, qui est par défaut la somme. Pour cela, cliquez droit sur la zone des champs de données ❸, puis sur *Calcul automatique*, sélectionnez ensuite l'opération que vous voulez utiliser.

- Vous pouvez regrouper et filtrer les catégories ainsi que les séries, par exemple s'il s'agit de date (par jour, par semaine, par mois...), s'il s'agit de valeur numériques (par intervalles de valeurs)... Pour cela, cliquez droit sur la zone de la catégorie ❶ ou de la série ❷ et définissez le regroupement et le filtre en cochant les cases.

- Pour filtrer sur le champ de données, cliquez droit sur la flèche déroulante de la zone de champ de données ❹, puis cochez les cases de regroupement ou de filtrage.

- Pour modifier le type du graphique, cliquez sur le fond du graphique puis sous l'onglet **Outils de graphique/Créer**>groupe **Type**, cliquez sur **Modifier le type de graphique**, ou cliquez droit sur le fond du graphique puis sur *Modifier le type de graphique*. Dans le dialogue, sélectionnez ensuite le type de graphique et la variante dans le type choisi.

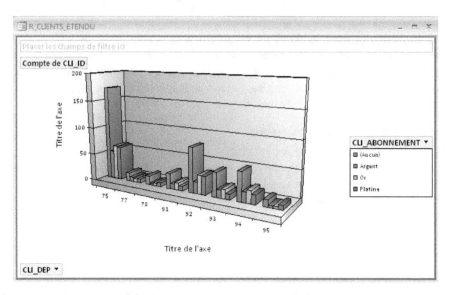

## CRÉEZ UN GRAPHIQUE LIÉ À L'ENREGISTREMENT AFFICHÉ DANS UN FORMULAIRE

Dans l'exemple suivant d'une vidéothèque, le graphique représente le nombre de locations mensuelles faites pendant les jours du mois précédent par le client sélectionné dans le formulaire. Lorsque vous changez le client, le graphique est recalculé.

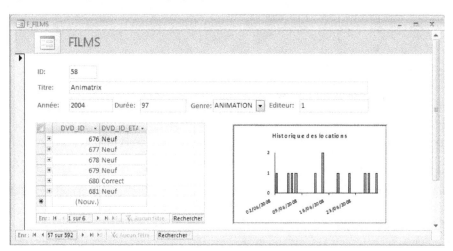

Pour créer un graphique dans un formulaire existant :

- Vérifiez que l'option *Utiliser les assistants contrôle* est active : sous l'onglet **Outils de création de formulaire/Création** > groupe **Contrôles**, cliquez sur le flèche déroulante ❶, puis cliquez sur la commande *Utiliser les Assistants contrôle* pour rendre l'icône active (en couleur orange) ❷.

- Ouvrez un formulaire existant et passez en *Mode Création*. Cliquez sur le bouton **Insérer un graphique** ❸ dans la galerie des contrôles. Puis, cliquez dans le formulaire à l'emplacement où voulez insérer le contrôle graphique.

- Cliquez et faites glisser le pointeur pour créer un cadre à l'endroit où vous voulez placer le graphique. L'assistant graphique démarre.

# GRAPHIQUES

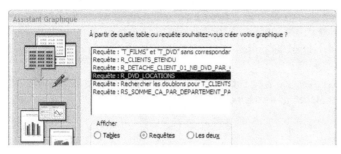

- Sélectionnez la table ou la requête source du graphique, cliquez sur [Suivant].

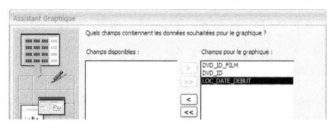

- Double-cliquez sur le nom de chaque champ dont le contenu est nécessaire à la création du futur graphique. Cliquez sur [Suivant].

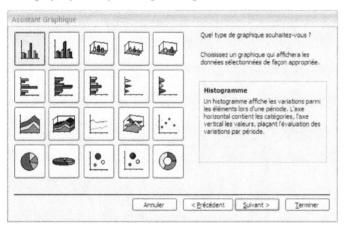

- Sélectionnez un type de graphique. Cliquez sur [Suivant].

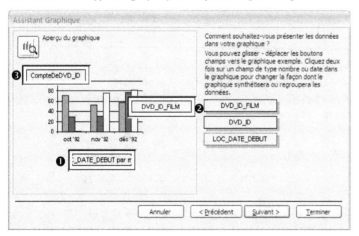

# GRAPHIQUES

- Faites glisser les boutons de champ vers les zones de définition du graphique : l'axe horizontal ❶, l'axe vertical ❷ et les données à consolider ❸ (comptage, somme...).
- Pour modifier l'opération de consolidation (somme, compte, ...) sur les données, double-cliquez sur la zone de données ❸.
- Si le champ de l'axe horizontal est de type Date, double-cliquez sur la zone ❶ pour modifier le regroupement (*Année*, *Trimestre*, *Mois*, *Semaine*, *Jour*).
- Cliquez sur [Suivant].

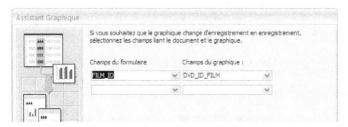

- Si vous souhaitez que le graphique se recalcule pour chaque enregistrement, sélectionnez le champ du formulaire à lier au champ du graphique. Sinon laissez les zones de champ vides. Cliquez sur [Suivant].
- Dans le dialogue, tapez un titre pour le graphique, cochez l'option d'afficher ou non une légende sur le graphique. Cliquez sur [Terminer].
- Passez en *Mode Formulaire*.

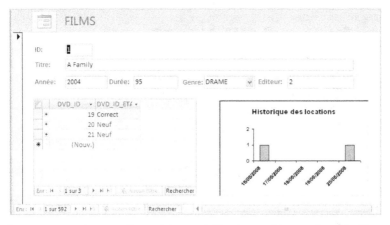

Lorsque vous changez d'enregistrement film, le graphique est recalculé pour le nouvel enregistrement.

## MODIFIER LE GRAPHIQUE

- Passez en *Mode Formulaire*, puis double-cliquez sur l'objet graphique.

Access ouvre le graphique en *Mode Création*. Le menu de l'application graphique se substitue au Ruban des commandes Access.

- Double-cliquez sur l'élément à modifier dans le graphique, et modifiez ses propriétés dans le dialogue qui s'affiche.
- Lorsque les modifications sont terminées, cliquez en dehors de l'objet graphique.

# CONTRÔLES AVANCÉS

# 10

# CASE À COCHER, CASE D'OPTION, BOUTON BASCULE

Une case à cocher, une case d'option ou un bouton bascule sont des contrôles, dans un formulaire ou dans un état, qui représentent une valeur Oui/Non provenant d'un champ d'une table ou créé indépendamment.

## CHOISIR LE CONTRÔLE À UTILISER

Dans la plupart des cas, la case à cocher est le meilleur contrôle pour représenter une valeur Oui/Non. C'est le type de contrôle créé par défaut lorsque vous ajoutez un champ de type Oui/Non à un formulaire ou un état. En revanche, les cases d'option et les boutons bascule sont le plus fréquemment utilisés dans un groupe d'options.

| Contrôle | Oui | Non |
|---|---|---|
| Case à cocher | ☑ | ☐ |
| Case d'option | ⊙ | ○ |
| Bouton bascule | | |

L'illustration montre comment ces trois contrôles apparaissent en cas d'activation (valeur `Oui`) ou en cas de désactivation (valeur `Non`).

## CRÉER UNE CASE À COCHER, UNE CASE D'OPTION OU UN BOUTON BASCULE DÉPENDANTS

- Ouvrez le formulaire ou l'état en *Mode Page* ou *Création*. Appuyez sur [Alt]+[F8] pour afficher le volet *Liste des champs*, s'il ne l'est pas déjà. Développez, le cas échéant, les tables en cliquant sur les signes plus (**+**) devant des noms de table.
- Faites glisser le champ Oui/Non depuis le volet *Liste des champs* vers le formulaire ou l'état.

Le paramétrage par défaut de la propriété <Contrôle de l'affichage> du champ dans la table est *Case à cocher* ; vous pouvez le modifier. De plus, vous pouvez transformer dans le formulaire la case à cocher en case d'option ou en bouton bascule : cliquez droit sur la case à cocher, pointez sur *Remplacer par* dans le menu contextuel, puis cliquez sur *Bouton bascule* ou *Case d'option*.

## CRÉER UNE CASE À COCHER, UNE CASE D'OPTION OU UN BOUTON BASCULE INDÉPENDANTS

Vous pouvez utiliser une case à cocher, une case d'option ou un bouton bascule indépendants dans une boîte de dialogue personnalisée pour accepter la saisie d'un utilisateur et exécuter l'action associée.

- Ouvrez le formulaire ou l'état en *Mode Création*.
- Sous l'onglet **Création**>groupe **Contrôles**, cliquez sur l'outil du contrôle souhaité (**Case à cocher** ☑ , **Case d'option** ⊙ ou **Bouton bascule** ⇌ ).
- Cliquez sur l'emplacement souhaité dans le formulaire ou l'état pour y placer le contrôle.

Le contrôle étant sélectionné, appuyez sur [F4] pour l'afficher puis saisissez un nouveau nom dans la propriété <Nom> du contrôle.

## CRÉER UN GROUPE D'OPTIONS

Un groupe d'options se compose d'un cadre à l'intérieur duquel se trouvent plusieurs boutons d'options. Un seul de ces boutons peut être actif à la fois. Suivant le choix effectué par l'utilisateur, le contrôle associé se voit affecter une valeur.

- Ouvrez le formulaire en *Mode Création*. Sous l'onglet **Créer**> groupe **Contrôles**, vérifiez que l'option ⬚ *Utiliser les Assistants contrôle* est active (icône surlignée en couleur orange), en cliquant sur la flèche déroulante de la galerie des contrôles, activez-la si nécessaire.
- Cliquez sur le bouton ⬚ **Groupe d'options**, puis cliquez sur un emplacement du formulaire pour y placer le groupe d'options. Puis suivez les instructions de l'Assistant. Dans la dernière page, cliquez sur [Terminer].

Il est recommandé de donner au groupe d'options un nouveau nom significatif. Cliquez dans le cadre du groupe, puis sur [F4], saisissez un nom dans la propriété <Nom>.

# CASE À COCHER, CASE D'OPTION, BOUTON BASCULE

**Les étapes de l'assistant *Groupe d'options*.**

- Dans la première étape de l'assistant, saisissez un libellé et appuyez sur ⤓ pour chaque option... Quand la liste est complète, cliquez sur [Suivant].
- Dans la deuxième étape, indiquez quelle doit être la valeur par défaut. Cliquez sur [Suivant].

- À la troisième étape, Access affiche la valeur numérique associée à chaque option du groupe qui sera inscrite dans le contrôle. Éventuellement, modifiez-les pour qu'elles coïncident avec les valeurs que vous aviez prévu de mettre dans le champ (si vous aviez prévu que `Monsieur` corresponde à 2, par exemple). Cliquez sur [Suivant].
- À la quatrième étape, activez <⊙Stocker la valeur dans ce champ> et, dans la liste déroulante à droite, sélectionnez le nom du champ dans lequel sera stockée la valeur correspondant au choix de l'utilisateur. L'option <⊙ Conserver la valeur pour un usage ultérieur>est principalement destinée à l'usage de macros ou de programmes Visual Basic. Cliquez sur [Suivant].
- À la cinquième étape, sélectionnez un type de contrôle et un style. Cliquez sur [Suivant].

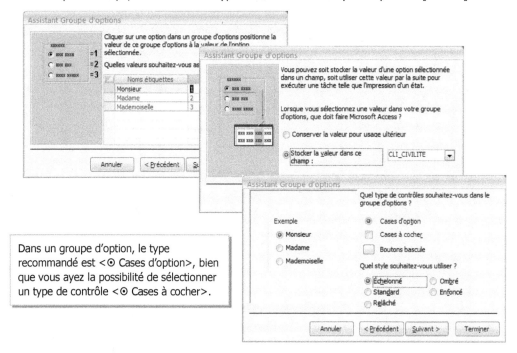

Dans un groupe d'option, le type recommandé est <⊙ Cases d'option>, bien que vous ayez la possibilité de sélectionner un type de contrôle <⊙ Cases à cocher>.

■ Saisissez un nom pour le groupe. Cliquez sur [Terminer].

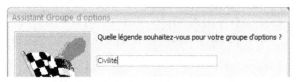

■

Le groupe apparaît dans le formulaire.

### AJOUTER UNE NOUVELLE OPTION À UN GROUPE D'OPTIONS EXISTANT

Pour ajouter des options à un groupe, vous pouvez soit créer un nouveau contrôle dans le groupe, soit couper un contrôle existant à un autre emplacement pour le coller dans le groupe.

■ Ouvrez le formulaire en *Mode Création*. Cliquez sur le cadre du groupe d'options pour le sélectionner, puis faites glisser les poignées de dimensionnement de ce cadre pour faire de la place pour une nouvelle option.

### Créer un nouveau contrôle du groupe

■ Sous l'onglet Création>groupe Contrôles, cliquez sur le type de contrôle à ajouter (Case à cocher, Case d'option ou Bouton bascule). Cliquez dans le cadre du groupe d'options. La couleur de cadre change pour indiquer que le nouveau contrôle est intégré au groupe d'options.

### Déplacer un contrôle existant vers le groupe

■ Il ne suffit pas de faire glisser un contrôle vers un groupe d'options pour l'y intégrer. Vous devez le couper et le coller dans le groupe pour qu'il devienne une option.

■ Vous devrez probablement déplacer le contrôle et son étiquette pour les aligner sur les contrôles existants et leurs étiquettes.

### Personnaliser les propriétés du contrôle

■ Appuyez sur F4 pour ouvrir le volet des propriétés. Sélectionnez un des contrôles bouton radio du groupe (pas l'étiquette associée) et, sous l'onglet Données, vérifiez la valeur de la propriété <Valeur contrôle> du contrôle. Cliquez sur l'étiquette associée au bouton radio et vérifiez ou modifiez le libellé qui se trouve sous l'onglet Format dans la propriété <Légende>.

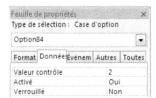

### AJOUTER UNE IMAGE SUR UN BOUTON

■ Cliquez sur le bouton pour le sélectionner. Affichez la feuille des propriétés ; sous l'onglet Format, cliquez dans la propriété <Image> puis sur le bouton qui apparaît sur son bord droit.

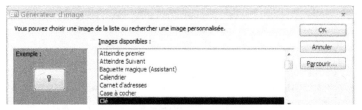

■ Sélectionnez une image ou cliquez sur [Parcourir] pour sélectionner un fichier graphique sur votre disque dur. L'image sélectionnée s'affiche à gauche du dialogue. Cliquez sur [OK].

# ZONES DE LISTE

Un contrôle zone de liste sert à faciliter la saisie des données dans un formulaire et à garantir leur exactitude en proposant lors de la saisie des valeurs répertoriées dans une liste.

Les valeurs répertoriées dans la liste peuvent soit être déterminées une fois pour toutes, soit provenir d'une table. Il est conseillé de stocker les valeurs dans une table, car la mise à jour de ces valeurs (modification, ajout, suppression) en est simplifiée.

Si un champ est associé à une zone de liste dans ses propriétés de table, le fait de le placer dans un formulaire crée automatiquement une zone de liste dépendante du champ.

**Zone de liste** : dans une zone de liste, une valeur est sélectionnée ; il est possible d'en sélectionner une autre dans la liste, mais pas de saisir une valeur. Si la totalité du contenu de la liste ne peut être affichée, on peut la faire défiler.

**Zone de liste déroulante** : une zone de liste déroulante contient une zone de saisie et une zone de liste dans un contrôle unique. Vous pouvez sélectionner une entrée dans la liste, mais aussi saisir une valeur non répertoriée dans la liste. La liste ne reste pas affichée en permanence et n'apparaît que lorsqu'on clique sur la flèche déroulante.

Avec ces contrôles, il est important de se poser deux questions :

– Quelles sont les données qui alimentent la liste ?
– Après avoir sélectionné une valeur dans la liste, qu'en fait-on ?

## CRÉER UNE ZONE DE LISTE AVEC L'ASSISTANT

■ Ouvrez le formulaire en *Mode Création*. Sous l'onglet **Créer**> groupe **Contrôles**, vérifiez que l'option ⬛ *Utiliser les Assistants contrôle* est active (icône surlignée en couleur orange), en cliquant sur la flèche déroulante de la galerie des contrôles, activez-la si nécessaire.

■ Cliquez sur le bouton ⬛ **Zone de liste** ou ⬛ **Zone de liste déroulante**, puis cliquez dans le formulaire à l'emplacement souhaité de la zone. Puis suivez les instructions de l'Assistant. Dans la dernière page, cliquez sur [Terminer].

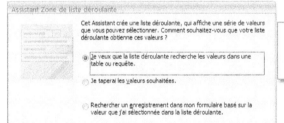

Indiquez si les valeurs de la liste proviendront d'une table ou si vous allez les saisir. Cliquez sur [Suivant].

**Cas 1 : les valeurs affichées de la liste proviennent d'une table**

Sélectionnez le nom de la table. Cliquez sur [Suivant].

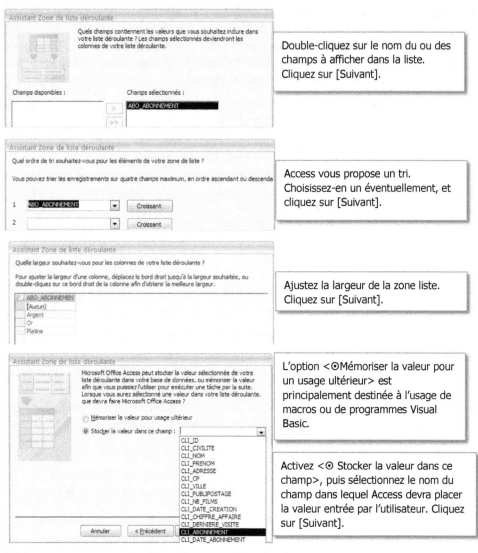

Double-cliquez sur le nom du ou des champs à afficher dans la liste. Cliquez sur [Suivant].

Access vous propose un tri. Choisissez-en un éventuellement, et cliquez sur [Suivant].

Ajustez la largeur de la zone liste. Cliquez sur [Suivant].

L'option <⊙Mémoriser la valeur pour un usage ultérieur> est principalement destinée à l'usage de macros ou de programmes Visual Basic.

Activez <⊙ Stocker la valeur dans ce champ>, puis sélectionnez le nom du champ dans lequel Access devra placer la valeur entrée par l'utilisateur. Cliquez sur [Suivant].

- Saisissez un nom pour cette liste. Cliquez sur [Terminer].

## Cas 2 : les valeurs affichées dans la liste sont saisies

Précisez le nombre de colonnes dans la liste et appuyez sur 🔄.

Saisissez la première valeur de la liste et appuyez sur 🔄, saisissez la seconde valeur de la liste et appuyez sur 🔄. Et ainsi de suite...

Quand la liste est complète : cliquez sur [Suivant].

# ZONES DE LISTE

Activez <⊙ Stocker la valeur dans ce champ>. Puis, sélectionnez le nom du champ dans lequel Access devra placer la valeur entrée par l'utilisateur. Cliquez sur [Suivant].

- Saisissez un nom pour ce contrôle zone de liste. Cliquez sur [Terminer].

## TRANSFORMER UNE LISTE EN LISTE DÉROULANTE ET INVERSEMENT

- En *Mode Création*, cliquez droit sur le contrôle zone de liste dans le formulaire puis sur la commande contextuelle *Remplacer par* et choisissez *Zone de liste* ou *Zone de liste déroulante*.

## PERSONNALISER UNE ZONE DE LISTE SANS L'ASSISTANT

- En *Mode Création*, sélectionnez la zone de liste à modifier. Tapez F4 pour afficher le volet *Feuille des propriétés*.

Sous l'onglet *Données*

| | |
|---|---|
| Source contrôle | Dans quoi est stocké le choix de l'utilisateur (champ associé au contrôle). |
| Origine source | Si les données de la liste viennent d'une requête ou sont saisies. |
| Contenu | La liste des valeurs ou la requête de sélection des éléments de la liste. Cliquer sur le bouton [...] lance le générateur de requête. |
| Colonne liée | Le numéro de colonne contenant la clé de la liste. Cette colonne correspond souvent à la clé primaire incluse dans la propriété *Contenu.* |
| Limiter à liste | Que l'utilisateur doit choisir un élément de la liste (zone déroulante). |

Sous l'onglet *Format*

| | |
|---|---|
| Nbre colonnes | Nombre de colonnes utilisées, y compris les colonnes cachées. |
| En-têtes colonnes | Présence d'un en-tête de colonne ou pas. |
| Largeurs colonnes | Largeur des colonnes. Pour en masquer une, mettre sa largeur à 0. |

# BOUTON DE COMMANDE

Un bouton de commande sert à exécuter une action standard (par exemple, lancer une impression ou ouvrir un formulaire) ou une série d'actions définies dans une macro.

Pour créer un bouton de commande, vous pouvez utiliser un assistant.

- Ouvrez le formulaire en *Mode Création*. Sous l'onglet **Outils de création de formulaires/ Créer>** groupe **Contrôles**, vérifiez que l'option 🖾 *Utiliser les Assistants contrôle* est active (icône surlignée en couleur orange), en cliquant sur la flèche déroulante de la galerie des contrôles, activez-la si nécessaire.

- Cliquez sur l'icône *Bouton* dans la galerie des formulaires, puis cliquez dans le formulaire à l'emplacement souhaité pour le bouton. Suivez les instructions de l'Assistant.

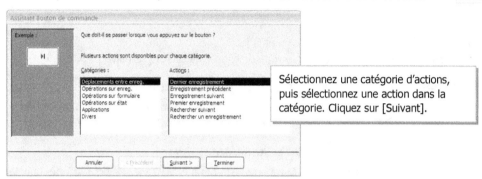

Sélectionnez une catégorie d'actions, puis sélectionnez une action dans la catégorie. Cliquez sur [Suivant].

- Les dialogues suivants dépendent de l'action que vous avez choisie. Ainsi, *Déplacement entre enreg/ Premier enregistrement* n'a besoin d'aucune information complémentaire.

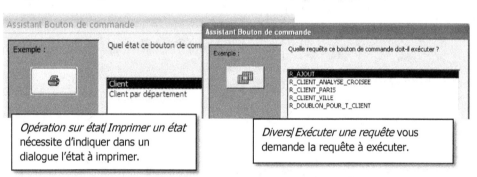

*Opération sur état/ Imprimer un état* nécessite d'indiquer dans un dialogue l'état à imprimer.

*Divers/ Exécuter une requête* vous demande la requête à exécuter.

- Lorsque vous avez apporté les précisions demandées par l'assistant pour l'action choisie, l'étape suivante vous demande de préciser si vous voulez du texte ou une image sur le bouton.

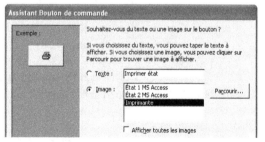

- Saisissez le texte ou choisissez l'image parmi les images suggérées ou parmi l'ensemble de toutes les images (en cochant <☑ Afficher toutes les images>), ou enfin, parmi les images stockées sur votre ordinateur (en cliquant [Parcourir]), images au format image (.BMP) ou icône (.ICO).

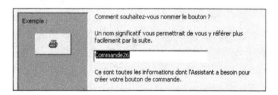

- Cliquez sur [Suivant].
- Saisissez un nom pour le bouton, puis cliquez sur [Terminer].

# CONTRÔLE ONGLET

Si un formulaire possède un nombre important de contrôles, il est préférable de les répartir sur plusieurs pages. Un contrôle *Onglet* est la manière la plus simple et efficace de créer un formulaire comportant plusieurs pages : pour passer d'un onglet à l'autre, il suffit de cliquer sur l'onglet. Exemple de formulaire avec contrôle de type *Onglet* contenant deux pages :

## AJOUTER UN CONTRÔLE ONGLET POUR CRÉER UN FORMULAIRE DE PLUSIEURS PAGES

- En *Mode Création*, sous l'onglet **Outils de création de formulaires/ Créer**> groupe **Contrôles**, dans la galerie des contrôles cliquez sur l'icône *Onglet* ❶, puis cliquez dans le formulaire à l'emplacement souhaité. Access ajoute un contrôle *Onglet* avec deux pages.
- Cliquez sur un des onglets de page, puis ajoutez et disposez les contrôles sur la page de l'onglet.

## MODIFIER LE NOM D'UN ONGLET

- Affichez le volet *Feuille des propriétés* : sous l'onglet **Outils de création de formulaire/ Réorganiser**>groupe **Outils**, cliquez sur le bouton **Feuille des propriétés**, ou tapez F4.
- Cliquez sur l'onglet, les propriétés de l'onglet s'affichent dans le volet *Feuille des propriétés*, cliquez dans la zone <Légende>, tapez le nom, validez par ↵.

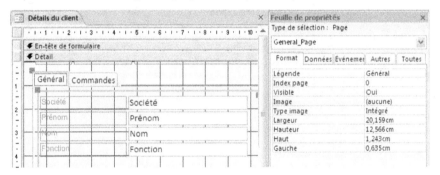

## AJOUTER UN ONGLET

- Cliquez droit sur l'onglet, puis sur *Insérer une page*.

## SUPPRIMER UN ONGLET

- Cliquez droit sur l'onglet, puis sur *Supprimer la page*.

## MODIFIER L'ORDRE DES ONGLETS

- Cliquez droit sur le contrôle Onglet, puis sur la commande *Ordre des pages*.
- Sélectionnez le nom de la page à déplacer, déplacez-la en cliquant sur les boutons [Monter] ou [Descendre]. Puis validez en cliquant sur [OK].

## LES DIFFÉRENTS ÉLÉMENTS DU CONTRÔLE ONGLET

Afin de régler les propriétés d'un élément constituant un contrôle objet, il faut sélectionner l'élément et modifier les propriétés dans le volet *Feuille de propriétés* :

- Le contrôle objet dans son ensemble : cliquez à droite des onglets dans l'alignement horizontal.
- Une page d'un onglet : cliquez sur l'onglet lui-même.
- Un contrôle dans une page : cliquez sur le contrôle lui-même.

# LIENS HYPERTEXTES

On peut placer des liens hypertextes dans les formulaires pour accéder à :
- des objets appartenant à la même base de données ou à une autre base Access ;
- des documents créés avec une autre application, tels que Word ou Excel ;
- des pages Web sur Internet ou sur un réseau Intranet ;
- votre messagerie.

Un lien hypertexte peut apparaître dans le formulaire sous la forme d'un texte de couleur bleue et souligné : on clique dessus pour afficher l'élément associé.

## UTILISER UN LIEN HYPERTEXTE

### Afficher la destination du lien
- Amenez le pointeur sur le lien, sans cliquer.
  Après quelques instants, un encadré jaune affiche l'adresse associée au lien :

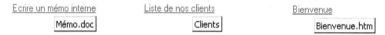

### Accéder à l'élément lié
- Cliquez sur le lien.
  Une fois qu'un lien hypertexte a été utilisé, sa couleur change et il devient violet.

## CRÉER UN LIEN VERS UN FICHIER OU UNE PAGE WEB EXISTANTE

- En *Mode Création*, sous l'onglet **Outils de création de formulaire/Création**>groupe **Contrôles**, dans la galerie, cliquez sur l'icône *Lien hypertexte*, ou ⌈Ctrl⌉+K.

- Dans la zone <Lier à > sur la gauche du dialogue, cliquez sur l'icône *Fichier ou page Web existant(e)*.

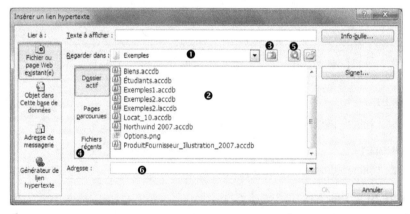

- Lien vers un fichier : dans la zone <Regarder dans>, sélectionnez le dossier ❶ puis le nom de fichier ❷ dans le dossier. Vous pouvez utiliser le bouton *Dossier parent* ❸, ou l'icône *Fichiers récents* ❹ pour sélectionner un fichier précédemment ouvert. Le fichier sélectionné s'inscrit dans la zone <Adresse> ❻.
- Lien vers une page Web : cliquez sur le bouton *Naviguer sur le Web* ❺, puis naviguez jusqu'à la page Web voulue, l'adresse de la page s'inscrit dans la zone <Adresse> ❻. Dans la zone <Texte à afficher> : saisissez le texte du lien tel qu'il sera lu dans le formulaire.
- Cliquez sur [OK].
  Le lien hypertexte est créé dans le coin supérieur gauche du formulaire. Faites-le glisser pour le déplacer à l'emplacement que vous souhaitez.

# LIENS HYPERTEXTES

## CRÉER UN LIEN VERS UN OBJET DE LA BASE DE DONNÉES EN COURS

- En *Mode Création*, sous l'onglet **Outils de création de formulaire/Création**>groupe **Contrôles**, dans la galerie, cliquez sur l'icône *Lien hypertexte*, ou appuyez sur Ctrl+K.
- Dans la zone <Lier à > sur la gauche du dialogue, cliquez sur l'icône Objet  dans cette base de données.

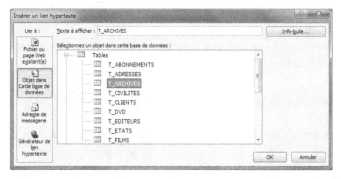

- Sélectionnez le nom d'un objet de la base : une table, une requête, etc.
  Dans la zone <Texte à afficher> : saisissez le texte du lien. Cliquez sur [OK].
- Le lien hypertexte est créé dans le coin supérieur gauche du formulaire, faites-le glisser à l'emplacement que vous souhaitez.

## CRÉER UN LIEN VERS UNE ADRESSE DE MESSAGERIE

- En *Mode Création*, sous l'onglet **Outils de création de formulaire/Création**>groupe **Contrôles**, dans la galerie, cliquez sur l'icône *Lien hypertexte*, ou appuyez sur Ctrl+K.
- Dans la zone <Lier à> sur la gauche du dialogue, cliquez sur l'icône Adresse de messagerie.

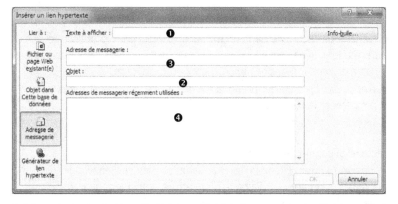

- Saisissez le texte du lien ❶. Saisissez l'objet du message ❷. Saisissez l'adresse de messagerie du destinataire du message en ❸, ou sélectionnez en ❹ une adresse de messagerie que vous avez utilisée récemment.
- Cliquez sur [OK].

## MODIFIER OU SUPPRIMER UN LIEN HYPERTEXTE

- Pour modifier le lien, cliquez droit dessus, puis sur *Lien hypertexte/Modifier le lien hypertexte*. Effectuez les modifications. Validez par [OK].
- Pour supprimer un lien, cliquez droit dessus, puis sur *Lien hypertexte/Supprimer le lien hypertexte*, tapez simplement sur Suppr.

# AUTRES CONTRÔLES

En *Mode Création*, pour développer la galerie des contrôles : sous l'onglet **Outils de création de formulaire/ Création**>groupe **Contrôles**, cliquez sur la flèche ❶ au bas de la zone déroulante des contrôles, cliquez sur l'icône représentant le contrôle à insérer.

## SAUT DE PAGE

Le contrôle saut de page sert seulement à l'impression,                                                                      il marque le début d'une nouvelle page dans un formulaire ou dans un état qui s'imprime, pour scinder les données de la section *Détails*.

### Insérer un saut de page

Cliquez sur l'icône *Insérer un saut de page*, puis cliquez dans le formulaire à l'endroit où vous voulez insérer le saut de page.

Access affiche une marque de pointillés qui représente le saut de page. Cette ligne devient la première ligne de la nouvelle page lors de l'impression. Dans un formulaire, le saut de page n'est actif que lors de l'impression.

### Supprimer un saut de page

■ Sélectionnez son symbole et appuyez sur Suppr

## TRAIT

Le contrôle *Trait* affiche un trait dans un formulaire. Vous pouvez utiliser les traits pour séparer des informations ou donner au formulaire ou à l'état l'apparence d'un document existant qui contient des traits.

■ Cliquez sur l'icône *Trait*. Le pointeur prend la forme d'un +. Cliquez et faites glisser le pointeur pour tracer le trait.

## RECTANGLE

Le contrôle *Rectangle* affiche un rectangle dans un formulaire. Vous pouvez utiliser ce contrôle pour regrouper des informations liées, donner à un formulaire ou à un état l'apparence d'un document existant, mettre en valeur les zones importantes du formulaire.

■ Cliquez sur l'icône *Rectangle*. Le pointeur prend la forme d'un +. Cliquez et faites glisser le pointeur pour tracer le rectangle.

## IMAGE

Pour illustrer un formulaire avec une image ou un logo.

■ Cliquez sur l'icône *Image*. Cliquez et faites glisser le pointeur pour délimiter l'emplacement et la taille de l'image. Le dialogue d'ouverture de fichier apparaît : sélectionnez le dossier et le nom du fichier image. Validez par [OK].

■ Cliquez sur l'image pour la sélectionner, puis tapez sur F4 pour ouvrir la feuille des propriétés. Sous l'onglet *Format*, dans la propriété <Mode affichage> : sélectionnez *Échelle* pour que l'image tienne dans toute la surface du contrôle. Refermez la fenêtre des propriétés en cliquant sur sa case de fermeture ou en tapant F4.

## OBJET OLE DÉPENDANT OU INDÉPENDANT

On peut incorporer dans le formulaire un objet OLE indépendant, c'est-à-dire un objet créé à l'aide d'une autre application Windows. On peut aussi incorporer un contrôle dépendant d'un champ de type objet OLE, par exemple pour stocker une image (la photo d'un produit par exemple), une séquence sonore ou vidéo, un document Office, etc.

# AUTRES CONTRÔLES

### Insérer un contrôle de type objet OLE indépendant

- Cliquez sur l'icône du contrôle *Cadre d'objet indépendant*, puis cliquez et faites glisser le pointeur pour délimiter l'emplacement et la taille du cadre.
- Le dialogue s'affiche.

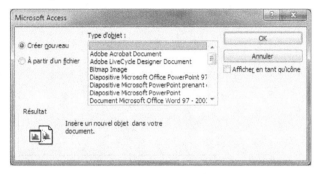

- Pour créer un nouveau document : activez <⊙ Créer nouveau >, sélectionnez le type d'objet, validez par [OK]. Access lance l'application source : créez l'objet et quittez l'application.
- Pour insérer un document existant : activer <⊙ À partir d'un fichier>, cliquez sur [Parcourir], sélectionnez le fichier, validez par [OK]. Validez une deuxième fois, pour insérer le document dans le formulaire.

Access crée un cadre d'objet indépendant dans lequel il affiche l'objet. Pour le modifier, il faut double-cliquer sur l'objet.

### Insérer et utiliser un contrôle dépendant d'un champ de type objet OLE

- Affichez la liste des champs : sous l'onglet **Outils de création de formulaire/Création**>groupe **Outils** cliquez sur le bouton **Ajouter des champs existants**.
- Faites glisser le nom de champ du type objet OLE dans le formulaire à l'endroit souhaité. Access crée un cadre d'objet lié à ce champ. Vous pouvez le déplacer et le redimensionner.
- Vous pouvez ensuite ajuster l'apparence de l'objet OLE dans le cadre. Cliquez sur le bouton **Feuille des propriétés** ou tapez F4, puis modifiez :
- – Sous l'onglet *Format* de la feuille des propriétés, la propriété <Mode d'affichage> :
  *Découpage* :   affiche la portion de l'objet qui tient dans le cadre sans déformer l'objet.
  *Échelle* :       agrandit ou réduit la taille de l'objet pour le faire tenir dans le cadre.
  *Zoom* :          agrandit ou réduit la taille du cadre de l'objet, sans entraîner de déformations.
- – Sous l'onglet *Données* de la feuille des propriétés, la propriété <Source contrôle> :
  indiquez le nom du champ de type objet OLE qui va recevoir l'information.
- Enregistrez le formulaire. Cliquez sur la case de fermeture de la *Feuille des propriétés*.

Vous pouvez ensuite utiliser le formulaire pour incorporer un objet OLE dans un enregistrement.

- Ouvrez le formulaire en *Mode Formulaire*. Positionnez-vous sur l'enregistrement à modifier et cliquez doit dans le cadre d'objet, puis sur la commande *Insérer un objet*...
- Le dialogue s'affiche comme ci-dessus, choisissez de créer un objet ou d'insérer un document existant, par exemple une image.

Vous pouvez aussi copier/coller un objet OLE depuis un document Word, Excel...

---

# IMPORTER, EXPORTER, LIER DES DONNÉES

On peut inclure dans une base de données des objets (tables, formulaires, états, ...) issus d'autres bases de données Access, ainsi que des données issues de tables créées à l'aide d'autres logiciels de base de données utilisant un format différent. On peut également inclure des données issues de tableurs et de fichiers texte.

Les assistants convertisseurs existent pour importer les données d'origines suivantes :

- Tables ou Projets Access
- dBase
- Dossier Outlook
- Document HTML
- Base de données ODBC
- Document XML
- Liste SharePoint

Les données peuvent être récupérées dans Access de deux façons : l'importation ou la liaison. Pour certains formats, le XML par exemple, il ne peut s'agir que d'une importation.

D'autres formats, FoxPro, Paradox... peuvent aussi être importés, il faut ajouter les convertisseurs dans les bases de données ODBC admises.

### Importer une table

Importer une table signifie que les données sont transférées et converties au format Access. En important une table, on en crée une copie dans Access. L'importation de tables convient pour des données qui doivent être gérées par la suite sous Access. Une table peut être importée dans une table existante (les données de la table d'origine sont ajoutées) ou dans une nouvelle table. Les tables importées peuvent être adaptées aux besoins personnels ; on peut, par exemple, ajouter une clé primaire, modifier les noms et les propriétés des champs.

L'importation sert notamment à alimenter les tables au début de la vie d'une application.

### Lier une table

Lier une table signifie que les données ne sont pas converties au format Access, mais qu'une connexion permanente est créée entre la base de données Access et la table externe. Contrairement à l'importation, il n'y a pas de copie de la table. Les données conservent leur format natif, on peut modifier l'ordre des champs, mais il n'est pas possible de modifier la structure des tables à partir d'Access.

Dans certains cas, on utilisera Access pour saisir de nouveaux enregistrements et mettre à jour le contenu des tables externes liées, dans d'autres cas simplement pour parcourir les données. Ces données liées peuvent être traitées et incorporées dans des requêtes, et l'on peut s'en servir pour créer des formulaires et des états.

Dans le volet de navigation, les tables liées disposent d'icônes particulières, voici des exemples.

❶ Table Access liée

❷ Table dBase liée

❸ Feuille Excel liée

Si l'on ouvre à partir d'Access (commande **Ouvrir**) une base de données externe, Access crée alors automatiquement une nouvelle base de données de même nom et insère des tables liées au tables de la base de données externe.

## IMPORTER OU LIER DES TABLES OU D'AUTRES OBJETS ACCESS

On peut importer tout type d'objet (formulaires, états, etc.), mais on ne peut lier que des tables.

- Pour importer dans la base de données Access active, sous l'onglet **Données externes**>groupe **Importer et lier**, cliquez sur le bouton **Access**.

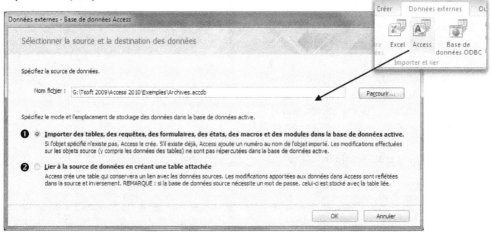

- Cliquez sur le bouton [Parcourir...] pour sélectionner le fichier base de données Access dont vous voulez importer des objets. Lorsque le fichier a été spécifié, activez l'option voulue :
  - ❶ pour importer des objets de la base de données ;
  - ❷ pour créer une table «attachée», liée à une source de la base de données externe.
- Validez en cliquant sur [OK].

Dans le cas d'une importation, le dialogue donnant la liste des objets de la base de données s'affiche (si vous avez choisi une table attachée, seules les tables s'affichent).

- Sélectionnez une famille d'objets en cliquant sur l'un des onglets, puis sélectionnez un objet ou plusieurs objets. Le bouton [Options>>] sert à spécifier les options d'importation.
  - Pour les tables : import de la définition seule ou de la définition et des données.
  - Pour les requêtes : les transformer en tables ou les conserver comme requête.
  - Autres : importer ou non les relations, les menus/barres d'outils, les groupes.

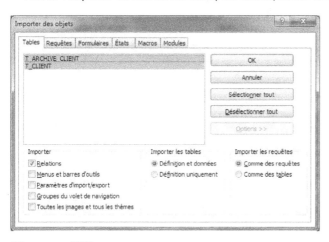

- Cliquez sur [OK].

Chaque objet importé apparaît dans le volet de navigation, dans le groupe qui lui correspond. En cas de table liée, l'icône associée à l'objet est précédée d'une flèche.

# IMPORTER OU LIER DES OBJETS BASE DE DONNÉES

## IMPORTER OU LIER DES TABLES D'UNE SOURCE NON ACCESS

- Sous l'onglet **Données externes**>groupe **Importer et lier**, cliquez sur le bouton **Plus**. Sélectionnez un format de base de données, puis cliquez sur le bouton [Parcourir...] et sélectionnez un dossier puis le nom de la base de données externe.

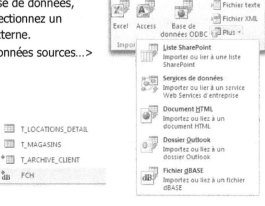

- Activez l'une des options :<⊙ Importer les données sources...> ou <⊙ Lier à la source de données ...>.
- Validez par [OK].

En cas de liaison, la table aura une icône précédée d'une flèche dans le volet de navigation. S'il s'agit d'une source non Access, un sigle indique le format source (dB signifie dBase, Px signifie Paradox, etc.) et le nom de la table est celui du fichier externe.

## SUPPRIMER UNE TABLE ATTACHÉE

Si l'on n'a plus besoin d'utiliser une table attachée à une source de donnée externe, on peut la supprimer. Dans ce cas, Access supprime la liaison ainsi que le nom de la table dans le volet de navigation, sans supprimer la source de données elle-même.

- Dans le volet de navigation, sélectionnez la table attachée, puis appuyez sur ⌜Suppr⌟.

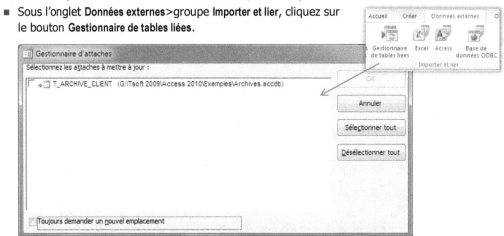

- Cliquez sur [Oui].

## GESTIONNAIRE DE TABLES LIÉES

En cas de déplacement du fichier source externe, cet outil permet de rétablir la liaison.

- Sous l'onglet **Données externes**>groupe **Importer et lier**, cliquez sur le bouton **Gestionnaire de tables liées**.

- Cochez les tables à rattacher, cliquez sur [OK]. Sélectionnez le fichier dans son nouveau dossier, cliquez sur [Ouvrir]. Un message de confirmation s'affiche, cliquez sur [OK].
- Cliquez sur [Fermer].

# IMPORTER OU LIER UNE FEUILLE DE CALCUL

Vous pouvez importer ou lier les données contenues dans une feuille de calcul Microsoft Excel.

Pour augmenter les chances de réussite, il vaut mieux importer une feuille « propre », sans formule ni donnée en dehors des données à importer. Il est donc conseillé de faire une copie par valeur de vos données dans une nouvelle feuille Excel avant de commencer l'importation, et de commencer votre tableau dans la cellule A1.

■ Sous l'onglet **Données externes**>groupe **Importer et lier**, cliquez sur le bouton **Excel**. Cliquez sur le bouton [Parcourir...] et sélectionnez un dossier puis le nom du fichier Excel. Activez ensuite l'une des options : soit ❶ <Importer dans une nouvelle table>, soit ❷ <Ajouter une copie des enregistrements à une table> et spécifiez la table, soit ❸ <Lier à la source de données en créant une table attachée>. Validez par [OK].

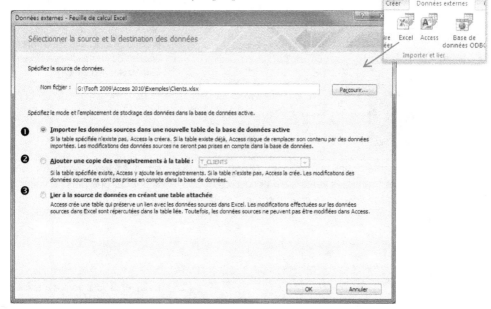

L'assistant *Importation de feuille de calcul* démarre.

■ Sélectionnez la feuille de calcul contenant les données à importer ou à lier, Access affiche les premières lignes de cette feuille de calcul. Cliquez sur [Suivant>].

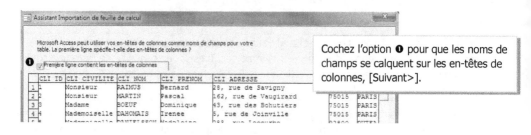

Cochez l'option ❶ pour que les noms de champs se calquent sur les en-têtes de colonnes, [Suivant>].

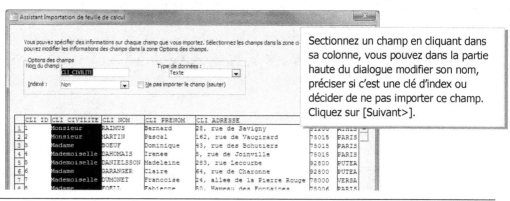

Sectionnez un champ en cliquant dans sa colonne, vous pouvez dans la partie haute du dialogue modifier son nom, préciser si c'est une clé d'index ou décider de ne pas importer ce champ. Cliquez sur [Suivant>].

Pour définir le type de données du champ, Access se base sur les premières valeurs rencontrées. Supposons que les premières valeurs d'un code soient 235, 546, 856, et que plus loin elles soient 36A, 89B : Access considérera le champ comme étant numérique et non pas alphanumérique.

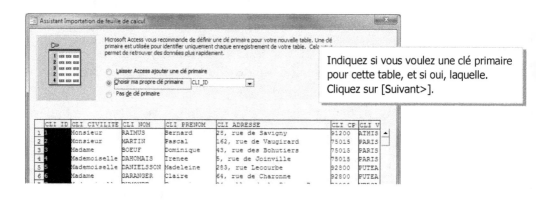

Indiquez si vous voulez une clé primaire pour cette table, et si oui, laquelle. Cliquez sur [Suivant>].

Saisissez un nom pour la nouvelle table, cliquez sur [Terminer]. Un message confirme l'importation ou la liaison de la table : cliquez sur [OK].

# IMPORTER OU LIER UN FICHIER TEXTE

Access permet d'importer ou de lier des données d'un fichier texte, soit de format texte délimité, soit de format texte de longueur fixe.

## IMPORTER UN FICHIER TEXTE DÉLIMITÉ

Dans un fichier texte délimité, les champs sont séparés par un caractère (virgule, tabulation, etc.).

- Sous l'onglet **Données externes**>groupe **Importer et lier**, cliquez sur le bouton **Fichier texte**. Cliquez sur le bouton [Parcourir...] et sélectionnez un dossier puis le nom du fichier texte (*.txt, *.csv, *.tab; *.asc). Puis activez l'une des options :
  - ❶ <Importer les données source dans une nouvelle table>.
  - ❷ <Ajouter une copie des enregistrements à la table > et spécifiez la table.
  - ❸ <Lier à la source de donnée en créant une table attachée>.
- Validez par [OK].

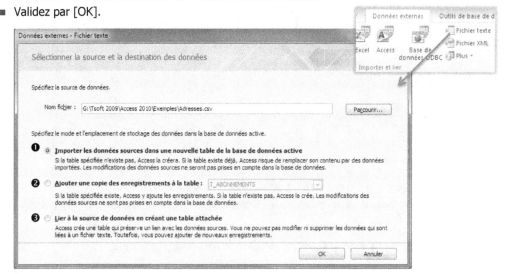

Access lance l'assistant *Importation de texte*.

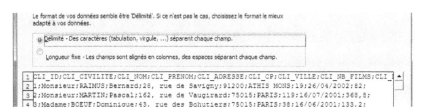

- Activez <⊙ *Délimité*>, cliquez sur [Suivant>].

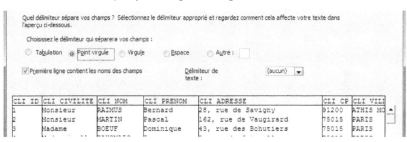

- Sélectionnez le délimiteur de champs et le délimiteur de texte. Précisez si la première ligne contient les noms des champs. Cliquez sur [Suivant>].

# IMPORTER OU LIER UN FICHIER TEXTE

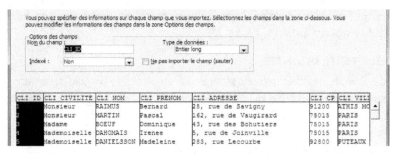

- Sélectionnez un champ en cliquant dans sa colonne, vous pouvez dans la partie haute du dialogue modifier son nom, préciser si c'est une clé d'index, spécifier le type de donnée ou décider de ne pas importer ce champ. Cliquez sur [Suivant>].

- Précisez quelle est la clé primaire de la table, cliquez sur [Suivant].
- Tapez un nom pour la table, cliquez sur [Terminer]. Un message confirme l'importation ou la liaison : cliquez sur [OK].

## IMPORTER UN FICHIER TEXTE AVEC DES CHAMPS DE LONGUEUR FIXE

Dans un fichier texte à longueur fixe (généralement issu de gros systèmes informatiques), chaque champ a une position et une longueur déterminées.

- Procédez comme précédemment pour lancer l'assistant *Importation de texte*. Dans le premier écran de l'assistant, activez <⊙ Longueur fixe>. Cette option est généralement activée automatiquement si les lignes de texte sont de longueur fixe.

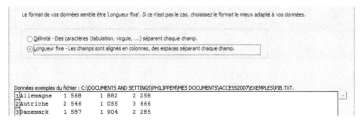

- Cliquez sur [Suivant>].

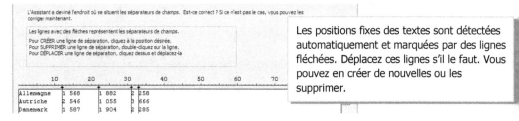

Les positions fixes des textes sont détectées automatiquement et marquées par des lignes fléchées. Déplacez ces lignes s'il le faut. Vous pouvez en créer de nouvelles ou les supprimer.

- Cliquez sur [Suivant>], terminez l'assistant comme précédemment.

# EXPORTER LES DONNÉES D'UNE TABLE OU UNE REQUÊTE

Le contenu d'une table ou le résultat d'une requête peuvent être exportés vers une autre base Access ou dans un autre format.

| | | |
|---|---|---|
| Access | Document HTML | Excel |
| dBase | Fichier XML | Word RTF |
| Base de données ODBC | Fichier Texte | Liste SharePoint |

- Dans le volet de navigation, sélectionnez l'objet à exporter (table ou requête). Sous l'onglet **Données externes**>groupe **Exporter**, cliquez sur le bouton de choix de format.

- Suivez les instructions de l'assistant Exportation qui varient suivant le format d'exportation.

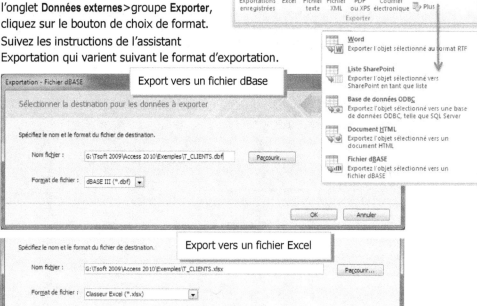

Export vers un fichier dBase

Export vers un fichier Excel

- Cliquez sur [Parcourir...] pour sélectionner le dossier d'enregistrement du fichier destination, puis saisissez ou sélectionnez, selon le cas, le nom du fichier destination. Validez par [OK].
- Spécifiez le <format de fichier> destination, par exemple pour dBASE, vous pouvez choisir dBase III et dBase IV et dBase V, pour Excel vous pouvez choisir une version d'Excel...

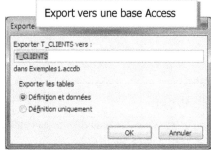

Export vers une base Access

Export vers un fichier XML

- Validez par [OK].

Les données contenues dans une table ou issues d'une requête peuvent être exportées vers Word afin d'effectuer un mailing ou pour les insérer dans un document, ou exportées vers Excel dans un but d'analyse ou de représentation graphique.

## EXPORTER DES DONNÉES ACCESS DANS UNE FEUILLE EXCEL

- Dans le volet de navigation, sélectionnez l'objet à exporter (table ou requête). Sous l'onglet **Données externes**>groupe **Exporter**, cliquez sur **Excel**. Cliquez sur [Parcourir...] pour sélectionner le dossier dans lequel vous voulez enregistrer le fichier Excel et spécifiez le nom de ce fichier.

- Définissez les options d'export vers Excel : <☑ Exporter avec la mise en forme>, <☑ Ouvrir le fichier destination une fois l'exportation terminée>, <☑ Exporter uniquement les enregistrements sélectionnés> (option active seulement si des enregistrements ont été sélectionnés).

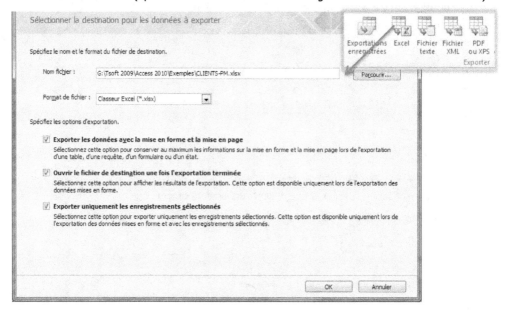

- Cliquez sur [OK].

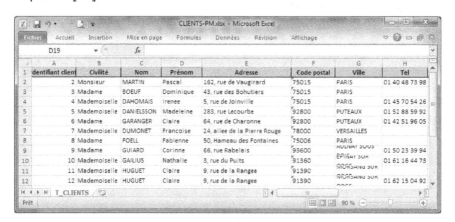

## EXPORTER DES DONNÉES ACCESS DANS UN TABLEAU WORD

- Dans le volet de navigation, sélectionnez l'objet à exporter (table ou requête). Sous l'onglet **Données externes**>groupe **Exporter**, cliquez sur le bouton **Plus**, puis sur *Word*.
- Cliquez sur [Parcourir...] pour sélectionner le dossier dans lequel vous voulez enregistrer le fichier Word et spécifiez le nom de ce fichier.

# EXPORTER DES DONNÉES VERS EXCEL OU WORD

- Définissez les options d'export vers RTF : <☑ Ouvrir le fichier RTF une fois l'exportation terminée> et <☑ Exporter seulement les enregistrements sélectionnés> (option active seulement si des enregistrements ont été sélectionnés).

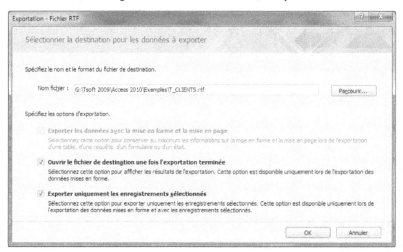

- Cliquez sur [OK].

Les données sont placées dans un tableau d'un fichier enregistré au format *RTF*.

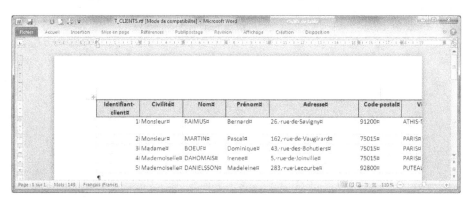

## EXPORTER DES DONNÉES PAR CLIQUER/GLISSER OU COPIER/COLLER

### Par Cliquer/Glisser

- Affichez les fenêtres des deux applications. Cliquez sur l'icône de la table ou de la requête dans le volet de navigation et faites-la glisser dans la fenêtre de Word ou d'Excel.

### Par Copier/Coller

- Sélectionnez l'icône de la table ou de la requête dans le volet de navigation. Appuyez sur Ctrl+C pour copier les données dans le Presse-papiers.
- Dans un document Word ou un classeur Excel, cliquez à l'endroit où les données doivent être insérées. Appuyez sur Ctrl+V pour coller les données.

- Dans le volet de navigation, sélectionnez le nom de la table ou de la requête contenant les données (il s'agit généralement d'adresses) ou ouvrez-la en *Mode Feuille de données*.
- Dans le volet de navigation, sélectionnez l'objet à exporter (table ou requête). Sous l'onglet **Données externes**>groupe **Exporter**, cliquez sur le bouton **Fusion avec Word**.

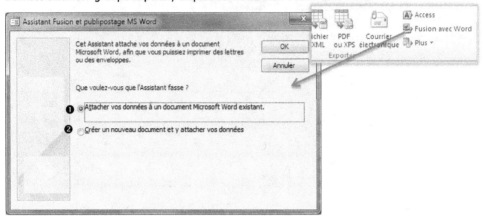

- Indiquez si vous souhaitez utiliser une lettre type Word existante ❶ ou si vous souhaitez créer un nouveau document ❷. Cliquez sur [OK].
- Dans le premier cas, Access affiche le dialogue d'ouverture de fichier, sélectionnez le nom de la lettre type à utiliser, validez en cliquant sur [Ouvrir].

Word est lancé, la lettre type existante ou un document type vierge étant affiché à l'écran.

- Utilisez le volet *Publipostage* de Word pour exécuter de manière habituelle les six étapes d'une opération de fusion.

La totalité des lignes de la table ou de la requête constitue initialement la liste de publipostage de Word. C'est dans l'étape 3 de l'Assistant *Publipostage* de Word que vous pourrez modifier la liste de publipostage en la filtrant et en la triant.

# EXPORTER UN ÉTAT

Un état peut être exporté vers Word afin d'en améliorer la présentation. Un état peut également être converti au format PDF ou XPS, ce qui en facilite la distribution puisqu'il ne sera alors pas nécessaire de disposer d'Access pour le visualiser.

## EXPORTER UN ÉTAT VERS WORD

- Ouvrez l'état à exporter, appliquez éventuellement un filtre/tri. Puis, sous l'onglet **Données externes**>groupe **Exporter**, cliquez sur le bouton **Plus**, puis sur *Word*.

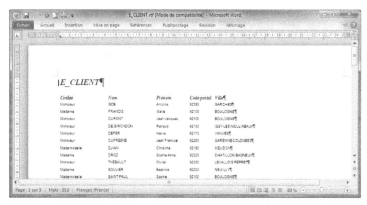

- Cliquez sur [Parcourir...] pour sélectionner le dossier dans lequel vous voulez enregistrer le fichier Word et saisissez le nom de ce fichier. L'option <☑ Ouvrir le fichier destination une fois l'exportation terminée> sert à ouvrir automatiquement dans Word l'état produit au format RTF.
- Cliquez sur [OK].

## EXPORTER UN ÉTAT AU FORMAT **PDF** OU **XPS**

- Ouvrez l'état à publier en tant que PDF ou XPS, vous pouvez même créer et appliquer un filtre. Puis sous l'onglet **Données externes**>groupe **Exporter**, cliquez sur le bouton **PDF ou XPS**.

---

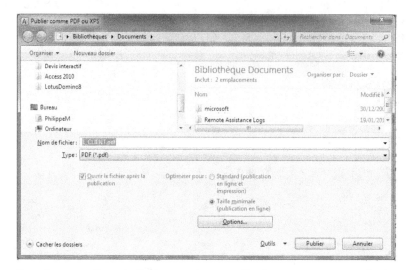

- Dans la zone <Nom du fichier>, entrez ou sélectionnez un nom pour le document.
- Dans la zone <Type de fichier>, cliquez sur *PDF (*.pdf)* ou *Document XPS (*.xps)*.
- Si la qualité d'impression du document doit être irréprochable, cliquez sur <Standard (publication en ligne et impression)>. Si la taille du fichier vous importe plus que la qualité d'impression, cliquez sur <Taille minimale (publication en ligne)>.
- Cliquez sur [Options] pour choisir les pages à imprimer. Validez par [OK].
- Cliquez sur [Publier].

Si vous affichez les données dans une feuille de données ou un formulaire. Vous pouvez exporter le résultat au format PDF ou XPS comme ci-dessus.

## ENVOYER UN ÉTAT PAR MESSAGERIE (DIVERS FORMATS POSSIBLES)

- Ouvrez l'état à envoyer en pièce jointe, appliquez éventuellement un filtre/tri. Puis, sous l'onglet **Données externes**>groupe **Exporter**, cliquez sur **Courrier électronique**.

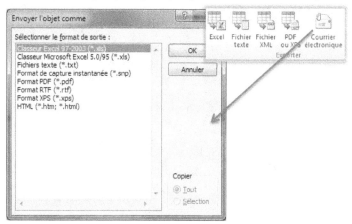

- Sélectionnez un format de sortie, cliquez sur [OK].

Votre programme de messagerie est automatiquement lancé ou affiché au premier plan. Un nouveau message est créé et l'état y est placé en pièce jointe.

- Indiquez le/les destinataires, tapez l'objet du message, puis votre texte.
- Envoyez le message.

# PARTIE 2
# CAS
# PRATIQUES

# PRÉLIMINAIRES

## Le contexte

Dans les premiers chapitres, nous aurons un premier contact avec Access à travers la manipulation des données d'une table d'adresses. Puis, nous nous placerons dans le cas d'une boutique de location de vidéo. Nous nous intéresserons d'abord à la gestion des clients.

La table principale sera la table T_CLIENTS qui contiendra les informations nécessaires à notre magasin. Cette table utilisera deux tables dites de référence. La première sera la table T_CIVILITES, contenant la liste des civilités (Monsieur, Madame, Mademoiselle). La deuxième sera la table T_ABONNEMENTS qui indiquera les différents types d'abonnement disponibles (Platine, Or, Argent ou Aucun). Ces abonnements coûtent d'autant plus cher qu'ils offrent des réductions importantes.

Cette gestion des clients nous servira de support à travers les chapitres suivants, et nous nous baserons dessus pour créer tables, requêtes, formulaires et états.

Par la suite, nous étendrons notre base avec plusieurs autres tables T_DVD, T_FILMS, T_FOURNISSEURS et T_LOCATIONS et T_LOCATIONS_DETAIL. Nous obtiendrons ainsi une base de données plus complète et surtout mieux conçue.

Ces éléments nous permettront d'aborder les relations entre tables, et nous reviendrons sur les requêtes, formulaires et états, mais notamment sous l'angle multitable.

## Installation des fichiers exemples

Pour installer les fichiers à utiliser dans la réalisation des cas pratiques de cet ouvrage, vous allez télécharger un fichier zippé (compressé) depuis le site Web www.tsoft.fr. Décompressez ce fichier dans le dossier C:\Exercices Access 2010 de votre disque dur.

Vous disposerez d'une base de données pour chacun des cas proposés. Au début de chaque cas, vous serez invité à copier cette base de données d'origine sous un autre nom comme base de données de travail. Ainsi vous pourrez toujours recommencer la réalisation du cas en repartant de la base d'origine fournie.

Par exemple, pour copier la base d'origine Locat_10.accdb, procédez de la façon suivante :

- Ouvrez l'application *Poste de travail* sous Windows XP ou la fenêtre *Documents* sous Windows Vista ou Windows 7.
- Ouvrez le dossier C:\Exercices Access 2010.

- Copiez le fichier dans le presse-papiers : cliquez droit sur le fichier Locat_10.accd puis cliquez sur *Copier*, ou cliquez sur Locat_10.accdb puis Ctrl+X.
- Collez le contenu du presse–papiers : cliquez droit sur le fond du volet de droite puis cliquez sur *Coller*, ou Ctrl+V, le nom du fichier collé est Locat_10 - copie.accdb.
- Renommez le nom du fichier collé : cliquez droit sur le nom du fichier puis sur *Renommer*, modifiez le nom en XLocat_10.accdb et validez par ⏎.

# SAISIR, TRIER ET FILTRER LES DONNÉES

## 1

# CAS 1 : MODIFIER LES DONNÉES D'UNE TABLE

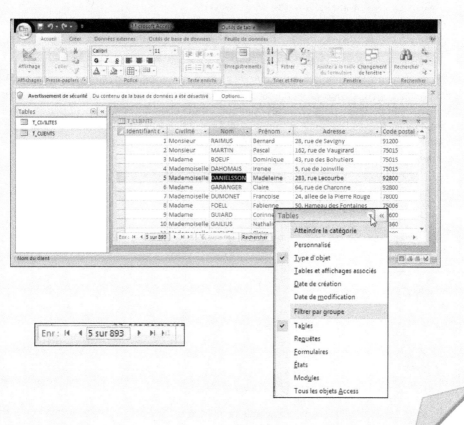

# CAS 1 : MODIFIER LES DONNÉES D'UNE TABLE

**Fonctions utilisées**

– *Lancer Access*

– *Ouvrir une table*

– *Modifier/Supprimer des enregistrements*

– *Saisir des données*

– *Imprimer les données*

**20mn**

Avant de créer une structure de base de données, vous allez vous familiariser avec l'utilisation des tables. Une table contient des données, structurées en ligne (les enregistrements) et en colonnes (les champs). Pour cela, vous allez utiliser une table simple qui contient des adresses, et manipuler ces données.

Copiez le fichier `Adresse_01.accdb` qui est enregistré dans le dossier `C:\Exercices Access 2010`, sous le nom `XAdresse_01.accdb`. Ce sera votre base de données de travail. Ouvrez la base de données `XAdresse_01.accdb`.

## 1–OUVREZ LA BASE DE DONNÉES ADRESSE

Pour ouvrir la base de données, vous avez deux possibilités : soit vous double-cliquez sur le nom de fichier base de données `XAdresse_01.mdb`, soit vous démarrez Access puis vous ouvrez le fichier `XAdresse_01.mdb`. Vous allez utiliser cette deuxième possibilité.

### Démarrez Access

- Cliquez sur le bouton *Démarrer* de Windows ❶.
- Cliquez sur *Tous les programmes* ❷.
- Cliquez sur *Microsoft Office*.
- Cliquez sur *Microsoft Access 2010*.

Le programme est lancé et la fenêtre d'Access apparaît, avec l'onglet **Fichier** sélectionné. Vous êtes alors en mode « backstage » (« coulisses »), qui vous permet de gérer les fichiers. La fenêtre affiche dans le panneau de gauche les commandes qui étaient anciennement dans le menu *Fichier*. La commande **Nouveau** est initialement sélectionnée. Le volet central affiche les modèles disponibles et le volet de droite donne accès au bouton [Créer] qui sert à créer une nouvelle base de données.

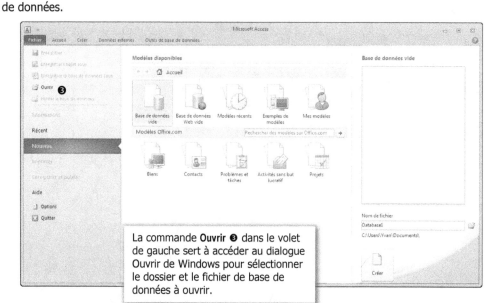

La commande **Ouvrir** ❸ dans le volet de gauche sert à accéder au dialogue Ouvrir de Windows pour sélectionner le dossier et le fichier de base de données à ouvrir.

# CAS 1 : MODIFIER LES DONNÉES D'UNE TABLE

## Ouvrez la base de données

- Cliquez sur **Ouvrir** dans le volet de gauche, le dialogue d'ouverture de fichier s'affiche.

Le fichier qui vous intéresse se trouve dans le répertoire `C:\Exercices Access 2010`.

- Cliquez sur la rubrique *Ordinateur* ❶, puis sur l'icône `OS(C:)` ❷, puis ouvrez le répertoire des exercices en double-cliquant sur le dossier `Exercices Access 2010` ❸.
Si vous avez choisi de mettre les exercices dans un autre répertoire, ouvrez-le.

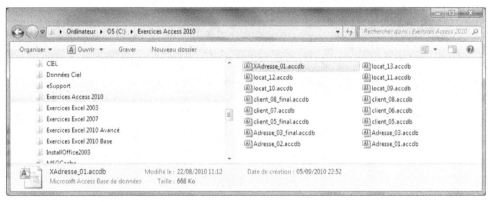

- Double-cliquez sur le nom de fichier `XAdresse_01.accdb`.

Le fichier est ouvert en mémoire de l'ordinateur, et la fenêtre principale d'Access s'affiche.
Il est possible qu'un bandeau d'avertissement apparaisse sous le ruban :

- Cliquez sur [Activer le contenu] ❶ pour ne plus avoir ce message.

# CAS 1 : MODIFIER LES DONNÉES D'UNE TABLE

## 2—OUVREZ LA TABLE T_CLIENTS

- Assurez-vous que la catégorie Tables est seule ouverte dans le volet de navigation ❶ comme ci-dessous. Si ce n'est pas le cas, cliquez sur la petite flèche ❷ pour ouvrir le panneau de sélection des objets et sélectionnez *Tables* ❸.

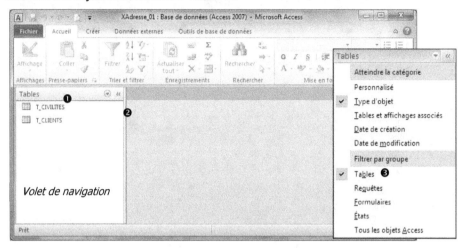

- Dans le volet de navigation, double-cliquez sur la table T_CLIENTS, ou cliquez droit sur le nom de table T_CLIENTS pour faire apparaître le menu contextuel, puis cliquez sur *Ouvrir*.

Access ouvre la table dans un onglet document ❶ (ou une fenêtre de documents selon l'option choisie dans les options d'Access) :

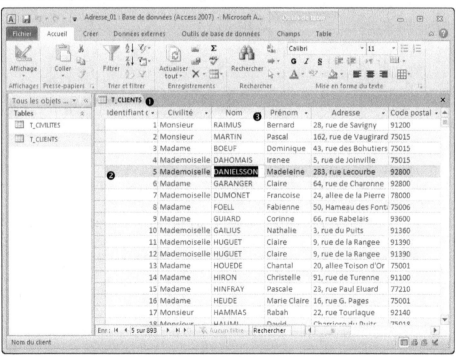

Le sélecteur d'enregistrement (ligne de la table) ❷ et l'étiquette de champ (colonne de la table) ❸ actif sont surlignés en orange.

# CAS 1 : MODIFIER LES DONNÉES D'UNE TABLE

**Modifiez un enregistrement**

- Positionnez-vous sur l'adresse de la 4e ligne (`5, rue de Joinville`) en utilisant les touches de direction ou en cliquant sur la valeur.
- Corrigez l'adresse : `25, rue de la plaine`.
- Appuyez sur ⏎ pour passer à la colonne <Code Postal>.
- Tapez le code postal : `75018`, puis appuyez sur ⏎.
- Tapez trois fois sur ⏎ pour amener le curseur sur la colonne <Date création>.
- Notez qu'un symbole de calendrier apparaît à droite du champ.
- Cliquez sur le symbole du calendrier ❶ pour ouvrir le calendrier.
- Cliquez sur la flèche ❷ pour passer au mois suivant.
- Cliquez sur le jour ❸ pour sélectionner la date (le 15 septembre 2008).
- Appuyez sur ↓ pour passer à la ligne suivante.

Les modifications ont été enregistrées sur le disque dès que vous changez l'enregistrement courant, c'est-à-dire dès que vous changez de ligne. Si vous fermiez Access maintenant, contrairement à d'autres logiciels (Word, Excel, ...), aucune question ne vous serait posée concernant l'enregistrement des données.

Ce mode de fonctionnement peut paraître surprenant pour un utilisateur de tableur, mais il est normal et nécessaire pour une base de données, dans laquelle plusieurs utilisateurs peuvent partager les mêmes informations.

**Modifiez un enregistrement : le principe du double échappement**

Si vous avez fait la manipulation précédente, vous devez être positionné sur la 5e ligne.

- Allez au début de ligne en pressant la touche ⇱ ou en cliquant dans la première cellule.
- Notez que le sélecteur d'enregistrement ❶ est vide.
- Appuyez deux fois sur ⏎ pour passer à la colonne <Nom>.
- Modifiez le nom de la personne en remplaçant `DANIELSSON` par `MARTIN`. Notez que dès la frappe de la première lettre, le sélecteur d'enregistrement est devenu ⏐✎⏐ : vous êtes passé en mode édition de la ligne.
- Appuyez sur ⏎ pour passer à la colonne <Prénom>.
- Modifiez le prénom de la personne en remplaçant `MARCEL` par `PASCAL`. Le sélecteur d'enregistrement est toujours ⏐✎⏐.
- Appuyez trois fois sur ⏎ pour passer à la colonne <Ville>.
- Modifiez la ville en remplaçant `PUTEAUX` par `PLAISIR`. N'appuyez pas sur ⏎.
- Cliquez sur le bouton ⟲ dans la barre d'outils Accès rapide ou pressez la touche ⟦Echap⟧.

La dernière modification est annulée, et la ville est redevenue `PUTEAUX`.

- Cliquez à nouveau sur le bouton ⟲ dans la barre d'outils *Accès rapide* ou pressez la touche ⟦Echap⟧ une deuxième fois.

La ligne entière est revenue à son état initial, et l'ensemble des modifications précédentes de cette ligne ont été annulées. Cela a été possible car les modifications sur la ligne (enregistrement) restent temporaires tant que vous n'avez pas sélectionné une autre ligne (enregistrement). Notez que le sélecteur d'enregistrement est redevenu vide.

# CAS 1 : MODIFIER LES DONNÉES D'UNE TABLE

**Naviguez dans les enregistrements**

- Cliquez sur les boutons de navigation en bas de la fenêtre pour atteindre le premier enregistrement ❶, le précédent ❷, le suivant ❸, le dernier ❹ ou vers le point d'insertion pour créer un nouvel enregistrement ❺.

## 3—AJOUTEZ UN NOUVEL ENREGISTREMENT

Notez qu'on parle d'ajout, pas d'insertion : on ne peut pas insérer une ligne au milieu d'une table (comme on peut le faire dans une feuille d'un tableur).

- Cliquez sur le bouton nouvel enregistrement ❺, ou sous l'onglet **Accueil**>groupe **Enregistrements**, cliquez sur le bouton **Nouveau** ❻.

Access vous positionne sur la dernière ligne de la table, repérable avec le symbole ⊛ dans le sélecteur d'enregistrement. Notez également que le numéro d'origine avant toute saisie dans la ligne est (Nouv.).

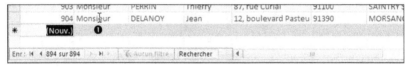

Vous allez saisir les nouvelles valeurs dans les champs de cette ligne :

- Cliquez dans la ligne d'ajout à droite de (Nouv.) ❶.

Access affiche une cellule avec une liste déroulante que vous pouvez ouvrir.

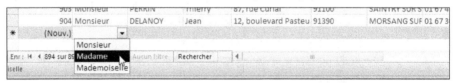

Cette liste déroulante vous permet de sélectionner une valeur parmi plusieurs.

- Cliquez sur *Madame*.
- En utilisant la touche ⏎ pour passer aux colonnes suivantes, saisissez
  MARTIN ⏎ Corinne ⏎ 27, rue Percée ⏎ 94000 ⏎ CRETEIL
  Vous pouvez laisser les autres champs vides.

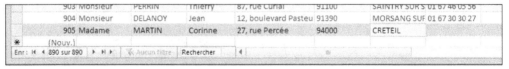

Notez que vous ne pouvez pas modifier la valeur du champ <Identifiant> : la valeur 905 est attribuée automatiquement par Access, et vous ne pouvez pas la changer.

Vous pouvez ajouter plusieurs lignes à la suite, en vous positionnant sur la ligne d'ajout, identifiée par le marqueur ⊛ dans la colonne du sélecteur.

# CAS 1 : MODIFIER LES DONNÉES D'UNE TABLE

## Familiarisez-vous avec la ligne d'ajout identifiée par (Nouv.)

- Faites apparaître, dans la fenêtre, la ligne d'ajout contenant (Nouv.) dans le champ <Identifiant> (ligne qui est marquée par le symbole 🔹 dans la colonne du sélecteur).
- Insérez une nouvelle fiche en tapant Jean dans le champ <Nom>. Notez la valeur de l'identifiant (normalement 906).
- Pressez la touche Echap pour annuler la saisie, la ligne d'ajout reprend le numéro (Nouv.)
- Ressaisissez une nouvelle fiche en tapant Alain dans le champ <Nom>. Notez que le numéro a encore augmenté : toute saisie, même partielle, même annulée, incrémente la valeur qui sera attribuée par Access au champ <Identifiant>.
- Pressez la touche Echap pour annuler la saisie.

## Fermez la table

- Cliquez sur la case de fermeture de la table ☒ ❶, ou appuyez sur Ctrl + F4 (attention, ne confondez pas avec Alt + F4 ou Ctrl +W).

Au cas où Access vous demanderait si vous voulez enregistrer les modifications, cliquez sur [Non], car les modifications en question ne concerneraient surement pas les données. Vous verrez cela ultérieurement.

## 4–SUPPRIMEZ DES ENREGISTREMENTS

- Dans le volet de navigation, ouvrez la table T_CLIENTS en double-cliquant dessus.

## Supprimez une adresse

Vous allez supprimer la fiche de Françoise DUMONET.

- Positionnez le pointeur de la souris au niveau du sélecteur d'enregistrement de la 7ᵉ ligne ❶. Notez la forme du pointeur (une petite flèche).

- Cliquez dans le sélecteur d'enregistrement de la 7ᵉ ligne ❷. Toute la ligne est sélectionnée.

- Appuyez sur la touche Suppr. Ou bien,
- Sous l'onglet **Accueil**>groupe **Enregistrements**, cliquez sur le bouton **Supprimer** ❸ puis choisissez *Supprimer l'enregistrement* ❹.

Un message demande confirmation :

- Cliquez sur [Oui].

# CAS 1 : MODIFIER LES DONNÉES D'UNE TABLE

**Supprimez plusieurs adresses**

Vous allez supprimer des lignes adjacentes, dans cet exemple celles de `Claire HUGUET` (qui existe en double) et de `Chantal HOUEDE`.

■ Dans la colonne du sélecteur, sélectionnez les enregistrements ayant les numéros 11 à 13, en faisant un cliquer-glisser dans la colonne du sélecteur entre l'enregistrement 11 et l'enregistrement 13, ou bien en sélectionnant l'enregistrement 11 puis en cliquant sur l'enregistrement 13 en maintenant la touche ⇧ enfoncée.

| | | | | | | | |
|---|---|---|---|---|---|---|---|
| 9 | Madame | GUIARD | Corinne | 66, rue Rabelais | 93600 | AULNAY SOUS | 01 50 23 35 |
| 10 | Mademoiselle | GAILIUS | Nathalie | 3, rue du Puits | 91360 | EPINAY SUR OF | 01 61 16 44 |
| 11 | Mademoiselle | HUGUET | Claire | 9, rue de la Rangee | 91390 | MORSANG SUF | |
| 12 | Mademoiselle | HUGUET | Claire | 9, rue de la Rangee | 91390 | MORSANG SUF | 01 62 15 04 |
| 13 | Madame | HOUEDE | Chantal | 20, allee Toison d'Or | 75001 | PARIS | 01 42 96 64 |
| 14 | Madame | HIRON | Christelle | 91, rue de Turenne | 91100 | SAINTRY SUR S | 01 69 80 55 |
| 15 | Madame | HINERAY | Pascale | 23, rue Paul Eluard | 77210 | AVON | 01 65 43 41 |

■ Sous l'onglet **Accueil**>groupe **Enregistrements**, cliquez sur le bouton **Supprimer**. Un message demande confirmation : cliquez sur [Oui].

---

La séquence des numéros n'est plus continue, elle saute de 6 à 8 et de 10 à 14 : ce ne sont pas des numéros de ligne, mais des numéros identifiant de façon unique un enregistrement. Une fois attribué à un enregistrement, ce numéro ne peut pas être modifié.

---

## 5—FERMEZ LA BASE DE DONNÉES ET QUITTER ACCESS

■ Cliquez sur la case de fermeture de la table ☒, ou appuyez sur `Ctrl`+`F4` ou sur `Ctrl`+W.

■ Cliquez sur l'onglet **Fichier**, puis sur **Fermer la base de données**❶. La simple fermeture de la base de données n'arrête pas l'application Access, la fenêtre Access reste ouverte, mais vide.

■ Cliquez sur l'onglet **Fichier**, puis sur **Quitter** ❷ ou `Alt`+`F4`. Ne confondez pas `Ctrl`+`F4` avec `Alt`+`F4`.

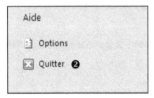

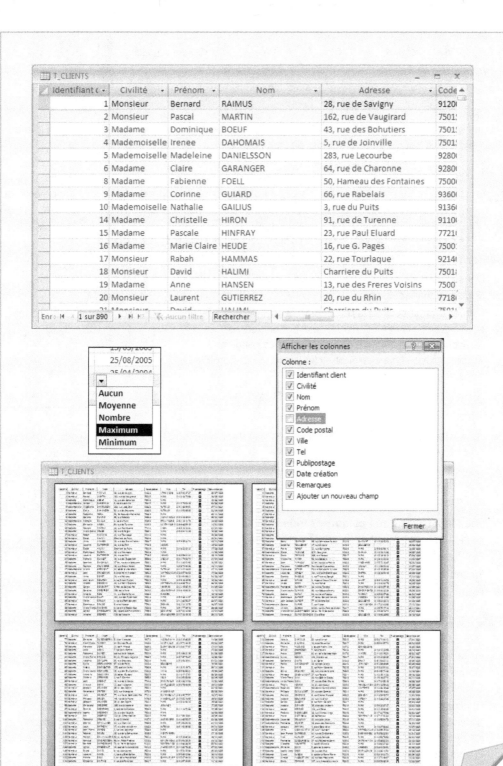

# CAS 2 : PERSONNALISER LA FEUILLE DE DONNÉES

> **Fonctions utilisées**
>
> – *Largeur des colonnes*     – *Police et taille des caractères*
>
> – *Hauteur des lignes*     – *Quadrillage*
>
> – *Masquer, figer, déplacer une colonne*
>
>
>
> **20 mn**

Vous allez maintenant modifier l'affichage des feuilles de données associées à votre table afin de les rendre plus lisibles à l'écran et lors de l'impression.

Copiez le fichier `Adresse_02.accdb` situé dans le dossier `C:\Exercices Access 2010` sous un autre nom `XAdresse_02.accdb`. Cette base de données est la réplique de celle qui résulte de la réalisation du cas précédent. Ouvrez la base de données `XAdresse_02.accdb`.

## 1—METTEZ EN FORME LA FEUILLE DE DONNÉES DE LA TABLE T_CLIENTS

### Modifiez la largeur de la colonne <Nom>

- Dans le volet de navigation, ouvrez le groupe Tables, puis ouvrez la table T_CLIENTS en double-cliquant dessus.
- Cliquez droit sur l'en-tête de la colonne <Nom> pour afficher le menu contextuel, puis cliquez sur *Largeur de champ*. Ou bien, sélectionnez une cellule quelconque de la colonne <Nom>, puis sous l'onglet **Accueil**>groupe **Enregistrements**, cliquez sur le bouton **Plus** choisissez *Largeur de champ*.
- Saisissez 20 ❶, et cliquez sur [OK] ou appuyez sur ↵.

### Modifiez la largeur de la colonne <Adresse>

- Positionnez le pointeur de la souris à la frontière entre les en-têtes de colonne <Adresse> et <Code postal> ❶.

- Cliquez-glissez cette frontière pour donner la largeur désirée, permettant de visualiser les adresses dans leur entier (par exemple l'adresse 50, `Hameau des Fontaines`, sur la ligne ayant l'identifiant 8).

### Modifiez la largeur de la colonne <Ville>

- Double-cliquez à la frontière entre les en-têtes de colonne <Ville> et <Tel> ❶. Access ajuste la largeur de la colonne à la ville la plus longue visible dans la fenêtre : la ville d'`Aulnay sous Bois`.

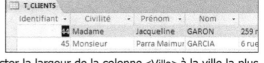

- Faites défiler les lignes de manière à afficher la ligne 40, dont l'identifiant est 44, sur la ligne du haut de la fenêtre. Double-cliquez à nouveau à la frontière entre les en-têtes de colonne, <Ville> et <Tel> pour ajuster la largeur de la colonne <Ville> à la ville la plus longue visible dans la fenêtre : cette fois-ci, la ville `Champigny sur Marne` sur la ligne d'identifiant 50.

- Diminuez la fenêtre Access de façon à ne voir que 5 lignes, faites apparaître l'enregistrement d'identifiant 1 en première ligne sous l'en-tête, double-cliquez à nouveau sur la frontière entre les en-têtes <Ville> et <Tel>... Constatez que la largeur de la colonne <Ville> se réduit cette fois-ci pour se limiter au plus long des 5 noms de ville visibles. Ré-agrandissez la fenêtre.

- D'une manière ou d'une autre, adaptez la largeur des autres colonnes à leur contenu.

# CAS 2 : PERSONNALISER LA FEUILLE DE DONNÉES

## Déplacez une colonne

Vous allez déplacer la colonne <Nom> après la colonne <Prénom>.

- Cliquez sur l'en-tête de la colonne <Nom> pour sélectionner cette colonne ❶.

- Cliquez à nouveau sur cet en-tête et, en gardant le bouton de la souris appuyé, faites-le glisser vers la droite, après la colonne <Prénom>. Notez qu'un trait vertical ❷ indique l'endroit où sera déplacée la colonne. Relâchez le bouton de la souris.

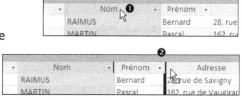

Notez que c'est seulement dans la feuille que le champ <Nom> est maintenant placé après le champ <Prenom>. Dans la table, l'ordre des champs n'est pas changé.

## Masquez/affichez une colonne

Vous allez masquer puis afficher la colonne <Adresse>.

- Positionnez-vous n'importe où dans la colonne <Adresse>. Puis, sous l'onglet **Accueil**>groupe **Enregistrements**, cliquez sur le bouton **Plus** et choisissez *Masquer les champs*. Ou,

- Cliquez droit dans l'entête de la colonne <Adresse> ❶, puis sur la commande contextuelle *Masquer les champs* ❷.

Access masque la colonne <Adresse>.

Pour afficher (démasquer) la colonne :

- Dans l'onglet **Accueil**>groupe **Enregistrements**, cliquez sur le bouton **Plus** et choisissez *Afficher les champs*. Ou,

- Cliquez droit dans l'entête de n'importe quelle colonne, puis *Afficher les champs*. Dans le dialogue qui s'affiche, cochez <☑ Adresse> ❸.

- Puis cliquez sur [Fermer].

Access affiche la colonne <Adresse>.

Notez que vous auriez pu utiliser cette dernière méthode pour masquer une colonne, en décochant la case qui est devant.

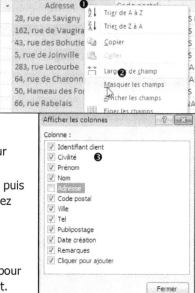

## Modifiez la hauteur des lignes

Augmentez la hauteur des lignes pour toute la feuille de données.

- Sous l'onglet **Accueil**>groupe **Enregistrements**, cliquez sur le bouton **Plus**, enfin cliquez sur *Hauteur de ligne*. Ou cliquez droit sur le sélecteur de ligne, puis sur la commande contextuelle *Hauteur de ligne...*

- Dans le dialogue, tapez 12. Cliquez sur [OK].

Toutes les lignes ont maintenant une hauteur de 12 (points).

Notez que vous modifiez la hauteur pour toutes les lignes de la feuille à la fois, il est impossible que des lignes aient des hauteurs différentes les unes des autres.

# CAS 2 : PERSONNALISER LA FEUILLE DE DONNÉES

## Modifiez la taille et la fonte des caractères

Modifiez la fonte des caractères de l'affichage de la feuille de données.

- Sous l'onglet **Accueil**>groupe **Mise en forme du texte**, cliquez sur la flèche à côté de la fonte *Calibri* ❶ pour ouvrir la liste déroulante, et sélectionnez *Tahoma*.

Réduisez la taille des caractères de l'affichage de la feuille de données.

- Sous l'onglet **Accueil**>groupe **Mise en forme du texte**, cliquez sur la flèche à côté de la taille *11* ❷ pour ouvrir la liste déroulante, et sélectionnez *9*.

## Modifiez le quadrillage et la couleur de fond

Supprimez le quadrillage vertical et changez la couleur du quadrillage horizontal.

- Sous l'onglet **Accueil**>groupe **Mise en forme du texte**, cliquez sur la flèche à côté de la couleur de d'arrière-plan ❶ pour ouvrir la liste. Sélectionnez une couleur autre que *Automatique*.

- Sous l'onglet **Accueil**>groupe **Mise en forme du texte**, cliquez sur la flèche à côté de la grille ❷ pour ouvrir la liste. Sélectionnez *Quadrillage vertical*.

Access conserve le quadrillage vertical et supprime le quadrillage horizontal. La distinction des lignes reste visible grâce à l'alternance de couleurs.

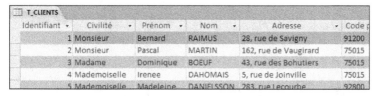

## Figez une ou plusieurs colonnes

Le nombre de colonnes est parfois élevé, il est alors nécessaire d'utiliser la barre de défilement horizontale. On a dans ce cas souvent besoin de garder en vue la ou les premières colonnes (celles qui contiennent le nom et le prénom de la personne, par exemple).

- Masquez la colonne <Civilité>.
- Réduisez la taille de la fenêtre pour laisser apparaître seulement les 5 premières colonnes.
- Sélectionnez les colonnes <Prénom> et <Nom> ❶.

- Sous l'onglet **Accueil**>groupe **Enregistrements**, cliquez sur le bouton **Plus**, puis sur la commande contextuelle *Figer les champs*.

Notez que la colonne <Identifiant> est passée à droite de la colonne <Nom>.

- Cliquez dans une cellule pour désélectionner les colonnes.

- Utilisez la barre de défilement horizontale ❷ pour faire défiler les colonnes pour observer le résultat.

# CAS 2 : PERSONNALISER LA FEUILLE DE DONNÉES

- Libérez les colonnes : sous l'onglet **Accueil**>groupe **Enregistrements**, cliquez sur le bouton **Plus**, puis sur la commande contextuelle *Libérer tous champs*.
- Remettez la colonne <Identifiant> à gauche de <Prénom>.
- Affichez la colonne <Civilité> remettez-la entre <Identifiant> et <Prénom>.
- Fermez la table. Un message propose d'enregistrer les modifications :

En effet, Access demande toujours confirmation pour sauvegarder quand vous avez modifié la structure d'un élément, par exemple la mise en forme de la feuille d'affichage.

- Cliquez sur [Oui].

## 2–AFFICHEZ DES STATISTIQUES SUR LA TABLE

Vous pouvez afficher une statistique sur chaque champ pour l'ensemble des enregistrements.

- Dans le volet de navigation, ouvrez la table T_CLIENTS en double-cliquant dessus.
- Sous l'onglet **Accueil**>groupe **Enregistrements**, cliquez sur le bouton **Totaux**.

Access affiche une ligne supplémentaire <Total> sous les lignes de la feuille de données. Dans chaque colonne de la ligne <Total>, vous pouvez faire afficher une statistique sur la colonne.

Pour les champs texte, les seuls calculs statistiques possibles sont *Aucun* (aucun calcul), et *Nombre* (nombre de lignes dans la table). Pour les champs dates et les nombres, les possibilités de calcul sont plus nombreuses.

- Ouvrez la liste déroulante de la ligne <Total> pour la colonne <Date création> et sélectionnez *Maximum* : Access affiche la plus récente date.
- Sous l'onglet **Accueil**>groupe **Enregistrements**, cliquez sur le bouton **Totaux** pour le désélectionner. Les statistiques disparaissent.
- Fermez la table en enregistrant les modifications (la ligne <Total> fait partie de la structure de la table).

## 3–IMPRIMEZ LE CONTENU DE LA TABLE T_CLIENTS

### Effectuez un aperçu avant impression

- Dans le volet de navigation, cliquez sur la table T_CLIENTS sans l'ouvrir (vous auriez pu l'ouvrir, mais ce n'est pas le but ici).
- Cliquez sur l'onglet **Fichier**, puis sur **Imprimer** puis sur *Aperçu avant impression*.

Le ruban contextuel de l'aperçu avant impression s'affiche.

- Au bas du volet de l'aperçu se trouvent les boutons de navigation ❶ pour passer de page en page.

- Sous l'onglet **Aperçu avant impression**>groupe **Mise en page**, cliquez sur le bouton **Paysage**.

Notez que les pages impaires contiennent les premières colonnes, les paires les colonnes suivantes.

- Choisissez des marges étroites : sous l'onglet **Aperçu avant impression**>groupe **Taille de la page**, cliquez sur le bouton **Marges**, puis sur *Étroites*.

- Pour affiner la mise en page, dans l'onglet **Aperçu avant impression**>groupe **Mise en page**, cliquez sur le bouton **Mise en page**. Dans le dialogue qui apparaît, spécifiez une marge basse de 15 mm, puis cliquez sur [OK].
  Notez que les marges qui vous sont proposées peuvent varier en fonction des paramètres de votre imprimante.

- Dans l'onglet **Aperçu avant impression**>groupe **Zoom**, cliquez sur le bouton **Plus de pages**, puis sur *Quatre pages*.

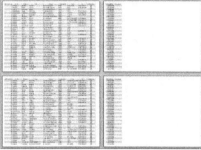

Access affiche quatre pages simultanément, ce qui vous permet d'avoir une vision plus globale.

Il semble que, malgré vos efforts, vous ne puissiez pas faire tenir toutes les colonnes sur une seule page.

Il est nécessaire pour cela de modifier la largeur de certaines colonnes, et d'en masquer d'autres.

- Dans l'onglet **Aperçu avant impression**>groupe **Fermer l'aperçu**, cliquez sur le bouton **Fermer l'aperçu avant impression**.

- Ouvrez la table T_CLIENTS.

- Masquez la colonne <Remarques>.

- Définissez la largeur de la colonne <Nom> à 32.

- Définissez la largeur de la colonne <Identifiant> à 6.

- Cliquez sur l'onglet **Fichier**, puis sur **Imprimer** puis *Aperçu avant impression.*

Notez que les options d'impression de la feuille n'ont pas été conservées, l'orientation est Portait et les marges sont normales, ce sont les options par défaut qui reviennent chaque fois que vous ré-ouvrez une table après l'avoir fermée.

- Redéfinissez comme précédemment les options d'orientation *Paysage* et *Marges Étroites*.

Passez en aperçu avant impression. Maintenant, la largeur d'une page peut contenir toutes les colonnes. Si ce n'est pas le cas, diminuez encore certaines largeurs de champs.

- Dans l'onglet **Aperçu avant impression**>groupe **Fermer** l'aperçu, cliquez sur le bouton **Fermer l'aperçu avant impression**.

- Fermez la table T_CLIENTS sans enregistrer les modifications.

## Fermez Access

- Cliquez sur l'onglet **Fichier**, puis sur **Quitter** ou Alt+F4 .

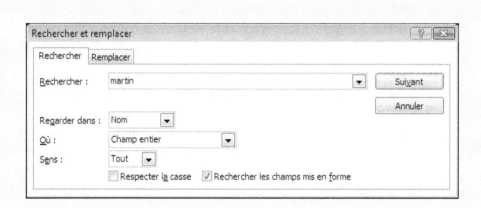

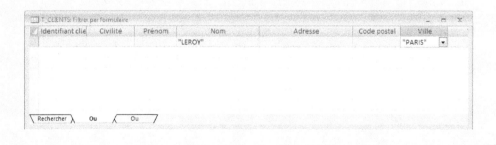

# CAS 3 : TRIER, RECHERCHER ET FILTRER

**Fonctions utilisées**

– *Trier les données*                     – *Rechercher une valeur*
– *Filtrer par sélection*                 – *Filtrer par formulaire*

**15 mn**

Vous allez maintenant trier les données d'une table, puis faire une recherche, et enfin les filtrer, c'est-à-dire demander à n'afficher que les enregistrements qui correspondent à certains critères.

Copiez le fichier `Adresse_03.accdb` qui est enregistré dans le dossier `C:\Exercices Access 2010` sous un autre nom `XAdresse_03.accdb`. Cette base de données est la réplique de celle qui résulte de la réalisation du cas précédent. Ouvrez cette base de données `XAdresse_03.accdb`.

## 1—TRIEZ LES DONNÉES

Vous allez afficher les enregistrements de la table T_CLIENTS, classés par villes croissantes.

- Dans le volet de navigation, double-cliquez sur T_CLIENTS pour l'ouvrir.
- Placez le curseur n'importe où dans la colonne Ville. Puis sous l'onglet **Accueil**>groupe **Trier et filtrer**, cliquez sur le bouton **Croissant ❶**. Ou,
- Cliquez sur la petite flèche ❷ à droite de l'en-tête de colonne <Ville>, puis sur *Trier de A à Z* ❸.

Access trie les enregistrements.

- Cliquez sur la case de fermeture de la table ⊠, ou appuyez sur Ctrl+F4 ou sur Ctrl+**W**.

Un message propose d'enregistrer les modifications de structure de la feuille, c'est-à-dire le tri sur le champ <Ville>.

- Cliquez sur [Non].

## 2—RECHERCHEZ UNE DONNÉE

### Recherchez avec la boîte de dialogue

Vous allez rechercher les fiches des clients dont le nom est `MARTIN`.

- Dans le volet de navigation, double-cliquez sur le nom de table T_CLIENTS.
- Positionnez-vous sur le premier enregistrement, dans la colonne Nom de la feuille de données. Puis, sous l'onglet **Accueil**>groupe **Rechercher**, cliquez sur le bouton **Rechercher** ou Ctrl+F.

- Saisissez `martin` dans la zone <Rechercher> ❶.
- Vérifiez en que vous avez bien *Champ actuel* dans la zone <Regarder dans> ❷ et *Champ entier* dans la zone <Où> ❸.

- Cliquez sur [Suivant].

La fenêtre de recherche reste affichée, et le curseur de sélection vient se positionner sur le premier martin rencontré, celui dont l'identifiant est 2.

- Cliquez sur [Suivant] pour positionner successivement le curseur de sélection sur les différentes autres fiches martin. Access vous signale quand il n'y a plus de martin à trouver.

- Cliquez sur [OK] pour fermer la boîte de dialogue.
- Cliquez sur [Annuler] pour fermer la fenêtre de recherche.

Vous allez maintenant chercher tous les champs qui contiennent martin, quel que soit le champ et quelle que soit la position de martin dans le texte.

- Revenez en haut de la table en faisant [Ctrl]+[↖], et positionnez-vous dans n'importe quelle colonne (pas forcément la colonne <Nom>). Puis, sous l'onglet **Accueil**>groupe **Rechercher**, cliquez sur le bouton **Rechercher** ou appuyez sur [Ctrl]+F.

- Dans <Rechercher :> ❶, saisissez martin.
- Dans <Regarder dans :> ❷, sélectionnez *Document actif* pour chercher dans tous les champs.
- dans <Où :> ❸, sélectionnez *N'importe où dans le champ*. Ainsi, la recherche se fera quelle que soit la position de martin.
- Cliquez sur [Suivant] plusieurs fois de suite.

Notez dans quel champ et à quelles lignes dans le champ vous trouvez martin. Vous trouvez martin dans les prénoms (Martine) et dans les adresses (Martins Pecheurs).

- Cliquez sur [Annuler] pour fermer la boîte de dialogue de recherche.

### Recherchez avec l'outil intégré

- Revenez sur le premier champ de la première ligne en appuyant sur [Ctrl]+[↖].
- Dans la barre de navigation située au bas de la fenêtre de la table, à la place de *Rechercher*, saisissez martin.

Access se positionne dans la première cellule contenant martin.

- Appuyez sur [↵] plusieurs fois. Vous parcourez dans toute la table la liste des cellules contenant martin n'importe où, dans tous les champs de la table.

## 3–FILTREZ LES DONNÉES

Les filtres permettent de limiter l'affichage aux seuls enregistrements qui répondent à certains critères. Plusieurs méthodes sont disponibles.

Notez que les requêtes permettent également de faire des filtres, de façon souvent plus efficace.

# CAS 3 : TRIER/RECHERCHER/FILTRER

## Filtrez par sélection

Vous allez afficher la liste des clients parisiens.

- Dans la colonne <Ville>, placez le curseur dans une cellule contenant le terme Paris.

- Sous l'onglet **Accueil**>groupe **Trier et filtrer**, cliquez sur le bouton **Sélection** ❶ puis sur *Égal à « PARIS »* ❷.

Le contenu de la feuille de réponse se limite aux seuls clients parisiens.

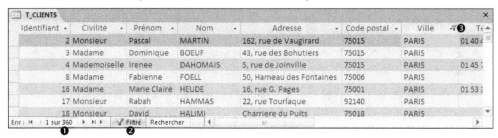

Notez le nombre d'enregistrements résultant du filtre ❶ et l'indicateur *Filtré* ❷.

Notez également le symbole 🔻 qui se trouve dans la colonne participant au filtre ❸.

- Réaffichez tous les enregistrements : sous l'onglet **Accueil**>groupe **Trier et filtrer**, cliquez sur le bouton **Appliquer le filtre** ❹ pour désactiver le filtre (l'indicateur apparaît surligné en orange quand un filtre est actif).

## Filtrez par formulaire

Vous allez rechercher les MARTIN et les LEROY en utilisant une autre méthode.

- Sous l'onglet **Accueil**>groupe **Trier et filtrer**, cliquez sur le bouton **Options de filtre avancé** et choisissez *Filtrer par formulaire* ❶.

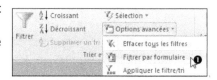

Access ouvre un formulaire de recherche, qui se présente sous la forme d'une une grille de filtre.

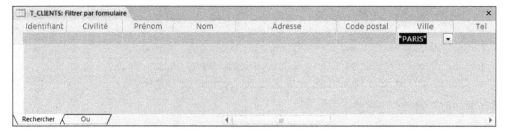

Notez que cette grille contient PARIS, le critère précédent qui n'a pas été effacé.

- Pour effacer les critères précédents, sous l'onglet **Accueil**>groupe **Trier et filtrer**, cliquez sur le bouton **Options de filtre avancé** et choisissez *Effacer tous les filtres*.

- Dans la colonne <Nom> de la grille de filtre, saisissez mar ❶, puis cliquez sur la flèche ❷ pour ouvrir la liste déroulante.

- Access vous propose la liste des noms commençant par mar.

- Sélectionnez *MARTIN* ❸.

Notez que vous pouvez saisir le nom en majuscules ou en minuscules, Access n'étant pas sensible à la casse des caractères.

# CAS 3 : TRIER/RECHERCHER/FILTRER

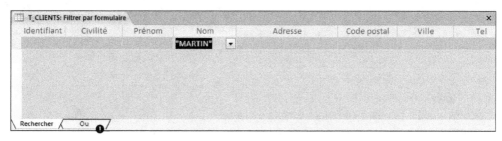

- Cliquez sur l'onglet *Ou* ❶.
- Dans la colonne <Nom> de la grille de filtre, saisissez ou sélectionnez `LEROY`. Puis, sous l'onglet **Accueil**>groupe **Trier et filtrer**, cliquez sur le bouton **Appliquer le filtre**.

Access affiche le résultat.

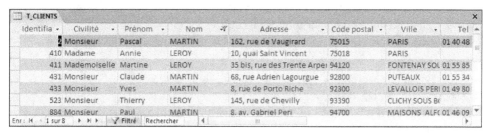

Vous avez maintenant listé les `Martin` et les `Leroy`.

- Sous l'onglet **Accueil**>groupe **Trier et filtrer**, cliquez sur le bouton **Options de filtre avancé** et choisissez *Filtrer par formulaire* ❶.
- Sur la même ligne que la valeur de filtre `MARTIN`, saisissez ou sélectionnez `paris` dans la colonne <Ville> ❶.

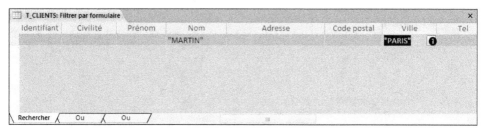

- Cliquez sur l'onglet *Ou*.
- Sur la même ligne que la valeur de filtre `LEROY`, tapez `paris` dans la colonne <Ville>. Puis, sous l'onglet **Accueil**>groupe **Trier et filtrer**, cliquez sur le bouton **Appliquer le filtre**.

Access affiche le résultat.

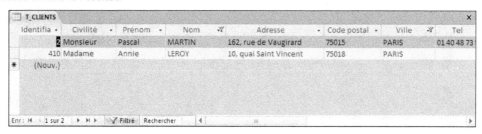

Vous avez listé les Martin ou les Leroy habitant Paris.

# CAS 3 : TRIER/RECHERCHER/FILTRER

- Cliquez sur la flèche ❶ à droite de la colonne <Nom>.

Cette colonne participant au filtre, toutes les valeurs sont proposées, précédée d'une case à cocher, mais seule sont cochées les case Martin et Leroy.

- Cochez un nouveau nom ☑ ADDE ❷ à ajouter au critère. Cliquez sur [OK] ❸.

Access modifie son filtre en tenant compte de cette nouvelle valeur.

- Cliquez sur la petite flèche à droite de la colonne <Code postal>.

Cette colonne ne participant pas au filtre, seules les valeurs résultant du filtre actuel sont proposées.

- Décochez ☐ 75012 ❹. Cliquez sur [OK].

Access modifie son filtre en tenant compte de cette nouvelle valeur.

## Réaffichez tous les enregistrements

- Sous l'onglet **Accueil**>groupe **Trier et filtrer**, cliquez sur le bouton **Supprimer le filtre** pour désactiver le filtre.
  Le bouton **Supprimer le filtre** est le même que **Appliquer le filtre** lorsque le filtre a été appliqué.

## Fermez Access

- Cliquez sur l'onglet **Fichier**, puis sur **Quitter** ou Alt+F4.

Un message propose d'enregistrer les modifications apportées à la table.

- Cliquez sur [Non].

# STRUCTURE DE
# LA BASE DE DONNÉES

**2**

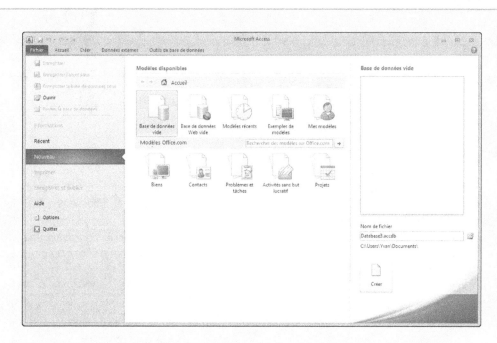

# CAS 4 : CRÉER LA BASE DE DONNÉES ET SES TABLES

**Fonctions utilisées**

– *Créer une base de données*   – *Créer une table*

- *Définir des champs*

**25 mn**

Vous allez créer une nouvelle base de données et l'enregistrer dans le dossier `C:\Exercices Access 2010`, sous le nom `Clients`. Elle portera l'extension `accdb`.

## 1–CRÉEZ LA BASE DE DONNÉES

■ Lancez Access.

La fenêtre Access s'ouvre en mode « backstage », qui sert aux actions sur le fichier base de données. La page d'accueil est affichée : l'onglet **Fichier** est sélectionné et, dans le panneau de gauche, la commande **Nouveau** est sélectionnée.

Le panneau central présente les différents modèles qui peuvent être utilisés pour créer une nouvelle base de données. Sur la barre Office.com, une zone vous permet d'entrer un mot-clé de recherche d'un modèle sur le site Web Microsoft Office.com.

■ Dans la zone de recherche ❶, saisissez `projets`, puis cliquez sur la flèche à droite ❷.

Access affiche les deux modèles de base de données qui correspondent à la recherche.

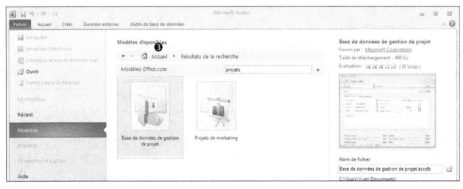

# CAS 4 : CRÉER LA BASE DE DONNÉES ET SES TABLES

Hélas, dans l'immense majorité des cas, les modèles que vous pourrez trouver sur Office.com ne correspondent que partiellement (voire pas du tout) à vos besoins. Ce sont simplement des idées de création de base de données.

C'est pour cela que vous allez créer une base vide.

- Cliquez sur le bouton [Accueil] ❸ pour revenir à la page d'accueil.
- Dans le panneau de droite, en bas à droite, cliquez sur l'icône *Parcourir* les dossiers ❶.

Elle sert à sélectionner le dossier dans lequel sera enregistré le fichier de la base de données que vous allez créer.

- Sélectionnez le dossier. Dans notre exemple, ce sera `C:\Exercice Access 2010` : dans le volet de gauche, sous `Dossiers`, sélectionnez `Ordinateur`, puis `System (C:)` puis le dossier `Exercices Access 2010` ❷.

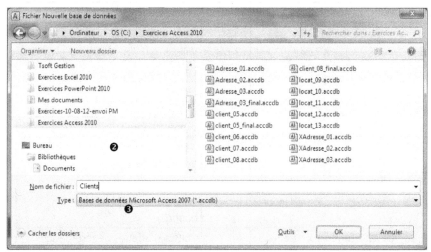

- Saisissez `clients` ❸ comme nom de fichier (inutile de rajouter l'extension `.accdb`, Access la rajoute tout seul). Cliquez sur [OK].

Access ferme le dialogue.

- Dans la zone <Nom de fichier> ❹, Access a inscrit le nom de fichier que vous avez spécifié et, au-dessous ❺, le chemin d'accès au dossier dans lequel il sera créé.
- Cliquez sur l'icône [Créer] ❻.

Access crée le fichier, et ouvre le volet de navigation sur une base de données contenant un projet de table nommée initialement Table1, elle-même contenant un seul champ <N°>.

Cette table de données n'est pas encore créée, elle est simplement proposée à la création.

- Fermez la table en cliquant sur la case de fermeture ❶, ou Ctrl+F4 ou sur Ctrl+W.

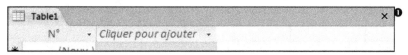

Vous avez créé le fichier de base de données qui ne contient encore aucune table. Le volet de navigation est vide.

# CAS 4 : CRÉER LA BASE DE DONNÉES ET SES TABLES

Vous allez créer quatre tables dans la base de données `Clients.accdb` que vous venez de créer. Ce seront les tables T_CLIENTS, T_CIVILITES et T_ABONNEMENTS et T_MAGASINS.

## 2—CRÉEZ LA TABLE T_CLIENTS

### Liste des champs à définir

Cette table contiendra les champs suivants :

| Nom | Type | Taille | Description |
|---|---|---|---|
| CLI_ID | NuméroAuto | | Identifiant du client |
| CLI_CIVILITE | Texte | 12 car. | Civilité : Monsieur, Madame, Mademoiselle |
| CLI_NOM | Texte | 30 car. | Nom du client |
| CLI_PRENOM | Texte | 30 car. | Prénom |
| CLI_ADRESSE | Texte | 38 car. | Adresse |
| CLI_CP | Texte | 5 car. | Code postal |
| CLI_VILLE | Texte | 32 car. | Ville |
| CLI_TELEPHONE | Texte | 10 car. | Téléphone |
| CLI_EMAIL | Texte | 50 car | E-mail |
| CLI_PUBLIPOSTAGE | Oui/Non | | Le client veut-il recevoir la lettre d'information ? |
| CLI_NB_DVD | Numérique | Entier | Nombre de DVD loués par le client depuis le début |
| CLI_DATE_CREATION | Date/Heure | | Date de création de la fiche client |
| CLI_DERNIER_PASSAGE | Date/Heure | | Date du dernier passage dans la boutique |
| CLI_CHIFFRE_AFFAIRES | Monétaire | | Chiffre d'affaires généré par ce client |
| CLI_MAGASINS | Numérique | Entier long | Magasins auprès desquels le client emprunte des DVD |
| CLI_ABONNEMENT | Texte | 10 car. | Type d'abonnement : Aucun, Argent, Or ou Platine |
| CLI_DATE_ABONNEMENT | Date/Heure | | Date de la prise de l'abonnement |
| CLI_COURRIERS | Pièce jointe | | Courriers envoyés au client |
| CLI_REMARQUES | Mémo | | Remarques concernant le client |

Le champ CLI_REMARQUES n'est pas de type « texte », limité à 255 caractères, mais de type « mémo », qui peut contenir jusqu'à 63 999 caractères.

### Commentaires

Vous noterez que les noms des champs sont écrits sans espace ni caractère accentué.

Il est déconseillé d'utiliser les espaces et les caractères accentués dans les noms des champs, car cela peut poser problème en cas de liaison avec d'autres bases de données et cela facilite la programmation.

Cette règle ne s'applique qu'aux noms d'objets (tables, requêtes...) et aux noms de champs. Vous pouvez bien sûr saisir des espaces et des caractères accentués dans le contenu des champs.

De plus, ils ont tous un préfixe CLI (comme client), ce n'est pas une obligation, il s'agit d'une règle de nommage des champs adoptée dans cet ouvrage, et qui facilite l'utilisation de bases de données importantes. En effet, cette règle facilite la lecture : CLI_NOM désigne le nom du client, et FOUR_NOM celui du fournisseur.

Vous pouvez adopter une autre règle de nommage, en acceptant par exemple les minuscules : par exemple Cli_DateCreation, Cli_Prenom ou Cli_ChiffreAffaires.

Suivant le même principe, le nom d'une table commencera par T_, celui d'une requête par R_, un formulaire par F_, un état par E_, etc.

## Créez la table avec ses champs

- Sous l'onglet **Créer**>groupe **Tables**, cliquez sur le bouton **Création de table**.

La fenêtre de création de table apparaît.

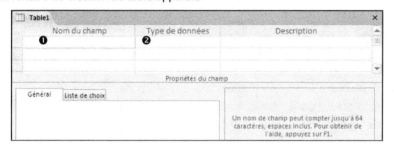

- Dans la première cellule de la colonne <Nom du champ> ❶, tapez le nom du premier champ : CLI_ID. Tapez sur ⤒ pour valider et placer le curseur dans la colonne suivante.

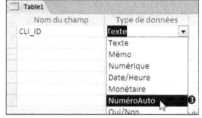

- Dans la colonne <Type de données> ❷, par défaut, Access propose le type *Texte.* Ouvrez la liste déroulante en cliquant sur la flèche à droite de *Texte* et choisissez *NuméroAuto* ❸ dans cette liste. Tapez sur ⤒ pour valider et placer le curseur dans la colonne suivante.

- Dans la colonne <Description>, tapez un descriptif pour ce champ : Identifiant du client. Tapez sur ⏎ pour valider et passer dans la ligne suivante.

Le curseur repasse dans la première colonne <Nom du champ> ❶ de la ligne suivante.

- Saisissez le nom du champ suivant : CLI_CIVILITE. Tapez sur ⤒ pour valider et placer le curseur dans la colonne suivante.

- Dans la colonne <Type de données> ❷, Access propose le type *Texte* (par défaut) que vous laissez. Tapez sur ⤒ pour placer le curseur dans la colonne suivante.

- Dans la colonne <Description> ❸, saisissez un descriptif pour ce champ : Civilité : Monsieur, Madame, Mademoiselle.

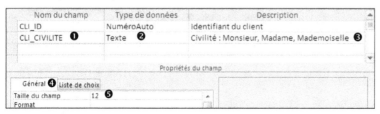

- Appuyez sur F6 ou dans le volet *Propriétés du champ*, sous l'onglet *Général* ❹, cliquez sur la propriété <Taille du champ> ❺ dans la partie inférieure de la fenêtre. Saisissez 12.

- Cliquez dans la ligne vide suivante, dans la liste des champs déjà définis, pour définir un nouveau champ.
- De manière similaire, saisissez les autres champs décrits dans le tableau de la page précédente. Si vous le désirez, vous pouvez éventuellement modifier la description.
  Pour huit des dix derniers champs, n'oubliez pas que le type de données n'est pas *Texte*.

---

Vous noterez que le code postal est de type Texte et non de type Numérique :
- cela pose moins de problèmes pour les codes postaux commençant par zéro (Moulins : 03000) ;
- cela facilite le calcul du département (prendre les deux caractères les plus à gauche) ;
- on fait rarement la moyenne des codes postaux.

De façon générale, si un code est un code « à signification », tel que le numéro de sécurité sociale (le premier chiffre indique le sexe, les deux suivants l'année de naissance...), il est fortement conseillé de le mettre en type « texte ».

## Définissez la clé primaire

Vous allez définir la clé primaire de cette table. La clé primaire permet d'identifier chaque enregistrement de manière unique. Vous verrez l'utilité de la clé primaire ultérieurement.

- Sélectionnez le premier champ, CLI_ID. Il suffit de cliquer n'importe où dans la ligne.

- Sous l'onglet **Création**>groupe **Outils**, cliquez sur le bouton **Clé primaire**.

Une petite clé apparaît à gauche du champ CLI_ID.

Il faut ensuite enregistrer la table :

- Cliquez sur l'onglet **Fichier**, puis sur **Enregistrer** ou appuyez sur Ctrl +S.

Access vous demande un nom pour la table.

- Saisissez T_CLIENTS. Cliquez sur [OK].

En fin de procédure, vous devez obtenir :

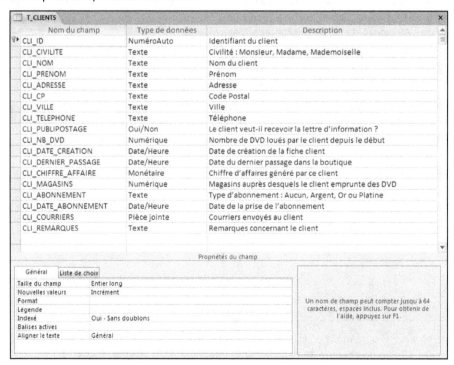

# CAS 4 : CRÉER LA BASE DE DONNÉES ET SES TABLES

- Appuyez sur ⌈Ctrl⌉+⌈F4⌉, ou cliquez sur la case de fermeture de la table ⌈×⌉.

Access a ajouté la table T_CLIENTS dans le volet de navigation ❶.

## Créez un champ calculé

Les champs calculés constituent une nouveauté d'Access 2010.

Vous allez créer un champ calculé permettant de déterminer le code du département. Il suffit pour cela de prendre les deux premiers caractères à gauche du code postal, grâce à la fonction Gauche.

- Ouvrez la table T_CLIENTS en *Mode création*. Pour cela, cliquez droit sur table T_CLIENTS ❶ dans le volet de navigation, puis sélectionnez *Mode création* ❷.

Access ouvre la table en *Mode création*.

- Sélectionnez le champ CLI_TELEPHONE, puis sous l'onglet **Création**>groupe **Outils**, cliquez sur le bouton **Insérer des lignes**.
- Dans la colonne <Nom du champ>, saisissez CLI_DEP.
- Dans la colonne <Type de donnée>, sélectionnez *Calculé*.

| CLI_CP | Texte | Code Postal |
| CLI_VILLE | Texte | Ville |
| CLI_DEP | Calculé | |
| CLI_TELEPHONE | Texte | Téléphone |
| CLI_PUBLIPOSTAGE | Mémo | Le client veut-il re |
| | Numérique | |

Access affiche la fenêtre du générateur d'expression.

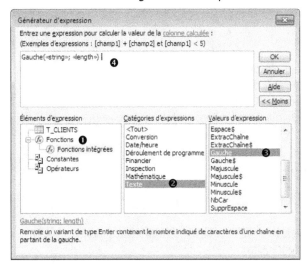

- Dans le volet de gauche, double-cliquez sur *Fonctions* puis sur *Fonctions intégrées* ❶.
- Dans le volet central, cliquez sur *Texte* ❷.
- Dans le volet de droite, double-cliquez sur *Gauche* ❸.

La fonction apparaît alors dans le volet supérieur ❹.

- Cliquez sur «length», puis saisissez 2.

■ Cliquez sur «string».

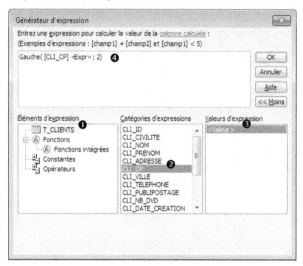

■ Dans le volet de gauche, cliquez sur T_CLIENTS ❶.
■ Dans le volet central, cliquez sur *CLI_CP* ❷.
■ Dans le volet de droite, double-cliquez sur <Valeur> ❸.
■ Dans le volet supérieur, «string» est remplacé par [CLI_CP] «Expr» ❹.
■ Cliquez sur «Expr», et supprimez-le.
■ Validez en cliquant sur [OK].

Au final, l'expression est la suivante.

Vous pourrez vérifier que le générateur d'expression s'ouvre également si vous cliquez sur le bouton situé à l'extrémité droite de la propriété <Expression> du champ.

■ Vous pouvez également saisir directement la formule dans la propriété <Expression>. Dans ce cas, la saisie est assistée par Access qui vous propose certaines options.

■ Sous l'onglet **Accueil**>groupe **Affichages**, cliquez sur le bouton **Affichage**.

Access vous demande si vous voulez enregistrer les modifications.

■ Cliquez sur [Oui].

Access affiche la table en *Mode Feuille de données*.

■ Expérimentez la formule que vous venez de saisir : vous ne pouvez rien saisir dans CLI_DEP, mais dès que vous avez entré un code postal, le code du département est calculé.
■ Fermez la table.

# CAS 4 : CRÉER LA BASE DE DONNÉES ET SES TABLES

### 3–CRÉEZ LA TABLE T_ABONNEMENTS

Cette table contiendra la liste des types d'abonnement (Argent, Or, Platine ou Aucun).

Cette table sera utilisée dans la table T_CLIENTS. Il s'agit d'une table dite de référence

Elle ne contiendra qu'un seul champ :

| Nom | Type | Taille | Description |
|-----|------|--------|-------------|
| ABO_TEXTE | Texte | 10 car. | Type de l'abonnement |

- Sous l'onglet **Créer**>groupe **Tables**, cliquez sur le bouton **Création de table**.

La fenêtre de création de table apparaît.

- Créez le champ décrit ci-dessus, sans oublier de préciser la taille.
- Restez sur la première ligne et sous l'onglet **Création**>groupe **Outils**, cliquez sur le bouton **Clé primaire**.
- Cliquez sur l'onglet **Fichier**, puis sur **Enregistrer** ou appuyez sur [Ctrl]+S.

Access vous demande un nom pour la table.

- Saisissez T_ABONNEMENTS, puis validez en cliquant sur [OK].

Vous devez obtenir :

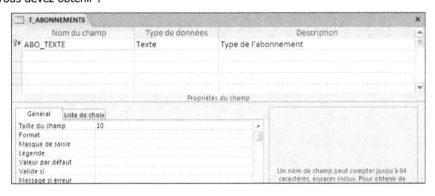

La table T_ABONNEMENTS apparaît maintenant dans le volet de navigation ❶.

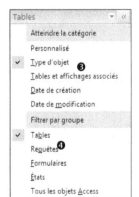

Si l'affichage du volet de correspond pas à l'illustration ci-dessus, cliquez sur ⊙ la puce fléchée en haut à droite du volet de navigation ❷, puis cochez ☑ *Type d'objet* ❸, recommencez et cochez ☑ *Tables* ❹ ou ☑ *Tous les objets Access* ❺.

### 4–SAISISSEZ LES VALEURS DE LA TABLE T_ABONNEMENTS

Vous allez maintenant saisir les différents types d'abonnement possible.

La table T_ABONNEMENTS est toujours ouverte en *Mode Création*.

- Sous l'onglet **Accueil**>groupe **Affichages**, cliquez sur le bouton **Affichage**.

Access affiche la table en *Mode Feuille de données*.

# CAS 4 : CRÉER LA BASE DE DONNÉES ET SES TABLES

- Saisissez les quatre types d'abonnement : Or, Platine, Argent, (Aucun) à raison d'une valeur par ligne.
- Fermez la table T_ABONNEMENTS en cliquant sur la case ☒.
- Ouvrez la table T_ABONNEMENTS en double-cliquant dessus dans le volet de navigation.

Les valeurs sont classées par ordre alphabétique croissant d'ABO_TEXTE. C'est parce que vous avez défini ABO_TEXTE comme clé primaire.

Notez que (Aucun) est classé avant Argent grâce aux parenthèses.

- Fermez la table T_ABONNEMENTS.

## 5–CRÉEZ LA TABLE T_CIVILITES

Cette table contiendra la liste des civilités (Monsieur, Madame, Mademoiselle). Elle sera utilisée dans la table T_CLIENTS. Elle ne contiendra qu'un seul champ :

| Nom | Type | Taille | Fonction |
|-----|------|--------|----------|
| CIV_TEXTE | Texte | 12 car. | Texte de la civilité |

- Créez la table T_CIVILITES en procédant comme pour la table T_ABONNEMENTS, avec le champ CIV_TEXTE. Mais, ne définissez pas de clé primaire.
- Enregistrez la table.

Access vous demande un nom pour la table.

- Saisissez : T_CIVILITES, puis cliquez sur [OK].

Access vous signale qu'aucune clé primaire n'a été définie, et vous demande s'il faut en créer une. Dans le cadre de cet exercice, vous n'en créez pas pour cette table.

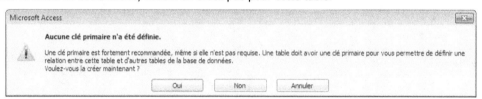

- Cliquez sur [Non].

Vous devez obtenir :

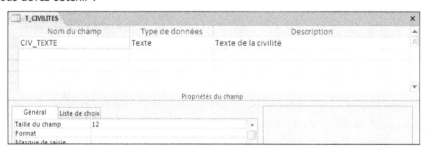

## 6–SAISISSEZ LES VALEURS DE LA TABLE T_CIVILITES

Vous allez maintenant saisir les différentes civilités.

La table T_CIVILITES est toujours ouverte en *Mode Création*.

- Dans l'onglet **Accueil**>groupe **Affichages**, cliquez sur le bouton **Affichage**.
- Access affiche la table en *Mode Feuille de données*.

# CAS 4 : CRÉER LA BASE DE DONNÉES ET SES TABLES

- Saisissez les civilités : `Monsieur`, `Madame`, `Mademoiselle`.
- Fermez la table, puis réouvrez-la.

Notez que, comme vous n'avez pas utilisé de clé primaire, l'ordre d'affichage est l'ordre de saisie.

- Fermez la table.

## 7–CRÉEZ LA TABLE T_MAGASINS

Cette table contiendra la liste des magasins dans lesquels le client vient habituellement. Cette information est juste indicative, il n'y a pas de restriction pour le client : si un client va dans un magasin qui n'est pas son magasin habituel, il ne sera pas pénalisé.

Cette table sera utilisée dans la table T_CLIENTS.

Elle contiendra trois seuls champs :

| Nom | Type | Taille | Fonction |
|-----|------|--------|----------|
| MAG_ID | Numérique | Entier long | ID du magasin |
| MAG_VILLE | Texte | 50 car. | Ville du magasin |
| MAG_DEP | Texte | 2 | Numéro du département du magasin |

- Procédez comme pour la table T_ABONNEMENTS, avec les champs indiqués ci-dessus.
- Définissez MAG_ID comme clé primaire.
- Enregistrez la table sous le nom T_MAGASINS.

Vous devez obtenir :

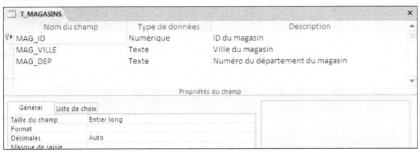

## 8–SAISISSEZ LES VALEURS DE LA TABLE T_MAGASINS

Vous allez maintenant saisir les noms des différents magasins.

La table T_MAGASINS est toujours ouverte en *Mode Création*.

- Sous l'onglet **Accueil**>groupe **Affichages**, cliquez sur le bouton **Affichage**.

L'affichage passe en *Mode Feuille de données*.

- Saisissez les valeurs pour les magasins comme dans la figure ci-contre.
- Fermez la table.

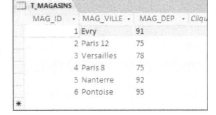

### Fermez Access

- Cliquez sur l'onglet **Fichier**, puis sur **Quitter Access** ou Alt+F4.

Les tables étant créées, vous allez maintenant les améliorer en modifiant les caractéristiques (Access parle de propriétés) des champs, pour pouvoir les utiliser plus facilement.

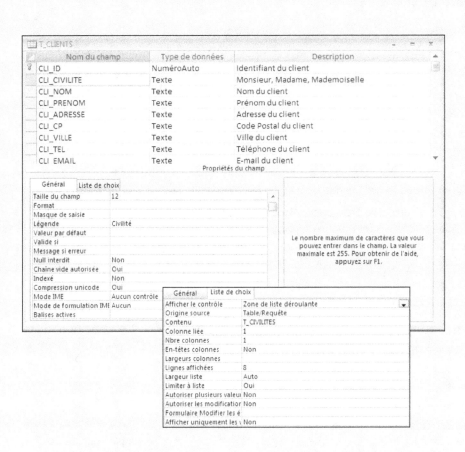

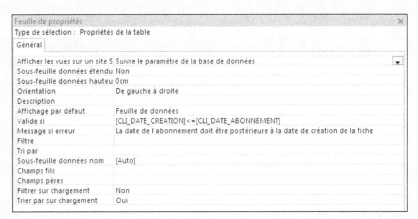

# CAS 5 : DÉFINIR LES PROPRIÉTÉS

**Fonctions utilisées**

- *Légende*
- *Masque de saisie*
- *Valeur par défaut*
- *Format*

- *Saisie obligatoire*
- *Valide si et Message si erreur*
- *Liste de choix*

**60 mn**

Vous allez modifier les propriétés de la table T_CLIENTS.

 Copiez le fichier `Client_05.accdb`, qui est enregistré dans le dossier `C:\Exercices Access 2010`, sous un autre nom `XClient_05.accdb`. Cette base de données est la réplique de celle obtenue en fin du cas précédent. Ouvrez cette base de données.

Pour passer du *Mode Création* au *Mode Feuille de données* :
- Sous l'onglet **Accueil**>groupe **Affichages** cliquez sur le bouton **Affichage ❶**.

Pour passer du *Mode Feuille de données* au *Mode Création* :
- Sous l'onglet **Accueil**>groupe **Affichages** cliquez sur le bouton **Affichage ❷**.

Il se peut que, par moments, l'indicateur de propagation de mise à jour apparaisse ⚡.

Vous pouvez l'ignorer, ou l'ouvrir et cliquer sur *Mise à jour de la propriété ...*

## 1–PROPRIÉTÉS DES CHAMPS DE LA TABLE T_CLIENTS

### Ouvrez la table en Mode création

- Dans le volet de navigation, cliquez droit sur le nom de la table T_CLIENTS puis sur *Mode création* ❶.

### Définissez une légende

Les en-têtes des colonnes en *Mode Feuille de données* sont par défaut les noms de champ. Cela n'est pas forcément clair ou simple pour l'utilisateur. Vous allez modifier et rendre plus explicites les libellés affichés en en-tête de colonne grâce à la propriété <Légende>.

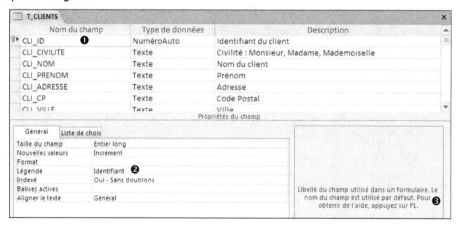

- Sélectionnez la ligne du champ <CLI_ID> ❶.

Access affiche la liste des propriétés de ce champ dans la partie inférieure de la fenêtre.

- Cliquez sur la propriété <Légende> ❷. Saisissez `Identifiant`.

Notez l'aide succincte sur la propriété dans le cadre de droite ❸.

■ De façon similaire, spécifiez les légendes suivantes pour les autres champs.
Nous avons mis des caractères accentués, car la légende du champ n'est pas le nom du champ.

| Nom du champ | Légende |
|---|---|
| CLI_ID | Identifiant |
| CLI_CIVILITE | Civilité |
| CLI_NOM | Nom |
| CLI_PRENOM | Prénom |
| CLI_ADRESSE | Adresse |
| CLI_CP | CP |
| CLI_VILLE | Ville |
| CLI_DEP | Dep |
| CLI_TELEPHONE | Téléphone |
| CLI_PUBLIPOSTAGE | Publipostage |
| CLI_NB_DVD | Nb de DVD loués |
| CLI_DATE_CREATION | Date de création |
| CLI_DERNIER_PASSAGE | Date dernier passage |
| CLI_CHIFFRE_AFFAIRES | Chiffre d'affaires |
| CLI_MAGASINS | Magasins fréquentés |
| CLI_ABONNEMENT | Type d'abonnement |
| CLI_DATE_ABONNEMENT | Date d'abonnement |
| CLI_COURRIERS | Courriers envoyés |
| CLI_REMARQUES | Remarques |

■ Enregistrez les modifications, vérifiez le résultat en *Mode Feuille de données*

■ Revenez en *Mode Création*.

## Utilisez un masque de saisie

On peut utiliser la propriété <Masque de saisie> pour contrôler l'entrée des données. Par exemple, vous allez créer un masque de saisie pour le champ <CLI_TELEPHONE>.

■ Cliquez dans la ligne de <CLI_TELEPHONE>.

Access affiche les propriétés du champ dans la partie inférieure de la fenêtre.

■ Cliquez dans la propriété <Masque de saisie> ❶. Puis cliquez sur le bouton à l'extrémité droite ❷ pour lancer l'assistant masque de saisie.

Si Access demande d'enregistrer les modifications, cliquez sur [Oui].

■ Sélectionnez *Numéro de téléphone* ❸.

■ Cliquez sur [Suivant].

Vous pouvez tester la saisie en tapant une valeur (contenant des lettres, par exemple) dans la zone <Essayer> ❹.

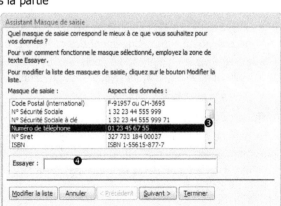

# CAS 5 : DÉFINIR LES PROPRIÉTÉS

- Cliquez sur [Suivant].

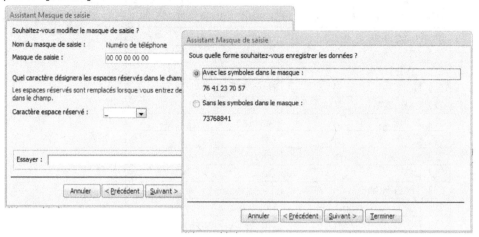

Access vous propose de modifier le masque de saisie.

- Cliquez sur [Suivant].

Access demande si vous voulez ou non que les données soient enregistrées avec les symboles qui se trouvent dans le masque.

- Activez l'option <⊙ Avec les symboles dans le masque>.

- Cliquez sur [Suivant], puis sur [Terminer].

Access insère automatiquement la définition du masque dans la zone de la propriété ❶ :

Les symboles 0 indiquent qu'on ne peut saisir qu'un chiffre, et que cette saisie est obligatoire.

- Enregistrez les modifications, vérifiez le résultat en *Mode Feuille de données* en saisissant différents numéros de téléphone, dans la colonne <Téléphone> dont certains avec des lettres, puis revenez en *Mode création*.

## Définissez une valeur par défaut

La plupart de vos clients étant parisiens, vous allez introduire la valeur `Paris` comme valeur par défaut pour le champ <CLI_VILLE>.

- Dans la partie supérieure de la fenêtre, cliquez dans la ligne du champ <CLI_VILLE>.

- Dans la partie inférieure de la fenêtre, cliquez dans la zone de la propriété <Valeur par défaut>.

- Saisissez `Paris` ❶, puis validez par ⏎.
  Access ajoute automatiquement des guillemets autour du texte saisi (pour un champ texte).

- Enregistrez les modifications, puis vérifiez le résultat en *Mode Feuille de données,* le champ <Ville> de la ligne d'ajout (Nouv.) est prédéfini avec la valeur `Paris`.

- Revenez en *Mode Création*.

## Définissez une valeur par défaut calculé par une formule

La date de premier achat correspond bien souvent avec la date de création de la fiche. Vous pourriez saisir manuellement la date du jour à chaque ajout d'un client. Mais il est beaucoup plus simple d'utiliser la fonction Date() comme la valeur par défaut, qui retourne automatiquement la date du jour.

# CAS 5 : DÉFINIR LES PROPRIÉTÉS

- Cliquez dans la ligne <CLI_DATE_CREATION>, puis dans la partie inférieure de la fenêtre, cliquez dans la zone de la propriété <Valeur par défaut>.

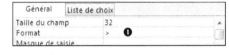

- Saisissez date(), sans oublier les parenthèses.
  Access met la première lettre en majuscule, pour signifier qu'il a reconnu cette fonction.

- Enregistrez les modifications, vérifiez le résultat en *Mode Feuille de données*, le champ <Date de création> de la ligne d'ajout (Nouv.) est prédéfini avec la date du jour actuelle.

- Revenez en *Mode Création*.

## Définissez un format d'affichage pour un texte

Vous allez indiquer que les villes doivent être affichées en majuscules.

- Cliquez dans la ligne du champ <CLI_VILLE> et dans la partie inférieure de la fenêtre, cliquez dans la zone de la propriété <Format>.

- Tapez > ❶, signifiant que tous les caractères seront affichés en majuscules.

Vous allez visualiser l'effet des propriétés que vous avez définies.

- Enregistrez les modifications.

- Passez en affichage *Mode Feuille de données*.

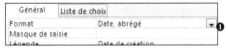

- Remarquez que la ville PARIS s'affiche en majuscules ❷, alors que vous avez saisi Paris par défaut.

- Cliquez dans la cellule qui contient la valeur de la ville, le texte devient Paris ❸, tel que vous l'avez saisi.

- Cliquez dans une autre cellule : Paris redevient PARIS ❷.

- Revenez en affichage *Mode création*.

## Définissez un format d'affichage pour une date

Vous allez indiquer que les dates doivent être au format jj/mm/aaaa.

- Cliquez dans la ligne du champ <CLI_DATE_CREATION> et dans la partie inférieure de la fenêtre, cliquez dans la zone de la propriété <Format>.

- Cliquez sur la flèche à l'extrémité droite de la zone de la propriété <Format> ❶, sélectionnez le format *Date, abrégé*.

- Enregistrez les modifications, vérifiez le résultat en *Mode Feuille de données*, la valeur <Date de création> est le format choisi dans la ligne d'ajout.

- Revenez en *Mode Création*.

## Définissez un nombre de décimales et un format pour le montant

Indiquez que les montants doivent comporter deux décimales et doivent être exprimés en euros.

- Cliquez dans la ligne du champ <CLI_CHIFFRE_AFFAIRES> et dans la partie inférieure de la fenêtre, cliquez dans la zone de la propriété <Format>.

- Cliquez sur la flèche à l'extrémité droite de la zone de la propriété <Format> ❶, sélectionnez *Euro*.

- Cliquez dans la zone de la propriété <Décimales>, puis cliquez sur la flèche à l'extrémité droite de la zone, puis sélectionnez *2* ❷.

- Enregistrez les modifications, vérifiez le résultat en *Mode Feuille de données*.

- Revenez en *Mode Création*.

# CAS 5 : DÉFINIR LES PROPRIÉTÉS

**Demandez à ce qu'une donnée soit obligatoirement saisie dans un champ**

Vous allez rendre obligatoire la saisie du nom du client lors de l'enregistrement de sa fiche.

- Cliquez dans la ligne du champ <CLI_NOM> (dans la colonne <Nom du champ>), et cliquez dans la zone de la propriété <Null interdit> ❶.

- Cliquez sur la flèche apparue à droite de la zone et sélectionnez *Oui* dans la liste qui s'affiche. Ou double-cliquez sur le mot *Non*. Ou, à la place du *Non*, saisissez Oui.

| Valide si | |
|---|---|
| Message si erreur | |
| Null interdit | Oui ❶ |
| Chaîne vide autorisée | Non ❷ |
| Indexé | Non |
| Compression unicode | Oui |

- De la même manière, mettez la propriété <Chaîne vide autorisée> ❷ à *Non*. Cette propriété interdit à l'utilisateur de « tromper » Access en saisissant une chaîne vide, c'est-à-dire constituée uniquement d'espaces.

- Enregistrez les modifications, vérifiez le résultat en *Mode Feuille de données* en essayant d'ajouter un enregistrement sans valeur dans le champ <Nom>.

- Revenez en *Mode Création*.

## 2–AUTRES PROPRIÉTÉS DES CHAMPS

### Définissez la propriété Valide si

Cette propriété fait en sorte que le contenu saisi dans un champ respecte une condition. À l'aide de la propriété <Message si erreur>, vous pouvez personnaliser le message affiché par Access lorsque la donnée saisie ne satisfait pas la condition définie dans la propriété <Valide si>.

Vous allez vous assurer que l'utilisateur ne peut pas saisir de valeur négative dans le champ <CLI_CHIFFRE_AFFAIRES>, ni entrer une date postérieure à la date du jour dans <CLI_DATE_CREATION>.

- Cliquez dans la ligne <CLI_CHIFFRE_AFFAIRES>, puis, dans la propriété <Valide si>, saisissez >=0.

| Valeur par défaut | |
|---|---|
| Valide si | >=0 |
| Message si erreur | |

- Cliquez dans la ligne <CLI_DATE_CREATION> puis cliquez dans la propriété <Valide si> et saisissez <=date().

| Valeur par défaut | Date() |
|---|---|
| Valide si | <=Date() |
| Message si erreur | |

- Enregistrez les modifications, vérifiez le résultat en *Mode Feuille de données* en essayant de saisir une date postérieure à la date du jour.

Access affiche un message d'erreur :

Microsoft Access

⚠ Une ou plusieurs valeurs sont interdites par la règle de validation « <=Date() » déterminée pour « T_CLIENTS.CLI_DATE_CREATION ». Saisissez une valeur que l'expression acceptera pour ce champ.

OK    Aide

- Cliquez sur [OK], annulez la saisie en appuyant sur `Echap`, puis revenez en *Mode Création*.

### Définissez la propriété Message si erreur

Vous avez pu constater que si l'utilisateur saisit une valeur qui ne satisfait pas la condition de la propriété <Valide si> le message d'erreur d'Access est rarement clair.

Vous pouvez rendre ce message plus explicite en utilisant la propriété <Message si erreur>.

- Cliquez dans la ligne du champ <CLI_CHIFFRE_AFFAIRES> puis, dans la propriété <Message si erreur>, saisissez Pas de montant négatif.

- Cliquez dans la ligne du champ <CLI_DATE_CREATION> puis, dans la propriété <Message si erreur> et saisissez Pas de date dans le futur.

| Valeur par défaut | |
|---|---|
| Valide si | >=0 |
| Message si erreur | Pas de montant négatif |
| Null interdit | Non |

| Valeur par défaut | Date() |
|---|---|
| Valide si | <=Date() |
| Message si erreur | Pas de date dans le futur |
| Null interdit | Non |

# CAS 5 : DÉFINIR LES PROPRIÉTÉS

- Enregistrez les modifications, vérifiez le résultat en *Mode Feuille de données* en essayant de saisir une date postérieure à la date du jour.

## Créez une liste de choix pour la civilité

Le champ <CLI_CIVILITE> indique la civilité de la personne : Monsieur, Madame, Mademoiselle. Vous allez associer à ce champ une liste déroulante qui permettra de sélectionner un élément parmi les trois valeurs possibles.

- Revenez en *Mode Création*. Cliquez dans la ligne du champ <CLI_CIVILITE> puis, dans le volet des propriétés du champ, cliquez sur l'onglet *Liste de choix* ❶.

- Cliquez dans la propriété <Contrôle de l'affichage> ❷ puis sur la flèche apparue à droite de cette propriété, et sélectionnez *Zone de liste déroulante* ❸.

Access fait apparaître des propriétés supplémentaires.

- Vérifiez que la valeur de la propriété <Origine source> est bien *Table/requête* ❶.

- Cliquez dans la propriété <Contenu>, puis sur la flèche apparue à droite de la propriété et sélectionnez T_CIVILITES ❷.

- Vérifiez que la propriété <Limiter à liste> ❸ a bien la valeur *Non*. <Limiter à liste> à *Non* permet à l'utilisateur de saisir ponctuellement une autre valeur, telle que Maître (pour un avocat).

- Enregistrez les modifications, vérifiez le résultat en *Mode Feuille de données* en sélectionnant une civilité dans la liste. Essayez de saisir une civilité qui n'est pas dans la liste.

## Créez une liste de choix pour le type d'abonnement

- Revenez en *Mode Création*. De manière similaire à la précédente, modifiez les propriétés de la liste de choix de <CLI_ABONNEMENT>, mais en mettant la propriété <Limiter à liste> à *Oui*.

Maintenant, si vous voulez ajouter d'autres types d'abonnements, il faudra les ajouter dans la table T_ABONNEMENTS. L'utilisateur ne pourra pas saisir une autre valeur que celles qui se trouvent dans T_ABONNEMENTS.

- Enregistrez les modifications, vérifiez le résultat en *Mode Feuille de données* en sélectionnant un abonnement dans la liste. Essayez de saisir un abonnement qui n'est pas dans la liste.

## Créez une liste multichoix pour les magasins

Vous allez maintenant utiliser T_MAGASINS pour définir une liste de choix pour le champ <CLI_MAGASINS>.

- Revenez en *Mode Création*. D'une manière similaire à la précédente, modifiez les propriétés de la liste de choix de < CLI_MAGASINS>.

– Propriété <Contenu> = *T_MAGASINS*.

– Propriété <Nbre colonnes> = 3 ❶.

– Propriété <Autoriser plusieurs valeurs> ❷ = *Oui*.

Access vous alerte que cette modification n'est pas réversible.

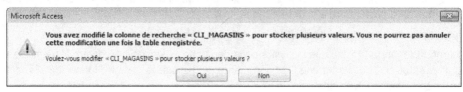

- Cliquez sur [Oui].
- Enregistrez les modifications, vérifiez le résultat en *Mode Feuille de données* en sélectionnant (cochant) un ou deux magasins dans la liste.

## Utilisez les propriétés de la table

Vous voulez également vérifier que la date d'abonnement n'est pas antérieure à la date de création. Il faut donc comparer entre eux le champ <CLI_DATE_CREATION> et le champ <CLI_DATE_ABONNEMENT>. Ceci ne peut se faire qu'au niveau des propriétés de la table.

- Revenez en *Mode Création*. Puis, sous l'onglet **Création**>groupe **Afficher/Masquer**, cliquez sur le bouton **Feuille de propriétés**, pour afficher la feuille des propriétés.
- Dans <Valide si>, saisissez [CLI_DATE_CREATION]<=[CLI_DATE_ABONNEMENT] ❶. Les crochets sont nécessaires pour indiquer qu'il s'agit de champs, et non de textes.
- Dans <Message si erreur>, saisissez : L'abonnement se fait APRES la création de la fiche ❷.

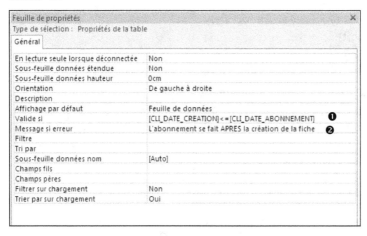

- Fermez la *Feuille de propriétés* de la table (cliquez sur la case x de fermeture).
- Enregistrez les modifications, vérifiez le résultat en *Mode Feuille de données* en saisissant une date de création et une date d'abonnement non compatibles. Notez qu'il faut valider l'enregistrement (c'est-à-dire changer de ligne) pour que le message d'erreur apparaisse.

## Pour terminer

- Pour terminer ce cas, n'hésitez pas à expérimenter d'autres modifications des propriétés. Vous pouvez toujours vérifier l'effet d'une modification en passant du *Mode Création* au *Mode Feuille de données* et inversement.
- Fermez la table puis fermez la base de données.
- Quittez Access.

# EXPLOITER UNE
# BASE DE DONNÉES

## 3

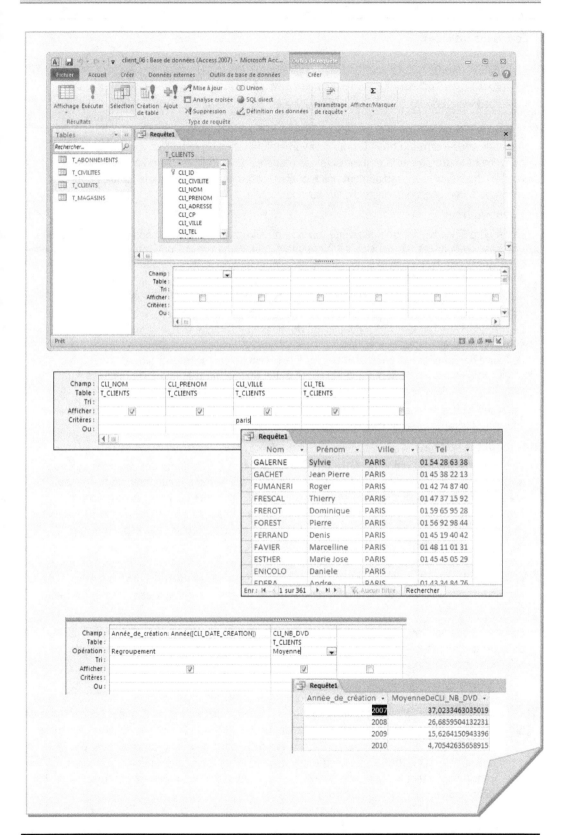

# CAS 6 : CRÉER DES REQUÊTES SÉLECTION

Avant de vous mettre au travail sur la création et l'utilisation de requêtes, vous allez réviser brièvement le principe et la terminologie des requêtes. Le but de ce cas pratique sera de vous rendre capable de créer rapidement des requêtes, notamment des requêtes jetables pour répondre à une question ponctuelle sur les données.

## But des requêtes

La requête Sélection est une puissante fonction qu'Access met à votre disposition pour interroger une base de données. Le principe est identique à celui d'un filtre sur une table, mais une requête peut être enregistrée et ré-exécutée à volonté. On peut ainsi utiliser plusieurs requêtes différentes sur la même table.

De plus, une requête peut utiliser plusieurs tables. On peut ainsi rechercher les clients parisiens qui ont plus de trois films policiers en cours de locations.

Le résultat d'une requête est une feuille de données qui n'affiche que les enregistrements qui correspondent aux critères spécifiés.

La feuille de données est une vision particulière (éventuellement triée et filtrée) d'une table ; il ne s'agit pas d'une copie de la table. Si on modifie une donnée dans la feuille de données d'une requête, cette modification est apportée en fait à la donnée qui se trouve dans la table.

Dans ces études de cas, vous n'utiliserez pas l'assistant requête simple, car il est plus souple et souvent plus rapide utiliser directement le *Mode Création*.

## Des requêtes jetables

Par ailleurs, dans l'utilisation quotidienne d'une base Access, la majorité des requêtes que vous allez créer répondront à une question ponctuelle. Ce n'est pas une bonne idée de toutes les enregistrer, car vous allez rapidement avoir une liste de plusieurs dizaines, voire plusieurs centaines de requêtes (l'auteur a eu à intervenir sur une base qui contenait près de 500 requêtes. Inutile de préciser que personne – y compris celui qui avait créé toutes ces requêtes– n'y reconnaissait plus rien).

Dans ce cas-là, il vous sera beaucoup plus simple et rapide de recréer complètement la requête plutôt que d'avoir à la rechercher dans une telle liste. Seules les requêtes utilisées très régulièrement ou servant de base à un formulaire ou un état (voir chapitres suivants) devraient être enregistrées.

Dans les études de cas, vous n'enregistrerez que rarement les requêtes, pour prendre l'habitude de créer des requêtes «jetables». Cela pourra vous paraître surprenant, voire frustrant de jeter ainsi votre travail, mais dans le cas des requêtes, cela se justifie pleinement.

 Copiez le fichier `Client_06.accdb` situé dans le dossier `C:\Exercices Access 2010` et collez-le en modifiant son nom `XClient_06.accdb`. Cette base de données contient plus de 800 clients fictifs, ce sera votre base de données de travail pour ce cas. Ouvrez cette base de données `XClient_06.accdb`. Notez que cette base de données ne contient pas de champ CLI_COURRIERS, car les champs de type Pièce jointe ont tendance à alourdir considérablement les bases de données, et leur utilisation intensive est fortement déconseillée.

# CAS 6 : CRÉER DES REQUÊTES SÉLECTION

## 1—CRÉEZ UNE PREMIÈRE REQUÊTE EN MODE CRÉATION

Vous allez créer une requête qui va afficher le nom, le prénom, la ville et le numéro de téléphone des clients parisiens.

- Dans le ruban, sous l'onglet **Créer**>groupe **Requêtes**, cliquez sur le bouton **Création de requête ❶**.

Access vous demande quelle(s) table(s) ou requête(s) vous voulez utiliser :

- Vérifiez que l'onglet *Tables* ❶ est sélectionné.
- Sélectionnez T_CLIENTS ❷ puis cliquez sur [Ajouter] ❸.

Access affiche la table T_CLIENTS dans la requête.

- Cliquez sur [Fermer] ❹.

Access affiche la requête en *Mode Création*.

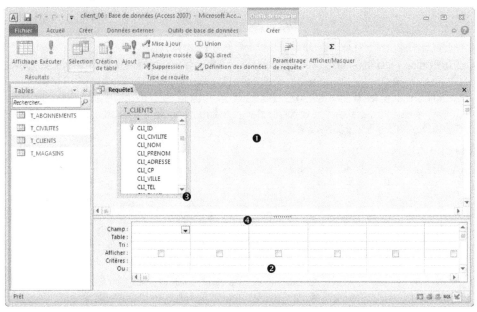

La requête en *Mode Création* se décompose en deux zones : la zone des tables ❶ et la grille ❷ de la requête.

- Modifiez la hauteur de la zone des tables, en faisant glisser sa limite supérieure ❹.
- Agrandissez la fenêtre de la table T_CLIENTS en faisant glisser sa limite inférieure ❸ pour voir plus de champs et faire apparaître le champ <CLI_TEL>.

# CAS 6 : CRÉER DES REQUÊTES SÉLECTION

## Ajoutez des champs à la requête

Vous allez ajouter des champs de trois manières différentes. Par la suite, vous pourrez utiliser celle avec laquelle vous êtes le plus à l'aise.

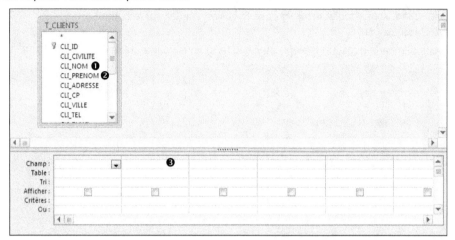

- 1<sup>re</sup> méthode : double-cliquez sur le champ <CLI_NOM> ❶. Il vient se positionner dans la première colonne de la grille.
- 2<sup>e</sup> méthode : cliquez sur le champ <CLI_PRENOM> ❷ et glissez-le dans deuxième colonne de la grille ❸.

- 3<sup>e</sup> méthode : cliquez dans la cellule vide sur la ligne <Champ> ❹ de la troisième colonne, une flèche de liste déroulante apparaît. Ouvrez la liste déroulante, et sélectionnez *CLI_VILLE*.
- En utilisant une des trois méthodes ci-dessus, ajoutez le champ <CLI_TEL>. Éventuellement, utilisez la barre de défilement verticale de la fenêtre de table T_CLIENTS, dans la zone des tables, pour faire apparaître ce champ.

## Ajoutez un critère

Vous allez préciser que vous ne voulez voir que les clients habitant Paris.

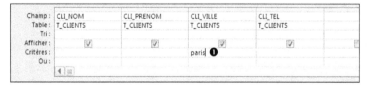

- Sur la ligne <Critères>, cliquez dans la cellule de la colonne <CLI_VILLE> ❶.
- Saisissez paris.
  Notez que dans les requêtes, Access ne fait pas de différence entre majuscules et minuscules.
- Appuyez sur ⤶ pour valider la saisie.

Access vous informe qu'il a compris que paris était du texte en l'encadrant avec des guillemets : "paris" ainsi qu'il apparaît dans la ligne <Critères>.

# CAS 6 : CRÉER DES REQUÊTES SÉLECTION

### Visualisez le résultat d'une requête

- Dans le ruban, sous l'onglet **Créer**>groupe **Résultats**, cliquez sur le bouton **Affichage ❶**.

Access affiche le résultat de la requête sous la forme d'une feuille de données, c'est le *Mode Feuille de données* de la requête. Notez que même si vous avez tapé `paris` en minuscules, il trouve les `PARIS`. Double-cliquez sur la limite droite de l'en-tête <Tel> pour ajuster la largeur de la colonne.

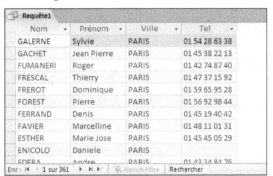

- Dans le ruban, sous l'onglet **Créer**>groupe **Résultats**, cliquez sur le bouton **Affichage ❶**. La requête bascule en *Mode Création* pour le cas où vous voudriez faire des modifications de requête.

### Enregistrez la requête

- Dans la barre d'accès rapide, cliquez sur l'outil **Enregistrer ❶**.

Access vous demande un nom.

- Tapez `R_NOM_ET_TEL_DES_CLIENTS_PARISIENS` ❷.
- Cliquez sur le bouton [OK] ❸.
- Fermez la requête en cliquant sur la case ☒ de fermeture.
- Dans le volet de navigation, déroulez la liste en cliquant sur la puce fléchée ❹ et sélectionnez le type d'objet *Requêtes* ❺.

Access affiche la liste des requêtes dans laquelle figure maintenant la requête que vous avez enregistrée.

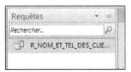

### Ré-exécutez la requête

- Double-cliquez sur la requête : *R_NOM_ET_TEL_DES_CLIENTS_PARISIENS*. Ou cliquez sur la requête *R_NOM_ET_TEL_DES_CLIENTS_PARISIENS* puis tapez sur ⏎.

Access affiche le résultat de la requête.

- Appuyez sur Ctrl+F4 ou cliquez sur la case ☒ de fermeture de la requête.

# CAS 6 : CRÉER DES REQUÊTES SÉLECTION

## 2–MODIFIEZ LA REQUÊTE

L'affichage de la ville n'est pas utile : il s'agit toujours de *Paris*. Vous allez donc la masquer. Vous allez également trier les clients par nom de client.

- Sélectionnez le nom de la requête : *R_NOM_ET_TEL_DES_CLIENTS_PARISIENS*.
- Cliquez-droit sur la requête puis sur *Mode Création*.
- Dans la ligne <Afficher>, décochez la case de la colonne <CLI_VILLE> ❶.
- Dans la ligne <Tri>, cliquez dans la cellule de la colonne <CLI_NOM> ❷. Cliquez sur la flèche pour ouvrir la liste déroulante et sélectionnez *Croissant*.

- Sous l'onglet **Créer**> groupe **Résultats**, cliquez sur le bouton **Affichage**.
- Access affiche le résultat de la requête.
- Fermez la requête.
- Access vous demande si vous voulez enregistrer les modifications de la requête.
- Cliquez sur le bouton [Oui].

| R_NOM_ET_TEL_DES_CLIENTS_PARISIENS | | |
|---|---|---|
| Nom | Prénom | Tel |
| ABDELLATIF | Moustari | 01 40 11 98 21 |
| ADDE | Nathalie | |
| ADDINSELL | Steve | 01 46 32 80 45 |
| ALLOUCHE | Raymond | 01 56 61 53 30 |
| AMORIN | Benvenida | 01 52 95 81 87 |
| ANSELMO | Thierry | 01 45 02 96 66 |

## 3–CRÉEZ DES REQUÊTES SIMPLES

Vous allez créer plusieurs requêtes qui vont répondre à des questions diverses.

### Créez une requête avec un critère OU et un critère date

Vous allez créer une requête qui va afficher les noms, les villes, les types d'abonnement et les dates de création des clients qui ont un abonnement Platine ou Or, dont la fiche a été créée en février 2007, et classés par ordre de date.

- Sous l'onglet **Créer**>groupe **Requêtes**, cliquez sur le bouton **Création de requête**.
- Sélectionnez la table T_CLIENTS, cliquez sur [Ajouter].
- Cliquez sur [Fermer].
- À l'aide d'une des trois méthodes utilisées précédemment, positionnez les champs <CLI_NOM>, <CLI_PRENOM>, <CLI_DATE_CREATION> et <CLI_ABONNEMENT> dans la grille de la requête.
- Dans la ligne <Critères> de la colonne <CLI_DATE_CREATION>, saisissez `entre 1/2/7 et 28/2/7`. Validez en tapant sur ⏎.

Access encadre ce qu'il a reconnu comme étant des dates avec des symboles #.

- Élargissez un peu la taille de la colonne <CLI_DATE_CREATION> en double-cliquant sur le trait de séparation verticale entre les colonnes <CLI_DATE_CREATION> et <CLI_ABONNEMENT> ❶.

- Sur la ligne <Critères>, saisissez `platine` dans la colonne <CLI_ABONNEMENT>.
- Sur la ligne <Ou>, saisissez `or` dans la colonne <CLI_ABONNEMENT>.
- Cliquez dans la ligne <Tri> pour la colonne <CLI_DATE_CREATION>, et choisissez *Croissant* dans la liste déroulante.

| Champ : | CLI_NOM | CLI_PRENOM | CLI_DATE_CREATION | CLI_ABONNEMENT |
|---|---|---|---|---|
| Table : | T_CLIENTS | T_CLIENTS | T_CLIENTS | T_CLIENTS |
| Tri : | | | Croissant | |
| Afficher : | ☑ | ☑ | ☑ | ☑ |
| Critères : | | | Entre #01/02/2007# Et #28/02/2007# | "platine" |
| Ou : | | | | "or" |

# CAS 6 : CRÉER DES REQUÊTES SÉLECTION

- Sous l'onglet **Créer**>groupe **Résultats**, cliquez sur le bouton **Affichage** pour basculer en mode *Feuille de données* et voir le résultat.

Access affiche le résultat.

Votre requête, définie comme sur la figure ci-dessus, est-elle correcte ?

En fait, non : les critères sur la première ligne de critères sont combinés par ET entre eux. Ensuite, le critère de la deuxième ligne est combiné par OU avec les critères de la première ligne. Autrement dit, il suffit que le critère de la deuxième ligne soit vrai (i.e. qu'un client ait un

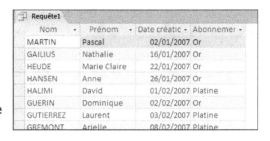

abonnement Or) pour que le client soit retenu par la requête, même s'il ne respecte pas les critères de la première ligne (vous voyez que certains clients ne sont pas arrivés en février 2007).

Pour remédier à cela, il faut répéter le critère sur la date dans la 2$^e$ ligne des critères :

- Sous l'onglet **Accueil**>groupe **Affichages**, cliquez sur le bouton **Affichage** pour basculer en *Mode Création* de la requête.
- Dans la ligne <Ou> sous <Critères>, cliquez dans la cellule de la colonne <CLI_DATE_CREATION> et saisissez `entre 1/2/7 et 28/2/7`, ou copiez-collez le contenu de la cellule du dessus.

| Champ : | CLI_NOM | CLI_PRENOM | CLI_DATE_CREATION | CLI_ABONNEMENT |
|---|---|---|---|---|
| Table : | T_CLIENTS | T_CLIENTS | T_CLIENTS | T_CLIENTS |
| Tri : | | | Croissant | |
| Afficher : | ☑ | ☑ | ☑ | ☑ |
| Critères : | | | Entre #01/02/2007# Et #28/02/2007# | 'platine' |
| Ou : | | | Entre #01/02/2007# Et #28/02/2007# | 'or' |

Affichez le résultat ; cette fois-ci, le résultat correspond à ce que nous voulons.

- Appuyez sur Ctrl+F4 ou cliquez sur la case ☒ de fermeture de la requête.

Access vous demande si vous voulez enregistrer les modifications.

- Cliquez sur [Non].

## Créez une requête avec un caractère générique

Vous allez créer une requête qui va afficher les noms, prénoms et villes des clients qui reçoivent la lettre d'information et dont l'initiale est M.

- Sous l'onglet **Créer**>groupe **Requêtes**, cliquez sur le bouton **Création de requête**.
- Ajoutez la table T_CLIENTS à la requête.
- À l'aide d'une des trois méthodes utilisées précédemment, positionnez les champs <CLI_NOM>, <CLI_PRENOM>, <CLI_VILLE> et <CLI_PUBLIPOSTAGE> dans la grille de la requête.
- Dans la ligne <Critères>, saisissez `Oui` dans la colonne <CLI_PUBLIPOSTAGE>.
- Dans la ligne <Critères>, saisissez `m*` dans la colonne <CLI_NOM>.

Dès que vous changez de cellule, Access convertit le critère en `Comme "m*"`.

- Sous l'onglet **Créer**>groupe **Résultats**, cliquez sur le bouton **Affichage** pour voir le résultat.

Access affiche le résultat.

# CAS 6 : CRÉER DES REQUÊTES SÉLECTION

■ Appuyez sur Ctrl + F4 ou cliquez sur la case ☒ de fermeture de la requête.

Access vous demande si vous voulez enregistrer les modifications.

■ Cliquez sur [Non].

## 4—CRÉEZ UNE REQUÊTE AVEC PARAMÈTRES

Vous allez revenir sur la requête R_*NOM_ET_TEL_DES_CLIENTS_PARISIENS* et la modifier pour avoir le résultat pour n'importe quelle ville saisie par l'utilisateur.

■ cliquez droit sur la requête R_*NOM_ET_TEL_DES_CLIENTS_PARISIENS* puis sur *Mode Création*.

■ Dans la ligne <Afficher>, cochez la case de la colonne <CLI_VILLE>.

■ Positionnez-vous dans la cellule qui contient "paris".

■ Remplacez "paris" par [Entrez la ville].

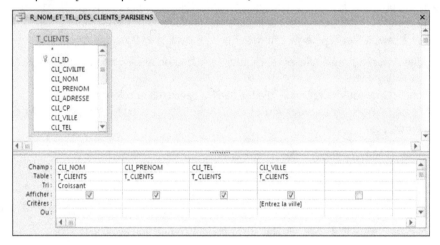

■ Fermez la requête.

Access vous demande si vous voulez enregistrer les modifications.

■ Cliquez sur [Oui].

■ Dans le volet de navigation, double-cliquez sur la requête
R_*NOM_ET_TEL_DES_CLIENTS_PARISIENS.*

Access vous demande le nom de la ville.

■ Saisissez puteaux. Il n'est pas nécessaire de mettre une majuscule.

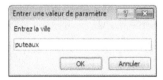

■ Cliquez sur [OK].

Access affiche la liste des clients habitant Puteaux.

■ Fermez la requête.

Le nom de la requête peut toutefois induire en erreur. Vous allez le corriger.

■ Dans le volet de navigation, sélectionnez la requête R_*NOM_ET_TEL_DES_CLIENTS_PARISIENS.*

■ Appuyez sur F2 , puis modifiez le nom en R_*NOM_ET_TEL_DES_CLIENTS_POUR_UNE_VILLE* et validez par ↵. Fermez la requête.

■ Exécutez la requête pour plusieurs noms de ville : BOULOGNE, CRETEIL... en fermant la requête entre chaque ville.

# CAS 6 : CRÉER DES REQUÊTES SÉLECTION

## 5–CRÉEZ UNE REQUÊTE AVEC UNE COLONNE CALCULÉE

### Calculez le chiffre d'affaires HT

Pour cette requête, vous allez créer une colonne supplémentaire qui calculera le montant hors-taxes du chiffre d'affaires. La TVA étant à 19,6%, il suffit de diviser par 1,196 pour passer du montant TTC au montant HT.

- Créez une nouvelle requête en *Mode Création*.
- Ajoutez la table T_CLIENTS à la requête.
- Positionnez les champs <CLI_NOM>, <CLI_VILLE>, <CLI_CHIFFRE_AFFAIRES> dans la grille de la requête.
- Cliquez dans la quatrième colonne de la grille de la requête, à droite de <CLI_CHIFFRE_AFFAIRES>, sur la ligne <Champ> ❶.

La colonne risque d'être un peu étroite. Vous pourriez élargir la colonne, mais dans ce cas la colonne serait également élargie dans la requête en *Mode Feuille de données*.

- Appuyez sur ⇧+F2 pour zoomer.
- Dans la fenêtre de zoom, tapez CA_HT: [CLI_CHIFFRE_AFFAIRES]/1,196.

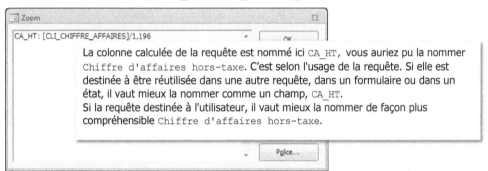

> La colonne calculée de la requête est nommé ici CA_HT, vous auriez pu la nommer Chiffre d'affaires hors-taxe. C'est selon l'usage de la requête. Si elle est destinée à être réutilisée dans une autre requête, dans un formulaire ou dans un état, il vaut mieux la nommer comme un champ, CA_HT.
> Si la requête destinée à l'utilisateur, il vaut mieux la nommer de façon plus compréhensible Chiffre d'affaires hors-taxe.

- Cliquez sur [OK].
- Visualisez le résultat en *Mode Feuille de données*.
- Élargissez la dernière colonne pour voir le résultat de la colonne calculée.

Note : si au moment de visualiser le résultat, Access vous propose une fenêtre vous demandant un paramètre alors qu'il ne s'agit pas d'une requête paramétrée, c'est que vous avez fait une erreur en tapant le nom d'un champ dans la fonction.

Dans l'exemple ci-contre, un seul F a été mis à AFAIRES. Faites également très attention aux espaces en début et en fin de nom, qui se repèrent difficilement.

### Modifiez le format d'une colonne d'une requête

Vous avez remarqué que les données de la colonne <CA_HT> ont des valeurs avec un grand nombre de décimales, mais sont assez peu présentables. Vous allez y remédier.

- Revenez en *Mode Création*, puis sélectionnez la colonne <CA_HT>.
- Sous l'onglet **Outils de requête/Créer**>groupe **Afficher/Masquer**, cliquez sur le bouton **Feuille de propriétés**.

La *Feuille de propriétés* apparaît, en principe à droite de l'écran.

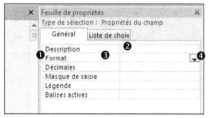

- Modifiez sa largeur en faisant glisser sa bordure de gauche ❶.
- Vous pouvez également modifier la largeur des colonnes en cliquant-glissant sur la séparation de colonne ❷.
- Cliquez sur la propriété <Format> sous l'onglet *Général* ❸. Une flèche de liste déroulante ❹ apparaît à droite de la cellule.
- Cliquez sur cette flèche déroulante pour ouvrir la liste et sélectionnez *Euro*.
- Fermez la *Feuille de Propriétés* en cliquant sur sa case de fermeture ☒.
- Visualisez le résultat en *Mode Feuille de données*.
- Fermez la requête sans enregistrer les modifications.

## Calculez l'initiale du prénom plus le nom.

L'initiale du prénom correspond au premier caractère à gauche du prénom. La « réunion » de deux textes est une opération qui s'appelle la concaténation, et qui se réalise avec l'opérateur &.

`"bonjour " & "Access"` **donnera** `"bonjour Access"`.

- Créez une nouvelle requête en *Mode Création*.
- Ajoutez la table T_CLIENTS à la requête.
- Ajoutez les champs <CLI_NOM>, <CLI_PRENOM> dans la grille de la requête.
- Positionnez-vous dans la troisième colonne de la grille de la requête.

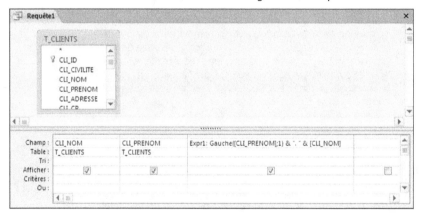

- **Tapez** `DEP: gauche([CLI_PRENOM] ; 1) & ". " & [CLI_NOM]`.
- Validez en tapant sur ⏎.

Access met l'initiale de la fonction en majuscule (Gauche...), ce qui signifie qu'il l'a reconnue.

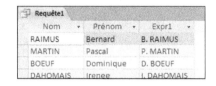

- Visualisez le résultat en *Mode Feuille de données*.
- Fermez la requête sans enregistrer les modifications.

## Champ calculé dans une table ou dans une requête ?

Vous pouvez calculer un champ dans une table ou dans une requête. Pourquoi choisir l'un ou l'autre ?

Choisissez le calcul dans la table quand le calcul est simple (toutes les fonctions ne sont pas disponibles) et qu'il est de portée générale (on peut s'attendre à avoir besoin du code du département à tout moment pour faire des statistiques). Choisissez la requête dans les autres cas.

# CAS 6 : CRÉER DES REQUÊTES SÉLECTION

## 6—CRÉEZ UNE REQUÊTE AVEC REGROUPEMENT

Les requêtes avec regroupement permettent d'effectuer des calculs de synthèse sur des sous-ensembles d'enregistrements regroupés ; somme, moyenne...

L'immense majorité des requêtes de regroupement utilisent un ou deux champs : un champ de calcul, ou bien un champ de regroupement et un champ de calcul.

### Calculez le chiffre d'affaires moyen

Vous allez calculer le CA moyen pour l'ensemble de la table T_CLIENTS.

- Créez une nouvelle requête en *Mode Création* et ajoutez-y la table T_CLIENTS.
- Ajoutez le champ <CLI_CHIFFRE_AFFAIRES> dans la grille de la requête.
- Sous l'onglet **Outils de requête/Créer**>groupe **Afficher/Masquer**, cliquez sur le bouton **Totaux**.

Access affiche une ligne supplémentaire <Opération>.

- Dans la ligne <Opération>, cliquez sur la cellule contenant *Regroupement* dans la colonne <CLI_CHIFFRE_AFFAIRES>.
- Ouvrez la liste déroulante en cliquant sur la flèche à apparue à droite du champ, et sélectionnez *Moyenne*.
- Visualisez le résultat.

Access affiche une seule ligne : la moyenne des chiffres d'affaires.

- Fermez la requête sans enregistrer les modifications.

### Calculez la somme des chiffres d'affaires par ville

Vous allez calculer la somme des CA pour chacune des villes.

- Créez une nouvelle requête en *Mode Création*.
- Ajoutez la table T_CLIENTS à la requête.
- Positionnez les champs <CLI_VILLE> et <CLI_CHIFFRE_AFFAIRES> dans la grille de requête.
- Sous l'onglet **Outils de requête/Créer**>groupe **Afficher/Masquer**, cliquez sur le bouton **Totaux**.
- Dans la ligne <Opération>, cliquez sur la cellule contenant *Regroupement* dans la colonne <CLI_CHIFFRE_AFFAIRES>.
- Ouvrez la liste déroulante en cliquant sur la flèche à droite du champ et sélectionnez *Somme*.
- Visualisez le résultat en *Mode Feuille de données*.
- Fermez la requête sans enregistrer les modifications.

### Calculez le nombre de clients par type d'abonnement

Vous allez créer une requête qui va calculer le nombre de clients par type d'abonnement, et l'afficher par ordre décroissant.

- Créez une nouvelle requête en *Mode Création* et ajoutez-y la table T_CLIENTS.
- Positionnez les champs <CLI_ABONNEMENT> et <CLI_ID> dans la grille de la requête.
- Sous **Outils de requête/Créer**>groupe **Afficher/Masquer**, cliquez sur le bouton **Totaux**.
- Dans la ligne <Opération>, remplacez *Regroupement* par *Compte* dans la colonne <CLI_ID>.
- Dans la ligne <Tri>, mettez un tri *décroissant* dans la colonne <CLI_ID>.
- Visualisez le résultat.
- Fermez la requête sans enregistrer les modifications.

# CAS 6 : CRÉER DES REQUÊTES SÉLECTION

## Calculez le nombre moyen de DVD loués par les clients créés en 2009

Cette requête est un peu plus délicate, car vous avez affaire à un intervalle.

Le premier réflexe serait de mettre un regroupement sur les dates de création et une somme sur le nombre de DVD loués.

- Créez une nouvelle requête en *Mode Création* et ajoutez-y la table T_CLIENTS.
- Ajoutez les champs <CLI_DATE_CREATION> et <CLI_NB_DVD> dans la grille de la requête.
- Sous l'onglet **Outils de requête/Créer>** groupe **Afficher/Masquer**, cliquez sur le bouton **Totaux**.
- Sur la ligne <Opération>, sélectionnez *Moyenne* dans la colonne <CLI_NB_DVD>.
- Sur la ligne <Critères>, dans la colonne <CLI_DATE_CREATION>, saisissez `entre 1/1/2009 et 31/12/2009`.

- Visualisez le résultat.

Quelque chose ne va pas : on a pour chaque date de création de l'année 2009 la moyenne du nombre de DVD, et non pas un le nombre moyen sur l'année 2009 (pour lequel le détail des jours ne nous intéresse pas). On a fait une regroupement par jour pour chacun des jours de l'année 2009.

Si nous voulons une moyenne sur l'année, il ne faut pas faire de regroupement par jour avant d'appliquer le filtre.

- Revenez sur la requête en *Mode Création*.
- Dans la colonne <CLI_DATE_CREATION>, remplacez *Regroupement* par *Où* ❶.
- Visualisez le résultat.

Vous constatez que le résultat est plus conforme à ce que l'on attend.

---

D'une manière générale, chaque fois qu'un critère doit regrouper plusieurs valeurs (utilisation de « Entre », « > », « < », ...) dans une requête regroupement, il faut mettre l'opération à *Où*.

- Revenez sur la requête en *Mode Création*.
- Devant <CLI_NB_DVD>, insérez le texte `Nb moyen de DVD loués par nouveau client 2009:` (attention, n'oubliez pas les « : » en fin de libellé).

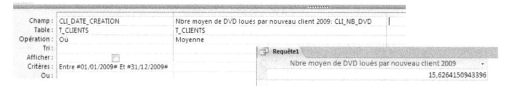

- Visualisez le résultat.
- Fermez la requête sans enregistrer les modifications.

## Calculez le nombre de DVD moyen par client année par année

Cette requête est une autre approche de réponse à la question précédente : au lieu d'utiliser un critère sur les dates pour sélectionner les jours de l'année 2009, on utilise un champ de calcul de l'année de création à partir de la date de création, et on regroupe sur le champ calculé.

- Créez une nouvelle requête en *Mode Création* et ajoutez-y la table T_CLIENTS.
- Ajoutez les champs <CLI_DATE_CREATION> dans la première colonne et <CLI_NB_DVD> dans la deuxième colonne de la grille de la requête.

- Dans la première colonne, remplacez le contenu par :
  Année_de_Création :Année([CLI_DATE_CREATION]).

- Sous l'onglet **Outils de requête/Créer>** groupe **Afficher/Masquer**, cliquez sur le bouton **Totaux**.

- Sur la ligne <Opération>, sélectionnez *Moyenne* dans la colonne <CLI_NB_DVD> et laissez *Regroupement* dans la première colonne.

- Visualisez le résultat.

- Pour une meilleure présentation, modifiez le nom de la colonne calculant la moyenne, nommez-la Moyenne annuelle par client.

- Fermez la requête sans enregistrer les modifications.

**Fermez la base de données et quitter Access**

- Cliquez sur l'onglet **Fichier**, puis sur **Quitter Access** ou Alt+F4.

# CAS 7 : CRÉER DES FORMULAIRES

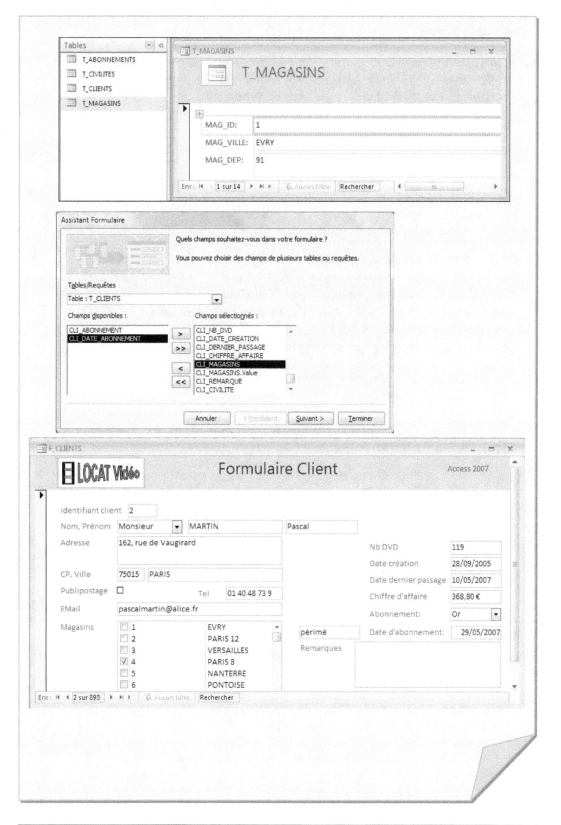

# CAS 7 : CRÉER DES FORMULAIRES

**Fonctions utilisées**

– *Utiliser l'assistant formulaire*
– *Personnaliser un formulaire*
– *Insérer une image, un bouton*

– *Mise en forme conditionnelle*
– *Champ calculé*
– *Utiliser un formulaire*

**60 mn**

Un formulaire simplifie la saisie et la modification des enregistrements dans une table. On peut générer rapidement la structure d'un formulaire en créant un formulaire instantané ou à l'aide d'un assistant, puis le personnaliser à sa guise.

 Copiez le fichier `Client_07.accdb` situé dans le dossier `C:\Exercices Access 2010` sous un autre nom `XClient_07.accdb`. Cette base de données est la réplique de celle qui résulte de la réalisation du cas précédent. Ouvrez cette base de données.

## 1–CRÉEZ UN FORMULAIRE INSTANTANÉ

Vous allez créer un formulaire très simple qui facilitera la création d'une nouvelle boutique.

- Dans le volet de navigation, activez le groupe *Tables* et sélectionnez la table T_MAGASINS.
- Sous l'onglet **Créer**>groupe **Formulaires**, cliquez sur le bouton **Formulaire**.

Access génère un formulaire contenant tous les champs de la table T_MAGASINS.

- Utilisez les boutons de navigation ❶ pour naviguer dans la table.
- Fermez le formulaire en cliquant sur sa case de fermeture ⊠.
- Access vous demande si vous voulez enregistrer les modifications. Cliquez sur [Oui].

Access vous demande un nom pour le formulaire.

- Modifiez le nom proposé en saisissant `F_MAGASINS`, puis cliquez sur [OK].

## 2–PERSONNALISEZ LE FORMULAIRE F_MAGASINS

### Ouvrez le formulaire en Mode Création ou passez en Mode Création

- Dans le volet de navigation, activez le groupe *Formulaire*, cliquez droit sur le formulaire F_MAGASINS que vous venez de créer, puis sur *Mode Création*. Ou,
- Si vous avez déjà ouvert le formulaire en *Mode Formulaire* :
  - Sous l'onglet **Accueil**>groupe **Affichages**, cliquez sur la flèche du bouton **Affichage** ❶ et choisissez *Mode création*. Ou,
  - Cliquez droit sur l'onglet du formulaire puis sur *Mode Création*. Ou,
  - Cliquez sur l'icône *Mode création* ❷, en bas à droite de la fenêtre Access.

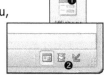

# CAS 7 : CRÉER DES FORMULAIRES

En *Mode Création*, vous pouvez ajouter, supprimer, disposer, modifier et mettre en forme les contrôles du formulaire.

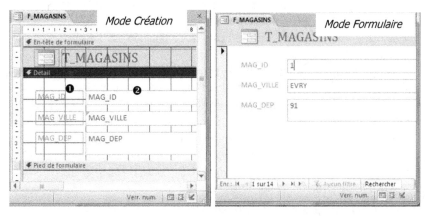

- Entraînez-vous à basculer entre le *Mode Création* et le *Mode Formulaire* en utilisant les trois façons de faire : la flèche du bouton **Affichage** sur le Ruban, le menu contextuel de l'onglet du formulaire, l'icône située en bas à droite sur la barre d'état du formulaire.

---

Lorsque vous ajoutez un contrôle destiné à afficher des données d'un champ ❷, un contrôle étiquette ❶ se crée automatiquement (l'étiquette contient initialement le libellé de la propriété légende du champ, mais vous pouvez modifier le libellé). L'étiquette affiche le même libellé en *Mode Création* qu'en *Mode Formulaire*, tandis que le contrôle de donnée affiche la source de donnée (nom du champ) en *Mode Création* et la donnée (valeur du champ) en *Mode Formulaire*.

---

## Qu'est-ce qu'un contrôle

Les « contrôles » sont les objets d'un formulaire ou d'un état que vous utilisez pour entrer, modifier ou afficher des données. Le contrôle le plus couramment utilisé est la *zone de texte* (affiche une valeur d'un champ ou une valeur calculée) ; les *étiquettes*, les *zones de liste* (liste des magasins) les *listes déroulantes*, les *cases à cocher* (indiquant si un client reçoit le publipostage) comptent parmi les autres contrôles. Un simple trait dessiné sur un formulaire est aussi un contrôle.

## Exercez-vous : redimensionnez des contrôles

Les exercices qui suivent sur les contrôles ont pour seul but de vous entraîner. Ne craignez pas de faire des erreurs !

- Si nécessaire, agrandissez l'espace *Détail* du formulaire vers le bas en faisant glisser vers le bas le bord supérieur de la barre *Pied de formulaire*. Pour agrandir l'espace du pied de formulaire, faites glisser le bord inférieur de la barre *Pied de formulaire*.
- Sélectionnez le contrôle *zone de texte* <MAG_VILLE>, destinée à afficher le champ du même nom, en cliquant une fois dedans. Le contour apparaît en gras de couleur orange, des poignées (carrés orange) sont placées sur les bords droit et gauche. Si ce n'est pas le cas, cliquez sur le fond du formulaire puis cliquez à nouveau dans le contrôle.

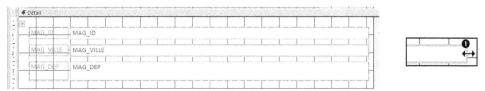

- Pointez, sans cliquer, sur la poignée droite de la *zone de texte* <MAG_VILLE>, jusqu'à ce que le pointeur prenne la forme d'une flèche à double tête ❶.

- Cliquez et glissez la poignée vers la gauche pour réduire la taille du contrôle à une largeur d'environ 4 centimètres (repérez-vous sur les graduations de la règle horizontale). Notez que tous les contrôles de la colonne subissent la même modification de taille.

- Pointez sur le milieu du bord supérieur du contrôle, jusqu'à ce que le pointeur prenne la forme d'une flèche à double tête verticale ❷. La poignée est présente, mais elle n'est pas visible.

- Cliquez et glissez pour augmenter légèrement la hauteur du contrôle. Notez que le contrôle situé au-dessus, <MAG_ID>, diminue d'autant. Notez aussi que vous pouvez redimensionner par chacun des coins du contrôle, sauf par le coin supérieur gauche.

- Appuyez sur Ctrl+Z plusieurs fois pour annuler les redimensionnements successifs.

- Le contrôle *zone de texte* <MAG_VILLE> étant toujours sélectionné, cliquez sur la poignée de déplacement ⊞ située en haut à gauche de l'étiquette <MAG_ID> ❸ et glissez pour déplacer l'ensemble des six contrôles (trois zones de texte et trois étiquettes). Décalez-les d'environ 2 centimètres vers la droite.

## Exercez-vous : supprimez ou ajoutez des dispositions

Dans le formulaire généré, les contrôles sont regroupés dans une disposition. Ceci est visible en *Mode Création*, car lorsque vous sélectionnez un des contrôles, un encadrement de pointillé apparaît autour de l'ensemble des contrôles. Vous pouvez considérer une disposition comme un tableau dont chaque cellule est vide ou contient un seul contrôle. Grâce au regroupement dans une disposition, les contrôles peuvent plus facilement être alignés, redimensionnés et déplacés simultanément.

- Vous allez supprimer la disposition : cliquez sur le fond du formulaire entre deux contrôles de la disposition, puis sous l'onglet **Organiser**>groupe **Table**, cliquez sur **Supprimer la disposition** ❶.

- Sélectionnez le contrôle *zone de texte* <MAG_VILLE> en cliquant dessus. Comme vous l'avez fait précédemment, augmentez sa largeur de 1 centimètre. Notez que, cette fois, il n'y a que ce contrôle dont la largeur se modifie.

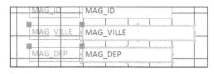

- En gardant la touche ⇧ appuyée, cliquez sur le contrôle zone de texte <MAG_DEP>. Les deux contrôles sont maintenant sélectionnés. Sous l'onglet **Organiser**>groupe **Table**, cliquez sur le bouton **Empiler**. Notez que les contrôles ont pris la même taille, la plus large de ceux qui étaient sélectionnés. Les deux contrôles sont maintenant dans une même disposition Empilée.

- Modifiez la largeur d'un des deux contrôles : le deuxième est modifié de la même façon.

- Cliquez sur le fond au-dessus de l'étiquette <MAG_ID> ❶ et glissez jusqu'en dessous de la zone de texte <MAG_DEP> ❷.

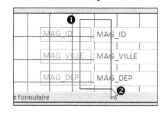

Access sélectionne tous les contrôles couverts même partiellement par la zone du cliquer-glisser.

- Sous l'onglet **Organiser**>groupe **Table**, cliquez sur le bouton **Tabulaire**.

Access réorganise les contrôles sélectionnés dans une disposition tabulaire (précédemment ils étaient dans une disposition empilée).

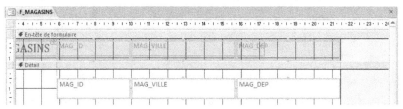

# CAS 7 : CRÉER DES FORMULAIRES

### Exercez-vous : supprimez un contrôle

Vous allez supprimer le contrôle *étiquette* qui contient le libellé T_MAGASINS et qui se trouve dans l'en-tête du formulaire.

- Sélectionnez le contrôle étiquette <T_MAGASINS> et appuyez sur la touche Suppr.
- Diminuez la hauteur des contrôles étiquettes de l'en-tête.

### Exercez-vous : modifiez la taille des sections

- Si le bord droit du formulaire n'est pas visible, utilisez la barre de défilement ❶ pour le faire apparaître dans la fenêtre. Puis, pointez le bord droit de la zone formulaire, le pointeur prend la forme d'une flèche double tête horizontale une barre verticale ❷.

- Faites glisser le bord droit pour diminuer la largeur du formulaire.

Attention de ne pas confondre la taille du formulaire avec celle de la fenêtre qui le contient, dont la taille se règle comme celle de toutes les fenêtres Windows.

- Pointez le bord supérieur de la barre *d'En-tête du formulaire* ❶, et faites le glisser le plus haut possible. Notez que vous ne pouvez pas masquer les contrôles de type étiquette.

- En utilisant le même principe, diminuez la hauteur de la section *Détail* du formulaire, en faisant glisser vers le haut le bord supérieur de la barre *Pied de formulaire*.

- En utilisant les différentes techniques vues précédemment, réorganisez les différents contrôles du formulaire comme sur la figure ci-dessous en *Mode Création* :

- Passez en *Mode Formulaire* en utilisant la flèche du bouton **Affichage** sur le Ruban ou l'icône située à droite sur la barre d'état du formulaire ❶.

### Exercez-vous : alignez les contrôles

Il est possible que les trois contrôles soient parfaitement alignés vers le haut (c'est-à-dire qu'ils soient tous les trois exactement à la même hauteur), mais cela n'est pas forcément le cas.

- Passez en *Mode Création* en utilisant le menu contextuel de l'onglet du formulaire.

- Pour cet exercice supprimez la disposition : cliquez sur un des contrôles, puis sélectionnez la disposition en cliquant sur la poignée en haut à gauche de la disposition, puis sous l'onglet **Organiser**>groupe **Table**, cliquez sur le bouton **Supprimer la disposition** ❶.

- Cliquez sur le fond du formulaire pour désélectionner les contrôles. Agrandissez la hauteur de la section *Détail* du formulaire, puis faites glisser les contrôles pour les placer à différente hauteur dans la section.

- Sélectionnez les trois contrôles, puis sous l'onglet **Organiser**>groupe **Redimensionnement et classement**, cliquez sur **Aligner**, puis sur *Haut*. Access aligne les contrôles sur le plus haut.

# CAS 7 : CRÉER DES FORMULAIRES

Vous allez maintenant mettre <MAG_ID> et <MAG_DEP> a la même taille.

■ Sélectionnez <MAG_ID> et <MAG_DEP>, puis sous l'onglet
**Organiser**>groupe **Redimensionnement et classement**, cliquez sur le
bouton **Taille/Espace**, puis sur *Au plus étroit*.

Access ajuste la largeur de <MAG_DEP> sur celle de <MAG_ID>.

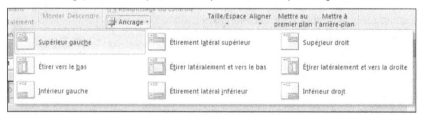

■ Passez en *Mode Formulaire* pour visualiser le résultat : sous l'onglet
**Accueil**>groupe **Affichages**, cliquez sur le bouton **Affichage.**

■ Essayez d'autres options de redimensionnement et de positionnement
pour vous entraîner.

## Exercez-vous : modifiez l'ancrage des contrôles

En *Mode Formulaire*, lorsque vous modifiez la taille de la fenêtre Access, les contrôles restent par
défaut à la même distance du bord supérieur et au bord gauche du formulaire, leur ancrage est
défini à *Supérieur gauche*. Mais vous pouvez en décider autrement et vouloir un ancrage par
rapport aux autres bords du formulaire. Vous pouvez aussi vouloir que le contrôle soit étiré lorsque
vous agrandissez la fenêtre Access.

■ Passez en *Mode Création* ou *Mode Page* en utilisant l'icône située sur la barre d'état du
formulaire. Sélectionnez l'ensemble des contrôles.

■ Sélectionnez le contrôle <MAG_VILLE>, et sous l'onglet **Organiser**>groupe **Position**, cliquez sur le
bouton **Ancrage**, et vérifiez qu'il est bien positionné à *Supérieur gauche*.

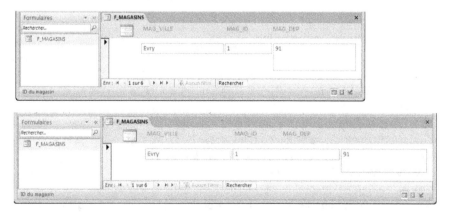

■ Sélectionnez le contrôle <MAG_ID> et sous l'onglet **Organiser**>groupe **Position**, cliquez sur
**Ancrage**, puis sur *Étirement latéral supérieur*.

■ Sélectionnez le contrôle <MAG_DEP> et sous l'onglet **Organiser**>groupe **Position**, cliquez sur
**Ancrage**, puis sur *Étirer latéralement et vers la droite*.

■ Passez en *Mode Formulaire* en utilisant le menu contextuel de l'onglet du formulaire, et testez
l'effet des différents ancrages en modifiant la taille de la fenêtre Access.

Notez que le contrôle étiquette <MAG_DEP> ne « suit » pas le repositionnement du contrôle du
champ <MAG_DEP>. Pour cela, il lui faudrait aussi un **Ancrage-***Étirer latéralement et vers la droite*.

- Fermez le formulaire en cliquant sur sa case de fermeture ☒.

Access vous demande si vous voulez enregistrer les modifications.

- Cliquez sur [Non].

### 3—Créez un formulaire simplifié F_CLIENTS_ADRESSE

Vous allez créer un formulaire F_CLIENTS_ADRESSE simplifié, contenant uniquement les coordonnées de contact du client (adresse complète, téléphone et e-mail). Cette fois-ci vous travaillerez en *Mode Page*.

- Sous l'onglet **Créer**>groupe **Formulaires**, cliquez sur le bouton **Formulaire vierge**.

Access créé un formulaire vierge en *Mode Page*, et ouvre le volet *Liste des champs*.

Si le volet *Liste des champs* n'apparaît pas, pour l'afficher, sous l'onglet **Création**>groupe **Outils**, cliquez sur le bouton **Ajouter des champs existants**.

- Dans le volet *Liste des champs*, cliquez sur le symbole ⊞ ❶ devant T_CLIENTS pour faire apparaître la liste des champs de cette table.

- Cliquez et glissez *CLI_ID* ❷ dans la zone de travail ❸. Notez que le formulaire contient un cadre pointillé rouge, délimitant la zone de travail du formulaire.

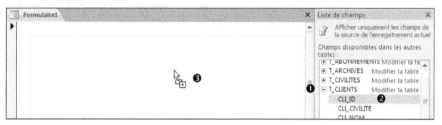

Dès que vous relâchez le bouton de la souris, Access positionne le contrôle champ <CLI_ID> et son étiquette en haut à gauche de la zone de travail (un rappel, si vous faites une erreur, vous pouvez revenir en arrière en appuyant sur les touches Ctrl +Z).

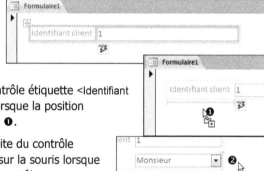

- Cliquez et glissez *CLI_CIVILITE* sous le contrôle étiquette <Identifiant client>. Relâchez la pression sur la souris lorsque la position d'insertion est indiquée par un trait orange ❶.

- Cliquez et glissez le champ *CLI_NOM* à droite du contrôle <CIVILITE> la civilité. Relâchez la pression sur la souris lorsque la position d'insertion apparaît à droite du contrôle précédemment inséré ❷. Ajoutez, à droite encore, le contrôle <CLI_PRENOM> puis le contrôle <CLI_NOM>.

- Ajoutez au-dessous du contrôle <CIVILITE>, le contrôle <CLI_ADRESSE>, puis au-dessous encore, le contrôle <CLI_CP> de manière à obtenir la disposition suivante :

Notez que les contrôles ont été mis dans une disposition, tableau de cellules, dont les largeurs de colonne correspondent à la largeur du plus grand contrôle inséré dans la colonne.

# CAS 7 : CRÉER DES FORMULAIRES

- Glissez-déplacez le contrôle *CLI_VILLE* à droite du code postal ❶.
  La cellule devient orange quand vous pointez dessus.
- Ajoutez les contrôles champ <CLI_TEL> et <CLI_EMAIL> au-dessous :

- Supprimez l'étiquette <Civilité> en la sélectionnant puis en appuyant sur Suppr.
- Cliquez et glissez l'étiquette <Nom> ❶ dans la cellule devenue vide qui contenait avant l'étiquette <Civilité> ❷.

- De la même manière, supprimez l'étiquette <Prénom>, puis faites glisser les contrôles zone de texte <CLI_NOM> et <CLI_PRENOM> vers la gauche.

Vous allez maintenant modifier les largeurs des contrôles, de la deuxième colonne de la disposition, incluant le contrôle <CLI_ADRESSE>.

- Sélectionnez un des contrôles de la deuxième colonne. Modifiez la largeur du contrôle sélectionné en glissant et déplaçant son côté droit. Le curseur prend la forme d'une double flèche horizontale ❶. Vous modifiez ainsi la largeur de toute la colonne.

- De manière similaire, élargissez la troisième colonne.

Il y a deux colonnes vides à droite dans la disposition, vous allez les supprimer.

- Cliquez dans une cellule dans la dernière colonne, puis sous l'onglet **Organiser**>groupe **Lignes et colonnes**, cliquez sur le bouton **Sélectionner une colonne**, puis appuyez sur la touche Suppr. De la même manière, supprimez la cinquième (et maintenant dernière) colonne.

Les contrôles étiquettes <Ville> et <EMail> sont un peu larges, alors que les contrôles zone champ <CLI_VILLE> et <CLI_EMAIL> sont au contraire un peu étroits. Mais vous ne pouvez pas modifier leur largeur sans modifier celle de <CLI_NOM>, qui elle est correcte.

- Sélectionnez le contrôle étiquette <Ville>. Sous l'onglet **Organiser**>groupe **Fusionner/Fractionner**, cliquez sur le bouton **Fractionner horizontalement**.
- Cliquez sur la cellule à droite du contrôle étiquette <Ville>, puis en maintenant la touche Ctrl cliquez sur le contrôle zone champ <CLI_VILLE>. Sous l'onglet **Organiser**>groupe **Fusionner/Fractionner**, cliquez sur le bouton **Fusionner**.
- Appliquez les mêmes opérations sur les contrôles <EMail> et <CLI_EMAIL>.
- De manière similaire, fusionnez le contrôle zone champ <CLI_ADRESSE> avec les deux cellules qui sont à sa droite.

# CAS 7 : CRÉER DES FORMULAIRES

- Pointez le bord inférieur du contrôle zone champ <CLI_ADRESSE>, faites glisser cette bordure pour augmenter la hauteur du contrôle.

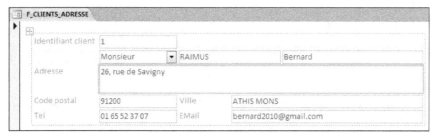

- Fermez le formulaire en l'enregistrant sous le nom F_CLIENTS_ADRESSE.

## 4–CRÉEZ UN FORMULAIRE À L'AIDE DE L'ASSISTANT

Vous allez créer un autre formulaire, un peu plus complexe, qui vous servira de base de travail.

- Dans le volet de navigation, activez le groupe *Tables*, et sélectionnez la table *T_CLIENTS*.
- Sous l'onglet **Créer**>groupe **Formulaires**, cliquez sur le bouton **Assistant Formulaire**.

  Vous allez sélectionner tous les champs de la table T_CLIENTS, à l'exception de <CLI_ABONNEMENT>, <CLI_DATE_ABONNEMENT> et <CLI_DEP>.

### Définissez la liste des champs

- Dans le dialogue qui apparaît, ouvrez la liste déroulante de la zone <tables/Requêtes> et sélectionnez la table *T_CLIENTS* ❶.

La liste des champs de la table T_CLIENTS apparaît.

- Cliquez sur la double flèche ❷ pour faire passer tous les champs de la liste <Champs disponibles.> vers la liste <Champs sélectionnés.>.
- Sélectionnez le champ *CLI_ABONNEMENT* dans la zone ❸, et cliquez sur la flèche ❹ pour enlever *CLI_ABONNEMENT* de la liste des champs sélectionnés.

  Répétez cette action pour les champs *CLI_DATE_ABONNEMENT* et *CLI_DEP.*
- Cliquez sur le bouton [Suivant].

### Définissez le format et le nom

- Dans l'étape suivante de l'assistant, dans la liste des dispositions proposées, activez <⊙ Colonne simple>, puis cliquez sur [Suivant].
- Saisissez F_CLIENTS comme titre de formulaire. Ce titre sera aussi le nom du formulaire.
- Cliquez sur [Terminer].

Access affiche le formulaire généré, un contrôle avec son étiquette a été créé pour chaque champ choisi dans le formulaire (il est possible que la disposition des champs soit légèrement différente sur votre écran ; cela n'a pas d'influence sur la suite).

# CAS 7 : CRÉER DES FORMULAIRES

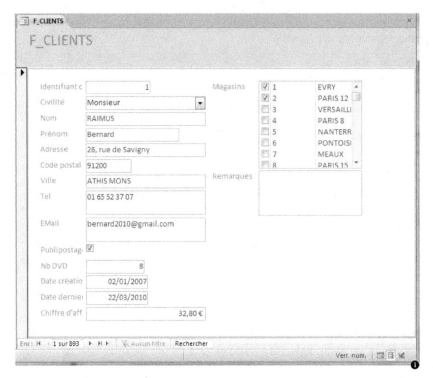

- Modifiez la taille de la fenêtre en utilisant un des bords ou un des coins du formulaire ❶ pour adapter le formulaire à votre taille d'écran. Notez que les libellés des contrôles correspondent aux légendes que vous aviez définies.

- Notez également que le champ <CLI_PUBLIPOSTAGE>, de type Oui/non a été créé sous forme de contrôle case à cocher, et que le champ <CLI_CIVILITE>, que vous aviez défini comme *Liste déroulante* a été créé sous forme de contrôle Liste déroulante.

- Fermez le formulaire.

## 5–PERSONNALISEZ LE FORMULAIRE F_CLIENTS EN MODE PAGE

Vous allez maintenant améliorer la présentation du formulaire.

- Dans le volet de navigation, activez le groupe *Formulaires*.

- Cliquez-droit sur *F_CLIENTS* puis sur *Mode Page*.

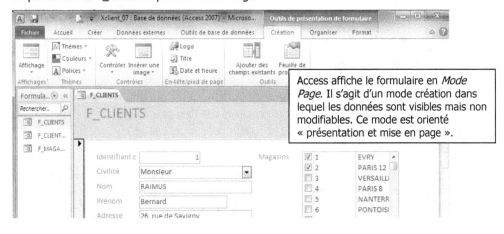

Access affiche le formulaire en *Mode Page*. Il s'agit d'un mode création dans lequel les données sont visibles mais non modifiables. Ce mode est orienté « présentation et mise en page ».

# CAS 7 : CRÉER DES FORMULAIRES

- En utilisant les méthodes vues précédemment (association de contrôles, déplacement et redimensionnement), modifiez le formulaire pour qu'il ressemble à la figure ci-dessous.

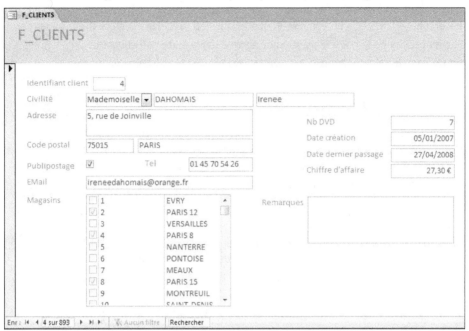

De nombreuses modifications peuvent être réalisées de manière simple en *Mode Page*, mais vous n'avez pas accès dans ce mode à toutes les modifications possibles dans le *Mode Création*.

Notez les boutons de navigation (en bas à gauche) qui vous permettent de naviguer dans les enregistrements. Ceci est pratique pour voir si la taille d'un contrôle est adaptée à son contenu.

Par la suite (et sauf indication contraire), vous pourrez vous positionner indifféremment en *Mode Page* ou en *Mode Création* pour modifier le formulaire.

## 6–PLUS DE PERSONNALISATION

### Modifiez le contenu d'une étiquette

- Cliquez sur le contrôle étiquette <Code Postal> pour le sélectionner. Cliquez à nouveau sur le contrôle (attention : il ne faut pas double-cliquer. Si cela se produit, un dialogue nommé *Propriétés* apparaît. Fermez-le simplement).

Vous êtes maintenant en *Mode Édition* du contrôle.

- Effacez le texte `Code Postal` et tapez `CP, Ville`. Cliquez hors du contrôle étiquette pour terminer la saisie.
- De même, modifiez le contenu de <Civilité> pour le remplacer par <Nom, Prénom>.
- Passez en *Mode Formulaire* pour contrôler le résultat.

### Modifiez l'en-tête de formulaire

Vous allez modifier le titre dans l'en-tête du formulaire, y rajouter une étiquette et un logo.

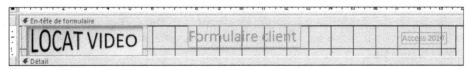

# CAS 7 : CRÉER DES FORMULAIRES

*Modifiez le contrôle étiquette qui sert de titre*

- Passez en *Mode Création* ou en *Mode Page*.
- Cliquez deux fois de suite (attention il faut cliquer lentement, ce n'est pas un double clic) dans le contenu F_CLIENTS du contrôle étiquette qui se trouve dans l'entête du formulaire.
- Access positionne le point d'insertion de texte dans le texte de l'étiquette.
- En utilisant le clavier, changez F_CLIENTS en Formulaire Client.
- Cliquez hors du contrôle étiquette pour terminer la saisie.
- Cliquez dans le contrôle étiquette pour le sélectionner.

Access sélectionne le contrôle et fait apparaître 8 poignées de redimensionnement (pour rappel, si vous êtes en *Mode Page*, les poignées sont présentes mais n'apparaissent pas).

- Faites glisser une poignée du bord droit pour redimensionner le contrôle afin que le titre tienne sur une seule ligne. Faites glisser un poignée du bord inférieur pour diminuer la hauteur.
- Déplacez le contrôle pour qu'il soit centré horizontalement dans le formulaire.

*Ajoutez un contrôle étiquette*

- Si nécessaire, passez en *Mode Création*.
- Sous l'onglet **Création**>groupe **Contrôles**, cliquez sur le bouton **Étiquette** ❶. Son nom ❷ apparaît quand vous passez (sans cliquer) le pointeur dessus.
- Cliquez dans le formulaire, à droite dans la section d'en-tête.

Access crée un contrôle étiquette vide.

- Tapez Access 2010 suivi de ⏎, puis positionnez le contrôle étiquette à droite de l'en-tête.

*Ajoutez un contrôle pour un logo*

- En *Mode Création*, sous l'onglet **Création**>groupe **Contrôles**, cliquez sur le bouton **Image**, puis cliquez sur *Parcourir*.
- Dans le dialogue, *Insérer une image* ❸. Sélectionnez le fichier contenant le logo à insérer, C:\Exercices Access 2010\logo.png. Cliquez sur [OK].

- Cliquez dans l'en-tête du formulaire du côté gauche. Access insère le logo.
- Modifiez la taille du logo et la hauteur de l'en-tête.

## Modifiez l'ordre de tabulation des contrôles

- En *Mode Formulaire*, utilisez la touche de tabulation ⇥ pour passer d'un champ à l'autre. Notez que l'ordre n'est pas toujours celui auquel on s'attendait : on passe de <CLI_NB_DVD> à <CLI_DATE_CREATION>, par exemple.

*Pour appliquer l'ordre automatique*

- Passez en *Mode Création* (on ne peut pas modifier l'ordre de tabulation en *Mode Page*), sous l'onglet **Création**>groupe **Outils**, cliquez sur le bouton **Ordre de tabulation**.

Access affiche la liste des champs à ordonner.

- Vérifiez que la section *Détail* est sélectionnée.
- Dans le dialogue *Ordre de tabulation*, cliquez sur [Ordre automatique]. Les champs sont ordonnés de haut en bas et de droite à gauche. Si cela ne vous semble pas être le cas (<CLI_VILLE> avant <CLI_CP>, par exemple), c'est que l'un des champs est plus haut que l'autre (dans cet exemple, <CLI_VILLE> est plus haut que <CLI_CP>).
- Utilisez les options d'alignement vues précédemment (sous l'onglet **Organiser**>groupe **Redimensionnement et classement**, le bouton **Aligner**, et les différentes options) pour aligner les différents contrôles.

- Repassez en *Mode Formulaire* (dans le volet de navigation, cliquez droit sur *F_CLIENTS* puis cliquez sur *Mode Formulaire*).
- Utilisez la touche de tabulation ⭤ pour vérifier le résultat.

*Pour définir l'ordre manuellement*

- Dans le volet de navigation, cliquez droit sur *F_CLIENTS* puis *Mode Création*. Sous l'onglet **Création**>groupe **Outils** cliquez sur le bouton **Ordre de tabulation**.
- Cliquez sur la case grise qui précède <CLI_CP>. Cliquez à nouveau sur la case grise qui précède <CLI_CP> et glissez la ligne sélectionnée entre <CLI_ADRESSE> et <CLI_NB_DVD>. Terminez en relâchant le bouton de la souris.
- Cliquez sur [OK] pour fermer la fenêtre *Ordre de tabulation*.
- Dans le volet de navigation, cliquez droit sur *F_CLIENTS* puis cliquez sur *Ouvrir*.
- Utilisez la touche de tabulation ⭤ pour vérifier le résultat.
- De manière similaire, modifiez l'ordre des autres contrôles pour que cet ordre soit naturel.

### Ajoutez un champ par la liste des champs

- En *Mode Création*, décalez d'un centimètre (voire un peu plus) vers le bas le champ <CLI_REMARQUES> et son étiquette. À cet endroit vous allez ajouter deux champs.
- Dans le Ruban, sous l'onglet **Création**>groupe **Outils**, cliquez sur le bouton **Ajouter des champs existants**.
- Cliquez sur *CLI_ABONNEMENT* dans la liste et glissez-le à l'endroit où vous voulez le positionner sur le formulaire, sous le champ *CLI_CHIFFRE_AFFAIRES*.

Notez qu'Access crée un contrôle liste déroulante, car c'est ainsi que ce champ est défini dans la table.

- Fermez la fenêtre de la liste des champs.
- Modifiez la position du contrôle étiquette et/ou du contrôle <CLI_ABONNEMENT> en les déplaçant avec la poignée qui se trouve en haut à gauche.

### Ajoutez un champ par l'outil Zone de texte

- Sous l'onglet **Création**>groupe **Contrôles**, cliquez sur le bouton **Zone de texte**.
- Cliquez sur le formulaire sous le contrôle <CLI_ABONNEMENT>.

Access crée un contrôle zone de texte vide indépendant, ainsi que son étiquette (dans la figure `texte 47`, pour vous le numéro sera différent).

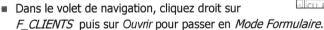

- Dans le volet de navigation, cliquez droit sur *F_CLIENTS* puis sur *Ouvrir* pour passer en *Mode Formulaire*.
- Dans la zone de texte que vous venez de créer, tapez `Toto` (ou n'importe quoi d'autre).

- Cliquez plusieurs fois sur la flèche ❶ dans la barre de navigation, située en bas à gauche du formulaire, pour afficher les enregistrements suivants.

Vous constatez que les valeurs des contrôles changent, mais que `Toto` reste toujours là. Sa valeur n'est liée à aucun champ de la table. En fait, il est « indépendant » de la table.

Un contrôle indépendant n'est généralement utilisé que par des macros ou des programmes Visual Basic.

- Dans le volet de navigation, cliquez droit sur *F_CLIENTS* puis *Mode création*.

## Définissez la source de données d'un contrôle

vous allez définir la source du contrôle indépendant, pour qu'il affiche la date d'abonnement du client.

- En *Mode Création*, sélectionnez le contrôle indépendant (celui qui contenait `Toto`).
- Sous l'onglet **Création**>groupe **Outils**, cliquez sur le bouton **Feuille des propriétés**. Dans la *Feuille de propriétés*, sélectionnez l'onglet *Données* ❶.
- Cliquez sur la propriété <Source contrôle> ❷. Déroulez la liste en cliquant sur la flèche à droite du champ ❸, et sélectionnez *CLI_DATE_ABONNEMENT* vers le bas de la liste.

Le contrôle est maintenant un contrôle dépendant du champ <CLI_DATE_ABONNEMENT>.

- Cliquez sur le contrôle étiquette, ici *Texte47*, à gauche du contrôle zone de texte <CLI_DATE_ABONNEMENT>.
- Vérifiez que la *Feuille des propriétés* affiche *Étiquette* comme <Type de sélection> ❶ et que la liste déroulante contient le nom *Étiquette48* ❷ (le numéro peut être différent).

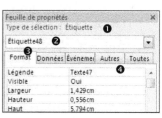

- Dans la *Feuille de propriétés*, sélectionnez l'onglet *Format* ❸.
- Cliquez sur <Légende> ❹, puis tapez `Date d'abonnement` dans la zone correspondante.
- Modifiez la largeur et la position du contrôle étiquette pour en voir tout le contenu.
- Passez en *Mode Formulaire*.
- Admirez votre travail.

## Modifiez le format

Le chiffre d'affaires est en euros. À titre d'exercice, vous allez supprimer ce symbole Euro.

- Repassez en *Mode Création*.
- Sélectionnez le contrôle <CLI_CHIFFRE_AFFAIRES>.
- Vérifiez que sous le titre *Feuille de propriétés* le <Type de sélection> est *Zone de texte* et le nom dans la zone au-dessous est *CLI_CHIFFRE_AFFAIRES*.

- Sélectionnez l'onglet *Format* de la *Feuille de propriétés*.
- Cliquez sur la propriété <Format> et sélectionnez *Fixe*.
- Cliquez sur la propriété <Aligner le texte> et sélectionnez *Droite*.

# CAS 7 : CRÉER DES FORMULAIRES

## Ajoutez une zone de texte calculée

La valeur du chiffre d'affaires est exprimée en TTC. Vous allez ajouter un contrôle qui affichera le montant hors-taxe.

- Toujours en *Mode Création*, déplacez de 1 centimètre vers le bas les contrôles <CLI_ABONNEMENT>, <CLI_DATE_ABONNEMENT>, <CLI_REMARQUES> et leurs étiquettes.
- Dans le ruban, sous l'onglet **Création**>groupe **Contrôles**, cliquez sur le bouton **Zone de texte**.
- Cliquez sur le formulaire en dessous du contrôle <CLI_CHIFFRE_AFFAIRES>.

Access crée un contrôle zone de texte vide indépendant.

- Si vous avez fermé la *Feuille de propriétés*, ouvrez-la (sous l'onglet **Création**>groupe **Outils**, cliquez sur le bouton **Feuille des propriétés**).
- Dans la *Feuille de propriétés*, sélectionnez l'onglet *Données*.
- Dans la propriété <Source de contrôle>, tapez la formule : =[CLI_CHIFFRE_AFFAIRES]/1,196.
- Sélectionnez l'onglet *Format*.
- Dans la propriété <Format>, cliquez sur la flèche à droite et sélectionnez *Fixe*.
- Dans la propriété <Décimale>, saisissez 2.

- Changez en CA HT le contenu du contrôle étiquette associé à ce contrôle calculé en utilisant une des méthodes utilisées précédemment.
- Déplacez les contrôles et ajustez leur taille.
- Passez en *Mode Formulaire* et vérifiez le résultat.

Si le contrôle contient #Nom ou #Erreur, il y a une erreur dans la formule. Dans ce cas, revenez en *Mode Création* et vérifiez-la.

Une erreur se produit également si, dans un contrôle, vous saisissez une formule contenant le nom du contrôle lui-même (par exemple, si vous saisissez la formule précédente dans le contrôle <CLI_CHIFFRE_AFFAIRES>).

## Ajoutez une autre zone de texte calculée

Vous allez maintenant créer un contrôle qui signalera si l'abonnement est périmé, autrement dit si la prise de l'abonnement date de plus d'un an.

Vous allez donc comparer la valeur de <CLI_DATE_ABONNEMENT> + 365 avec la date du jour, donnée par la fonction Date(). Le test sera effectué par la fonction VraiFaux.

- Passez en *Mode Création*.
- Sous l'onglet **Création**>groupe **Contrôles**, cliquez sur le bouton **Zone de texte**.
- Cliquez sur le formulaire à gauche du contrôle <CLI_DATE_ABONNEMENT>.

Access crée un contrôle zone de texte vide indépendant, ainsi que son étiquette.

- Sélectionnez le contrôle étiquette qui se trouve à gauche, et appuyez sur Suppr.
- Sélectionnez le contrôle zone de texte que vous venez de créer.
- Si vous avez fermé la *Feuille de propriétés*, ouvrez-la (sous l'onglet **Création**>groupe **Outils**, cliquez sur le bouton **Feuille des propriétés**).

# CAS 7 : CRÉER DES FORMULAIRES

- Dans la *Feuille de propriétés*, sélectionnez l'onglet *Données*.
- Cliquez sur <Source de contrôle>.
- Ouvrez le zoom en appuyant sur ⇧+F2.
- Tapez la formule suivante :
  =VraiFaux([CLI_DATE_ABONNEMENT]+365<Date();"périmé";"")
  Note : La formule VraiFaux() est l'équivalent du SI() en Excel, et s'utilise de façon similaire.

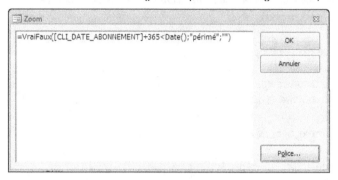

- Cliquez sur [OK] pour fermer le zoom.
- Passez en *Mode Formulaire* pour vérifier le résultat.

Vérifiez la formule en saisissant une date d'abonnement périmée ou non.

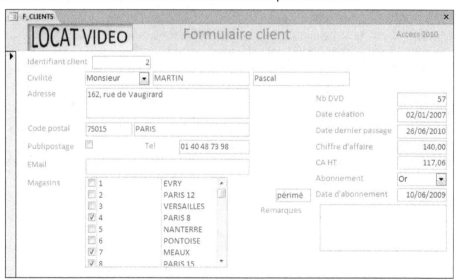

- Modifiez l'ordre de tabulation pour qu'il soit naturel (en *Mode création*, sous l'onglet **Création**>groupe **Outils,** cliquez sur le bouton **Ordre de tabulation**). N'hésitez pas à repasser en *Mode formulaire* pour faire des essais.
- Notez au passage que CA HT est sélectionnable avec la touche de tabulation, ce qui n'est pas nécessaire. Affichez si besoin la *Feuille des propriétés*. Sous l'onglet *Autres*, mettez la propriété <Arrêt tabulation> à *Non*.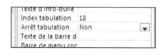
- Procédez de même pour le contrôle <périmé>.
- Cliquez sur le bouton [Enregistrer] (de la barre d'accès rapide) pour enregistrer les modifications de structure du formulaire.

# CAS 7 : CRÉER DES FORMULAIRES

## 7—EMBELLISSEZ LE FORMULAIRE F_CLIENTS

Maintenant que votre formulaire est complet, vous allez le rendre plus esthétique et plus convivial.

### Appliquez une mise en forme automatique

- Ouvrez le formulaire en *Mode Page*.
- Sur le Ruban, sous l'onglet **Création**>groupe **Thèmes**, cliquez sur le bouton **Thèmes** ❶.

Access ouvre la galerie des thèmes.

- Pointez sans cliquer sur une vignette de thème (par exemple *Angle* ❷). Notez que votre formulaire prend l'apparence définie par le thème.
- Cliquez sur la vignette du thème *Angles*.

Access applique le thème choisi au formulaire, à tous les éléments du formulaire, sauf ceux qui sont mis en forme individuellement.

Vous pouvez dissocier le choix des couleurs et le choix des polices. Ici, vous allez choisir les couleurs du thème *Angles* et la police du thème *Médian*.

- Sur le Ruban, sous l'onglet **Création**>groupe **Thèmes**, cliquez sur le bouton **Polices** ❸.
- Dans la liste qui s'affiche, choisissez le thème *Médian*.

N'hésitez pas à essayer différents thèmes.

### Mettez en forme des contrôles

Vous allez modifier individuellement (et non globalement comme au paragraphe ci-dessus) certaines propriétés d'affichage d'un contrôle.

- Sélectionnez l'étiquette qui contient `Formulaire Client` dans l'en-tête du formulaire.
- Si vous avez fermé la *Feuille de propriétés*, ouvrez-la (sous l'onglet **Création**>groupe **Outils**, cliquez sur le bouton **Feuille des propriétés**).
- Sélectionnez l'onglet *Format*.
- Notez que la propriété <style fond> est à *Transparent*.
- Sélectionnez la propriété <Couleur fond>, puis cliquez sur le bouton ❶ à droite de la ligne. Access affiche une palette de couleurs.
- Sélectionnez la couleur bleu foncé ❷.

Access ferme la palette de couleurs.

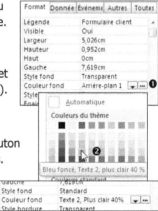

- Notez que la propriété <style fond> est maintenant à *Standard*.
- Dans la propriété <Taille de police>, remplacez 20 par 32.
- Dans la propriété <Épaisseur police>, sélectionnez *Très gras*.
- Dans la propriété <Couleur police>, sélectionnez *Arrière-plan 2, Plus sombre 10%*.
- Sans fermer la *Feuille de propriétés*, agrandissez le contrôle pour voir le texte en entier.

En utilisant les méthodes ci-dessus, modifiez le formulaire pour obtenir le résultat suivant :

- Nous voulons les textes de la civilité, du nom et du prénom en bleu et en gras.
- Nous voulons que le fond de la section *Détail* soit de même couleur que celui de la section *En-tête*. Vous pouvez copier la couleur de fond de la propriété <Couleur fond> de la section *En-tête* pour la coller dans la propriété <Couleur fond> de la section *Détail*.

# CAS 7 : CRÉER DES FORMULAIRES

- Enregistrez les modifications.
- Modifiez l'ancrage des contrôles <CLI_MAGASINS> et <CLI_REMARQUES> pour qu'ils s'étirent vers le bas quand on change la taille du formulaire (en *Mode Création*, sous l'onglet **Organiser**>groupe **Position**, cliquez sur le bouton **Ancrage**, puis sur *Étirer vers le bas*).
- Passez en *Mode Formulaire* pour vérifier le résultat.

## Interdisez l'accès à un contrôle

Le contrôle affichant le prix hors-taxe ne peut pas être modifié, car il est le résultat d'une formule. Vous allez interdire son accès.

- En *Mode création* ou *Mode page*, sélectionnez le contrôle calculant le prix hors-taxe.
- Dans la *Feuille de propriétés*, sélectionnez l'onglet *Données*.
- Dans la propriété <Activé>, remplacez la valeur *Oui* par *Non*.
- Dans la propriété <Verrouillé>, remplacez la valeur *Non* par *Oui*.
- Visualisez le résultat en passant en *Mode Formulaire*.

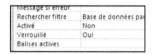

Le problème est qu'un utilisateur ne voit pas de différence entre ce champ (inaccessible) et les autres champs (accessibles).

- Revenez en *Mode Création* ou *Mode Page*.
- Dans la *Feuille de propriétés*, sélectionnez l'onglet *Format*.
- Mettez sa propriété <Style fond> à *Transparent*.
- Visualisez le résultat en passant en *Mode Formulaire*.
- De manière similaire, interdisez l'accès au contrôle indiquant l'identifiant client, ainsi que celui indiquant si l'abonnement est périmé ou non.

## Appliquez une mise en forme conditionnelle

Il peut être utile de modifier le format d'affichage de certains contrôles en fonction de leur valeur.

Vous allez afficher en rouge le contenu de <CLI_DATE_ABONNEMENT> lorsqu'on se rapproche de la date de fin d'abonnement.

- Passez en *Mode Création* ou *Mode Page*.
- Cliquez sur le contrôle <CLI_DATE_ABONNEMENT>.

# CAS 7 : CRÉER DES FORMULAIRES

- Sous l'onglet **Format**>groupe **Contrôler la mise en forme**, cliquez sur le bouton **Mise en forme conditionnelle.**

Access affiche le *Gestionnaire de règles de mise en forme conditionnelle*.

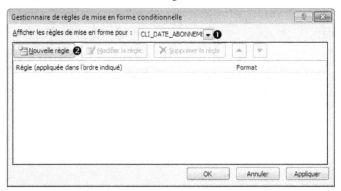

- Vérifiez que le champ sélectionné est bien <CLI_DATE_ABONNEMENT> ❶.
- Cliquez sur [Nouvelle règle] ❷

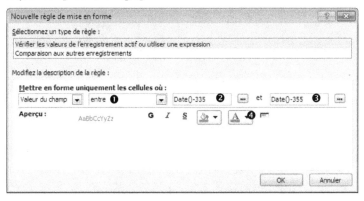

- Vérifiez que vous avez bien un critère de comparaison *Entre* ❶.
- Comme critères, saisissez les valeurs de comparaison `Date()-335` en ❷ et `Date()-355` en ❸, ce qui correspond respectivement à un mois avant la date de péremption et dix jours avant la date de péremption.
- Cliquez sur la flèche associée au bouton de choix de la couleur du texte ❹, puis sur la couleur rouge.
- Cliquez sur [OK].

Access revient sur le *Gestionnaire de mise en forme conditionnelle*.

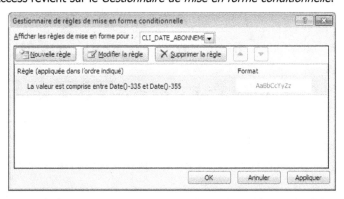

# CAS 7 : CRÉER DES FORMULAIRES

- Cliquez sur [Nouvelle règle].
- Sélectionnez le critère *Inférieur à*.
- Saisissez la valeur de comparaison Date()-355.
- Précisez que le texte de ce champ doit être en rouge, souligné et gras.

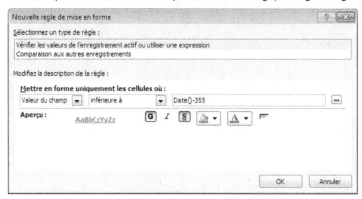

- Cliquez sur [OK].

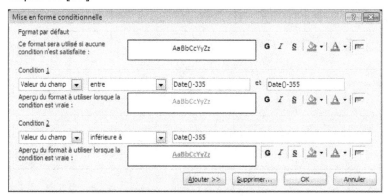

- Repassez en *Mode Formulaire*.
- Saisissez différentes valeurs pour <CLI_DATE_ABONNEMENT> pour vérifier les effets de la mise en forme conditionnelle.
- Fermez le formulaire en enregistrant les modifications.

## 8–UTILISEZ LE FORMULAIRE F_CLIENTS

De nombreuses manipulations avec un formulaire sont identiques à celles d'une feuille de données. On retrouve les mêmes principes dans les deux cas. Vous ne verrez ici que les déplacements, la recherche et le tri ascendant. Vous pouvez vous reporter au cas 2 (les feuilles des données) pour les autres manipulations.

- Dans le volet de navigation, double-cliquez sur *F_CLIENTS*. Access affiche le formulaire.

### Faites défiler les enregistrements

Utilisez les boutons de déplacement qui se trouvent en bas à gauche du formulaire pour naviguer dans les enregistrements ou créer un nouvel enregistrement.

# CAS 7 : CRÉER DES FORMULAIRES

## Triez les enregistrements

Vous allez faire apparaître les informations du formulaire dans l'ordre des noms des clients.

- Cliquez dans le contrôle <CLI_NOM>.
- Sous l'onglet **Accueil**>groupe **Trier et filtrer**, cliquez sur le bouton **Croissant**.
- Parcourez les enregistrements pour vérifier que le tri a bien été effectué.
- Fermez le formulaire, puis rouvrez-le. Le tri a été conservé.
- Sous l'onglet **Accueil**>groupe **Trier et filtrer**, cliquez sur le bouton **Supprimer un tri**.

## Recherchez un enregistrement

Vous allez rechercher la fiche du client `Yves Martin`.

- En utilisant un bouton de navigation, affichez le premier enregistrement et placez le curseur dans le contrôle <CLI_NOM> (en principe, <CLI_NOM> doit contenir `RAIMUS`).
- Sous l'onglet **Accueil**>groupe **Rechercher**, cliquez sur le bouton **Rechercher** ou Ctrl+F.

- Saisissez `martin` ❶, puis cliquez sur [Suivant].

L'enregistrement affiché n'est pas le bon : cliquez sur [Suivant] jusqu'à trouver le bon.

L'enregistrement recherché est maintenant à l'écran.

- Cliquez sur [Annuler] pour refermer le dialogue de recherche.

## Filtrez des enregistrements par sélection

Vous allez rechercher tous les clients dont le nom est Martin et qui n'habitent pas Paris.

Si vous avez fait la manipulation précédente, vous êtes sur la fiche d'Yves Martin.

- Sous l'onglet **Accueil**>groupe **Trier et filtrer**, cliquez sur le bouton **Sélection** puis choisissez l'option *Égal à « Martin »*.

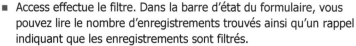

- Access effectue le filtre. Dans la barre d'état du formulaire, vous pouvez lire le nombre d'enregistrements trouvés ainsi qu'un rappel indiquant que les enregistrements sont filtrés.
- À l'aide des flèches de navigation, trouvez le Martin habitant Paris.

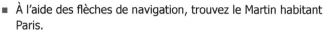

- Sous l'onglet **Accueil**>groupe **Trier et filtrer**, cliquez sur le bouton **Sélection** puis choisissez l'option *Différent de « Paris »*.

Access effectue le filtre. Vous pouvez remarquer qu'il y a 3 enregistrements qui répondent à nos critères, et naviguer parmi ces enregistrements.

- Sous l'onglet **Accueil**>groupe **Trier et filtrer**, cliquez sur le bouton **Activer/désactiver le filtre**.

## Filtrez des enregistrements par formulaire

Vous allez rechercher les habitants de Puteaux ayant loué plus de 50 DVD.

- Sous l'onglet **Accueil**>groupe **Trier et filtrer**, cliquez sur le bouton **Options avancées** puis sur *Filtrer par formulaire*.

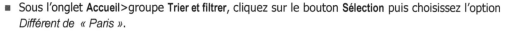

# CAS 7 : CRÉER DES FORMULAIRES

Access affiche le formulaire de recherche. Ce formulaire contient les critères que vous avez sélectionnés précédemment.

Ces critères n'étant plus nécessaires, vous allez les effacer.

- Sous l'onglet **Accueil**>groupe **Trier et filtrer**, cliquez sur le bouton **Options avancées** puis sur *Effacer la grille*.
- Saisissez `puteaux` dans la ville, et `>50` dans le nombre de DVD.

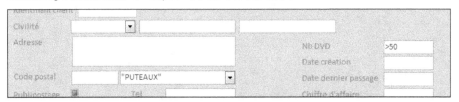

- Sous l'onglet **Accueil**>groupe **Trier et filtrer**, cliquez sur le bouton **Activer/désactiver le filtre**. Access affiche les 5 enregistrements correspondant aux critères.
- Sous l'onglet **Accueil**>groupe **Trier et filtrer**, cliquez sur le bouton **Activer/désactiver le filtre**. Access désactive le filtre et affiche tous les enregistrements.
- Fermez le formulaire, puis rouvrez-le.
  Tous les enregistrements sont affichés, le filtre n'est pas actif.
- Sous l'onglet **Accueil**>groupe **Trier et filtrer**, cliquez sur le bouton **Activer/désactiver le filtre**. Access affiche les enregistrements correspondant à vos derniers critères.
- Sous l'onglet **Accueil**>groupe **Trier et filtrer**, cliquez sur le bouton **Options avancées**, puis sur **Effacer tous les filtres**.
  Tous les filtres sont maintenant définitivement effacés (et pas seulement désactivés).

## 9—FERMEZ LA BASE DE DONNÉES ET QUITTEZ ACCESS

- Cliquez sur l'onglet **Fichier**, puis sur **Quitter Access** ou Alt + F4 .

# CAS 8 : CRÉER DES ÉTATS ET DES ÉTIQUETTES

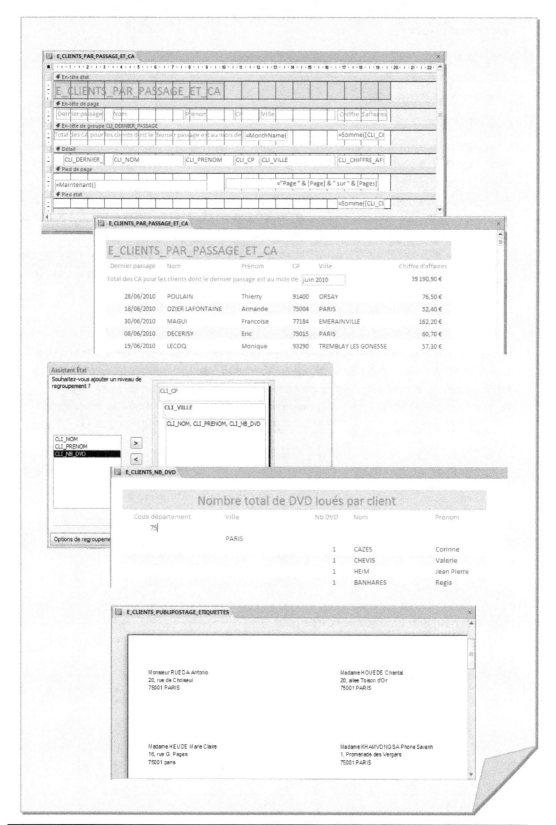

# CAS 8 : CRÉER DES ÉTATS ET DES ÉTIQUETTES

---

**Fonctions utilisées**

– *Création d'état*

– *État tabulaire*

– *État avec sous-totaux*

– *Modifier un état*

– *Étiquettes*

**25 mn**

---

Un état est un document imprimé qui liste la totalité ou une partie du contenu d'une table ou d'une requête. Les données peuvent être regroupées par catégorie et il est possible d'effectuer divers calculs tels que sous-totaux ou pourcentages.

En fait, un état est une sorte de formulaire destiné uniquement à l'impression. La manipulation des contrôles dans un état est donc similaire en tous points à celle d'un formulaire. Les indications du chapitre précédent pourront donc être utilisées avec profit.

Copiez le fichier `Client_08.accdb` situé dans le dossier `C:\Exercices Access 2010` sous un autre nom `XClient_08.accdb`. Cette base de données est la réplique de celle qui résulte de la réalisation du cas précédent.

## 1–CRÉEZ UN ÉTAT DES MAGASINS

Vous allez créer un état qui permet d'imprimer la liste de vos magasins.

- Dans le volet de navigation, activez le groupe *Tables*, et sélectionnez la table T_MAGASINS.
- Sous l'onglet **Créer**>groupe **États**, cliquez sur le bouton **État**.

Access génère un nouvel état, basé sur la table T_MAGASINS, et l'affiche en *Mode Page*.

Ce mode, comme le *Mode Page* des formulaires, est principalement destiné à la mise en page.

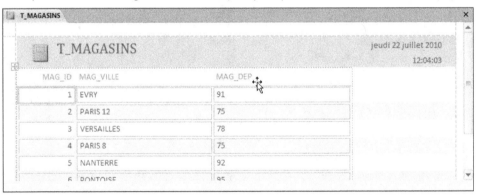

Vous allez maintenant modifier le titre de l'état.

- Cliquez deux fois dans le contrôle étiquette généré automatiquement qui contient le libellé T_MAGASINS et modifiez le texte en Liste des magasins.
- Cliquez en dehors du contrôle pour terminer la saisie.

# CAS 8 : CRÉER DES ÉTATS ET DES ÉTIQUETTES

- Sous l'onglet **Création**>groupe **Affichages**, cliquez sur la flèche du bouton **Affichage** puis sélectionnez *Mode Création*, ou cliquez sur *Mode création* ❶ en bas à droite de la fenêtre Access.

Access affiche l'état en *Mode Création*. Vous retrouvez tous les contrôles et leurs manipulations, tels qu'ils ont été vus dans le chapitre sur les formulaires.

- Sélectionnez le contrôle zone de texte contenant la formule `=Temps()` en haut à droite.
- Supprimez-le en appuyant sur la touche `Suppr`.
  Notez que vous auriez pu réaliser cette suppression en *Mode Page*.
- Sauvegardez l'état en appuyant sur `Ctrl`+S ou en cliquant sur l'outil d'enregistrement ❷.

Access vous demande un nom de fichier.

- Saisissez `E_MAGASINS`, cliquez sur [Ok].
- Sous l'onglet **Création**>groupe **Affichage**, cliquez sur la flèche du bouton **Affichage** puis sélectionnez *Mode État*, ou cliquez sur l'icône *Mode État* en bas à droite de la fenêtre.

Certaines options de filtrage et de recherche sont disponibles en *Mode État*, nous allons le voir.

---

Si vous créez un filtre avant d'enregistrer l'état pour la première fois, ce filtre sera enregistré différemment. Il sera plus difficile à modifier ou à supprimer par la suite. Il est donc fortement conseillé de filtrer seulement après avoir enregistré l'état pour la première fois, à moins que vous ne vouliez créer un filtre qui s'applique en permanence.

---

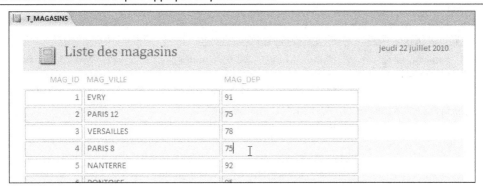

- Cliquez sur un département 75 dans la colonne <MAG_DEP>. Puis, sous l'onglet **Accueil**> groupe **Trier et Filtrer**, cliquez sur le bouton **Sélection** et choisissez *Égal à « 75 »*. Ou cliquez droit sur un numéro de département dans la colonne <MAG_DEP> puis sur *Égal à « 75 »*.

Access affiche les trois enregistrements correspondant aux magasins parisiens.

Notez que vous auriez également pu réaliser ce filtre en *Mode Page*.

- Sous l'onglet **Accueil**>groupe **Affichages**, cliquez sur la flèche du bouton **Affichage** et choisissez l'option *Aperçu avant impression*.

Access affiche l'état tel qu'il sera imprimé, et propose un ruban propre à l'aperçu avant impression.

---

Si vous cliquez sur l'outil *Imprimer* de la barre d'outils, l'impression démarre immédiatement.

---

- Sous l'onglet **Aperçu avant impression**>groupe **Fermer l'aperçu**, cliquez sur le bouton **Fermer l'aperçu avant impression**.
- Fermez l'état en appuyant sur `Ctrl`+`F4` ou en cliquant sur la case de fermeture de l'état ⊠.

Access ne vous demande pas si vous désirez enregistrer les modifications, car le filtre que vous avez utilisé ne fait pas partie constitutive de l'état.

## 2—CRÉEZ UN ÉTAT AVEC L'ASSISTANT

Vous allez créer un état simple basé sur la table T_CLIENTS.

- Sous l'onglet **Créer**>groupe **États**, cliquez sur le bouton **Assistant état**.

Access affiche l'assistant.

- Dans la zone <Tables/Requêtes>, sélectionnez *T_CLIENTS* ❶.
- Choisissez le champ *CLI_NOM* dans la liste des champs disponibles ❷.
- Cliquez sur le bouton flèche vers la droite ❸.

Access ajoute *CLI_NOM* dans la liste des champs sélectionnés ❹.

- Procédez de même avec les noms des champs *CLI_PRENOM*, *CLI_CP*, *CLI_VILLE*, *CLI_DERNIER_PASSAGE* et *CLI_CHIFFRE_AFFAIRES*.
- Si vous voulez retirer un champ de la liste ❹, sélectionnez-le et cliquez sur le bouton flèche vers la gauche ❺.
- Une fois les champs sélectionnés, cliquez sur [Suivant].

Access propose d'ajouter un niveau de regroupement.

- Ne le faites pas maintenant, cliquez sur [Suivant].

Access propose un tri.

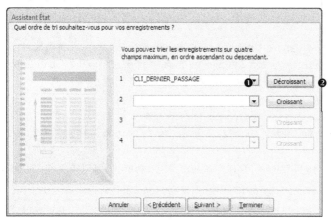

- Sélectionnez, dans la zone liste déroulante ❶, le champ qui va servir de premier critère de tri *CLI_DERNIER_PASSAGE*.
- Cliquez sur le bouton *Croissant* ❷ pour basculer en tri décroissant.

# CAS 8 : CRÉER DES ÉTATS ET DES ÉTIQUETTES

- Cliquez sur [Suivant].

Access vous propose plusieurs présentations.

- Sélectionnez une disposition <⊙ Tabulaire> et une orientation <⊙ Portrait>.
- Vérifiez que la case <☑ Ajuster la taille des champs afin qu'ils tiennent tous sur une page >est cochée.
- Cliquez sur [Suivant].

Tapez un titre pour l'état : E_CLIENTS_PAR_PASSAGE_ET_CA. Ce titre sera le nom de l'état enregistré.

- Cliquez sur [Terminer].

L'état est généré puis affiché en *Mode Aperçu avant impression* :

- Vous pouvez visualiser le reste de la page en utilisant les curseurs de défilement ❶ et visualiser les autres pages en utilisant les boutons de navigation ❷.

Notez que, comme vous avez demandé un tri sur la date de dernier passage, la colonne correspondante a été mise en première position.

- Fermez l'Aperçu avant impression (sous l'onglet **Aperçu avant impression**>groupe **Fermer l'aperçu**, cliquez sur le bouton **Fermer l'aperçu avant impression**).
- Access affiche l'état en *Mode Création*.

## 3—MODIFIEZ L'ÉTAT ET AJOUTEZ UN REGROUPEMENT PAR MOIS

■ Modifiez le contenu du contrôle étiquette <Code postal> par CP.

■ Diminuez la taille du contrôle <CLI_CHIFFRE_AFFAIRES> ❶ à une largeur de 3 cm, diminuez aussi la largeur du contrôle étiquette qui se trouve au-dessus ❷.

■ Décalez l'ensemble des contrôles (à l'exception de <CLI_DERNIER_PASSAGE> et de l'étiquette qui se trouve au-dessus) de quelques millimètres vers la droite : cliquez au-dessus de l'étiquette <Nom> ❸ et glissez le pointeur jusqu'en dessous du contrôle <CLI_CHIFFRE_AFFAIRES> ❹, puis décalez l'ensemble en utilisant la touche flèche vers la droite du clavier.

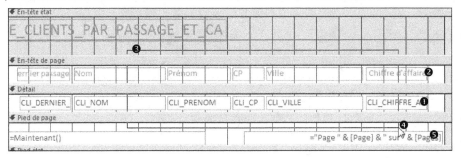

■ Augmentez la largeur du contrôle étiquette <Date dernier passage>, puis modifiez son contenu pour le transformer en Dernier passage.

■ Dans le pied de page, décalez le numéro de page ❺ vers la gauche.

■ Passez en *Mode page* pour vérifier les différentes largeurs.

Vous allez maintenant ajouter un regroupement pour avoir le total des chiffres d'affaires.

■ Sous l'onglet **Création**>groupe **Regroupement et totaux**, cliquez sur le bouton **Regrouper et trier**.

Access ouvre un volet *Regrouper, trier et total* en bas de la fenêtre.

Comme vous aviez trié par date de dernier passage dans l'assistant, ce tri apparait déjà dans la nouvelle fenêtre.

■ Cliquez sur le bouton *Plus* ❶ dans le volet qui est ouvert.

■ Cliquez sur la flèche à droite de *Par valeur entière*.

■ Dans la fenêtre qui apparaît, sélectionnez <⊙Par mois>.

■ Cliquez en dehors de la fenêtre pour la fermer.

■ Cliquez sur la flèche à droite de *Sans totaux*.

■ Dans la zone <Total sur> qui apparaît, sélectionnez *CLI_CHIFFRE_AFFAIRES* ❷.

■ Vérifiez que le type d'opération est *Somme* ❸.

■ Vérifiez que <☑ Afficher le total général> ❹ est coché, et cochez <☑ Afficher le sous-total dans l'en-tête de groupe> ❺.

■ Cliquez en dehors de la fenêtre pour la fermer.

Il est possible qu'au cours de vos manipulations, la fenêtre se referme. Il suffit de la rouvrir et de sélectionner sur *CLI_CHIFFRE_AFFAIRES* ❷ pour la retrouver.

■ Cliquez sur le le lien qui suit <avec titre> Date dernier passage.

■ Dans la fenêtre de zoom qui apparaît, saisissez Total des CA pour le mois de. Cliquez sur [OK].

La barre des regroupements et tris doit contenir les informations ci-contre.

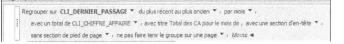

Le résultat ressemble à ceci :

- Modifiez la largeur de la zone de texte du mois pour que l'étiquette <Total des CA pour le mois de> soit entièrement visible.

- Passez en *Mode Aperçu avant impression*.
- Sous l'onglet **Aperçu avant impression**>groupe **Zoom**, cliquez sur le bouton **Deux pages**.
- Parcourez les différentes pages de l'état pour en avoir une vue globale avec les totaux.
- Le libellé du total des CA peut prêter à confusion. Remplacez-le par

```
Total des CA pour les clients dont le dernier passage est au mois de.
```

- Fermez l'état en enregistrant les modifications.

## 4—CRÉEZ UN ÉTAT AVEC REGROUPEMENT GRÂCE À L'ASSISTANT

Vous allez créer un état avec regroupement sur la table T_CLIENTS, pour connaître le nombre de DVD loués par ville et par département. Pour compliquer un peu les choses (et voir des aspects différents), vous allez utiliser le champ <CLI_CP> plutôt que <CLI_DEP>.

- Sous l'onglet **Créer**>groupe **États**, cliquez sur le bouton **Assistant état**.

Access lance l'Assistant État.

- Sélectionnez la table T_CLIENTS ❶ dans la liste déroulante.
- Dans la liste des champs ❷, utilisez la flèche ❸ pour sélectionner les champs *CLI_NOM*, *CLI_PRENOM*, *CLI_CP*, *CLI_VILLE* et *CLI_NB_DVD* ❹.

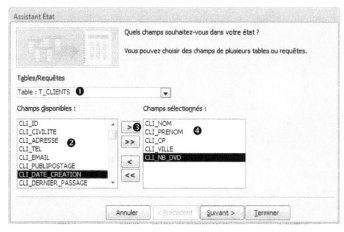

- Cliquez sur [Suivant].

■ Grâce à la flèche **❶**, ajoutez des regroupements pour *CLI_CP* d'abord et *CLI_VILLE* ensuite.

■ Cliquez sur le bouton [Options de regroupement…]
■ Pour le champ de regroupement CLI_CP, choisissez *2 lettres initiales*.

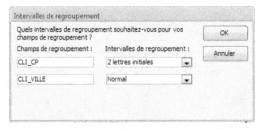

■ Cliquez sur [OK] pour fermer la fenêtre *Intervalles de regroupement*.
■ Cliquez sur [Suivant].

Access propose les ordres de tri.

■ Choisissez un ordre croissant sur CLI_NB_DVD.
■ Cliquez sur le bouton [Option de synthèse…].

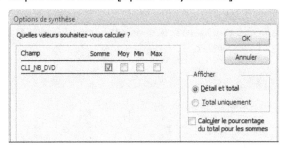

■ Cochez les options <☑ Somme > pour CLI_NB_DVD.
Laissez les autres options par défaut.
■ Cliquez sur [OK] pour fermer la fenêtre *Options de synthèse*.
■ Cliquez sur [Suivant].

Access vous propose une disposition.

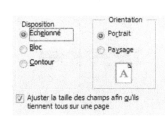

■ Vérifiez que <⊙ Échelonné> et <⊙ Portrait> sont bien sélectionnés. Vérifiez également que <☑ Ajuster la taille des champs afin qu'ils tiennent tous sur une page> est coché.

# CAS 8 : CRÉER DES ÉTATS ET DES ÉTIQUETTES

- Cliquez sur [Suivant].
- Donnez comme titre à votre état E_CLIENTS_NB_DVD.
- Cliquez sur [Terminer].

Access affiche l'état en *Mode Aperçu avant impression*.

Le premier département étant le 75, l'aperçu n'est pas très intéressant à regarder.

- Allez à la dernière page de l'aperçu en cliquant sur la flèche ❶ dans la barre de navigation.

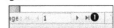

Il est visible que les enregistrements sont regroupés par ville ❷, et qu'on a bien un total par ville ❸ et par département ❹.

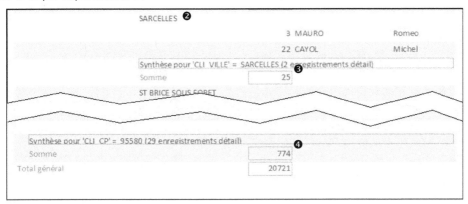

- Passez en *Mode Création* pour apporter des modifications à l'état. Cliquez droit sur l'onglet du formulaire puis cliquez sur *Mode Création*.

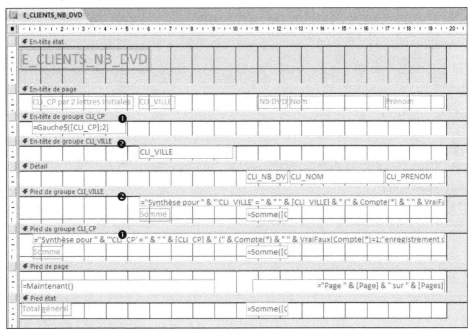

- On retrouve les *En-tête de groupe* et les *Pied de groupe* pour chacun des deux regroupements, CLI_CP ❶ et CLI_VILLE ❷.

# CAS 8 : CRÉER DES ÉTATS ET DES ÉTIQUETTES

## Modifiez le contenu des en-têtes et des pieds de groupe

Vous remarquerez que l'état contient de nombreuses formules utilisant la concaténation (avec le caractère &), c'est à dire l'ajout de texte à la suite d'un autre texte.

Par exemple, `ce` concaténé avec `la` donnera `cela`.

Par exemple, si CLI_VILLE contient `Paris`, alors :

`="Bonjour " & [CLI_VILLE]` **donnera** : `Bonjour Paris`

La formule du *pied de groupe CLI_CP* est compliquée :

```
="Synthèse pour " & "'CLI_CP' = " & " " & [CLI_CP] &
" (" & Compte(*) & " " & VraiFaux(Compte(*)=1;"enregistrement
détail";"enregistrements détail") & ")"
```

On peut envisager de remplacer cette expression par une expression plus simple et plus juste :

`="Total pour le département numéro " & Gauche([CLI_CP];2)`

De même, la formule du *pied de groupe CLI_VILLE* peut être remplacée par :

`="Total pour le(s) " & Compte(*) & " client(s) de "& [CLI_VILLE]`

- Enregistrez les modifications dans l'état.
- Modifiez les formules apparaissant dans les sections de *Pied de CLI_VILLE* et *Pied de CLI_CP*, en prenant les formules proposées ci-dessus. Pour cela, cliquez deux fois pas trop rapidement dans le contrôle zone de texte et saisissez la formule.

- Vérifiez la validité de la formule en *Aperçu avant impression* sur la dernière page, sans enregistrer les modifications. Vérifiez que les formules affichent bien le résultat désiré.

|  | TAVERNY | | 6 DUPUY | Sabine |
|---|---|---|---|---|
| Total pour le(s) 1 client(s) de TAVERNY | | | | |
| Somme | | | 6 | |
| Total pour le département numéro 95 | | | | |
| Somme | | | 774 | |

- Une fois les modifications vérifiées, enregistrez l'état. Sinon, essayez de corriger la formule. Au pire, fermez sans enregistrer les modifications et recommencez.

## Modifiez les étiquettes

Cette partie concernant principalement la présentation, vous pouvez passer en *Mode Page*.

- En utilisant les méthodes vues précédemment, modifiez le contenu des étiquettes des titres de colonne ainsi que l'étiquette de titre pour que l'état ressemble à ceci :

| E_CLIENTS_NB_DVD | | | | |
|---|---|---|---|---|
| **Nombre total de DVD loués par client** | | | | |
| Code département | Ville | Nb DVD | Nom | Prénom |
| 75 | | | | |
| | PARIS | | | |
| | | 1 | CAZES | Corinne |
| | | 1 | CHEVIS | Valerie |
| | | 1 | HEIM | Jean Pierre |
| | | 1 | BANHARES | Regis |

### Insérez un saut de page

Actuellement, les totaux par département sont fondus au milieu des données.

Vous allez insérer un saut de page après la fin du groupe CLI_CP, pour que chaque département commence sur une nouvelle page.

- Passez en *Mode page* (vous pourriez faire la même chose en *Mode création*).
- Sélectionnez l'en-tête de groupe en cliquant juste à côté du champ <CLI_CP> ❶ (pas dans le champ). Toute la ligne doit être sélectionnée.

- Affichez la *Feuille de propriétés* si besoin (sous l'onglet **Création**>groupe **Outils**, cliquez sur le bouton **Feuille des propriétés**).
- Sélectionnez l'onglet *Format*.
- Dans la propriété <Saut de page> choisissez *Avant section*.
- Affichez l'état en *Aperçu avant impression*. Pour cela, par exemple, cliquez droit sur l'onglet du formulaire puis cliquez sur *Aperçu avant impression*.

| Répéter Section | Non |
|---|---|
| Saut de page | Avant section |
| Nv lig ou col | Non |

Les sections départements de l'état commencent systématiquement en haut d'une page.

- Fermez l'état en enregistrant les modifications.

### Modifiez le thème de l'état

- Rouvrez l'état. Puis, passez en *Mode Création* ou en *Mode Page*, en cliquant sur une icône située sur la barre d'état de la fenêtre Access. Fermez la *Feuille de propriétés* si elle est ouverte.
- Sous l'onglet **Création**>groupe **Thèmes**, cliquez sur le bouton **Thèmes**.
- Access affiche la galerie des thèmes disponibles.

Notez que, quand vous pointez un thème sans cliquer, l'état est temporairement modifié suivant le thème, pour vous donner une idée de l'effet final. C'est un aperçu instantané.

- Choisissez un thème qui vous convient et cliquez dessus.

---

Notez qu'il est inutile de passer beaucoup de temps sur le choix des couleurs si l'état est destiné à être imprimé en noir et blanc.

---

Vous pouvez modifier indépendamment les couleurs et les polices du thème actif en utilisant les galeries proposées sous l'onglet **Création**>groupe **Thèmes**, via les boutons **Couleur** et **Police**.

Notez cependant qu'avec ces deux boutons, il n'y a pas d'aperçu instantané disponible.

## 5−UTILISEZ L'ASSISTANT ÉTIQUETTES

L'assistant *Étiquettes* permet de créer des planches d'étiquettes à partir des données contenues dans une table ou une requête. Vous allez l'utiliser pour imprimer sur des étiquettes les adresses de vos clients ayant demandé un publipostage.

- En vous référant éventuellement au cas 6 (requêtes sélection), créez une requête qui affiche les coordonnées (civilité, nom, prénom, adresse, code postal et ville) des clients ayant demandé un publipostage.

- Enregistrez cette requête sous le nom R_CLIENTS_PUBLIPOSTAGE.

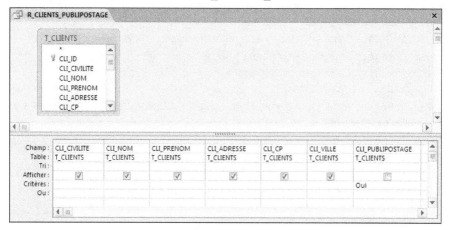

- Passez en *Mode Feuille de données* pour visualiser et contrôler les données.
- Fermez la requête.
- Assurez-vous que la requête est bien sélectionnée dans le volet de navigation. Puis, sous l'onglet **Créer**>groupe **États**, cliquez sur le bouton **Étiquettes**.

Access affiche l'assistant étiquette.

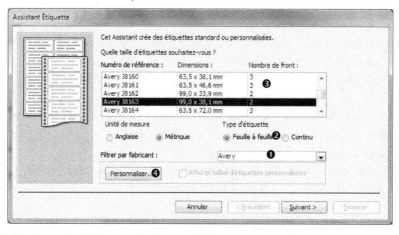

- Sélectionnez le fabriquant ❶, le type d'étiquette ❷ puis choisissez la taille dans la liste ❸. Vous pouvez également définir un format d'étiquette personnalisé ❹. Dans ce cas, Access vous demandera de préciser toutes les dimensions de l'étiquette.
- Cliquez sur [Suivant].

Access vous demande de préciser la police et la couleur du texte.

- Cliquez sur [Suivant].

# CAS 8 : CRÉER DES ÉTATS ET DES ÉTIQUETTES

Access vous demande de construire votre étiquette.

Notez que les champs proposés sont ceux de la requête sélectionnée.

- Cliquez sur *CLI_CIVILITE* ❶ puis cliquez sur la flèche ❷ pour faire passer le champ dans l'étiquette prototype ❸.
- Tapez espace pour insérer un espace afin que la civilité et le nom de soient pas accolés.
- Comme précédemment, ajoutez le champ *CLI_NOM*, un espace, puis *CLI_PRENOM*.
- Changez de ligne avec ↵.
- Ajoutez *CLI_ADRESSE*, passez à la ligne puis ajoutez *CLI_CP*, un espace, puis *CLI_VILLE*.
- Si vous avez ajouté un champ en trop, vous pouvez l'effacer en cliquant dessus dans l'étiquette prototype❸ et en utilisant la touche de suppression Suppr.

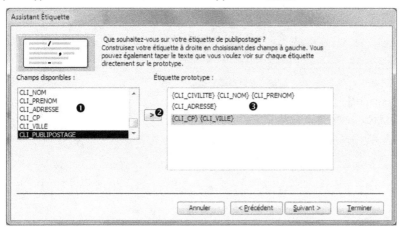

- Cliquez sur [Suivant].

Access vous propose de trier les enregistrements.

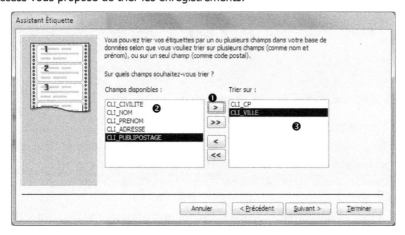

Pour faciliter le tri postal, vous allez trier par code postal et par ville.

- En utilisant la flèche ❶, déplacez les champs *CLI_CP* puis *CLI_VILLE* de la liste des champs disponibles ❷ vers la liste des champs de tri ❸.
- Cliquez sur [Suivant].

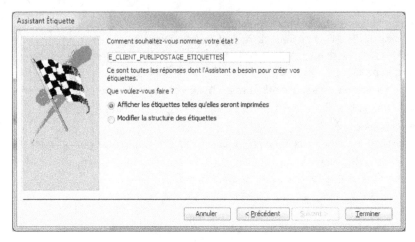

Access vous demande un nom pour l'état.

- Saisissez E_CLIENTS_PUBLIPOSTAGE_ETIQUETTES.
- Cliquez sur [Terminer].

Access affiche l'Aperçu avant impression.

- Fermez l'*Aperçu avant impression*. Ensuite, fermez l'état.

## 6–MODIFIEZ UNE ÉTIQUETTE

Vous pouvez modifier les étiquettes, par exemple changer la police d'une partie de l'étiquette :

Procédez comme pour la personnalisation d'un état, vue plus haut dans cet exercice.

- Sélectionnez l'étiquette que vous venez de créer dans le volet de navigation.
- Passez en *Mode Création*.

La largeur et la hauteur de l'état correspondent à la largeur et à la hauteur de l'étiquette. Il faut donc éviter de les modifier.

Vous noterez qu'en *Mode Création*, une seule étiquette apparaît, qu'en *Mode Page* et en *Mode État* une seule colonne apparaît, alors qu'en *Aperçu avant impression*, deux étiquettes sont visibles de front. Dans ce dernier mode, les colonnes sont affichées telles qu'elles apparaîtront à l'imprimante.

Le nombre de colonnes à l'impression de l'état peut être défini en *Mode Création* en cliquant sous l'onglet **Mise en page** > groupe **Mise en page** sur le bouton **Mise en page**. Dans la fenêtre qui apparaît, le nombre de colonnes de l'état est indiqué sous l'onglet *Colonnes*.

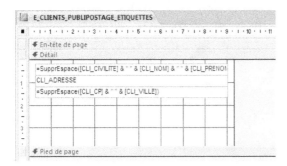

Notez qu'Access a construit l'étiquette en créant trois contrôles disposés en colonne, un contrôle par ligne de l'étiquette.

Il utilise l'opérateur de concaténation `&` et la fonction `SupprEspace`, qui supprime les espaces qui se trouvent avant et après le texte, sans toucher à ceux qui se trouve à l'intérieur du texte (`" petit    texte exemple  "` devient `"petit    texte exemple"`).

Vous allez mettre la première ligne en gras.

- Sélectionnez le premier contrôle en cliquant dessus.
- Sous l'onglet **Format**>groupe **Police**, cliquez sur le bouton **Gras**.

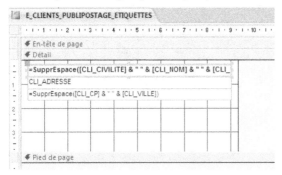

**Imprimez les étiquettes**

Procédez de même que pour n'importe quel état, comme indiqué plus haut dans cet exercice.

### 7–FERMEZ LA BASE DE DONNÉES ET QUITTER ACCESS

- Cliquez sur l'onglet **Fichier**, puis sur **Quitter Access** ou Alt + F4 .

# BASE DE DONNÉES MULTITABLE

**4**

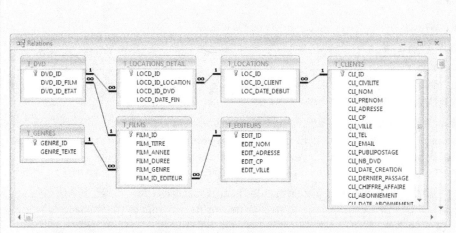

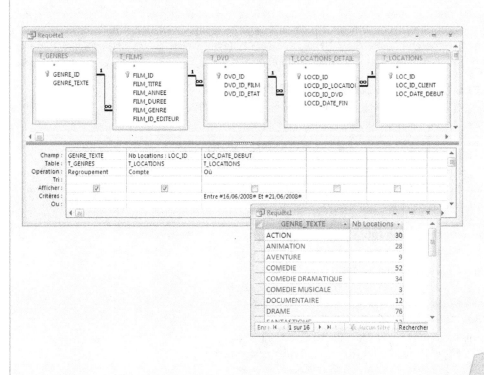

# CAS 9 : RELATIONS ET REQUÊTES

**Fonctions utilisées**

– *Fenêtre des relations*          – *Requête multitable*
– *Intégrité référentielle*

**25 mn**

Vous allez maintenant utiliser Access dans toute sa puissance, grâce des données structurées en plusieurs tables liées par des relations.

Copiez le fichier `Locat_09.accdb` qui est enregistré dans le dossier `C:\Exercices Access 2010` sous un autre nom `XLocat_09.accdb`. Cette base de données sera votre base de travail pour ce cas. Ouvrez cette base de données `XLocat_09.accdb`.

La table `T_FILMS` contient les informations sur les films disponibles (titre, durée, année de sortie, genre, éditeur). Le genre est constitué d'une liste de valeurs numériques (l'identifiant du genre) et de textes (aventure, western, ...) stockés dans la table `T_GENRES`.

Dans la table `T_DVD` se trouvent les DVD qu'on a effectivement achetés parmi ceux listés dans `T_FILMS`. On y trouve l'identifiant du film ainsi que son état (neuf, bon, correct, à changer). Quand un DVD est « à changer », il est retiré de la location. La table `T_ETATS` contient la liste des états de DVD.

La location se décompose en deux tables : `T_LOCATIONS` qui conserve l'identifiant du client et la date, et `T_LOCATIONS_DETAIL` qui stocke celui du DVD loué, ainsi que la date de début de la location et la date de retour effective du DVD. Cette structure très classique permet de louer plusieurs DVD à la fois.

On peut noter que le contenu de la table `T_FILMS` va évoluer régulièrement, au même titre que la table `T_CLIENTS` ou `T_LOCATIONS`. On dit qu'il s'agit de tables « vivantes » ou « actives ». Au contraire, le contenu des tables `T_GENRES`, ou `T_CIVILITES` va peu (voire pas) évoluer. On parle alors de tables « de référence » ou table « statiques ».

## 1–CRÉEZ UNE RELATION ENTRE **T_FILMS** ET **T_DVD**

Notez qu'il s'agira d'une relation « un à plusieurs » : un DVD contient un seul film, mais un même film peut se retrouver sur plusieurs DVD.

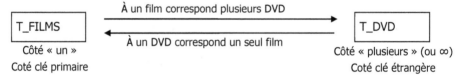

À un film correspond plusieurs DVD

À un DVD correspond un seul film

T_FILMS

Côté « un »
Coté clé primaire

T_DVD

Côté « plusieurs » (ou ∞)
Coté clé étrangère

**Ajoutez/supprimez une table**

- Sous l'onglet **Outils de base de données**>groupe **Relations**, cliquez sur le bouton **Relations**.
- La fenêtre des relations s'affiche. Sous l'onglet **Outils de relations/Créer**>groupe **Relations**, cliquez sur le bouton **Afficher la table**.
- Le dialogue *Afficher la table* s'ouvre. Sélectionnez *T_FILMS*, puis cliquez sur [Ajouter]. Double-cliquez sur *T_DVD*. Double-cliquez sur *T_GENRES*.
- Cliquez sur [Fermer].

# CAS 9 : RELATIONS ET REQUÊTES

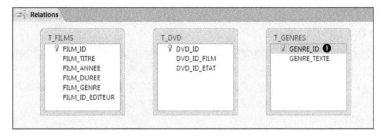

Access affiche les trois tables dans la fenêtre des relations.

- Notez que le champ clé primaire de chaque table, s'il existe, est signalé par une petite clé.

Dans notre cas, vous n'avez pas besoin de la table T_GENRES dans l'immédiat. Vous allez donc la supprimer de la fenêtre des relations. Si vous avez ajouté d'autres tables par erreur, vous pouvez les supprimer de la même manière.

- Sélectionnez la table T_GENRES ❶ en cliquant dessus.
- Appuyez sur la touche Suppr.

## Créez une liaison simple

- Dans la fenêtre des relations, faites glisser le champ <FILM_ID> ❶ de la table T_FILMS jusque sur le champ <DVD_ID_FILM> ❷ de la table T_DVD.

Access affiche la fenêtre *Modifier des relations*.

- Vérifiez que les champs à mettre en relation ❸ ❹ sont les bons, puis cliquez sur [Créer] ❺.

Une relation simple est créée entre les deux tables, elle est représentée par une ligne reliant les champs mis en relation.

- Fermez la fenêtre des relations en enregistrant les modifications.

## Utilisation d'une table reliée à une autre

- Ouvrez la table T_FILMS.

Vous avez maintenant des petits signes + en début de chaque ligne. Ces signes permettent de visualiser les enregistrements liés à cette ligne.

- Cliquez sur un des symboles + situés au début de ligne (par exemple Romper stomper ❶).
Le + se transforme en -, et les trois DVD contenant le film sont affichés.

- Cliquez sur le – ❷ pour refermer l'affichage des enregistrements liés.

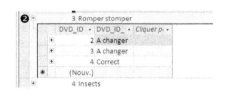

- Cliquez sur le + situé sur la ligne du film Insects. Notez qu'il n'y a aucun DVD pour ce film.

- Fermez la table T_FILMS.

# CAS 9 : RELATIONS ET REQUÊTES

## 2–REQUÊTE AVEC DEUX TABLES

### Requête utilisant deux tables non reliées

- Créez une nouvelle requête en *Mode Création* (sous l'onglet **Créer**>groupe **Requêtes**, cliquez sur le bouton **Création de requête**). Le dialogue *Afficher les tables* s'ouvre.
- Ajoutez les tables T_EDITEURS et T_FILMS. Aucune relation n'existe encore entre ces tables.
- Dans la grille de requête, ajoutez les champs <EDIT_ID>, <EDIT_NOM>, <FILM_TITRE>, <FILM_DUREE> et <FILM_ID_EDITEUR>.

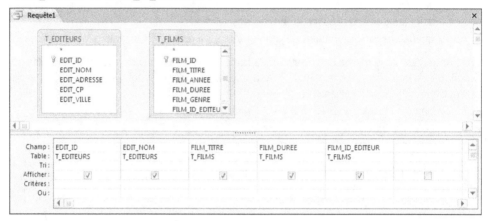

- Passez en *Mode Feuille de données* (sous l'onglet **Accueil**>groupe **Affichages**, cliquez sur le bouton **Affichage**, ou en bas à droite de la fenêtre *Mode feuille de données*).

Access affiche le résultat de la requête :

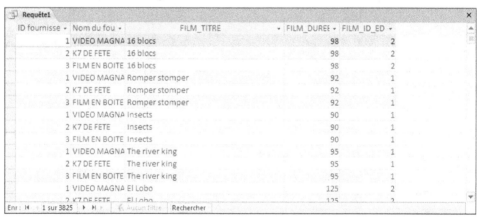

Notez qu'il y a 3825 lignes, c'est-à-dire le nombre de films (1275) multiplié par le nombre d'éditeurs (3). À chaque ligne de la table T_FILMS, Access associe toutes les lignes de la table T_EDITEURS, car aucune relation n'existe entre les deux.

Enlever les champs d'une des tables ne change rien, car il suffit que la table soit présente dans la requête pour qu'Access en tienne compte.

Pour éviter cela, et faire en sorte que l'on n'ait pour chaque film que les éditeurs de ce film, il est nécessaire de relier les tables. Dans cet exemple, vous allez relier les tables par les champs <EDIT_ID> et <FILM_ID_EDITEUR>.

- Passez en *Mode Création* (sous l'onglet **Accueil**>groupe **Affichage**, cliquez sur la flèche du bouton **Affichage** et choisissez *Mode Création*, ou en bas à droite de l'affichage *Mode Création*).

# CAS 9 : RELATIONS ET REQUÊTES

- Dans le volet haut de la fenêtre (volet qui affiche les tables), faites glisser le champ <EDIT_ID> jusque sur le champ <FILM_ID_EDITEUR>.

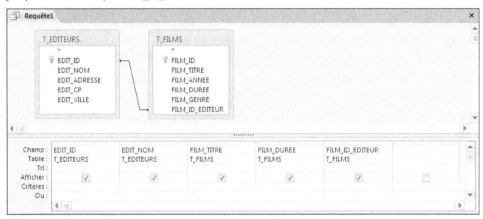

- Passez en *Mode Feuille de données*.

Le nombre de lignes est beaucoup plus raisonnable : on retrouve nos 1275 films et leur (unique) éditeur.

- Fermez la requête sans enregistrer les modifications.

La leçon à en tirer est essentielle : si une requête utilise plusieurs tables, il faut (sauf cas exceptionnel) qu'elles soient toujours reliées entre elles.

## Créez et utilisez une requête avec deux tables reliées

Vous allez maintenant tester la relation entre T_FILMS et T_DVD grâce à une requête.

- Créez une requête en *Mode Création*, et ajoutez les tables T_FILMS et T_DVD à cette requête.

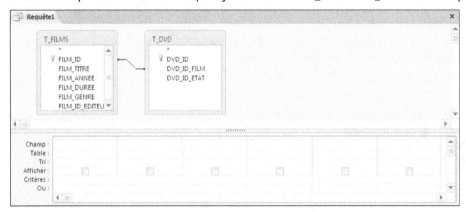

Puisque vous avez défini une relation entre les tables, cette relation est automatiquement ajoutée dans la requête.

Notez qu'on peut aussi définir une relation entre deux tables dans une requête, même si aucune relation n'a été définie entre ces tables dans la structure de la base de données. Il y a donc deux niveaux de relation : au niveau de la structure de la base deux tables peuvent être liées, et au niveau des requêtes une relation peut être créée uniquement pour une requête.

- Agrandissez un peu la fenêtre de la table T_FILMS pour voir entièrement tous les champs.
- Dans la grille de requête, ajoutez les champs <FILM_ID>, <FILM_TITRE>, <DVD_ID> et <DVD_ID_FILM>.
- Passez en *Mode Feuille de données*.

Première constatation : vous avez 1103 lignes, ce qui ne correspond pas du tout au nombre de films. Le nombre de films est différent car certains films figurent sur plusieurs DVD.

Dans cette requête vous affichez les DVD et les films : l'ordre dans lequel on a ajouté les tables ou bien l'ordre des champs n'a aucune importance. Il y a 1103 DVD en tout.

Certains films apparaissent plusieurs fois, car ils figurent sur plusieurs DVD. C'est le cas par exemple de Romper stomper. D'autres n'apparaissent pas, car le DVD n'a pas été acheté. C'est le cas pour le film numéro 4, Insects.

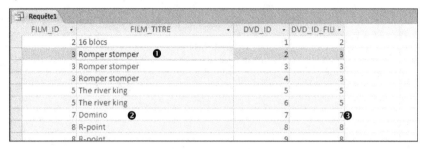

- Sur la 2ᵉ ligne, changez Romper stomper ❶ en Romper stomper 2, puis cliquez sur le film numéro 7 (Domino) ❷. Que constatez-vous ?

  Le titre du film a été modifié une fois dans la table T_FILMS, mais il apparaît modifié trois fois dans la requête. C'est qu'il y a trois DVD pour ce même film. Même si la modification est visible sur trois lignes différentes, elle n'est présente qu'une seule fois dans la base.

- Rétablissez le titre d'origine Romper stomper, dans n'importe laquelle des 3 lignes de ce film dans la requête, et cliquez à nouveau sur un autre DVD pour valider la saisie.

- Remplacez la valeur 7 du champ <DVD_ID_FILM> ❸ (celui qui est tout à droite) de la septième ligne de la requête (Domino) en 53, puis cliquez sur la ligne en dessous afin de valider la saisie. Prenez un moment pour comprendre pourquoi les valeurs de <FILM_ID> et de <FILM_TITRE> s'ajustent en conséquence.

  Si on change le numéro du film sur un DVD, on voit aussi le nom du film associé au nouveau numéro changer dans la requête qui affiche le nom des films figurant sur les DVD.

- Remettez la valeur d'origine 7 dans la septième ligne de la requête.

- Fermez la requête sans enregistrer les modifications.

### Nécessité de la contrainte d'intégrité référentielle

- Ouvrez la table T_FILMS.

- Supprimez l'enregistrement numéro 18, Full clip. Cliquez sur [Oui] quand Access vous demande confirmation.

- Fermez la table T_FILMS.

- Ouvrez la table T_DVD. Les DVD numéro 15 et 16 ❶ font toujours référence au film 18 ❷, que vous venez pourtant de supprimer dans la table T_FILMS.

Il n'est pas normal qu'on ait un DVD sans film correspondant. On dit alors que la base de données est devenue incohérente.

- Supprimez manuellement les enregistrements numéro 15 et 16 de la table des DVD (ceux qui correspondaient au film numéro 18), pour que la base retrouve sa cohérence.

- Fermez la table T_DVD.

# CAS 9 : RELATIONS ET REQUÊTES

### Ajoutez une contrainte d'intégrité référentielle

Vous allez ajouter une contrainte d'intégrité référentielle pour qu'il ne soit pas possible de supprimer un film s'il existe encore un DVD avec ce film.

- Sous l'onglet **Outils de base de données**>groupe **Relations**, cliquez sur le bouton **Relations** pour afficher la fenêtre des relations.

- Double-cliquez sur la relation ❶. Attention de bien cliquer sur la partie inclinée du lien, et non sur les attaches (qui sont horizontales).

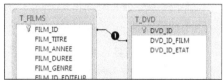

Le dialogue *Modifier des relations* s'ouvre.

- Vérifiez que les champs de la liaison s'affichent bien ❷. Si ce n'est pas le cas, c'est que vous n'avez pas cliqué sur la relation, ou que vous avez cliqué sur une des attaches de la relation. Dans ce cas, fermez la fenêtre de modification de la relation et recommencez.

- Cochez l'option ❸ <☑ Appliquer l'intégrité référentielle>.

- Cliquez sur [OK].

La relation apparaît maintenant avec un **1** côté clé primaire et un **∞** côté clé étrangère.

Si un message d'erreur apparaît, c'est que vous avez un ou plusieurs DVD sans film correspondant. Le plus simple est alors de repartir de la base d'origine (`Locat_09.accdb`) en recommençant le cas pratique.

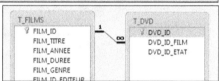

- Fermez la fenêtre des relations, en enregistrant les modifications.

À noter : même si vous cliquez sur [Non] quand Access vous demande si vous voulez enregistrer les modifications, la relation aurait été conservée. Si vous voulez le vérifier, allez dans la fenêtre des relations, puis sous l'onglet **Outils de relation/Créer**>groupe **Relations**, cliquez sur le bouton **Afficher toutes les relations**. Vous pourrez ainsi visualiser l'ensemble des relations et les tables correspondantes.

- Ouvrez la table `T_FILMS`.
- Sélectionnez la 2e ligne, celle de `Romper stomper` (vous avez vu précédemment qu'il existait des DVD liés à ce film).
- Essayez de la supprimer. Un message apparaît alors :

Si vous voulez supprimer cet enregistrement, il est nécessaire de supprimer d'abord tous les DVD qui y font référence. On garde ainsi une cohérence dans les données : il ne pourra plus y avoir de DVD avec un code ne correspondant à aucun film.

Notez que vous auriez pu modifier la réaction d'Access : si vous aviez coché dans la fenêtre *Modifier des relations* la case <☑ Effacer en cascade les enregistrements correspondants>, Access aurait supprimé tous les DVD sur lesquels figurait le film `Romper stomper`.

- Cliquez sur [OK]. Fermez la table `T_FILMS`.

# CAS 9 : RELATIONS ET REQUÊTES

## 3—RELIEZ LES AUTRES TABLES DE LA BASE

- Dans la fenêtre des relations, où figurent déjà T_DVD et T_FILMS, ajoutez les tables T_EDITEURS, T_LOCATIONS_DETAIL, T_LOCATIONS, T_GENRES et T_CLIENTS.
- Reliez ensemble les champs des tables suivantes, en appliquant à chaque fois l'intégrité référentielle, sauf pour la relation entre T_DVD et T_LOCATIONS_DETAIL :

| Reliez le champ | de la table | au champ | de la table |
|---|---|---|---|
| <EDIT_ID> | T_EDITEURS | <FILM_ID_EDITEUR> | T_FILMS |
| <DVD_ID> | T_DVD | <LOCD_ID_DVD> | T_LOCATIONS_DETAIL |
| <LOCD_ID_LOCATION> | T_LOCATIONS_DETAIL | <LOC_ID> | T_LOCATIONS |
| <LOC_ID_CLIENT> | T_LOCATIONS | <CLI_ID> | T_CLIENTS |
| <FILM_GENRE> | T_FILMS | <GENRE_ID> | T_GENRES |

N'oubliez pas que vous pouvez déplacer les tables dans la fenêtre des relations pour rendre le graphique plus lisible. Il suffit pour cela de cliquer sur le nom de la table et de faire un cliquer-glisser.

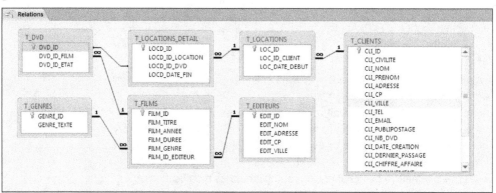

- Fermez la fenêtre des relations en enregistrant les modifications.

## 4—CRÉEZ DES REQUÊTES MULTITABLES

### Requête affichant les titres et année de sortie des films policiers

- Créez une nouvelle requête en *Mode Création* (sous l'onglet **Créer**>groupe **Requêtes** cliquez sur **Création de requête**).
- Ajoutez les tables T_FILMS et T_GENRES.

Notez que la relation est ajoutée automatiquement dans la requête, car elle était définie entre les deux tables précédemment dans la fenêtre des relations.

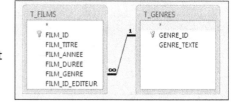

- Cliquez sur [Fermer] pour fermer la fenêtre d'ajout des tables.
- Agrandissez un peu les tables pour voir tous les champs en entier.
- Cliquez et glissez jusque dans la grille de requête les champs <FILM_TITRE>, <FILM_DUREE> et <GENRE_TEXTE>.
- Tapez le critère policier sur la ligne <Critère> dans la colonne de <GENRE_TEXTE>.

# CAS 9 : RELATIONS ET REQUÊTES

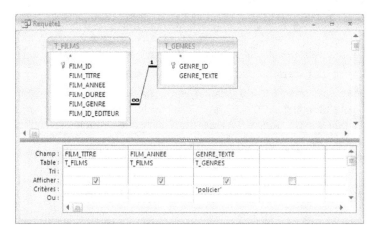

- Admirez le résultat, en passant en *Mode Feuille de données*.
- Fermez la requête sans enregistrer les modifications.

## Requête affichant le nombre de DVD par genre

- Créez une nouvelle requête en *Mode Création*.
- Le dialogue *Afficher les tables* s'ouvre automatiquement. Ajoutez les tables T_GENRES et T_DVD. Cliquez sur [Fermer] pour fermer le dialogue *Afficher les tables*.

Notez que les tables ne sont pas reliées. Il manque la table T_FILMS qui permet de faire le lien entre T_GENRES et T_DVD.

- Sous l'onglet **Outils de requêtes/Créer**>groupe **Paramétrage de requête**, cliquez sur le bouton **Afficher la table**, le dialogue *Afficher les tables* s'ouvre. Ajoutez la table T_FILMS. Notez que maintenant toutes les tables sont reliées entre elles. Fermez le dialogue *Afficher les tables*.
- Disposez les tables dans la fenêtre de requête pour que les liens soient plus faciles à suivre.
- Sous l'onglet **Outils de requêtes/Créer**>groupe **Afficher/Masquer**, cliquez sur le bouton **Totaux ❶**. Une ligne <Opération> ❷ apparaît dans la requête.
- Double-cliquez dans les tables sur les champs <GENRE_TEXTE> et <DVD_ID> pour les ajouter à la grille de requête. Puis, sous <DVD_ID>, sur la ligne <Opération>, sélectionnez *Compte* ❸.

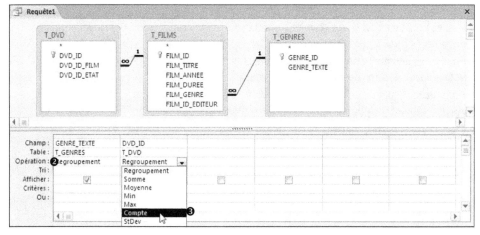

- Passez en *Mode Feuille de données* et admirez le résultat : vous voyez le nombre de DVD dans chaque genre.
- Fermez la requête, sans enregistrer les modifications.

## Requêtes affichant le nombre de locations par genre pour une semaine

Les champs dont vous avez besoin sont <GENRE_TEXTE>, <LOC_DATE_DEBUT> et n'importe quel champ de T_LOCATIONS (vous prendrez <LOC_ID>), pour compter le nombre d'enregistrements. Vous avez donc besoin des tables T_GENRES et T_LOCATIONS, ainsi que de toutes les tables permettant de passer de l'une à l'autre dans la fenêtre des relations.

- Créez une nouvelle requête en *Mode Création.* Le dialogue *Afficher les tables* s'ouvre.
- Ajoutez les tables T_GENRES, T_FILMS, T_DVD, T_LOCATIONS_DETAIL et T_LOCATIONS. Notez que maintenant toutes les tables sont reliées entre elles.
- Fermez le dialogue *Afficher les tables.*
- Agrandissez un peu les tables pour voir tous les champs en entier.
- Cliquez et glissez jusque dans la grille de requête les champs <GENRE_TEXTE>, <LOC_ID_CLIENT> et <LOC_DATE_DEBUT>.
- Sous l'onglet **Outils de requêtes/Créer**>groupe **Afficher/Masquer**, cliquez sur **Totaux**.
- Sur la ligne <Opération>, dans la colonne <LOC_ID_CLIENT>, sélectionnez *Compte.*
- Sur la ligne <Opération>, dans la colonne <LOC_DATE_DEBUT>, sélectionnez *Où.*
- Sur la ligne <Critère>, dans la colonne de <LOC_DATE_DEBUT>, tapez `Entre #07/06/2010# et #13/06/2008#`.

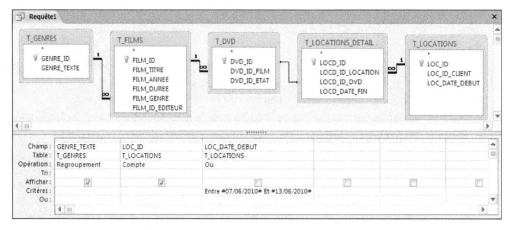

- Passez en *Mode Feuille de données*, et admirez le résultat : le nombre de locations par genre entre le 7 et le 13 juin 2010.
- Pour avoir des noms de champs plus lisibles, vous pouvez ajouter des titres aux champs.

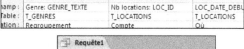

- Admirez le résultat en *Mode Feuille de données.*
- Fermez la requête sans enregistrer les modifications.
- Cliquez sur l'onglet **Fichier**, puis sur **Quitter Access** ,ou Alt + F4 .

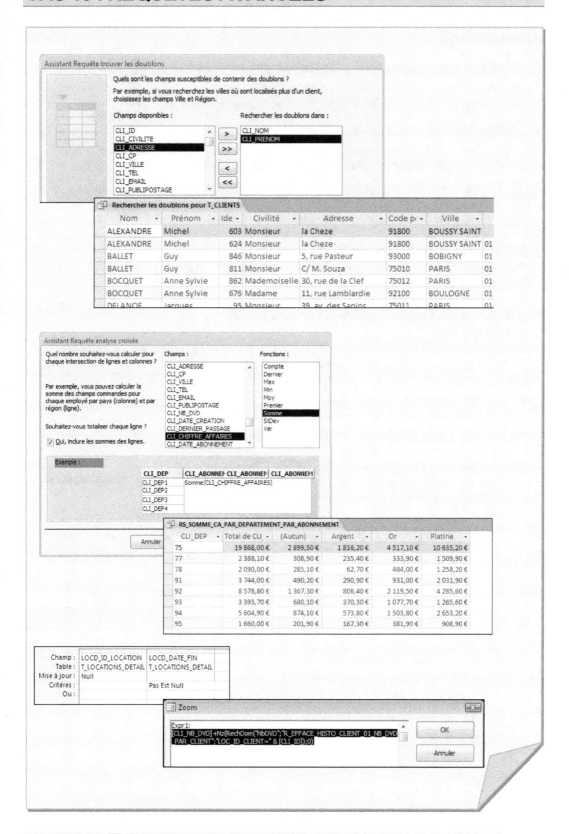

# CAS 10 : REQUÊTES AVANCÉES

Après les requêtes *Sélection* standards, vous allez voir des requêtes plus avancées que vous pouvez générer par l'assistant, et ensuite des requêtes dites « action ».

 Copiez le fichier `Locat_10.accdb` qui est enregistré dans `C:\Exercices Access 2010` sous un autre nom `XLocat_10.accdb`. Ouvrez cette base de données, réplique de celle qui résulte de la réalisation du cas précédent.

## 1–CRÉEZ UNE REQUÊTE DE NON-CORRESPONDANCE

Vous allez chercher les films qui sont au catalogue, mais pour lesquels vous n'avez pas de DVD. Il s'agit donc de rechercher les enregistrements de T_FILMS qui n'ont pas de correspondance dans la table T_DVD.

- Sous l'onglet **Créer**>groupe **Requêtes**, cliquez sur le bouton **Assistant requête.**

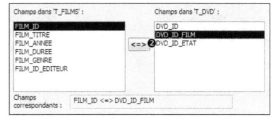

Access affiche la liste des assistants.

- Cliquez sur *Assistant Requête de non-correspondance*, puis sur [OK].

- Choisissez la table des données source, ici *T_FILMS* ❶, puis cliquez sur [Suivant].

- Choisissez la table des données de non-correspondance *T_DVD*, puis cliquez sur [Suivant].

- Choisissez les champs à mettre en correspondance. La relation ayant déjà été définie dans la fenêtre des relations, la correspondance est déjà établie, cliquez sur [Suivant].
Si ce n'était pas le cas, vous les auriez sélectionnés et mis en relation en cliquant sur la double flèche ❷.

- Sélectionnez ensuite les champs <FILM_ID>, <FILM_TITRE> et <FILM_ANNEE> de la table T_FILMS en cliquant sur la flèche pour basculer ces champs dans la liste de droite, puis cliquez sur [Suivant].

- Enfin, laissez le nom par défaut que vous propose Access, et cliquez sur [Terminer].

Access affiche une liste de 447 films pour lesquels il n'y a pas de DVD.

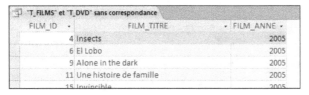

- Fermez la requête, et supprimez-la.

# CAS 10 : REQUÊTES AVANCÉES

## 2–Vérifiez la cohérence de la base

Vous avez vu au cas précédent que le lien entre les tables T_DVD et T_LOCATIONS_DETAIL était sans intégrité référentielle. En effet, il y a des enregistrements dont le champ <LOCD_ID_DVD> contient des valeurs qui n'existent pas dans T_DVD.

En vous inspirant de l'exemple précédent, créez une requête de non-correspondance pour trouver les enregistrements de T_LOCATIONS_DETAIL dont le DVD n'existe pas. Avant de cliquer sur [Terminer], activez l'option <⊙ Modifier la structure>. La requête résultante est assez simple :

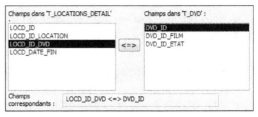

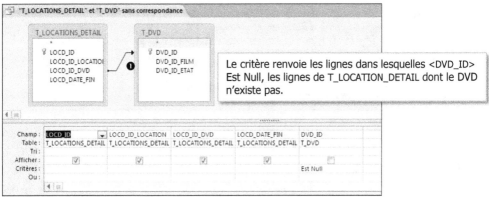

Le critère renvoie les lignes dans lesquelles <DVD_ID> Est Null, les lignes de T_LOCATION_DETAIL dont le DVD n'existe pas.

Notez la tête de flèche sur la relation du côté de la table T_DVD, elle indique l'option choisie pour la jointure.

- Double-cliquez sur la liaison ❶.

Le dialogue *Propriété de la jointure* s'ouvre. Il donne des précisions sur la jointure, l'option 2 correspondant à la tête de flèche côté T_DVD.

- Cliquez sur [OK].

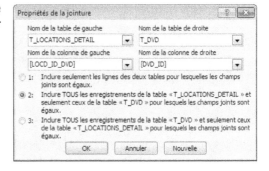

Vous pouvez rajouter des tables et des champs à cette requête pour avoir des informations complémentaires :

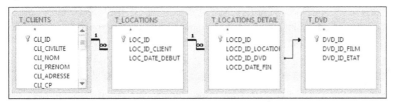

Attention cependant à ne pas désirer trop d'information : si vous ajoutez la table T_FILMS à l'exemple ci-dessus, la requête devient trop complexe et Access ne peut pas la traiter.

## 3—CRÉEZ UNE REQUÊTE POUR TROUVER DES DOUBLONS

Vous allez rechercher les clients doublonnés, c'est-à-dire dont les noms et prénoms apparaissent plusieurs fois dans la base, et afficher les autres informations (adresse, ville, email...) pour savoir s'il s'agit d'un vrai doublon (un enregistrement saisi en double, volontairement ou non) ou bien d'un homonyme.

- Sous l'onglet **Créer**>groupe **Requêtes**, cliquez sur le bouton **Assistant requête**.

Access affiche la liste des assistants.

- Cliquez sur *Assistant Requête trouver les doublons*, puis sur [OK].
- Dans la liste des tables, cliquez sur *T_CLIENTS*, puis sur [Suivant].
- Vous allez rechercher les doublons sur les noms et prénoms : basculez *CLI_NOM* et *CLI_PRENOM* dans la liste de droite à l'aide de la flèche ❶.

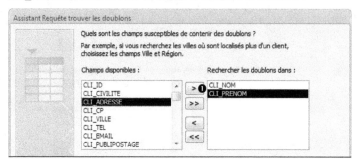

- Cliquez sur [Suivant].
- Access vous demande quels autres champs afficher : basculez-les tous dans la liste de droite.
- Enfin, laissez le nom de requête par défaut que vous propose Access, et cliquez sur [Terminer].

Access affiche le résultat :

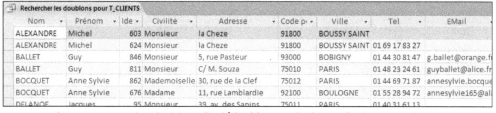

Notez que la suppression des doublons (le dédoublonnage) n'est ni facile, ni rapide.

Par exemple, un certain nombre de doublons pourraient ne pas apparaître dans la requête (`Anne Sylvie` et `Anne-Sylvie`, par exemple n'apparaîtraient pas comme des doublons).

Même le traitement des vrais doublons n'est pas instantané. Il est en effet nécessaire, pour chaque doublon apparent, de contrôler s'il s'agit d'un homonyme ou pas, puis de vérifier les données disparates (si on a plusieurs numéros de téléphone, déterminer lequel est le bon).

Surtout, avant de supprimer un enregistrement doublon, il est nécessaire de « raccrocher » les enregistrements qui lui sont liés à l'enregistrement conservé (en modifiant la clé étrangère).

Dans l'exemple ci-dessus, `ALEXANDRE Michel` dont l'identifiant est `603` est doublon de `ALEXANDRE Michel` d'identifiant `624`. Si vous décidez de garder seulement le 624, plus complet, il faudrait rechercher tous les enregistrements dont le champ <LOC_ID_CLIENT> est `603` dans la table T_LOCATIONS et les remplacer par `624`. Vous pourriez ensuite supprimer le doublon 603 dans T_CLIENTS. Heureusement, ici il n'y a que la table T_LOCATIONS, qui soit liée à T_CLIENTS.

- Fermez la requête, puis supprimez-la.

### 4—Créez une requête croisée dynamique

Notez que cette requête peut souvent être remplacée par un tableau croisé dynamique, qui est vu dans le cas 12. Le but de cette requête est ici de faire un tableau récapitulatif du chiffre d'affaires par type d'abonnement et par département.

- Sous l'onglet **Créer**>groupe **Requêtes**, cliquez sur le bouton **Assistant requête**.

Access affiche la liste des assistants.

- Cliquez sur *Assistant Requête analyse croisée*, puis sur [OK].
- Vérifiez que l'option <⊙ Tables> ❶ est sélectionnée, puis sélectionnez *T_CLIENTS* ❷.

Notez que vous avez un petit résumé du tableau croisé dans la partie inférieure du dialogue ❸, pour le moment il n'est pas renseigné.

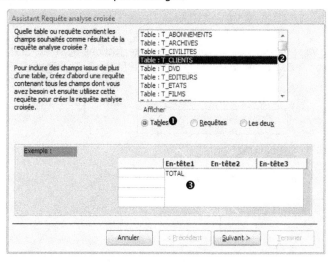

- Cliquez sur [Suivant].
- Choisissez le champ dont les valeurs serviront d'en-tête de ligne du tableau croisé : sélectionnez le champ *CLI_DEP* dans la liste des champs à gauche ❶, et basculez-le dans la liste de droite ❷ en cliquant sur l'icône flèche ❸.

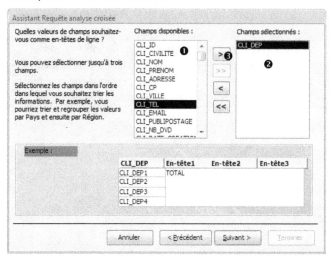

Notez que le résumé du tableau croisé a été complété dans la partie inférieure du dialogue.

- Cliquez sur [Suivant].

■ Choisissez le champ dont les valeurs serviront d'en-tête de colonne du tableau croisé : sélectionnez *CLI_ABONNEMENT*.

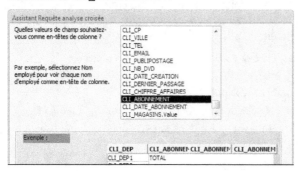

■ Cliquez sur [Suivant].

■ Choisissez le champ dont les valeurs seront agrégées dans les intersections de lignes et de colonnes : sélectionnez le champ *CLI_CHIFFRE_AFFAIRES* ❶ et la fonction d'agrégation *Somme* ❷.

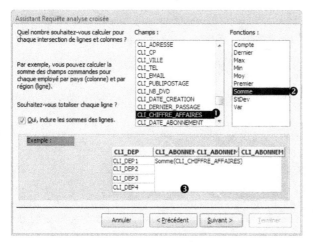

■ Vérifiez le résumé du tableau croisé dans la partie inférieure de la fenêtre ❸.

■ Cliquez sur [Suivant].

■ Cette requête statistique étant à lancer régulièrement, vous allez lui donner un nom reconnaissable : `RS_SOMME_CA_PAR_DEPARTEMENT_PAR_ABONNEMENT`. RS signifiant Requête Statistique, toutes les requêtes de même type seront visuellement regroupées ensemble. Vous pourriez en plus placer toutes les requêtes statistiques dans un même groupe.

■ Cliquez sur [Terminer].

Access affiche le résultat :

| CLI_DEP | Total de CLI | (Aucun) | Argent | Or | Platine |
|---|---|---|---|---|---|
| 75 | 19 868,00 € | 2 899,50 € | 1 816,20 € | 4 517,10 € | 10 635,20 € |
| 77 | 2 388,10 € | 308,90 € | 235,40 € | 333,90 € | 1 509,90 € |
| 78 | 2 090,00 € | 285,10 € | 62,70 € | 484,00 € | 1 258,20 € |
| 91 | 3 744,00 € | 490,20 € | 290,90 € | 931,00 € | 2 031,90 € |
| 92 | 8 578,80 € | 1 367,30 € | 806,40 € | 2 119,50 € | 4 285,60 € |
| 93 | 3 393,70 € | 680,10 € | 370,30 € | 1 077,70 € | 1 265,60 € |
| 94 | 5 604,90 € | 874,10 € | 573,80 € | 1 503,80 € | 2 653,20 € |
| 95 | 1 660,00 € | 201,90 € | 167,30 € | 381,90 € | 908,90 € |

■ Fermez la requête.

# CAS 10 : REQUÊTES AVANCÉES

## 5–LES REQUÊTES ACTION

Les requêtes que vous avez vues jusqu'ici étaient des requêtes de type sélection, dont le but était de rechercher, filtrer, trier et présenter les informations contenues dans les tables. Vous allez maintenant voir les requêtes de type action, dont le but est de modifier les données.

Il y a quatre types de requêtes action :

- requête *Mise à jour* qui permet de mettre à jour les données d'une table ;
- requête *Création de table* qui permet de créer une table à partir d'une autre, et d'y transférer des enregistrements ;
- requête *Ajout* qui permet d'ajouter des enregistrements dans une table à partir d'une autre ;
- requête *Suppression* qui permet de supprimer les enregistrements d'une table.

Les requêtes action que vous allez créer seront toutes faites suivant le même principe :

- Créer une requête sélection en *Mode Création* ;
- Vérifier que le résultat est conforme à vos attentes (en terme de formule, de critère...) ;
- Convertir la requête sélection en requête action ;
- Exécuter la requête action.

## 6–CRÉEZ UNE REQUÊTE DE MISE À JOUR

La loi informatique et liberté interdit d'enregistrer de manière centralisée les informations se rapportant à « la race, la religion, les opinions syndicales, politique ou religieuses ». Or, l'historique des films loués par une personne peut donner des indications sur ces domaines. Il est donc nécessaire de rendre « anonyme » le fichier, en supprimant le lien entre l'enregistrement location et l'enregistrement détail location. On perd ainsi volontairement l'historique des DVD loués.

Il est à noter que cette contrainte ne s'applique pas aux informations non centralisées. Ainsi, la carte d'abonnement d'un adhérent peut contenir la liste de ses précédentes locations.

Cependant, vous voudriez savoir avant combien de DVD ont été loués par le client. Vous allez donc créer deux requêtes : une pour calculer le cumul du nombre de DVD, que vous stockerez dans <CLI_NB_DVD> de T_CLIENTS ; l'autre (qui sera lancée ensuite) pour mettre à NULL le champ <LOC_ID_CLIENT> (c'est-à-dire le vider) de T_LOCATIONS. La deuxième étant plus simple, vous allez commencer par elle.

### Créez une requête pour vider un champ

Vous allez préparer la requête permettant de supprimer les liens entre les clients et les DVD loués dont la location est terminée. On sait que la location d'un DVD est terminée lorsque sa date de fin est définie (Pas Est Null).

- Créez une nouvelle requête : sous l'onglet **Créer**>groupe **Requête**, cliquez sur **Création de requête**. Dans cette requête, ajoutez les tables T_LOCATIONS et T_LOCATIONS_DETAIL.
- Ajoutez dans la grille les champs <LOC_ID_CLIENT>, <LOC_DATE_DEBUT>, <LOCD_ID_LOCATION>, <LOCD_ID_DVD> et <LOCD_DATE_FIN>.
- Saisissez comme critère pour <LOCD_DATE_FIN> Pas Est Null.

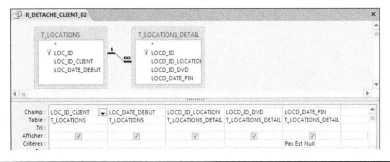

- Passez en *Mode Feuille de données* pour vérifier le résultat.
- Revenez en *Mode Création*.
- Sous l'onglet **Outils de requête/Créer**>groupe **Type de requête**, cliquez sur le bouton **Mise à jour**.

Les lignes <Afficher> et <Tri> disparaissent, remplacés par une ligne <Mise à jour>.

- Sur la ligne <Mise à jour>, saisissez NULL dans la colonne <LOC_ID_CLIENT>.

| Champ : | LOC_ID_CLIENT | LOC_DATE_DEBUT | LOCD_ID_LOCATION | LOCD_ID_DVD | LOCD_DATE_FIN |
|---|---|---|---|---|---|
| Table : | T_LOCATIONS | T_LOCATIONS | T_LOCATIONS_DETAIL | T_LOCATIONS_DETAIL | T_LOCATIONS_DETAIL |
| Mise à jour : | Null | | | | |
| Critères : | | | | | Pas Est Null |
| Ou : | | | | | |

- Revenez en *Mode Feuille de données*. Vous constatez que seul le champ <LOC_ID_CLIENT>, celui qui sera mis à jour, est affiché. Vous constatez également que le champ n'est pas encore mis à jour.
- Revenez en *Mode Création*.

Surtout, n'exécutez pas maintenant la requête action, car vous avez encore besoin des informations contenues dans la table. Sachez seulement que l'exécution de la requête pourrait être déclenchée par le bouton **Exécuter**, sous l'onglet **Outils de requête/Créer**>groupe **Résultats**.

- Enregistrez la requête sous le nom R_DETACHE_CLIENT_02, puis fermez-la.
- En utilisant le menu contextuel (clic-droit), ouvrez *R_DETACHE_CLIENT_02* en affichage *Mode Création*. Notez que seuls les champs utiles à la requête (<LOCD_ID_LOCATION> et <LOCD_DATE_FIN>) ont été conservés.

| Champ : | LOC_ID_CLIENT | LOCD_DATE_FIN |
|---|---|---|
| Table : | T_LOCATIONS | T_LOCATIONS_DETAIL |
| Mise à jour : | Null | |
| Critères : | | Pas Est Null |
| Ou : | | |

- Fermez la requête.

Vous allez, à l'étape suivante, mettre à jour, dans la table T_CLIENTS, le nombre de films loués par le client. Il faut, pour cela, avoir encore la liaison entre les données de la table T_CLIENTS et celles de la table T_LOCATIONS, et c'est pour cela que nous gardons en réserve la requête précédente sans l'exécuter.

## 7–CRÉEZ UNE REQUÊTE POUR CALCULER LE NOMBRE DE DVD LOUÉS ET RENDUS

Vous allez maintenant calculer pour chaque client le nombre de films qu'il a loué et qui ont été rendu (c'est-à-dire qui ont une date de fin de location).

Vous allez pour cela passer par une requête intermédiaire, qui va faire le calcul.

- Créez une nouvelle requête en *Mode Création* (sous l'onglet **Créer**>groupe **Requêtes**, cliquez sur **Création de requête**) avec les tables T_LOCATIONS et T_LOCATIONS_DETAIL.
- Ajoutez les champs <LOC_ID_CLIENT>, <LOC_ID> et <LOCD_DATE_FIN> dans la grille de requête.
- Ajoutez la ligne des opérations (**Outils de requêtes/Créer**>groupe **Afficher/Masquer**, cliquez sur le bouton **Totaux**).
- Sous le champ <LOC_ID>, sélectionnez la fonction *Compte* au lieu de *Regroupement*.
- Sous le champ <LOCD_DATE_FIN>, saisissez Pas Est Null dans la ligne <Critères>.
- Passez en affichage *Feuille de données* pour vérifier le résultat.

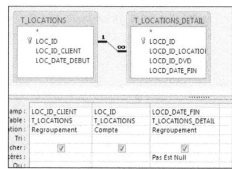

| amp : | LOC_ID_CLIENT | LOC_ID | LOCD_DATE_FIN |
|---|---|---|---|
| able : | T_LOCATIONS | T_LOCATIONS | T_LOCATIONS_DETAIL |
| tion : | Regroupement | Compte | Regroupement |
| Tri : | | | |
| cher : | ☑ | ☑ | ☑ |
| ères : | | | Pas Est Null |
| Ou : | | | |

Ce n'est pas encore ce qu'il nous faut. Premier inconvénient, le même client (son identifiant) est répété sur plusieurs lignes. C'est logique, car le regroupement se fait sur le jour et un client peut rendre des DVD plusieurs jours différents. Deuxième inconvénient, le titre de la 2e colonne n'est pas des plus explicites.

| LOC_ID_CLIENT | CompteDeLOC_ID | LOCD_DATE |
|---|---|---|
| 1 | 1 | 06/01/2007 |
| 1 | 1 | 25/06/2007 |
| 1 | 1 | 29/11/2007 |
| 1 | 1 | 12/05/2008 |
| 1 | 1 | 12/08/2009 |
| 1 | 1 | 23/11/2009 |
| 1 | 1 | 27/03/2010 |
| 2 | 1 | 10/01/2007 |
| 2 | 1 | 03/02/2007 |
| 2 | 1 | 16/02/2007 |

- Revenez en affichage *Mode Création*.
- Sous <LOCD_DATE_FIN>, à la place de *Regroupement*, choisissez *Où*.
- Dans la ligne <Champ>, dans la deuxième colonne, insérez NbDVD: devant LOC_ID.

| Champ : | LOC_ID_CLIENT | NbDVD: LOC_ID | LOCD_DATE_FIN |
|---|---|---|---|
| Table : | T_LOCATIONS | T_LOCATIONS | T_LOCATIONS_DETAIL |
| Opération : | Regroupement | Compte | Où |
| Tri : | | | |
| Afficher : | ☑ | ☑ | ☐ |
| Critères : | | | Pas Est Null |
| Ou : | | | |

- Passez en affichage *Feuille de données*. Cette fois-ci, les données sont correctes. Pour chaque identifiant client, vous avez obtenu le total.
- Fermez la requête en enregistrant les modifications. Donnez-lui le nom R_DETACHE_CLIENT_01_NB_DVD_PAR_CLIENT. Ce nom peut sembler long, mais il permet de savoir rapidement à quoi se rattache la requête. De plus, si les requêtes sont classées par ordre alphabétique, les requêtes similaires sont regroupées. Se retrouver dans une liste interminable de requêtes mal nommées et/ou mal classées (c'est-à-dire placées dans des groupes inadéquats) est un vrai problème.

## Créez une requête pour afficher le nombre de DVD loués par client

- Créez une nouvelle requête en *Mode Création*.
- Dans le dialogue *Afficher la table*, ajoutez la table *T_CLIENTS*. Puis, sélectionnez l'onglet *Requête* ❶, et ajoutez la requête *R_DETACHE_CLIENT_01_NB_DVD_PAR_CLIENT* ❷.

Afficher la table

Tables | Requête ❶ | Les deux

R_CLIENTS_ETENDU
R_DETACHE_CLIENT_01_NB_DVD_PAR_CLIENT  ❷
R_NOM_ET_TEL_DES_CLIENTS_POUR_UNE_VILLE
RS_SOMME_CA_PAR_DEPARTEMENT_PAR_ABONNEMENT

- Fermez le dialogue *Afficher la table*.

Les deux éléments (la table et la requête) ne sont pas reliés.

- Cliquez sur le champ <CLI_ID> et glissez-le jusque sur le champ <LOC_ID_CLIENT>.

Notez que vous ne pouvez pas créer d'intégrité référentielle. Les contraintes d'intégrité référentielles ne peuvent être définies qu'entre des tables et dans la fenêtre des relations.

- Sélectionnez les champs <CLI_ID>, <CLI_NB_DVD> et <NbDVD>.
- Passez en affichage *Feuille de données*.

Un signe doit vous alerter : le bouton *Nouvel enregistrement* ❶ qui se trouve en bas de la fenêtre n'est pas activé. Cela signifie qu'il n'est pas possible de mettre à jour des données dans cette requête.

Pour confirmer, essayez de modifier une valeur de <CLI_NB_DVD>. C'est impossible, et un message vous le confirme dans la barre de statut : *Impossible de mettre à jour Recordset*.

En effet, R_DETACHE_CLIENT_01_NB_DVD_PAR_CLIENT est une requête avec regroupement : les données ne peuvent donc être modifiées, et ce verrouillage se propage à toutes les tables qui lui sont liées.

Il va vous falloir procéder autrement.Vous allez récupérer le nombre de DVD rendus en passant par la fonction RechDom.

- Revenez en *Mode Création*.
- Enlevez *R_DETACHE_CLIENT_01_NB_DVD_PAR_CLIENT* des sources de la requête en la sélectionnant dans la fenêtre supérieure de la requête, puis en appuyant sur la touche Suppr.

## Créez une formule de mise à jour en utilisant le générateur de formule

Vous allez ajouter une colonne dans la grille de requête utilisant la fonction RechDom.

- Cliquez dans la première colonne vide de la requête (3ᵉ colonne dans notre cas). Sous l'onglet **Outils de requête/Créer**>groupe **Paramétrage de requête**, cliquez sur le bouton **Générateur.**
- Dans le volet gauche, double-cliquez sur *Fonctions*, puis cliquez sur *Fonctions intégrées* ❶.
- Dans le volet central cliquez sur *Regroup. domaine* ❷.
- Dans le volet droit, double-cliquez sur *RechDom* ❸.

La fonction et ses paramètres apparaissent dans le volet supérieur ❹.

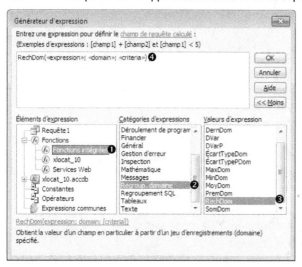

«expr» désigne le champ dont la valeur va être retournée par la fonction, «domain» la table ou la requête contenant ce champ et «criteria» le critère de sélection.

- Cliquez sur «exp», puis tapez "NbDVD".
- Cliquez sur «domain», puis tapez "R_DETACHE_CLIENT_01_NB_DVD_PAR_CLIENT".

Ou

- Cliquez sur «domain», puis double-cliquez sur *xlocat_10.accdb* puis sur *Requêtes* dans le volet de gauche, puis sélectionnez *R_DETACHE_CLIENT_01_NB_DVD_PAR_CLIENT* dans le volet central, puis double-cliquez sur *NbDVD* dans le volet de droite. L'assistant remplace «domain» par «Expr» [R_DETACHE_CLIENT_01_NB_DVD_PAR_ CLIENT]![NbDVD] «Expr». Il vous faut ensuite enlever les caractères en trop puis ajouter les double-quotes (") pour obtenir "R_DETACHE_CLIENT_01_NB_DVD_PAR_CLIENT".
- Cliquez sur «criteria», puis tapez "LOC_ID_CLIENT=" & [CLI_ID].

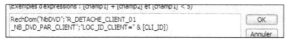

- Cliquez sur [OK].

Access recopie la formule du générateur dans le champ, et lui donne un nom par défaut Expr1.

- Saisissez devant la formule (et donc juste après *Expr1:*) [CLI_NB_DVD]+.
- Zoomez (en appuyant sur ⇧+F2) pour voir la formule dans son intégralité et la vérifier.

- Cliquez sur [OK] pour fermer la fenêtre.
- Enregistrez la requête sous le nom `R_DETACHE_CLIENT_01`.
- Passez en affichage *Feuille de données*, vérifiez le résultat.

Pour chaque client, on a dans la colonne <Nb DVD> (champ <CLI_NB_DVD>) le nombre actuel de DVD loués, et, dans la colonne <Expr1>, le calcul du nombre futur de DVD loués.

Observez que, dans certaines lignes, le calcul donne un résultat vide, cela se produit lorsqu'un client n'a encore jamais rendu un DVD loué (cas possible pour les tout nouveaux clients).

| R_DETACHE_CLIENT_01 | | |
|---|---|---|
| Identifiant c ▾ | Nb DVD ▾ | Expr1 ▾ |
| 897 | 1 | 2 |
| 898 | 1 | 2 |
| 899 | 1 | 2 |
| 900 | 2 | |
| 901 | 1 | |
| 902 | 1 | |

Attention, si vous mettez à jour le champ <CLI_NB_DVD> avec cette formule, vous en viderez le contenu pour les clients n'ayant jamais rendu un DVD loué. Ce n'est pas à faire.

### Résolvez le problème de la propagation du Null et effectuez la mise à jour

Le `Null` n'est pas une valeur : on ne peut pas comparer le `Null` à une valeur. Il faut utiliser `Est Null` (ou `Pas Est Null`). Si un des éléments d'une formule est `Null`, toute la formule est dans l'état `Null` : c'est ce qu'on appelle « la propagation du Null ». Ne confondez pas l'état `Null`, et la valeur nulle, qui correspond à la valeur zéro.

C'est ce qui se passe ici : si un client n'a encore jamais rendu de film en fin de location, la fonction RechDom retourne un `Null`, et ajouter une valeur numérique à un `Null` donne un résultat `Null`.

Pour corriger le problème, vous devez ajouter une fonction qui attribue une valeur si le champ est `Null` : c'est la fonction « Nz », qui retourne la valeur du deuxième argument si le premier est Null. Par exemple, `Nz([CLI_NB_DVD];0)` retourne la valeur de <CLI_NB_CLIENT> si celui-ci n'est pas `Null`, et la valeur 0 s'il est `Null`.

- Passez en affichage *Mode Création*.
- Modifiez la formule en entourant RechDom avec Nz :

```
[CLI_NB_DVD]+
Nz(RechDom(
    "NbDVD";
    "R_DETACHE_CLIENT_01_NB_DVD_PAR_CLIENT";
    "LOC_ID_CLIENT=" & [CLI_ID]);
0)
```

Les retours à la ligne ont pour but de faciliter la lecture de la formule, qui commence à devenir complexe. Vous n'êtes pas obligé de les reproduire.

- Passez en affichage *Feuille de données* pour vérifier le résultat. Cette fois-ci, chaque ligne contient bien le bon calcul de la future valeur du nombre de DVD.

- Passez en affichage *Mode Création*.

- Sous l'onglet **Outils de requête/Créer**>groupe **Type de requête**, cliquez sur le bouton **Mise à jour**.

| R_DETACHE_CLIENT_01 | | |
|---|---|---|
| Identifiant c ▾ | Nb DVD ▾ | Expr1 ▾ |
| 897 | 1 | 2 |
| 898 | 1 | 2 |
| 899 | 1 | 2 |
| 900 | 2 | 2 |
| 901 | 1 | 1 |
| 902 | 1 | 1 |

- Sélectionnez la formule que vous venez de saisir, sans inclure l'étiquette `Expr1:`, puis copiez-la (vous pouvez utiliser le zoom en appuyant sur ⇧+F2 pour plus de facilité).

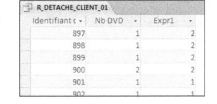

```
Zoom
Expr1:
[CLI_NB_DVD]+Nz(RechDom("NbDVD";"R_DETACHE_CLIENT_01_NB_DVD_PAR_
CLIENT";"LOC_ID_CLIENT=" & [CLI_ID]);0)
```

- Collez la formule dans la ligne <Mise à jour> de la colonne <NbDVD>.

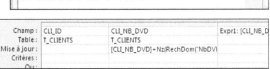

| Champ : | CLI_ID | CLI_NB_DVD | Expr1: [CLI_NB_D |
|---|---|---|---|
| Table : | T_CLIENTS | T_CLIENTS | |
| Mise à jour : | | [CLI_NB_DVD]+Nz(RechDom("NbDVI | |
| Critères : | | | |
| Ou : | | | |

- Sous l'onglet **Outils de requête/Créer**>groupe **Résultats**, cliquez sur le bouton **Exécuter**.

# CAS 10 : REQUÊTES AVANCÉES

Access vous demande confirmation pour modifier les enregistrements.

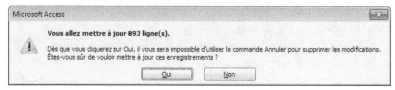

- Cliquez sur [Oui]
- Fermez la requête en enregistrant les modifications.

## Exécutez la deuxième requête de mise à jour

- Dans le volet de navigation, activez le groupe *Requêtes*.
- Double-cliquez sur la requête *R_DETACHE_CLIENT_02* pour l'exécuter.

Access vous demande confirmation pour l'exécution de la requête de mise à jour.

- Cliquez sur [Oui].

Access vous demande confirmation pour la modification des 20324 enregistrements.

- Cliquez sur [Oui], puis fermez la requête.
- Dans le volet de navigation, activez le groupe *Tables* et double-cliquez sur
  *T_LOCATIONS_DETAIL* : les enregistrements ont été mis à jour.

Vous pouvez construire une requête (que vous n'enregistrerez pas) avec T_LOCATIONS et T_LOCATION_DETAIL, et noter que les enregistrements ayant une date de retour n'ont plus de valeur dans <LOC_ID_CLIENTS>. Ce sont les clients qui ont rendu leurs DVD loués.

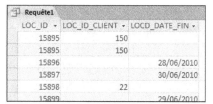

La mise en place de requêtes action pour mettre à jour le chiffre d'affaires du client ainsi que sa date de dernier passage se fait de façon similaire.

## 8—CRÉEZ UNE REQUÊTE CRÉATION DE TABLE

Vous allez créer une table T_ARCHIVES, qui contiendra les coordonnées des clients qui ne sont pas venus depuis longtemps, en l'occurrence depuis le 1er janvier 2008.

- Créez une requête sélection utilisant la table T_CLIENTS.
- Sélectionnez tous les champs de la table en double-cliquant sur le nom de la table *T_CLIENTS* ❶, puis faites glisser la sélection ❷ dans la grille de requête ❸.

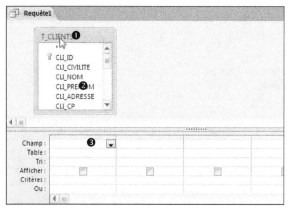

- Dans la colonne <CLI_DERNIER_PASSAGE>, précisez le critère <#01/01/2008#.

# CAS 10 : REQUÊTES AVANCÉES

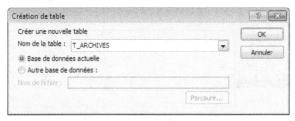

| Champ : | CLI_NB_DVD | CLI_DATE_CREATION | CLI_DERNIER_PASSAG | CLI_CHIFFRE_AFFAIRE | CLI_ABONNEMEN |
|---|---|---|---|---|---|
| Table : | T_CLIENTS | T_CLIENTS | T_CLIENTS | T_CLIENTS | T_CLIENTS |
| Tri : | | | | | |
| Afficher : | ☑ | ☑ | ☑ | ☑ | ☑ |
| Critères : | | | <#01/01/2008# | | |
| Ou : | | | | | |

- Supprimez la colonne <CLI_MAGASINS> : les champs à valeurs multiples ne sont pas autorisés dans les requêtes de type création.
- Passez en affichage *Feuille de données*.
- Vérifiez globalement que les données sont correctes : on ne doit avoir que des clients qui ne sont pas venus depuis la date indiquée.
- Revenez en affichage *Mode Création*.
- Sous l'onglet **Outils de requête/Créer**>groupe **Type de requête**, cliquez sur le bouton **Création de table**.

Access demande le nom de la table à créer :

- Saisissez T_ARCHIVES.
- Cliquez sur [OK].
- Sous l'onglet **Outils de requête/Créer**>groupe **Résultats**, cliquez sur le bouton **Exécuter**.

Access vous demande confirmation pour créer une nouvelle table et y coller 10 lignes.

- Cliquez sur [Oui].
- Fermez la requête sans l'enregistrer, car elle n'est utile qu'une seule fois.

Dans le volet de navigation, notez l'apparition de la table T_ARCHIVES.

- Ouvrez la table T_ARCHIVES et constatez que les enregistrements ont bien été copiés.
- Passez en *Mode Création*.

Notez que les types de données ont été conservés, mais que seule la propriété taille des champs a été reprise, les autres (format, valeur par défaut, valide si, liste de choix...) ont été ignorées.

- Fermez la table T_ARCHIVES.

## 9–COPIEZ DES ENREGISTREMENTS AVEC UNE REQUÊTE AJOUT

Vous allez maintenant transférer d'autres anciens clients dans la table T_ARCHIVES. Comme la table existe déjà, nous ne pouvons pas utiliser une requête création. Nous allons donc utiliser une requête Ajout qui va copier des enregistrements de la table T_CLIENTS vers la table T_ARCHIVES.

- Créez une requête sélection utilisant la table T_CLIENTS.
- Ajoutez tous les champs de la table.
- Supprimez le champ <CLI_MAGASINS> de la requête.
- Dans la colonne <CLI_DERNIER_PASSAGE>, précisez le critère
  entre #1/1/2008# et #30/6/2008#.
- Passez en affichage *Mode Feuille de données* pour contrôler le résultat.
- Vérifiez globalement que les données sont correctes : on ne doit avoir que des dates du premier semestre 2008.

- Revenez en *Mode Création*.
- Sous l'onglet **Outils de requête/Créer**>groupe **Type de requête**, cliquez sur le bouton **Ajout**.

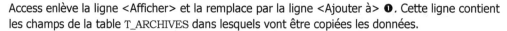

Access vous demande à quelle table ajouter les données.

- Choisissez *T_ARCHIVES* dans la liste.
- Cliquez sur [OK].

Access enlève la ligne <Afficher> et la remplace par la ligne <Ajouter à> ❶. Cette ligne contient les champs de la table T_ARCHIVES dans lesquels vont être copiées les données.

Access propose un nom par défaut à tous les champs. Vous pourriez modifier ce choix en utilisant la liste déroulante ❷, ce qui permettrait de transférer des données dans des champs ne portant pas le même nom (<CLI_NOM> vers <ARC_NOM>, si vous aviez renommé les champs de T_ARCHIVES).

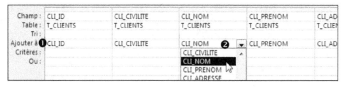

- Sous l'onglet **Outils de requête/Créer**>groupe **Résultats**, cliquez sur le bouton **Exécuter**.

Access vous demande si vous voulez ajouter les lignes.

- Cliquez sur [Oui].
- Fermez la requête sans enregistrer les modifications, car cette requête sera d'usage peu courant. Il sera plus rapide de la refaire que de la retrouver.

## 10–CRÉEZ UNE REQUÊTE DE SUPPRESSION

Maintenant que les anciens clients sont archivés, nous allons les supprimer de la table client.

- Créez une requête sélection utilisant la table T_CLIENTS.
- Ajoutez le champ <CLI_DERNIER_PASSAGE>.
- Sur la ligne <Critère>, indiquez <=#30/6/2008#.

- Passez en affichage *Mode Feuille de données* pour contrôler le résultat. Vérifiez globalement que les données sont correctes : on ne doit avoir que des dates antérieures à la date indiquée.
- Revenez en affichage *Mode Création*.
- Sous l'onglet **Outils de requête/Créer**>groupe **Type de requête**, cliquez sur le bouton **Suppression**.

Access supprime les lignes <Tri> et <Afficher,> et ajoute la ligne <Supprimer>.

- Sous l'onglet **Outils de requête/Créer**>groupe **Résultats**, cliquez sur le bouton **Exécuter**.
- Access vous demande confirmation pour supprimer 21 lignes.
- Cliquez sur [Oui].
- Fermez la requête. N'enregistrez pas les modifications, car cette requête sera d'usage peu courant, et il sera plus rapide de la refaire que de la retrouver.

## 11–FERMEZ LA BASE DE DONNÉES ET QUITTEZ ACCESS

- Cliquez sur l'onglet **Fichier**, puis sur **Quitter Access** ou Alt + F4.

# CAS 11 : FORMULAIRES AVANCÉS

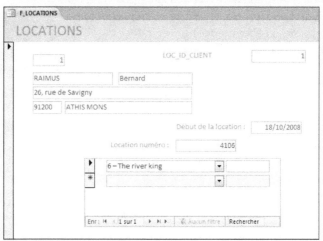

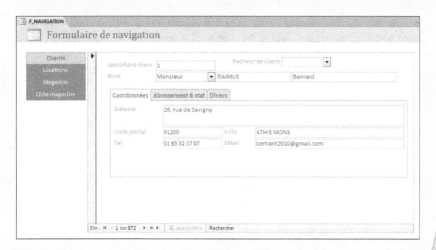

# CAS 11 : FORMULAIRES AVANCÉS

**Fonctions utilisées**

– Formulaire et sous-formulaire
– Ergonomie des formulaires
– Onglet

– Groupe d'options
– Zone de liste déroulante
– Bouton de commande

**70 mn**

Nous avons vu dans le cas n° 7 l'utilisation de base des formulaires. Nous allons voir maintenant des contrôles plus avancés, et notamment les sous-formulaires.

Copiez le fichier `Locat_11.accdb` enregistré dans le dossier `C:\Exercices Access 2010` sous un autre nom `XLocat_11.accdb`. Cette base de données est la réplique de celle qui résulte de la réalisation du cas précédent. Ouvrez cette base de données.

## 1–AMÉLIOREZ LE FORMULAIRE F_CLIENTS_ADRESSE

### Modifiez le formulaire en formulaire double affichage

- Ouvrez le formulaire F_CLIENTS_ADDRESSE en *Mode Création*.
- Ouvrez la feuille des propriétés, sous l'onglet **Création**> groupe **Outils**, cliquez sur le bouton **Feuille des propriétés**, ou appuyez sur F4.
- Sélectionnez le formulaire en cliquant sur sa case de sélection en haut à gauche du formulaire ❶, à l'intersection des règles. Les propriétés du formulaire ❷ s'affichent alors dans la *Feuille des propriétés*.
- Sous l'onglet *Format* de la *Feuille de propriétés*, dans la propriété <Affichage par défaut>, choisissez *Formulaire double affichage* ❸.
- Passez en affichage *Mode Formulaire*.
  Le formulaire est maintenant séparé en deux parties en haut une feuille de données, et en bas un formulaire.
  Ces deux affichages sont rattachés à la même source de données et sont toujours synchronisés.
- Sélectionnez un enregistrement dans la feuille de données, le formulaire affiche aussi l'enregistrement sélectionné. Les boutons de navigation au bas du formulaire servent pour naviguer dans les enregistrements, ils agissent simultanément sur les deux affichages.

Notez que les champs qui apparaissent dans la partie *Feuille de données* correspondent aux champs dans le formulaire. De plus, leur ordre d'affichage de gauche à droite dans la partie *Feuille de données* correspond à l'ordre de tabulation défini dans la partie *Formulaire*.

Par contre, l'affichage actuel correspond assez peu aux écrans récents, qui sont majoritairement au format large (16/9). Ce n'est pas un problème avec notre formulaire actuel dont la hauteur est assez réduite, mais cela va le devenir prochainement.

- Revenez en *Mode Création*, et sélectionnez le formulaire en cliquant sur sa case de sélection.
- Dans la *Feuille de propriétés*, dans la propriété <Orientation du formulaire double affichage>, choisissez *Feuille de données sur la gauche* ❶. Cette propriété est la douzième avant la dernière propriété de l'onglet *Format*.

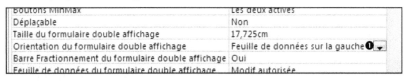

| Boutons MinMax | Les deux actives |
|---|---|
| Déplaçable | Non |
| Taille du formulaire double affichage | 17,725cm |
| Orientation du formulaire double affichage | Feuille de données sur la gauche ❶ |
| Barre Fractionnement du formulaire double affichage | Oui |
| Feuille de données du formulaire double affichage | Modif autorisée |

- Passez en *Mode Formulaire* pour admirer le résultat.

# CAS 11 : FORMULAIRES AVANCÉS

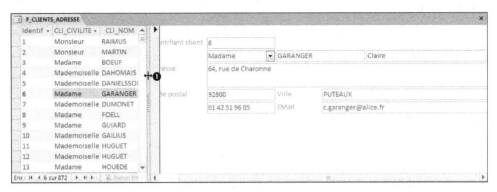

- Vous pouvez modifier la largeur de chaque volet en cliquant-glissant sur la barre de fractionnement ❶.
- Enregistrez les modifications.

## Insérez un contrôle onglet

Actuellement, le formulaire est assez vide, mais il peut rapidement devenir chargé. Pour regrouper de façon logique les informations, vous allez ajouter trois onglets : Coordonnées, Abonnement & stat, Divers.

- Passez en affichage *Mode Création*.
- Augmentez la hauteur du formulaire, de façon à ce que la section Détail fasse une dizaine de centimètres.
- Sous l'onglet **Création**>groupe **Contrôles**, cliquez sur le bouton **Contrôle Onglet ❶**. Cliquez-glissez pour positionnez le contrôle onglet sous les autres contrôles. Ne vous souciez pas trop de sa taille pour le moment.

Notez que, par défaut, Access place ce nouveau contrôle sans tenir compte des cellules de positionnement. Si vous aviez été en *Mode page*, au contraire, le nouveau contrôle aurait été placé à l'intérieur d'une cellule de positionnement.

- Sélectionnez les contrôles <CLI_ADRESSE>, <CLI_CP>, <CLI_VILLE>, <CLI_TEL> et <CLI_EMAIL> ainsi que leurs étiquettes. Vous pouvez sélectionner plusieurs contrôles simultanément en gardant la touche ⬆ appuyée.
- Coupez (Ctrl+X) les contrôles sélectionnés.
- Sélectionnez le premier onglet en cliquant deux fois dessus ❷. C'est la zone intérieure du contrôle qui doit être activée.
- Collez (Ctrl+V). Notez que si l'onglet n'est pas assez grand, il est redimensionné automatiquement à la taille des objets collés.
- Si nécessaire, affichez la *Feuille de propriétés*.
- Cliquez deux fois de suite sur le premier onglet. Le <Type de sélection> doit être *Page* ❶. Sous l'onglet *Format* de la feuille des propriétés, saisissez Coordonnées ❷dans la propriété <Légende>.
- De manière similaire, définissez la propriété <Légende> du deuxième onglet à Divers.
- Avec un clic droit sur le contrôle onglet, affichez le menu contextuel et sélectionnez *Insérer une page* ❸.

- Définissez la légende de ce nouvel onglet :
  Abonnement && stat.

# CAS 11 : FORMULAIRES AVANCÉS

L'ordre des pages n'est pas logique : il faudrait inverser `Divers` et `Abonnement & stat.`

- Avec un clic droit sur le contrôle onglet, affichez le menu contextuel et sélectionnez *Ordre des pages*.

Access affiche la fenêtre *Ordre des pages*.

- Sélectionnez *Divers*, puis cliquez sur [Descendre].
- Cliquez sur [OK].

Access modifie l'ordre des onglets.

- Passez en *Mode Formulaire*, et cliquez sur les onglets pour visualiser le résultat.

Vous allez maintenant ajouter d'autres champs dans votre onglet.

- Passez en *Mode Page*. Ce mode va vous permettre de bénéficier de façon directe du positionnement par cellule.
- Sous l'onglet **Création**>groupe **Outils**, cliquez sur le bouton **Ajouter des champs existants**.

Vous constatez que seuls les champs faisant partie du formulaire initial sont présents.

- Dans la fenêtre *Liste des champs*, cliquez sur *Afficher tous les tableaux*.

Access affiche les différentes tables avec, dans la partie supérieure, la zone <Champs disponibles pour cette vue>, c'est-à-dire ceux de la table T_CLIENTS.

- L'onglet <Abonnement & stat> étant activé dans le formulaire en *Mode Page*, glissez à l'intérieur le champ <CLI_PUBLIPOSTAGE>.

Le contrôle <CLI_PUBLIPOSTAGE> vient se mettre en haut à gauche de l'onglet.

- Ajoutez les contrôles <CLI_NB_DVD>, <CLI_CHIFFRE_AFFAIRE>, <CLI_DATE_CREATION>, <CLI_DERNIER PASSAGE>, <CLI_ABONNEMENT> et <CLI_DATE_ABONNEMENT>. En utilisant les méthodes vues au cas 7, repositionnez-les pour que l'onglet ressemble à l'image ci-dessous.
- Faites de même avec les champs <Magasins> et <Remarques> dans l'onglet *Divers*.

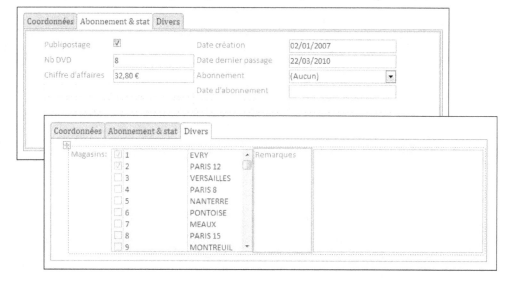

# CAS 11 : FORMULAIRES AVANCÉS

- Passez en *Mode Création*, où les manipulations suivantes seront plus faciles.
- Remontez le contrôle onglet. Pour cela, cliquez en dehors du contrôle, puis cliquez une fois sur l'onglet. Ensuite, positionnez le curseur sur le coin supérieur gauche, et cliquez-glissez pour remonter le contrôle.

- Diminuez la hauteur de la section *Détail*.

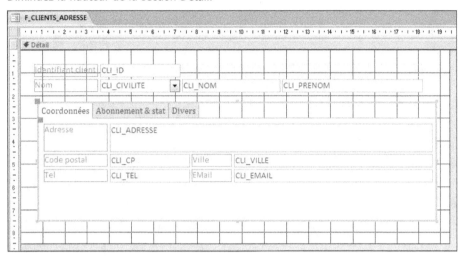

- Passez en *Mode Formulaire* et admirez votre travail.
- Enregistrez les modifications.

## Ajoutez un champ de recherche

L'utilisation du formulaire double affichage n'est pas forcément du goût de tout le monde. Vous allez remplacer la partie *Feuille de données* par une liste.

- Passez en *Mode Création*.
- Si nécessaire, affichez la *Feuille de propriétés*.
- Dans la *Feuille de propriétés*, sous l'onglet *Format*, dans la propriété <Affichage par défaut>, choisissez *Formulaire unique*.
- Dans l'onglet *Données*, dans la propriété <Source>, choisissez *T_CLIENTS*.
- Sous l'onglet **Création**>groupe **Contrôles**, cliquez sur le bouton **Autres ❶**. Dans le menu qui s'ouvre, vérifiez que *Utiliser les Assistants Contrôles* ❷ est bien activé (icône avec fond orangé).
- Sous l'onglet **Création**>groupe **Contrôles**, cliquez sur le bouton **Zone de liste déroulante ❸**.

- Cliquez dans le formulaire, au-dessus des contrôles zone de texte <CLI_NOM> et <CLI_PRENOM>.

Access crée le contrôle et ouvre la fenêtre *Assistant Zone de liste déroulante*.

- Cochez <⊙ Rechercher un enregistrement dans mon formulaire basé sur la valeur que j'ai sélectionnée dans la liste déroulante>, puis cliquez sur [Suivant].
- Dans la liste des champs, sélectionnez *CLI_ID*, *CLI_NOM* et *CLI_PRENOM*, puis cliquez sur [Suivant].
- Access vous propose de modifier les largeurs de colonnes. Cliquez sur [Suivant].

# CAS 11 : FORMULAIRES AVANCÉS

- Saisissez `Rechercher client` comme étiquette, puis cliquez sur [Terminer].

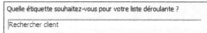

- Passez en *Mode Formulaire*.

Vous pouvez maintenant choisir un client dans la liste déroulante. Malheureusement, cette liste n'est pas triée. Vous allez maintenant la trier.

- Passez en *Mode Création*.
- Sélectionnez le contrôle *zone de liste déroulante* que vous venez de créer.
- Si nécessaire, affichez la *Fenêtre de propriétés*. Dans l'onglet *Données*, dans la propriété <Contenu>, cliquez sur le bouton ![...] situé à droite de la propriété.

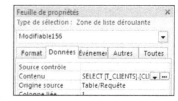

Access affiche la requête qui permet de générer le contenu de la liste déroulante.

# CAS 11 : FORMULAIRES AVANCÉS

- Définissez un tri croissant sur le champ <CLI_NOM>.
- Fermez la requête.
- Access vous demande si vous voulez enregistrer les modifications. Cliquez sur [Oui].
  Notez que cette requête est interne au formulaire, et qu'elle n'apparaît nulle part dans la liste des requêtes du volet de navigation.
- Passez en *Mode Formulaire*.

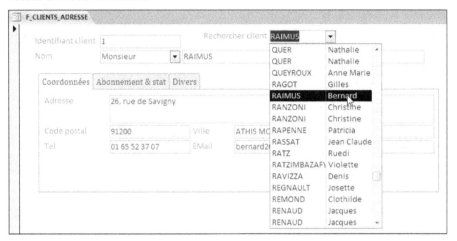

Vous voyez que les clients sont affichés par ordre alphabétique dans la liste déroulante.

Vous pouvez également saisir le début d'un nom, les enregistrements correspondants sont affichés dans la liste déroulante.

- Fermez le formulaire en enregistrant les modifications.
- Dans le volet de navigation, modifiez le nom du formulaire pour qu'il corresponde davantage à son contenu : nommez-le `F_CLIENTS_ONGLETS` plutôt que `F_CLIENTS_ADRESSE`.

## 2–CRÉEZ UN FORMULAIRE DE LOCATION DE DVD

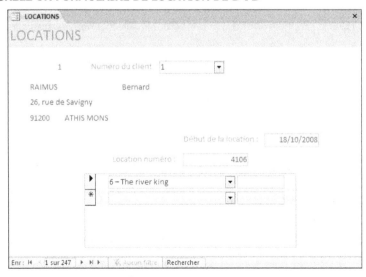

# CAS 11 : FORMULAIRES AVANCÉS

Le formulaire de location d'un DVD est en fait constitué de deux formulaires :

- un formulaire principal qui indique la date, le numéro de location et l'adresse du client ;
- un sous-formulaire qui va contenir la liste des DVD empruntés ainsi qu'un contrôle pour leur date de retour. Pour un client qui a rendu ses DVD, cette liste apparaîtra vide.

Pour faciliter la saisie, ces deux formulaires contiendront une liste déroulante.

Vous allez commencer par créer le sous-formulaire, pour l'intégrer dans le formulaire principal.

## Créez la requête R_DVD_FILM

Cette requête permettra, à partir d'un numéro de DVD, de connaître le titre du film.

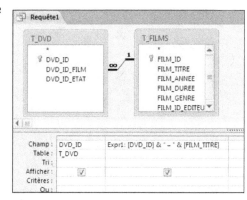

- Créez une nouvelle requête.
- Ajoutez les tables T_DVD et T_FILMS.
- Dans la grille de requête, ajoutez le champ <DVD_ID>.
- À droite de la colonne <DVD_ID>, saisissez la formule suivante, qui concatène le numéro du DVD et le film correspondant : Expr1 : [DVD_ID]&" - "&[FILM_TITRE].
- Fermez la requête et enregistrez les modifications sous le nom R_DVD_TITRE_FILM.

## Créez le formulaire « détail des locations »

Ce formulaire est basé sur la table T_LOCATIONS_DETAIL.

- Sélectionnez la table T_LOCATIONS_DETAIL dans le volet de navigation.
- Sous l'onglet **Créer**>groupe **Formulaire**, cliquez sur le bouton **Formulaire vierge**. Access crée un nouveau formulaire et l'affiche en *Mode Page*.
- Ajoutez le champ <LOCD_DATE_FIN> de la table T_LOCATIONS_DETAIL à ce formulaire, puis supprimez le contrôle étiquette associé.

- Affichez la *Feuille de propriétés*. Dans l'onglet *Données*, dans la propriété <Source>, sélectionnez *T_LOCATIONS_DETAIL*.
- Dans l'onglet *Format*, dans la propriété <Affichage par défaut>, sélectionnez *Formulaires continus*.

Access vous signale qu'il faut fermer et rouvrir l'état. Cliquez sur [OK].

- Fermez le formulaire en l'enregistrant sous le nom F_LOCATIONS_SF_DETAIL, puis rouvrez-le en *Mode Page*.

## Créez un contrôle liste déroulante pour saisir les DVD

- Sous l'onglet **Création**>groupe **Contrôles**, cliquez sur le bouton **Autres**.
- Dans le menu qui s'ouvre, vérifiez que *Utiliser les Assistants Contrôles* est bien coché.
- Sous l'onglet **Création**>groupe **Contrôles**, cliquez sur le bouton **Zone de liste déroulante**.
- Cliquez dans le formulaire, de manière à insérer le contrôle zone de texte déroulante devant le contrôle zone de texte <LOCD_DATE_FIN>.

Access crée le contrôle et ouvre la fenêtre *Assistant Zone de liste déroulante*.

- *Étape 1* : laissez le choix par défaut <⊙ Je veux que la liste déroulante recherche les valeurs dans une table ou requête>, et cliquez sur [Suivant].

# CAS 11 : FORMULAIRES AVANCÉS

- *Étape 2* : Activez l'affichage des <⊙ Requêtes> ❶, puis sélectionnez *R_DVD_TITRE_FILM* ❷. Cliquez sur [Suivant].

- *Étape 3* : Sélectionnez les deux champs, puis cliquez sur [Suivant].

- *Étape 4* : Choisissez un tri par <DVD_ID>, puis cliquez sur [Suivant].

- *Étape 5* : Pointez sur le bord droit de la colonne <DVD_ID> ❶, et faites-le glisser pour la masquer. Ainsi, elle n'apparaîtra pas dans la liste déroulante. Cliquez sur [Suivant].

- *Étape 6* : Indiquez le champ de valeur à utiliser, ici choisissez *DVD_ID* ❶.Cliquez sur [Suivant].

- *Étape 7* : Indiquez dans quel champs de la table la valeur doit être stockée, ici choisissez *LOCD_ID_DVD* ❷. Cliquez sur [Suivant].

- *Étape 8* : laissez le nom d'étiquette que vous propose Access, car il ne sera pas utilisé. Cliquez sur [Terminer].

Access génère le contrôle de liste déroulante que vous avez défini.

- Supprimez l'étiquette associée au contrôle de la liste déroulante.

- Passez en *Mode Création*.

- Remontez les contrôles, modifiez leur largeur et diminuez la hauteur du formulaire.

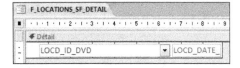

# CAS 11 : FORMULAIRES AVANCÉS

- Passez en *Mode Formulaire*.

Au final, le formulaire devrait ressembler à ceci :

- Fermez le formulaire en enregistrant les modifications.

## 3—CRÉEZ LE FORMULAIRE DES LOCATIONS

Vous allez maintenant créer le formulaire principal.

- Sous l'onglet **Créer**>groupe **Formulaire**, cliquez sur le bouton **Assistant Formulaire**.
- Dans la zone <Tables/Requêtes> ❶, sélectionnez *T_LOCATIONS*.

- Basculez tous les champs dans la liste des <Champs sélectionnés> ❷ en cliquant sur le bouton à double chevron ❸.
- Sur le même dialogue, sélectionnez *T_CLIENTS* dans la zone <Tables/Requêtes>.
- Basculez les champs *CLI_ID*, *CLI_NOM*, *CLI_PRENOM*, *CLI_ADRESSE*, *CLI_CP* et *CLI_VILLE* dans les champs sélectionnés ❹ (l'ordre importe peu).

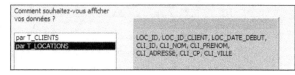

- Cliquez sur [Suivant].

Access détecte deux tables liées : il vous demande donc quelle est la table principale. En d'autres termes, voulez-vous afficher <u>le</u> client et <u>ses</u> locations (sens 1 vers ∞ de la relation) ou bien <u>la</u> location et <u>son</u> client (sens ∞ vers 1 de la relation). C'est le deuxième cas qui nous intéresse ici.

- Cliquez sur *par T_LOCATIONS*.
- Cliquez sur [Suivant].

# CAS 11 : FORMULAIRES AVANCÉS

Access vous demande quelle disposition utiliser.

- Choisissez <⊙ Colonne simple>, puis cliquez sur [Suivant].
- Access vous demande un titre (en fait, un nom) pour votre formulaire.
- Saisissez F_LOCATIONS.
- Cliquez sur l'option <⊙ Modifier la structure du formulaire>, puis cliquez sur [Terminer].
- Access affiche le formulaire en *Mode Création*.

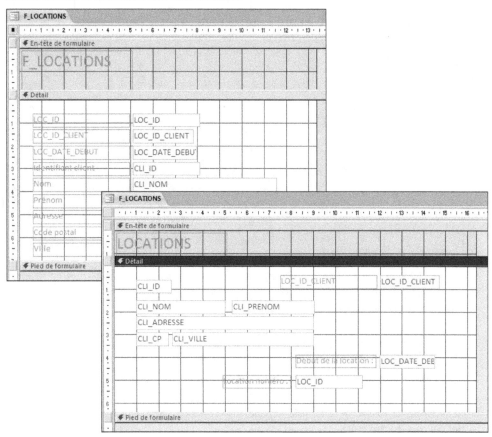

- En utilisant les différentes techniques vues au cas 7, modifiez le formulaire pour qu'il ressemble à la figure ci-dessus.
- Sous l'onglet **Création**>groupe **Contrôles**, cliquez sur le bouton **Sous-formulaire/Sous-état** ❶.

- Cliquez sous le contrôle <LOC_ID> à l'emplacement où vous allez insérer le sous-formulaire.

Access lance l'assistant sous-formulaire.

- Cliquez <⊙ Utiliser un formulaire existant> et sélectionnez *F_LOCATIONS_SF_DETAIL*.
- Cliquez sur [Suivant].

Access vous demande comment vont être reliés les enregistrements du formulaire. Il vous propose d'utiliser la relation existante.

- Laissez ce qui est proposé par défaut et cliquez sur [Suivant].

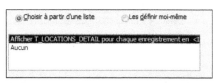

# CAS 11 : FORMULAIRES AVANCÉS

Access vous propose par défaut le nom du sous-formulaire comme nom du contrôle sous-formulaire.

Comment souhaitez-vous nommer votre sous-formulaire ou sous-état ?

F_LOCATIONS_SF_DETAIL

- Laissez le nom par défaut et cliquez sur [Terminer].

- Supprimez l'étiquette associée au contrôle sous-formulaire et positionnez le contrôle pour que le formulaire ressemble à ceci :

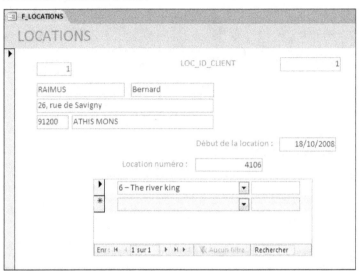

Vous allez améliorer un peu ce formulaire, en modifiant le titre du formulaire puis en supprimant le sélecteur d'enregistrement du formulaire et la barre de navigation du sous-formulaire.

- Passez en *Mode Page*, et affichez la *Feuille de propriétés*.
- Sélectionnez l'objet Formulaire.
- Dans l'onglet *Format*, dans la propriété <Légende>, saisissez LOCATIONS ❶.
- Toujours dans l'onglet *Format*, dans la propriété <Afficher sélecteur>, choisissez *Non*.
- Sans fermer la *Feuille de propriétés*, cliquez dans le sous-formulaire, en dehors d'un contrôle ❷.

Notez que l'objet sélectionné dans la *Feuille de propriétés* est encore *Formulaire*. Il s'agit pourtant bien maintenant du sous-formulaire : vous constatez par exemple que la propriété <Légende> est vide.

- Dans la propriété <Boutons de déplacement>, choisissez *Non*.
- Dans la propriété <Barre défilement>, choisissez *Verticale*.
- Enregistrez les modifications.

## Verrouillez certains champs du formulaire

Lorsqu'un client veut louer un ou plusieurs DVD, il faut créer un nouvel enregistrement location, et dans cet enregistrement il faut :

- saisir le numéro du client ❶ ;
- saisir les DVD d'après leur numéro dans le sous-formulaire ❷.

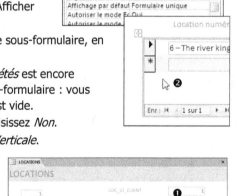

# CAS 11 : FORMULAIRES AVANCÉS

Il ne faut surtout pas chercher à saisir quoi que ce soit dans les coordonnées du client, car la modification affecterait directement les données de T_CLIENTS. Pour éviter cela, vous allez verrouiller l'accès aux champs qu'il ne faut pas modifier ici. De plus, vous allez faciliter la saisie du client avec une liste déroulante.

- Passez en affichage *Mode Création*.
- Sélectionnez les contrôles de champs <CLI_ID>, <CLI_NOM>, <CLI_PRENOM>, <CLI_ADRESSE>, <CLI_CP> et <CLI_VILLE>.
- Affichez la *Feuille de propriétés* si elle n'est pas ouverte.
- Sous l'onglet *Données* de la *Feuille de propriétés*, dans la propriété <Activé>, choisissez *Non*.
- Si vous n'aimez pas la couleur grise du texte, vous pouvez également mettre la propriété *Données* / <Verrouillé> à *Oui*.

Dans ce cas, il faudra que l'utilisateur « voie » que les champs ne sont pas modifiables.

- Pour chaque contrôle zone de texte que l'utilisateur ne peut pas modifier, définissez la propriété *Format* / <Style bordure> à *Transparent*.
- Enregistrez les modifications.

## Ajoutez un contrôle liste déroulante pour saisir le client

- Sous l'onglet **Création**>groupe **Contrôles**, cliquez sur le bouton **Zone de liste déroulante**.
- Cliquez sous le contrôle zone de texte <LOC_ID_CLIENT> pour positionner le contrôle liste déroulante à cet endroit dans le formulaire.

Access démarre l'Assistant zone de liste déroulante.

- *Étape 1* : Laissez le choix par défaut <⊙ Je veux que la liste déroulante recherche les valeurs dans une table ou requête>, cliquez sur [Suivant].
- *Étape 2* : Dans la liste des tables, sélectionnez *T_CLIENTS*, cliquez sur [Suivant].
- *Étape 3* : Basculez *CLI_ID, CLI_NOM* et *CLI_PRENOM* dans la liste des <Champs sélectionnés>, cliquez sur [Suivant].
- *Étape 4* : Choisissez un tri par *CLI_NOM*, cliquez sur [Suivant].
- *Étape 5* : Décochez la case <☐ Colonne clé cachée (recommandé)> ❶, pour faire apparaître la colonne des identifiants clients. Cliquez sur [Suivant].

| ☐ Colonne clé cachée (recommandé) ❶ | | |
|---|---|---|
| Identifiant client | Nom | Prénom |
| 618 | ABDELLATIF | Moustari |
| 619 | ADDE | Nathalie |
| 620 | ADDINSELL | Steve |
| 621 | ADONIS | Serge Anselme |
| 622 | AGUILLEE | Marcel |
| 623 | ALBERTON | Yvette |
| 603 | ALEXANDRE | Michel |

- *Étape 6* : Indiquez que la colonne clé est celle de *CLI_ID*, cliquez sur [Suivant].
- *Étape 7* : Spécifiez que vous stockez la valeur dans le champ *LOC_ID_CLIENT*, cliquez sur [Suivant].
- *Étape 8* : Saisissez `Numéro du client` comme étiquette de la liste déroulante, cliquez sur [Terminer].

L'assistant se termine en générant le contrôle liste déroulante.

- Passez en affichage *Mode Formulaire*. Il est maintenant plus facile de trouver un client.

Comme les contrôles zone de texte <LOC_ID_CLIENT> et <CLI_ID> affichent la même information que la liste déroulante, il y a redondance.

- Passez en affichage *Mode Page*.
- Supprimez le contrôle zone de texte <LOC_ID_CLIENT>.
- Déplacez le contrôle liste déroulante que vous venez de créer à côté du numéro du client.
- Dans la propriété <Largeur liste>, saisissez 7,5cm.

- Si nécessaire, affichez la *Feuille de propriétés*.
- Sous l'onglet *Format*, dans la propriété <Largeur colonnes>, spécifiez 1cm;3,5cm;3cm.
  Notez que si vous désirez masquer la colonne des identifiants, il suffit de mettre sa largeur à 0, c'est-à-dire que la propriété <Largeur colonnes> aura comme valeur 0cm;3,5cm;3cm.
- Passez en affichage *Mode Formulaire* pour vérifier le résultat.

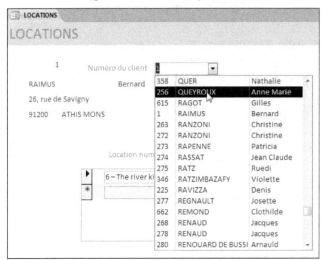

- Fermez le formulaire en enregistrant les modifications.

## 4—CRÉEZ UN FORMULAIRE DE NAVIGATION

Le nombre de formulaires et d'états commence à devenir important. Vous allez organiser ces formulaires au sein d'un formulaire de navigation.

- Sous l'onglet **Créer**>groupe **Formulaires**, cliquez sur le bouton **Navigation**, puis sur *Onglets verticaux, à gauche*. Access crée un formulaire qu'il nomme *Formulaire de navigation*. Avec un volet à gauche qui affichera des onglets de sélection, et un sous-formulaire central qui affichera le formulaire dont l'onglet aura été sélectionné à gauche.
- Depuis le volet de navigation, activez le groupe *Formulaires*, puis cliquez et glissez *F_CLIENTS_ONGLETS* dans le volet de gauche du formulaire de navigation ❶.

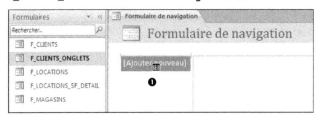

- Access insère un contrôle étiquette <*F_CLIENTS_ONGLETS*> dans le volet de gauche, ce contrôle sert d'onglet de sélection. De la même manière, insérez les onglets <*F_LOCATIONS*>et <*F_MAGASINS*>.

- Sélectionnez le contrôle étiquette <*F_CLIENTS_ONGLETS*>❶, et, dans la *Feuille de propriétés*, sous l'onglet *Format*, dans la propriété <Légende>, saisissez Clients. De manière similaire, modifiez la légende de <*F_LOCATIONS*> en Locations et <*F_MAGASINS*> en Magasins.
- En *Mode Création*, cliquez dans le volet des onglets puis sur la poignée de sélection. Diminuez la hauteur du sous-formulaire central et augmentez sa largeur. Modifiez la hauteur de la section *Détail* en conséquence.

# CAS 11 : FORMULAIRES AVANCÉS

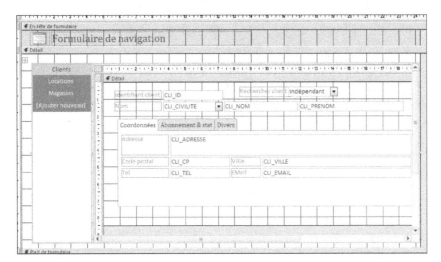

- De la même manière que vous avez ajouté un formulaire, passez en *Mode Page* et ajoutez l'état *E_MAGASINS*, dont l'étiquette sera `Liste magasins`.

Notez que vous ne pouvez ajouter ni table, ni requête. Si vous voulez qu'une requête figure dans le volet de navigation (par exemple une requête statistique), il faut d'abord générer un état qui contient les données de la requête, puis intégrer l'état.

Notez également que l'état est en *Mode État*, et ne peut pas être imprimé.

- Passez en *Mode Formulaire*.

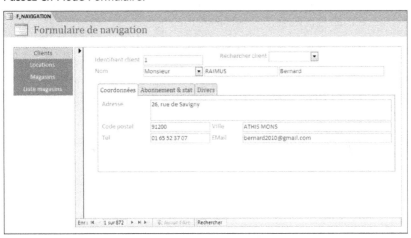

- Fermez le formulaire en le sauvegardant sous le nom `F_NAVIGATION`.

## 5—FERMEZ LA BASE ET QUITTEZ ACCESS

- Cliquez sur l'onglet **Fichier**, puis sur **Quitter** ou Alt + F4.

# ANALYSE ET EXPORT DE DONNÉES

**5**

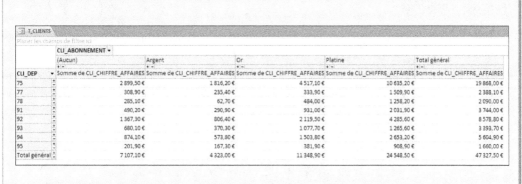

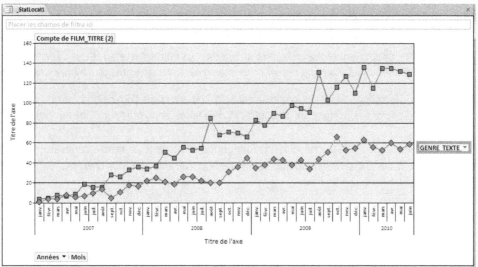

# CAS 12 : TABLEAUX CROISÉS ET GRAPHIQUES

---

**Fonctions utilisées**

– *Assistant graphique*      – *Requête ajout*

– *Requête création de table*      – *Requête suppression*

**10 mn**

---

Vous allez maintenant vous intéresser à l'analyse de données sous Access, que ce soit sous forme de graphiques et de tableaux croisés dynamiques.

Copiez le fichier `Locat_12.accdb` enregistré dans le dossier `C:\Exercices Access 2010` sous un autre nom `XLocat_12.accdb`. Cette base de données est la réplique de celle qui résulte de la réalisation du cas précédent. Ouvrez cette base de données.

## 1—CRÉEZ UN TABLEAU CROISÉ DYNAMIQUE AVEC L'ASSISTANT

### Créez un tableau avec des champs de calcul automatique

Vous allez afficher un tableau croisé indiquant la somme des chiffres d'affaires par département et par type d'abonnement. Cet exemple ne sera pas conservé, donc n'hésitez pas à faire des essais.

■ Dans le volet de navigation, sélectionnez la table T_CLIENTS sans l'ouvrir. Puis, sous l'onglet **Créer**>groupe **Formulaire**, cliquez sur le bouton **Plus de formulaires**, puis sur *Tableau croisé dynamique*.

Access crée un nouveau tableau croisé dynamique, pour le moment un simple canevas.

■ Cliquez sur le tableau croisé dynamique pour faire apparaître la liste des champs.

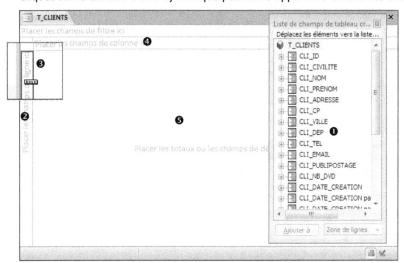

■ Depuis la liste des champs de tableau, cliquez et glissez *CLI_DEP* ❶ dans la zone <Placer les champs de ligne ici> ❷. Quand le curseur est bien positionné, la zone correspondante est entourée de bleu ❸. Les départements (75, 77...) serviront d'en-tête de ligne, ils s'affichent verticalement dans la zone au bout de quelques secondes.

■ Cliquez et glissez *CLI_ABONNEMENT* dans la zone <Placer les champs de colonne ici> ❹. Les types d'abonnement (Or, platine...) serviront d'en-tête de colonne.

■ Cliquez et glissez *CLI_CHIFFRE_AFFAIRES* dans la zone <Placer les totaux ou les champs de détail ici> ❺. À l'intersection d'un département et d'un type d'abonnement, les chiffres d'affaires des clients de ce département et de ce type d'abonnement seront agrégés.

---

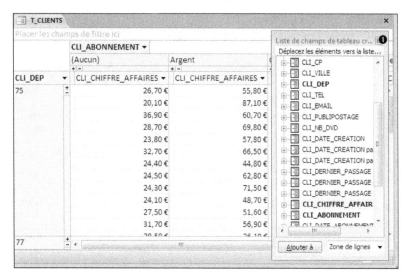

- Fermez la liste de champs de tableau croisé dynamique en cliquant sur la croix de fermeture ❶.

Vous allez maintenant utiliser différentes possibilités du calcul automatique.

- Cliquez sur une des valeurs du tableau (n'importe laquelle) pour la sélectionner. Puis, sous l'onglet **Outils de tableau croisé dynamique/Créer**>groupe **Outils**, cliquez sur le bouton **Calcul automatique**, puis sur *Somme*.

  En bas de chaque groupe s'affiche la somme des valeurs ❷, un total général s'inscrit au bas du tableau, un total général s'inscrit à droite du tableau.

- Pointez sur une cellule (sans cliquer) ❸.

  Access vous donne quelques informations complémentaires.

- Vérifiez qu'une des valeurs du tableau est sélectionnée. Puis, sous l'onglet **Outils de tableau croisé dynamique/Créer**> groupe **Outils**, cliquez sur le bouton **Calcul automatique**, puis sur *Moyenne*.

  Access ajoute la moyenne sous chaque groupe au-dessous de la somme et une moyenne générale au bas et à droite du tableau.

- Sélectionnez une des moyennes : sous l'onglet **Outils de tableau croisé dynamique/Créer**>groupe **Champ actif**, cliquez sur le bouton **Supprimer le champ**.

  Access supprime les moyennes sous les groupes et la moyenne générale.

Si Access génère un message d'erreur, du type suivant :

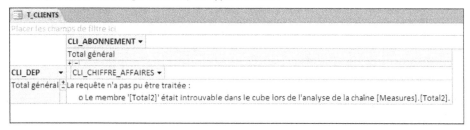

Fermez le formulaire en enregistrant les modifications, nommez-le par exemple TCD_CLIENTS, le nom du formulaire importe peu, car il sera supprimé par la suite. Ensuite, activez le groupe *Formulaire* dans le volet de navigation, puis ouvrez le formulaire *TCD_CLIENTS*.

## Affichez/masquez les détails et les valeurs

Les détails (c'est-à-dire la liste des valeurs) ne vous intéressent pas forcément.

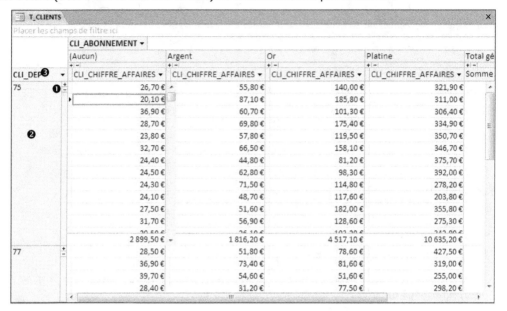

## Masquez les valeurs de détail d'un département

- Cliquez sur le bouton ⊟ à droite de l'en-tête d'un département ❶. Seul le calcul automatique (c'est-à-dire la somme) reste visible. Ou,
- Cliquez sur l'en-tête du département ❷, puis, sous l'onglet **Outils de tableau croisé dynamique/ Créer>**groupe **Afficher/Masquer**, cliquez sur le bouton **Masquer les détails**.

## Réaffichez les valeurs de détail d'un département

- Cliquez sur le bouton ⊞ à droite de l'en-tête du département ❶. Ou,
- Cliquez sur l'en-tête du département ❷, puis, sous l'onglet **Outils de tableau croisé dynamique/Créer>**groupe **Afficher/Masque**, cliquez sur le bouton **Afficher les détails**.

## Masquez ou réaffichez tous les départements

- Cliquez sur l'en-tête <CLI_DEP> ❸, puis, sous l'onglet **Outils de tableau croisé dynamique/Créer>**groupe **Afficher/Masquer**, cliquez sur le bouton **Masquer les détails** ou sur le bouton **Afficher les détails**.

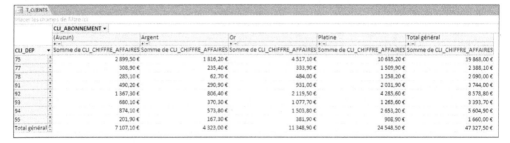

## Masquez ou réaffichez les détails des types d'abonnement

- Symétriquement, exercez-vous à masquer puis à afficher les détails des types d'abonnement en cliquant sur les en-têtes des types d'abonnement, et en utilisant les mêmes boutons sur le Ruban, ou les boutons ⊟ et ⊞.

# CAS 12 : TABLEAUX CROISÉS ET GRAPHIQUES

## Réordonnez les en-têtes

Le département de l'Essonne (91) étant votre département de prédilection, vous voudriez que sa ligne apparaisse en haut.

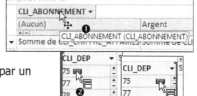

- Cliquez sur l'en-tête contenant le 91 ❶ et faites-le glisser jusqu'à la première ligne ❷. Notez la barre bleue qui indique la future position de la ligne.

Access déplace la ligne du département 91 en première position.

## Actualisez les valeurs

- Notez la somme des chiffres d'affaires pour les clients parisiens ayant un abonnement « or » (normalement 4 517,10 €).
- Sans fermer le formulaire tableau croisé dynamique, ouvrez la table T_CLIENTS en double-cliquant dessus, dans le volet de navigation.
- Modifiez le chiffre d'affaire de `Pascal MARTIN` (2e ligne) en le mettant à `999` € à la place de `140` €. Changez de ligne pour valider l'enregistrement.
- Cliquez sur le formulaire de tableau croisé dynamique : il ne tient pas compte de la modification.
- Sous l'onglet **Outils de tableau croisé dynamique/Créer**>groupe **Données**, cliquez sur le bouton **Actualiser le tableau croisé dynamique**, Access met à jour la somme des chiffres d'affaires. Pour les clients parisiens ayant un abonnement « or », le montant est maintenant de 5 376,10 €.
- Remettez à `Pascal MARTIN` son chiffre d'affaires d'origine, soit `140` €
- Fermez la table T_CLIENTS.
- Actualisez à nouveau les données du tableau croisé dynamique.

## Réorganisez le tableau croisé dynamique

- Vous allez mettre tous des champs en ligne. Cliquez et glissez l'en-tête <CLI_ABONNEMENT> de la zone de colonne ❶ vers <CLI_DEP>, la zone de lignes. Le positionnement futur de <CLI_ABONNEMENT> est symbolisé par un trait bleu

- Positionnez-le à droite ❸, puis à gauche de <CLI_DEP> ❷.

| CLI_DEP | CLI_ABONNEMENT | Somme de CLI_CHIFFRE_AFFAIRES |
|---------|----------------|-------------------------------|
| ⊟ 91 | (Aucun) | 490,20 € |
| | Argent | 290,90 € |
| | Or | 931,00 € |
| | Platine | 2 031,90 € |
| | Total | 3 744,00 € |
| ⊟ 75 | (Aucun) | 2 899,50 € |
| | Argent | 1 816,20 € |
| | Or | 4 517,10 € |

| CLI_ABONNEMENT | CLI_DEP | Somme de CLI_CHIFFRE_AFFAIRES |
|----------------|---------|-------------------------------|
| ⊟ (Aucun) | 91 | 490,20 € |
| | 75 | 2 899,50 € |
| | 77 | 308,90 € |
| | 78 | 285,10 € |
| | 92 | 1 367,30 € |
| | 93 | 680,10 € |
| | 94 | 874,10 € |
| | 95 | 201,90 € |
| | Total | 7 107,10 € |
| ⊟ Argent | 91 | 290,90 € |
| | 75 | 1 816,20 € |

- Cette disposition ne vous convenant toujours pas, cliquez-glissez <CLI_ABONNEMENT> sur la zone <Placez les champs de filtre ici> ❹.

- Dans cette disposition, cliquez sur la flèche de l'en-tête <CLI_ABONNEMENT>, vous pouvez filtrer les types d'abonnement.

| CLI_DEP | Somme de CLI_CHIFFRE_AFFAIRE |
|---------|------------------------------|
| 75 | 19 868,00 |
| 77 | 2 388,10 |
| 78 | 2 090,00 |
| 91 | 3 744,00 |
| 92 | 8 578,80 |

■ Finalement, supprimez l'en-tête <CLI_ABONNEMENT> en le glissant en dehors de la fenêtre du formulaire de tableau croisé dynamique ❶ (vers le haut ou vers la gauche).

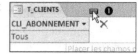

Il ne reste plus que la somme des chiffres d'affaires.

■ Fermez le formulaire sans enregistrer les modifications. Si vous l'aviez enregistré, supprimez-le (dans le volet de navigation, activez le groupe *Formulaires*, cliquez sur *TCD_CLIENTS*, puis appuyez sur la touche [Suppr]. Enfin, cliquez sur [Oui] quand Access vous demande confirmation. Attention de bien effacer le formulaire et non la table.).

## 2–CRÉEZ UN TABLEAU CROISÉ DYNAMIQUE AVEC DES INTERVALLES DE VALEURS

Vous allez analyser les films par genre. Le genre des films étant dans une table séparée, il faut une requête avec relation et créer un tableau croisé dynamique sur la requête.

■ Créez une requête sélection (sous l'onglet **Créer**>groupe **Requête**, cliquez sur le bouton **Création de requête.**

■ Ajoutez les tables T_FILMS et T_GENRES.

■ Dans la grille de la requête, ajoutez les champs <FILM_TITRE>, <FILM_ANNEE>, <FILM_DUREE>, et <GENRE_TEXTE>.

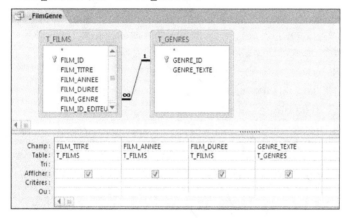

■ Fermez la requête, et enregistrez-là. Comme il s'agit d'une requête temporaire, nommez-là _FilmGenre. Si vous ajoutez un souligné (_) devant toutes les requêtes temporaires, c'est-à-dire « à jeter après utilisation », elles seront très faciles à repérer puis à effacer, notamment si vous triez les requêtes par ordre alphabétique dans le volet de navigation.

■ Dans le volet de navigation, sélectionnez la requête _FilmGenre sans l'ouvrir. Puis, sous l'onglet **Créer**>groupe **Formulaire**, cliquez sur le bouton **Plus de formulaires**, puis sur *Tableau croisé dynamique*.

■ En utilisant la méthode vue précédemment, ajoutez placez <FILM_DUREE> en champ de ligne, <GENRE_TEXTE> en champ de filtre et <FILM_TITRE> en champ de détail.

■ Les titres des films ne sont pas intéressants dans le cas présent. Seul leur nombre compte.

■ Ajoutez un calcul automatique « nb » (nombre) aux champs de détail (sous l'onglet **Outils de tableau croisé dynamique/Créer**>groupe **Outils** cliquez sur le bouton **Calcul automatique**, puis sur NB).

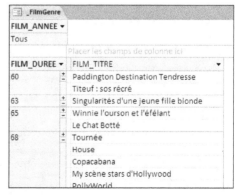

# CAS 12 : TABLEAUX CROISÉS ET GRAPHIQUES

■ Masquez les détails.

Access affiche le nombre de films pour chacune des durées, ce qui n'est pas très intéressant. Il serait plus lisible d'avoir un résultat par tranche de durée (entre 60 et 79 minutes, entre 80 et 100 minute...).

■ Cliquez sur l'en-tête <FILM_DUREE>. Puis, sous l'onglet **Outils de tableau croisé dynamique/Créer**>groupe **Outils**, cliquez sur le bouton **Feuille de propriétés**.

Access affiche les *Propriétés* pour les en-têtes de ligne <FILM_DUREE>.

■ Cliquez sur l'onglet *Filtre et groupe*.

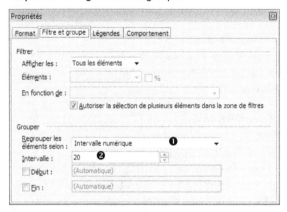

■ Dans la liste déroulante <Regrouper les éléments selon>, choisissez *Intervalle numérique* ❶.
■ Dans <Intervalle>, saisissez 20 ❷.

Access met à jour le tableau croisé dynamique.

■ Sans fermer le dialogue des *Propriétés*, cliquez maintenant dans le formulaire sur l'en-tête <Compte de FILM_TITRE>.

■ Dans la fenêtre *Propriétés*, activez l'onglet *Légende*.

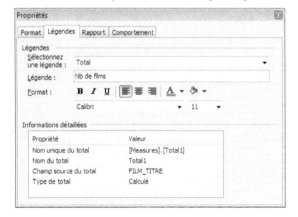

■ Dans la propriété <Légende>, saisissez Nb de films.
■ Fermez la fenêtre *Propriétés*.

# CAS 12 : TABLEAUX CROISÉS ET GRAPHIQUES

- Cliquez sur la flèche à droite de <FILM_DUREE> ❶. Puis, dans la liste qui s'ouvre, décochez ☐ *60-79* et ☐ *240-259*. Access affiche le nombre de films uniquement sur les intervalles de durée cochés.
  Notez que la flèche ❶ est devenue bleue, pour indiquer qu'il y a un filtre sur ce champ. Notez également que le total général (en bas du tableau) ne tient compte que des valeurs affichées.
- Cliquez sur la flèche ❶, et sélectionnez *Tous*. Access affiche la totalité des intervalles de durée.
- Cliquez sur la flèche à droite de <FILM_ANNEE> ❷. Puis, dans la liste qui s'ouvre, décochez ☐ *Tous* et cochez ☑ *2006*.

Access affiche les données uniquement pour l'année 2006.

- Fermez le formulaire sans enregistrer les modifications.
- Supprimez la requête _*FilmGenre* (dans le volet de navigation, cliquez sur _*FilmGenre*, puis appuyez sur la touche ⌜Suppr⌝. Enfin, cliquez sur [Oui] quand Access vous demande confirmation).

## 3–CRÉEZ UN TABLEAU CROISÉ DYNAMIQUE AVEC DES REGROUPEMENTS DE DATES PAR MOIS

Vous allez analyser le nombre de DVD loués en fonction du genre des films et des dates de location. Pour cela, il est nécessaire de créer une requête regroupant l'ensemble des tables et champs dont vous avez besoin (y compris les tables intermédiaires).

- Créez une requête sélection (sous l'onglet **Créer**>groupe **Requête**, cliquez sur le bouton **Création de requête**). Ajoutez les tables T_GENRES, T_FILMS, T_DVD, T_LOCATIONS_DETAIL, T_LOCATIONS.
- Dans la grille, ajoutez les champs <FILM_TITRE>, <FILM_ANNEE>, <FILM_DUREE>, <GENRE_TEXTE> et <LOC_DATE_DEBUT>. Les relations définies sur les tables apparaissent automatiquement dans la requête.

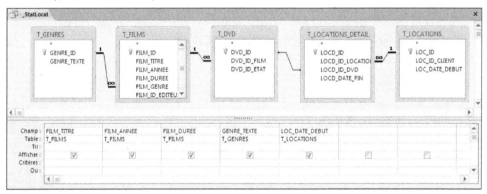

- Fermez la requête, et enregistrez-la. Comme il s'agit d'une requête temporaire, nommez-là `_StatLocat`.
- Créez un tableau croisé dynamique sur la requête `_StatLocat`.
- En utilisant la méthode vue précédemment, ajoutez les champs <LOC_DATE_DEBUT par mois> en champ de ligne, <GENRE_TEXTE> en champ de filtre et <FILM_TITRE> en champ de détail.

Notez que le champ <LOC_DATE_DEBUT par mois> a été ajouté automatiquement par Access dans la liste des champs de tableau croisé dynamique, ainsi qu'un autre champ <LOC_DATE_DEBUT par semaine>. De tels champs sont ajoutés dans la liste lorsque Access rencontre des champs date.

# CAS 12 : TABLEAUX CROISÉS ET GRAPHIQUES

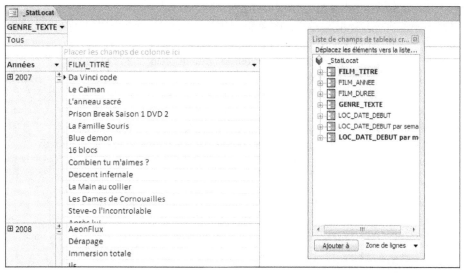

- Ajoutez un calcul automatique *NB* (nombre) aux champs de détail.

- Masquez les détails de tous les titres.

- Cliquez sur l'icône ⊞ à gauche de 2007 ❶.
  Si l'icône ⊞ n'est pas visible, sous l'onglet **Outils de tableau croisé dynamique/Créer**>groupe **Afficher/Masquer**, cliquez sur le bouton **Bouton d'extraction**.

- Access donne le détail de 2007, sous forme de trimestre (« quarter » en anglais). Si vous cliquez sur l'icône ⊞à gauche d'un trimestre, les mois apparaissent.

- Cliquez sur <Trimestres> ❷, puis sous l'onglet **Outils de tableau croisé dynamique/Créer**>groupe **Champ actif**, cliquez sur le bouton **Développer le champ**. Access « ouvre » tous les trimestres.

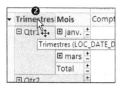

- Les trimestres ne vous intéressent pas : cliquez sur <Trimestres> ❷, et glissez cet en-tête hors du tableau croisé dynamique ❸.

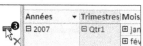

- En cliquant sur la flèche à droite de [GENRE_TEXTE], choisissez de n'afficher que les comédies.

Access affiche, par année et par mois, le nombre de DVD de comédie loués.

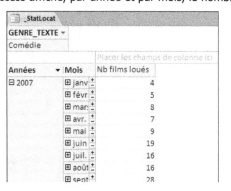

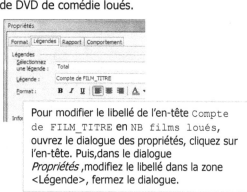

Pour modifier le libellé de l'en-tête Compte de FILM_TITRE en NB films loués, ouvrez le dialogue des propriétés, cliquez sur l'en-tête. Puis,dans le dialogue *Propriétés* ,modifiez le libellé dans la zone <Légende>, fermez le dialogue.

- Fermez le formulaire sans enregistrer les modifications. Ne supprimez pas la requête _StatLocat, vous allez l'utiliser lors du prochain exercice.

## 4—Créez un graphique croisé dynamique

Le tableau croisé dynamique a son équivalent graphique : le graphique croisé dynamique. De nombreuses manipulations sont les mêmes pour les deux objets.

Vous allez créer un graphique mettant en valeur le nombre de locations par genre.

- Dans le volet de navigation, sélectionnez la requête _*StatLocat* sans l'ouvrir. Puis, sous l'onglet **Créer**>groupe **Formulaire**, cliquez sur le bouton **Plus de formulaires**, puis sur *Graphique croisé dynamique*.

Access crée un nouveau graphique croisé dynamique, un simple canevas au départ.

- Cliquez sur le graphique croisé dynamique pour faire apparaître la liste des champs.

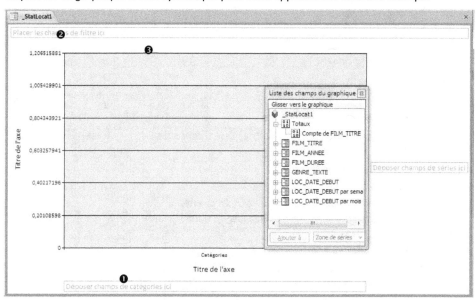

- Cliquez-glissez <LOC_DATE_DEBUT par mois> dans la zone des catégories ❶.
- Cliquez-glissez <GENRE_TEXTE> dans la zone des champs de filtre ❷.
- Cliquez-glissez <FILM_TITRE> dans la zone des champs de données ❸.

Access transforme <FILM_TITRE> en [Compte de FILM_TITRE] et affiche le graphique.

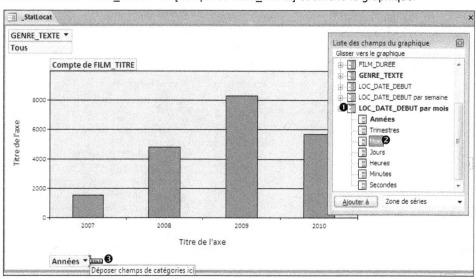

# CAS 12 : TABLEAUX CROISÉS ET GRAPHIQUES

- Dans la fenêtre *Liste des champs du graphique*, cliquez sur le signe + ❶ devant le champ <CLI_DATE_DEBUT par mois>. Cliquez et glissez <Mois> ❷ à droite de <Année> ❸ dans le graphique. Fermez la fenêtre *Liste des champs du graphique*.
- Cliquez dans la zone de graphique puis, sous l'onglet **Outils de graphique croisé dynamique/Créer**>groupe **Type**, cliquez sur le bouton **Modifier le type de graphique**.

Dans le dialogue *Propriétés* du graphique qui s'ouvre, l'onglet *Type* est sélectionné initialement.

- Sélectionnez *Courbes* ❶, puis *Courbes avec marques affichées à chaque point* ❷.

Access modifie le graphique.

- Fermez la fenêtre *Propriétés*.

Vous pouvez filtrer les enregistrements sur le genre du film en cliquant sur le bouton [GENRE_TEXTE] situé dans la zone des champs de filtre. Vous pouvez ainsi visualiser les évolutions d'un genre de film, par exemple ☑*Dessin animé*.

Après réflexion, plutôt que de filtrer le genre de film, vous voudriez pouvoir comparer les évolutions entre quelques-uns des genres.

- Cliquez et glissez le bouton [GENRE_TEXTE] vers la zone des champs de série.
- Cliquez sur le bouton [GENRE_TEXTE], et cochez ☑*Comédie* pour ajouter le genre au graphique.

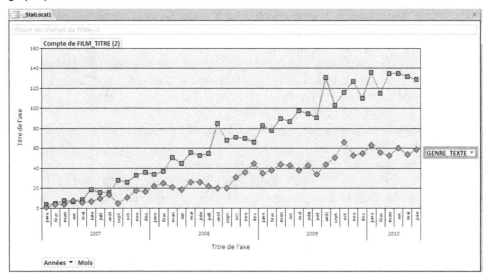

- N'hésitez pas à jouer avec les différents types de graphique et avec les différentes options.
- Admirez votre travail.
- Fermez le formulaire sans enregistrer les modifications.

## 5–Créez un graphique dépendant dans un formulaire

Vous allez maintenant mettre en graphique l'historique sur un mois du nombre de locations de chaque film. Pour cela, vous allez créer un formulaire affichant les informations sur un film, dont un graphique donnant l'historique de location du film. Chaque fois que vous changez de film dans le formulaire, le graphique se recalcule pour le nouveau film, le graphique est dit « dépendant ».

### Créez un formulaire F_FILMS

■ Dans le volet de navigation, sélectionnez la table *T_FILMS* (il n'est pas nécessaire de l'ouvrir). Puis, sous l'onglet **Créer**>groupe **Formulaire**, cliquez sur le bouton **Formulaire**.

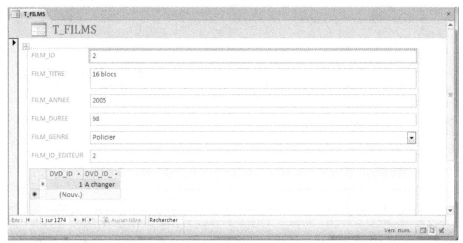

■ Enregistrez-le sous le nom F_FILMS.

Vous noterez que le contrôle du champ < FILM_GENRE> est une liste déroulante, alors que celui du champ <FILM_ID_EDITEUR> est une zone de texte. C'est parce que dans la table T_FILMS le champ <FILM_ID_EDITEUR> n'est pas de type liste déroulante.

■ Remplacez le contrôle zone de texte <FILM_ID_EDITEUR> par une liste déroulante :
Cliquez sur le contrôle et supprimez-le, puis sous l'onglet **Création**>groupe **Contrôles**, cliquez sur le bouton **Liste déroulante**, cliquez sur la cellule de la disposition où se trouvait le champ supprimé, l'Assistant Liste déroulante démarre.

■ *Étape 1* : Laissez cochée l'option <⊙ Je veux que la liste déroulante extraie les valeurs d'une autre table>, [Suivant].

■ *Étape 2* : Sélectionnez *T_EDITEURS*, cliquez sur [Suivant].

■ *Étape 3* : Ajoutez les champs <EDIT_ID> et <EDIT_NOM>, cliquez sur [Suivant].

■ *Étape 4* : Sélectionnez le champ <EDIT_NOM> pour trier, cliquez sur [Suivant].

■ *Étape 5* : Ajustez la largeur de la liste déroulante, cliquez sur [Suivant].

■ *Étape 6* : Indiquez que la valeur à stocker est celle de <EDIT_ID>, cliquez sur [Suivant].

■ *Étape 7* : Sélectionnez le champ <FILM_ID_EDITEUR> pour stocker la valeur, cliquez [Suivant].

■ *Étape 8* : Saisissez Editeur comme la valeur de l'étiquette, [Terminer].

■ En utilisant les techniques vues au cas n°7, modifiez le formulaire pour qu'il ressemble à la figure suivante (vous pouvez bien sûr adapter la taille et la position des contrôles en fonction de la taille de votre écran) :

# CAS 12 : TABLEAUX CROISÉS ET GRAPHIQUES

- Fermez le formulaire en enregistrant les modifications.

## Créez la requête qui sera utilisée par le graphique

Pour afficher le graphique des DVD qui ont été rendus durant une période donnée, il est nécessaire d'avoir certains champs de la table T_LOCATIONS_DETAIL et d'autres de la table T_DVD. Il vous faut donc construire une requête qui utilise ces deux tables.

- Créez une nouvelle requête basée sur les tables T_DVD, T_LOCATIONS_DETAIL et T_LOCATIONS.
- Ajoutez les champs <DVD_ID_FILM>, <DVD_ID> et <LOCD_DATE_DEBUT>.

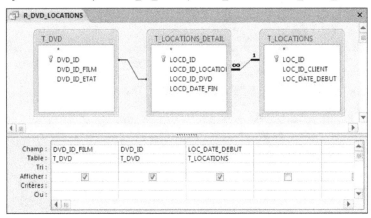

Il n'est pas nécessaire d'y ajouter la table des films, car le lien se fera par le champ <DVD_ID_FILM>, qui est relié à <FILM_ID> dans la fenêtre des relations.

- Fermez la requête et enregistrez-la sous le nom R_DVD_LOCATIONS.

## Insérez le graphique

- Ouvrez le formulaire F_FILMS en *Mode Création*.
- Sous l'onglet **Création**>groupe **Contrôles**, cliquez sur le bouton **Graphique** ❶.
- Cliquez dans le formulaire, sous le contrôle <FILM_ID_EDITEUR> et à gauche du contrôle sous-formulaire <T_DVD> pour y placer le graphique.

Access lance l'assistant graphique.

# CAS 12 : TABLEAUX CROISÉS ET GRAPHIQUES

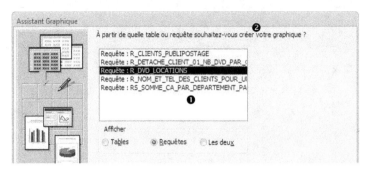

- Cliquez <⊙ Requêtes> ❶, puis sélectionnez *R_DVD_LOCATIONS* ❷.
- Cliquez sur [Suivant].

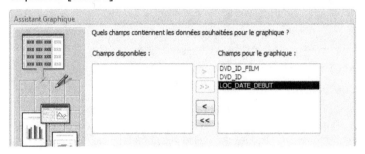

- Transférez les trois champs dans la liste des champs pour le graphique.
- Cliquez sur [Suivant].

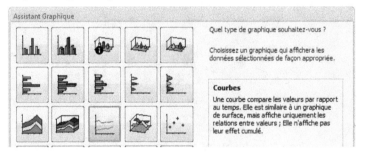

- Sélectionnez la vignette *Courbes* ❶.
- Cliquez sur [Suivant].

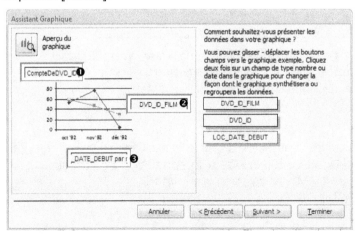

# CAS 12 : TABLEAUX CROISÉS ET GRAPHIQUES

- Par cliquer-glisser, amenez <DVD_ID> dans la zone des données ❶, <DVD_ID_FILM> dans la zone des séries ❷ ; il y est remplacé par [CompteDeDVD_ID_FILM], et <LOC_DATE_DEBUT> dans la zone de l'axe ❸.
- Double-cliquez dans la zone de l'axe (occupée par <LOC_DATE_DEBUT>).

Access ouvre un dialogue *Regrouper* pour définir l'option de regroupement.

- Choisissez *Trimestre*. Décochez l'option<☐ Utiliser les données entre>, vous aurez ainsi un graphique sur tout l'historique. Cliquez sur [OK].
- Cliquez sur [Suivant].

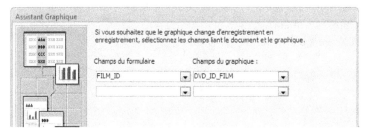

Access vous demande le lien entre le formulaire et les données du graphique. Comme la relation a été définie dans la fenêtre des relations, la liaison par défaut est correcte.

- Cliquez sur [Suivant].

- Saisissez Historique des locations comme titre du graphique.
- Cliquez <⊙ Non, ne pas afficher de légende>, puis cliquez sur [Terminer].
- Passez en affichage *Mode Formulaire* pour visualiser le résultat, et naviguez dans les enregistrements. Notez que le graphique se recalcule pour chaque film.

- Notez que le graphique est un peu petit, et que l'axe vertical n'affiche pas toujours les mêmes échelles, ce qui peut induire en erreur. C'est parce que vous avez des échelles automatiques.

- En restant en *Mode Formulaire*, double-cliquez sur le graphique pour le modifier.

Access ouvre le graphique en *Mode Création*.

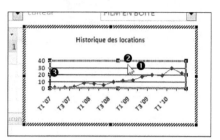

- Cliquez dans la zone graphique ❶, puis en utilisant la poignée de dimensionnement ❷ agrandissez la zone.

- Double-cliquez sur l'axe vertical.

Access ouvre un dialogue permettant de définir le format de l'axe.

- Sélectionnez l'onglet *Échelle*.

- Dans <Maximum>, saisissez 150.

Notez que, sous <Automatique>, la case à cocher correspondante se décoche.

- Cliquez sur [OK] pour fermer la fenêtre *Format de l'axe*, puis cliquez dans le formulaire hors du graphique pour terminer.

- Naviguez dans les enregistrements pour visualiser le résultat. Notez par exemple que le film Romper Stomper sort même du graphique.

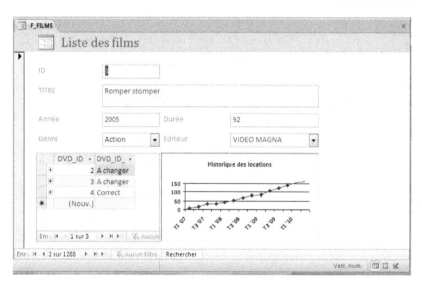

- Fermez le formulaire en enregistrant les modifications.
- Cliquez sur l'onglet **Fichier**, puis sur **Quitter Access** ou Alt + F4.

# CAS 13 : IMPORT EXPORT DE DONNÉES

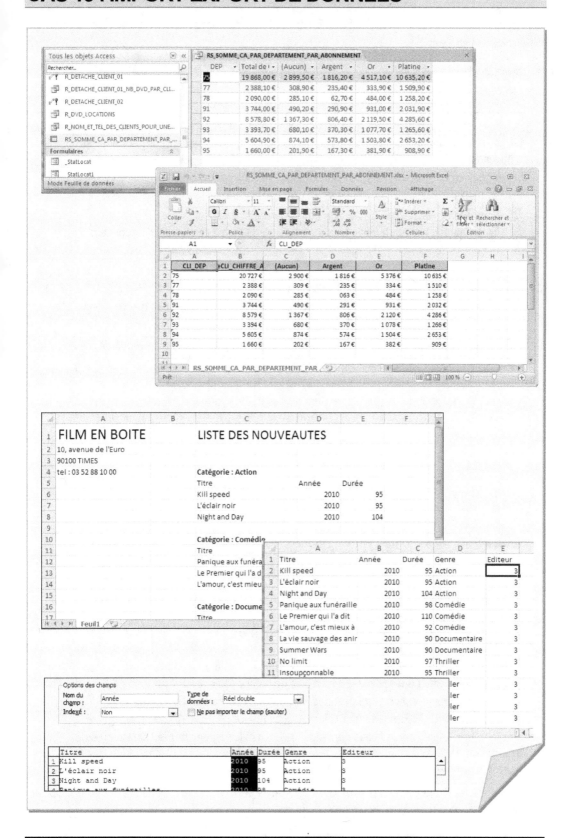

# CAS 13 : IMPORT, EXPORT DE DONNÉES

---

**Fonctions utilisées**

– *Exporter des données vers Excel*     – *Importer une table Excel*

– *Lier une table*

**15 mn**

---

Les informations contenues dans une table, celles résultant d'une requête et celles listées dans un état peuvent aisément être exportées vers Word ou Excel. Inversement, des données structurées en lignes/colonnes d'une feuille Excel peuvent être importées dans Access.

On peut également travailler sur des données qui ne sont pas stockées dans la base de données ouverte, mais dans une autre base de données en créant un lien entre les deux bases.

 Copiez le fichier `Locat_13.accdb` qui est enregistré dans `C:\Exercices Access 2010` en lui donnant le nom différent `XLocat_13.accdb`. Ouvrez cette base de données `XLocat_13.accdb`.

## 1–EXPORTEZ DES DONNÉES VERS EXCEL

Pour transmettre certaines informations à des personnes ne disposant pas d'Access, vous allez exporter des données vers Excel.

---

Pour qu'une requête puisse être exportée, il est nécessaire qu'elle ait été enregistrée.

---

■ Ouvrez la requête *RS_SOMME_CA_PAR_DEPARTEMENT* et sélectionnez des lignes. Puis, sous l'onglet **Données externes**>groupe **Exporter**, cliquez sur le bouton **Excel**.
Access vous demande de préciser le nom du fichier et le format d'export.

– Modifiez, éventuellement, le nom du fichier à créer (vous pouvez vous aider du bouton [Parcourir...] ❶ pour sélectionner un dossier).

– Laissez le format de fichier en *Classeur Excel (\*.xlsx)* ❷.

– Cochez <☑ Exporter les données avec la mise en forme et la mise en page> ❸. Access conservera les largeurs de colonne et une partie des formats (le chiffre d'affaires sera formaté en €, mais le gras ou la taille des caractères ne seront pas conservés).

– Cochez <☑ Ouvrir le fichier de destination une fois l'exportation terminée> ❹.

■ Validez par [OK]. Access crée un fichier Excel et l'ouvre.

Dans le même temps, Access vous demande si vous voulez enregistrer les paramètres de l'exportation. Cela vous permet de répéter ultérieurement l'opération d'exportation (sous l'onglet **Données externes**>groupe **Exporter**, bouton **Exportations enregistrées**).

---

Si vous utilisez Outlook, Vous pouvez créer une tâche périodique dans Outlook pour vous rappeler une exportation à faire à des dates programmées.

---

# CAS 13 : IMPORT EXPORT DE DONNÉES

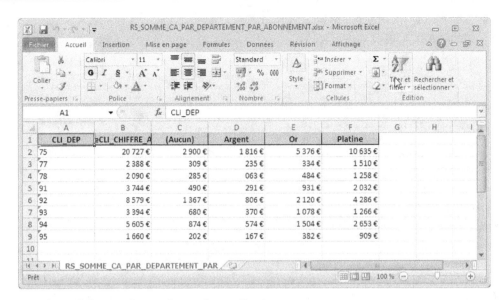

- Cliquez sur le bouton [Fermer] pour fermer l'assistant.
- Fermez Excel.

## 2–IMPORTEZ UN FICHIER EXCEL

Vous allez importer un fichier Excel qui contient les nouveaux films de l'éditeur « Film en boîte ». Pour plus de sécurité, cette importation se fait en trois temps.

**Préparez les données**

- Ouvrez le fichier Excel `Liste nouveautés.xlsx` du dossier `C:\Exercices Access 2010`, et enregistrez–le sous le nom `XListe nouveautés`.

Il est impossible de l'importer directement à cause de la façon dont les données sont disposées dans la feuille Excel. Il va falloir d'abord disposer les données sous forme d'un tableau sans lignes vides, et avec toutes les informations nécessaires sur chaque ligne.

- Créez une feuille de calcul qui sera nommée `Feuil2`. Copiez le champ C5:E28 de `Feuil1` dans la cellule A1 de `Feuil2`. Saisissez `Genre` dans la cellule D1 et `Editeur` dans la cellule E1.

# CAS 13 : IMPORT EXPORT DE DONNÉES

- Sous `Genre`, saisissez le genre pour chaque film, `Action` dans D2:D4, `Comédie` dans D8:D10, `Documentaire` dans D13:D15, `Thriller` dans D19:D24.
- Supprimez les lignes inutiles, la largeur des colonnes n'a pas d'importance. Sous `Editeur`, remplissez avec la valeur 3 car c'est l'ID de l'éditeur de *Film en boîte*.
- Fermez Excel en enregistrant les modifications.

| | A | B | C | D | E |
|---|---|---|---|---|---|
| 1 | Titre | Année | Durée | Genre | Editeur |
| 2 | Kill speed | 2010 | 95 | Action | 3 |
| 3 | L'éclair noir | 2010 | 95 | Action | 3 |
| 4 | Night and Day | 2010 | 104 | Action | 3 |
| 5 | Panique aux funéraille | 2010 | 98 | Comédie | 3 |
| 6 | Le Premier qui l'a dit | 2010 | 110 | Comédie | 3 |
| 7 | L'amour, c'est mieux à | 2010 | 92 | Comédie | 3 |
| 8 | La vie sauvage des anir | 2010 | 90 | Documentaire | 3 |
| 9 | Summer Wars | 2010 | 90 | Documentaire | 3 |
| 10 | No limit | 2010 | 97 | Thriller | 3 |
| 11 | Insoupçonnable | 2010 | 95 | Thriller | 3 |
| 12 | Les 7 Jours du talion | 2010 | 105 | Thriller | 3 |
| 13 | Tolérence zéro | 2010 | 86 | Thriller | 3 |
| 14 | Cash | 2010 | 98 | Thriller | 3 |
| 15 | Repo men | 2010 | 110 | Thriller | 3 |

## Importez des données Excel

- Sous l'onglet **Données externes**>groupe **Importer et lier**, cliquez sur **Excel**.

Access lance l'assistant d'importation.

- Sélectionnez le fichier `C:\Exercices Access 2010\XListe nouveautés.xlsx`.
- Vérifiez que l'option <⊙ Importer les données sources dans une nouvelle table de la base de données active> est bien active. Cliquez sur [Suivant].
- Sélectionnez la feuille `Feuil2`. Cliquez sur [Suivant].
- Cochez la case <☑ Première ligne contient les en-têtes de colonnes>, [Suivant].
- Cliquez sur [Suivant].

Access vous demande quel est le type de chacun des champs. Notez que les nombres sont tous considérés comme réels doubles, mais cela n'a pas d'importance pour la suite.

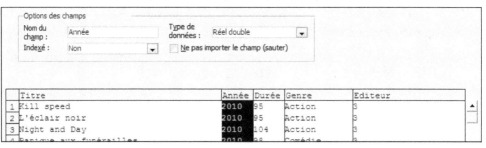

- Cliquez sur [Suivant].
- Activez l'option <⊙ Pas de clé primaire>.
- Changez le nom par défaut `Feuil2` (nom de l'onglet d'où sont importées les données) en `T_FEUIL2` (nom souhaité de la table dans la base de données).
- Cliquez sur [Terminer]. N'enregistrez pas les étapes de l'importation, cliquez sur [Fermer]

Access crée une nouvelle table et y importe les données.

- Ouvrez la table Access `T_FEUIL2`.
- Fermez la table Access `T_FEUIL2`.

## Transférez les données de la nouvelle table vers la table des films

- Créez une nouvelle requête : sous l'onglet **Créer**>groupe **Requêtes**, cliquez sur le bouton **Création de requête**, ajoutez les tables `T_FEUIL2` et `T_GENRES`.
- Reliez le champ <GENRE> de `T_FEUIL2` avec <GENRE_TEXTE> de `T_GENRES`.
- Ajoutez, dans la grille de requête, les champs <Titre>, <Année>, <Durée>, <Editeur>, <GENRE_ID>.

# CAS 13 : IMPORT EXPORT DE DONNÉES

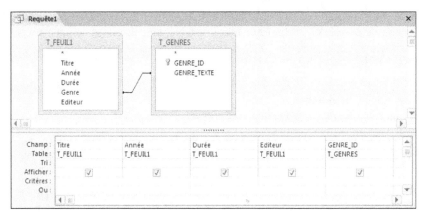

- Contrôlez le résultat en *Mode Feuille de données*. Vérifiez notamment que vous avez autant d'enregistrements que dans T_FEUIL2. Si ce n'est pas le cas, cela signifie qu'il y a une faute de frappe dans T_FEUIL2, et que le genre d'un ou de plusieurs films n'est pas écrit de la même manière que dans T_GENRES.

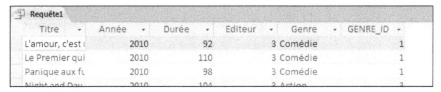

- Revenez en *Mode Création*.
- Transformez la requête sélection en requête ajout : sous l'onglet **Outils de requête/Créer**>groupe **Type de requête**, cliquez sur le bouton **Ajout**.
  Access demande le nom de la table dans laquelle ajouter les enregistrements
- Sélectionnez la table *T_FILMS*.
- Cliquez sur [OK].
- Associez les champs correspondants sur la ligne <Ajouter à>.

| Champ : | Titre | Année | Durée | Editeur | GENRE_ID |
|---|---|---|---|---|---|
| Table : | T_FEUIL1 | T_FEUIL1 | T_FEUIL1 | T_FEUIL1 | T_GENRES |
| Tri : | | | | | |
| Ajouter à : | FILM_TITRE | FILM_ANNEE | FILM_DUREE | FILM_ID_EDITEUR | FILM_GENRE |
| Critères : | | | | | |
| Ou : | | | | | |

- Exécutez la requête : sous l'onglet **Outils de requête/Créer**>groupe **Résultats**, cliquez sur le bouton **Exécuter**.

Access vous demande confirmation pour ajouter 14 lignes.

- Cliquez sur [OK].
- Fermez la requête sans enregistrer les modifications.
- Supprimez la table T_FEUIL1.

La clé primaire est générée automatiquement car le champ est de type *NuméroAuto* dans T_FILMS.

## 3–UTILISEZ UNE TABLE LIÉE À UNE TABLE EXTERNE

Dans l'étape précédente, vous avez copié les informations dans une table. Mais, vous pourriez accéder à une table qui se trouve dans une autre base de données sans avoir à l'importer. Ceci est extrêmement utile, par exemple, lors du partage d'informations entre plusieurs bases de données.

# CAS 13 : IMPORT EXPORT DE DONNÉES

Dans cet exercice, vous allez accéder à la liste complète des films (qui ressemble furieusement à la liste que vous venez de compléter), cette liste étant une table dans une base de données partagée par plusieurs utilisateurs. Cette table est T_FILMS_COMPLETS, dans la base Films.accdb située dans C:\Exercices Access 2010.

- Dans l'onglet **Données externes**>groupe **Importer**, cliquez sur le bouton **Access**.

Access lance l'assistant d'importation.

- À l'aide du bouton [Parcourir...], sélectionnez le dossier
  C:\Exercices Access 2010\Films.accdb.
- Cochez <⊙ Lier à la source de données en créant une table attachée>.
- Cliquez sur [OK].

Access vous propose la liste des tables contenues dans la base de données externe.

- Sélectionnez la table externe
  *T_FILMS_COMPLET*.
- Cliquez sur [OK] sans enregistrer les étapes de l'import.
- Access attache la table.

La table attachée est reconnaissable à la flèche située devant l'icône.

- Ouvrez la table en *Mode Feuille de données*. L'intégralité des données s'y trouve et est accessible.

---

Attention : vous pouvez modifier les données de cette table liée, mais sachez que vous modifiez en fait les données de la base de données externe Films.accdb.

---

- Basculez en *Mode Création*.

Access affiche un message d'avertissement. En effet, seules certaines propriétés (telles que la largeur des colonnes ou l'affichage par défaut) sont modifiables. Les propriétés des champs (type, taille...) ne sont pas modifiables.

- Cliquez sur [OK].
- Fermez la table.
- La table *T_FILMS_COMPLET* étant sélectionnée, appuyez sur [Suppr].
- Access vous demande confirmation pour détacher la table.
- Cliquez sur [Oui].
- Vous n'avez pas effacé la table de la base Films.accdb, seulement supprimé le lien qui vous permettait d'utiliser la table de Films.accdb dans votre base de données.

## 4—COMPACTEZ UNE BASE DE DONNÉES

Vous allez simuler l'utilisation intensive de la base de données, afin que les effets du compactage soient visibles.

- Dans le menu **Fichier**, sélectionnez **Informations**, puis cliquez sur le lien *Afficher et modifier les propriétés de la base de données* (en haut à droite).
- Cliquez sur l'onglet *Général*, et notez la taille de la base de données.
- Fermez le dialogue *Propriétés de XLocat_13.accdb*.

- Dans le volet de navigation, sélectionnez T_CLIENTS.
- Appuyez sur la touche ⌈Ctrl⌉+C pour copier la table T_CLIENTS.
- Appuyez sur la touche ⌈Ctrl⌉+V pour coller la table.

Access vous demande quel nom donner à la table. Vous pouvez laisser le nom par défaut, Copie de T_CLIENTS.

- Regardez et notez à nouveau la taille de la base. Notez qu'elle a augmenté, ce qui est logique.
- Supprimez la table Copie de T_CLIENTS.
- Regardez (et notez) à nouveau la taille de la base. Elle n'a pas diminué.
- Refaites un copier-coller de la table T_CLIENTS, puis regardez la taille de la base. Elle a encore augmenté.

Access ne récupère jamais l'espace laissé par une suppression, que ce soit d'une table, d'un formulaire ou d'un enregistrement. Au fur et à mesure de l'utilisation de la base de données, sa taille va devenir de plus en plus grosse.

- Dans l'onglet **Outils de base de données**>groupe **Outils**, cliquez sur le bouton **Compacter une base de données**. Ou,
- Dans le menu **Fichier**, sélectionnez l'item **Informations** et cliquez sur le bouton **Compacter et réparer une base de données**.
- Regardez la taille de la base de données : elle a diminué.
- Fermez Access.
- Respirez un grand coup.

# Index

# D

www.ingramcontent.com/pod-product-compliance
Lightning Source LLC
LaVergne TN
LVHW062304060326
832902LV00013B/2033